Markus Stier

Einmaleins der Entgeltabrechnung 2023

Markus Stier

Einmaleins der Entgeltabrechnung 2023

20. überarbeitete Auflage 2023

DATAKONTEXT

Bibliografische Information der Deutschen Bibliothek
Die Deutsche Bibliothek verzeichnet diese Publikation in der Deutschen Nationalbibliografie; detaillierte bibliografische Daten sind im Internet über http://dnb.d-nb.de abrufbar.

ISBN 978-3-89577-960-2
20. überarbeitete Auflage 2023

www.datakontext.com
E-Mail: fachverlag@datakontext.com

E-Mail: kundenbetreuung@hjr-verlag.de
Telefon: +49 89/2183-7928
Telefax: +49 89/2183-7620

Covergestaltung: Matthias Lück, CreaTechs Mediendesign
Titelbild: Daniel Haas, Schwartbuck
Satz: III-satz, Kiel
Druck: Westermann Druck Zwickau GmbH

Printed in Germany

Inhalt

Vorwort

Mit der 20. überarbeiteten Auflage von „Das Einmaleins der Entgeltabrechnung 2023“ halten Sie eine aktualisierte Ausgabe dieses Standardwerks in der Hand. Maßgebliche Informationen werden in einer übersichtlichen und leicht zu erfassenden Art und Weise dargestellt. Alles Wichtige für die tägliche Arbeit sowie besondere Hinweise sind wie folgt gekennzeichnet:

Wichtig

Zeigt Ihnen, was Sie unbedingt beachten müssen.

Vorsicht

Darstellungen mit besonderer Aussagekraft oder Stolperfallen in der Praxis.

Tipp

Hier erhalten Sie nützliche Tipps für die tägliche Arbeit.

Hinweis

Besondere Hinweise und Anmerkungen.

Beispiel

Eine Vielzahl von praktischen Beispielen soll Ihnen das Verständnis erleichtern.

Aufgabe

Hier sind Sie gefordert – im praktischen Teil des Buches.

Das „Einmaleins der Entgeltabrechnung“ ist ein Standardwerk für die Mitarbeiter und Mitarbeiterinnen der Entgeltabrechnung und des Personalwesens. Es beantwortet in einfacher und verständlicher Weise viele Fragen, die sich mit der täglichen Personalarbeit befassen – angefangen beim Eintritt eines Arbeitnehmers bis hin zu dessen Austritt bzw. zum Übergang in die Rente. Zu den wichtigsten Fragen, die dieses Buch in anschaulicher Form und mit vielen Beispielen beantwortet, gehören:

- Welche Regeln und gesetzlichen Vorgaben müssen bei einer Einstellung bzw. einem Austritt aus Sicht der Entgeltabrechnung beachtet werden?

- Wie entsteht ein Bruttoentgelt? Welche unterschiedlichen Einkommensarten gibt es und welchen Einfluss haben Zeitfaktoren auf die Bezahlung?
- Welche Abgaben werden erhoben? Wie werden diese berechnet und wer bekommt das Geld?
- Welche Arbeiten sind bei der Nachbearbeitung der Entgeltabrechnung durchzuführen und welche Behörden/Organisationen sind wie zu informieren?
- Welche Arbeiten sind im Umfeld der Entgeltabrechnung durchzuführen?

Im Folgenden werden Musterlösungen zu diesen Fragen in Form von ausführlichen Beispielen demonstriert und genau erläutert. Neben den Grundlagenthemen werden auch spezielle Anforderungen wie z. B. Minijobs, Altersversorgung u. v. a. besprochen.

Das „Einmaleins der Entgeltabrechnung“ ist somit nicht nur für Neueinsteiger gedacht, sondern bietet auch erfahrenen Praktikern die Möglichkeit, vorhandenes Wissen aufzufrischen bzw. zu vertiefen.

Aber nicht nur das Fachpersonal der Payroll muss über dieses Wissen verfügen, auch die Mitarbeiterinnen und Mitarbeiter aus dem Bereich Datenverarbeitung sind in dieser Hinsicht gefordert. Die modernen Datenverarbeitungssysteme setzen zwar bereits eine Vielzahl von gesetzlichen und tariflichen Vorgaben um, dennoch ist es unvermeidlich, dass bestimmte Feineinstellungen im Rahmen des Customizings vorgenommen werden. Die betriebsinternen Vorgaben eines Unternehmens, die sich in Betriebsvereinbarungen, Arbeitsanweisungen, Individualverträgen etc. wiederfinden, müssen unter Berücksichtigung der geltenden gesetzlichen Vorschriften für das Personalabrechnungssystem aufbereitet werden. Als Beispiel sei hier die Umsetzung eines Arbeitszeitplans in einer Vollkontischicht angeführt. Diese umfasst Nachtarbeit und Arbeitszeiten an Sonn- und Feiertagen. Bei der Umsetzung muss demnach der extrem komplizierte § 3b des Einkommensteuergesetzes berücksichtigt werden. Das Standardwerk „Einmaleins der Entgeltabrechnung“ befasst sich ausführlich mit diesem Thema und sollte deshalb in keiner Datenverarbeitungsabteilung fehlen.

Auch die Mitarbeiterinnen und Mitarbeiter der Personalbetreuung und -verwaltung müssen sich vielfach mit Fragen aus dem Bereich der Entgeltabrechnung befassen. Bei der Gewährung von Bonuszahlungen, Sachleistungen sowie Entgeltzusätzen müssen die einschlägigen Steuer- und Sozialversicherungsvorschriften genauso beachtet werden wie bei einer Veränderung der Arbeitszeit oder bei einer Änderung des Beschäftigtenstatus. Auch hier bietet das Standardwerk „Einmaleins der Entgeltabrechnung“ umfassende Informationen.

Das Buch wird jährlich den neuen gesetzlichen Vorschriften angepasst und stellt somit immer die Aktualität der Informationen sicher, die zudem durch ein Online-Update ergänzt werden. Es eignet sich sowohl zum Selbststudium als auch zur Vertiefung von Seminarbesuchen.

Das „Einmaleins der Entgeltabrechnung“ kann die Belastung und Herausforderung der Payroll etwas erleichtern, wird aber niemals einfache Antworten auf die eingangs gestellten Fragen bieten. Die Entgeltabrechnung ist und bleibt ein sehr komplexes Aufgabengebiet und erfordert motivierte und gut ausgebildete Mitarbeiterinnen und

Mitarbeiter, deren persönlicher Einsatz einen nicht zu unterschätzenden Wert für das Betriebsergebnis und das Betriebsklima hat. Dazu tragen auch die aktuellen Informationen bei, die durch weitere Veröffentlichungen aus dem Hause DATAKONTEXT gewährleistet werden. Als aktuelle Ergänzung zum Fachbuch empfiehlt sich die Fachzeitschrift „LOHN+GEHALT" (*www.lohnundgehalt-magazin.de*).

In der 20. Auflage werden die Änderungen zum Jahreswechsel 2022/2023 ausführlich behandelt und dargestellt. Die Erhöhung des Grundfreibetrags (Kap. 4.2) ist ebenso berücksichtigt wie die geänderten Werte in der Sozialversicherung (Kap. 4.3). Bei den geringfügig entlohnten Beschäftigte und Beschäftigen im Übergangsbereich sind die Änderungen zum 01.10.2022 und zum 01.01.2023 dargestellt (Kap. 10.1 und 10.2). Bereits in diesem Buch erwähnt werden die geplanten Änderungen der Bundesregierung – soweit diese bei Drucklegung bekannt waren. Die Checklisten am Ende des Buches sind ebenfalls aktualisiert. Zudem finden sich an einigen Stellen im Buch Hinweise auf die aktuelle Rechtsprechung, damit Sie auch hier keine Überraschungen erleben.

Somit sind Sie mit diesem Standardwerk bestens für die tägliche Praxis gerüstet.

Aus Gründen der besseren Lesbarkeit wird auf die gleichzeitige Verwendung der Sprachformen männlich, weiblich, divers (m/w/d) verzichtet. Sämtliche Personenbezeichnungen in männlicher Form gelten gleichermaßen für alle Geschlechter. Die verkürzte Sprachform hat rein redaktionelle Gründe und beinhaltet keine Wertung.

Ich wünsche Ihnen viel Vergnügen mit diesem Buch und freue mich über Ihre Anregungen.

Syke, den 02.01.2023 Markus Stier

Abkürzungsverzeichnis

A

AAG Aufwendungsausgleichsgesetz

AE Arbeitsentgelt

AG Arbeitgeber

AltEinkG Alterseinkünftegesetz

AN Arbeitnehmer

AO Abgabenordnung

AOK Allgemeine Ortskrankenkasse

ArEV Arbeitsentgeltverordnung

ATE Auslandstätigkeitserlass

ATZ Altersteilzeit

AV Arbeitslosenversicherung

Azubi Auszubildende(r)

B

BAB Betriebsabrechnungsbogen

bAV Betriebliche Altersversorgung

BBG Beitragsbemessungsgrenze

BDA Bundesverband der Arbeitgeberverbände

BEEG Bundeserziehungsgeld- und Elternzeitgesetz

BetrAVG Betriebliches Altersvermögensgesetz

BGB Bürgerliches Gesetzbuch

BGRS Beitragsgruppenschlüssel

BKK Betriebskrankenkasse

BMG Bemessungsgrundlage

BSG Bundessozialgericht

BFH Bundesfinanzhof

BUrlG Bundesurlaubsgesetz

BVerG Bundesverfassungsgericht

BVV Beitragsverfahrensverordnung

D

DEÜV Datenerfassungs- und -übermittlungsverordnung

d. h. das heißt

DV Direktversicherung

E

EAE Einzelarbeitsentgelt

EB Einmalbezug

EFZG Entgeltfortzahlungsgesetz

EK Ersatzkasse

ELStAM Elektronische Lohnsteuerabzugsmerkmale

ELSTER-DB ELSTER-Datenbank

EStG Einkommensteuergesetz

F

F Faktor

G

GAE Gesamtarbeitsentgelt

GoBD Grundsätze der Prüfbarkeit digitaler Unterlagen

GewStG Gewerbesteuergesetz

ggf. gegebenenfalls

GKV Gesetzliche Krankenversicherung

H

HGB Handelsgesetzbuch

I

IKK	Innungskrankenkasse
i. V. m.	in Verbindung mit

J

JAE	Jahresarbeitsentgelt
JAEG	Jahresarbeitsentgeltgrenze

K

KV	Krankenversicherung

L

LJ	Lebensjahr
LStDV	Lohnsteuerdurchführungsverordnung
LStR	Lohnsteuerrichtlinien

M

MuSchG	Mutterschutzgesetz

P

PKV	Private Krankenversicherung
PV	Pflegeversicherung

R

RV	Rentenversicherung
Rz.	Randziffer

S

SFN	Sonntags-, Feiertags- und Nachtzuschläge
SGB	Sozialgesetzbuch
SolZ	Solidaritätszuschlag
St-Tage	Steuertage
SV	Sozialversicherung
SvEV	Sozialversicherungsentgeltverordnung
SV-Tage	Sozialversicherungstage

T

TN	Teilnehmer

U

u. a.	unter anderem
UStG	Umsatzsteuergesetz
usw.	und so weiter
U1	Umlage 1
U2	Umlage 2

V

VermBG	Vermögensbildungsgesetz
VFB	Versorgungsfreibetrag

Z

z. B.	zum Beispiel
ZPO	Zivilprozessordnung

Quellen

Abbildungsverzeichnis

Tabellenverzeichnis

1 Überblick Neuerungen 2023

Wie in jedem Jahr müssen die Basiswerte auch zum 01.01.2023 wieder angepasst werden. Steuerlich sind dies u. a.:

- Altersentlastungsbetrag,
- Versorgungsfreibetrag,
- Entgeltumwandlung nach § 3 Nr. 63 EStG.

Sozialversicherungsrechtlich wurden u. a. geändert:

- Beitragsbemessungsgrenzen,
- Jahresarbeitsentgeltgrenzen,
- Arbeitgeberzuschuss zu KV und PV,
- sonstige Rechengrößen,
- einige Beitragssätze,
- Sachbezugswerte.

1.1 Änderungen bzw. wichtige Grunddaten für das Jahr 2023 und notwendige Aktionen

Änderungen	**Aktionen**
Beitragsbemessungsgrenzen RV/AV-West: 87.600 € RV/AV-Ost: 85.200 € KV/PV: 59.850 €	Rechenwerte werden von den Systemen aktualisiert
Beiträge RV: 18,60 % AV: 2,60 % PV: 3,05 % KV: 14,60 %	Rechenwerte werden von den Systemen aktualisiert, Nettolohnhochrechnungen anpassen
Jahresarbeitsentgeltgrenze für am 31.12.2002 privat Versicherte: 59.850 € Sonstige privat Versicherte: 66.600 €	Bei der Prüfung auf KV-Freiheit beachten, ggf. Reports oder Programme anpassen
Beitragszuschuss zu privater KV, allgemein: 403,99 € privater KV, ohne Krankengeldanspruch: 389,03 € privater PV: 76,06 € Sachsen: 51,12 €	Rechenwerte in den Systemen aktualisieren

Änderungen	Aktionen
Sachbezugswerte u. a. Frühstück: 2,00 € Mittagessen: 3,80 € Abendessen: 3,80 €	Lohnarten anpassen
KV für Studenten und Praktikanten ab 01.08.2023: 82,99 € zzgl. des kassenindividuellen Zusatzbeitrags	Lohnarten anpassen
PV für Studenten und Praktikanten ab 01.08.2022: 24,77 € ohne Kinder ab 01.08.2022: 27,61 €	Lohnarten anpassen
KV-Anwartschaftsversicherung: 49,57 € zzgl. des kassenindividuellen Zusatzbeitrags	Lohnarten anpassen
PV-Anwartschaftsversicherung: 11,54 €	Lohnarten anpassen
Entgeltumwandlung gemäß Betriebsrentenstärkungsgesetz (§ 3 Nr. 63 EStG) Höchstbetrag: 7.008 €/Jahr bzw. 584 €/Monat	Lohnarten anpassen; evtl. erhöhen die Mitarbeiter ihren Vertrag
Altersentlastungsbetrag 13,6 %, max. 646 €/Jahr	Lohnarten anpassen
Versorgungsfreibetrag 13,6 %, max. 1.020 €/Jahr	Lohnarten anpassen
Zuschlag zum Versorgungsfreibetrag max. 306 €/Jahr	Lohnarten anpassen
Schwerbehindertenausgleichsabgabe 140 € bei 3 bis 5 % 245 € bei 2 bis 3 % 360 € bei 0 bis 2 %	keine Änderung
Pfändungsfreigrenzen für den Schuldner: 1.330,16 €/Monat für den ersten Unterhaltsberechtigten: 500,62 €/Monat für den zweiten bis fünften Unterhaltsberechtigten: 278,90 €/Monat Absolute Höchstgrenze gemäß § 850c Abs. 2 Satz 2 ZPO: 4.077,72 €/Monat	Tabelle seit 01.07.2022 Neue Tabelle zum 01.07.2023 (Werte bei Druck noch nicht bekannt)

1.2 Rechengrößen 2023

Name	West	Ost
Beitragsbemessungsgrenze RV und AV jährlich	87.600 € + 3.000 €	85.200 € + 4.200 €
Beitragsbemessungsgrenze RV und AV monatlich	7.300 € + 250 €	7.100 € + 350 €
Beitragsbemessungsgrenze KV und PV jährlich	59.850 € + 1.800 €	
Beitragsbemessungsgrenze KV und PV monatlich	4.987,50 € + 150 €	
Jahresarbeitsentgeltgrenze für KV (allgemein)	66.600 € + 2.250 €	
Jahresarbeitsentgeltgrenze für KV (PKV-Versicherte am 31.12.2002)	59.850 € + 1.800 €	
Bezugsgröße jährlich (RV)	40.740 € + 1.260 €	39.480 € + 1.680 €
Geringverdienergrenze (monatlich)	325 €	
Geringfügigkeitsgrenze (monatlich)	520 €	
Faktor (Übergangsbereich)	0,6922	
Sachbezugswert Frühstück Mittag- und Abendessen	 2,00 € 3,80 €	

Rentenversicherung	18,6 %
Knappschaftliche Rentenversicherung	24,7 %
Arbeitslosenversicherung	2,6 %
Pflegeversicherung	3,05 %
Allgemeiner Beitragssatz der gesetzlichen KV	14,6 %
Ermäßigter Beitragssatz der gesetzlichen KV	14,0 %
Durchschnittlicher Zusatzbeitrag	1,6 %
Künstlersozialversicherung	5,0 %

Insolvenzschutzabgabe	0,06 %
Höchstbeitragszuschuss für privat Krankenversicherte	403,99 €
Höchstbeitragszuschuss für privat Krankenversicherte (ohne Krankengeldanspruch)	389,03 €
Höchstbeitragszuschuss für private Pflegeversicherung	76,06 €
Höchstbeitragszuschuss für private Pflegeversicherung (nur für Sachsen)	51,12 €
KV für Studenten und Praktikanten ab 01.08.2022 zzgl. des kassenindividuellen Zusatzbeitrags	82,99 €
PV für Studenten und Praktikanten ab 01.08.2022	24,77 €
PV für Studenten und Praktikanten ab 01.08.2022 – kinderlose	27,61 €
KV-Anwartschaftsversicherung 10 % der Bezugsgröße: 339,50 € x allgemeiner Beitragssatz der Krankenkasse 14,6 % zzgl. des kassenindividuellen Zusatzbeitrags	49,57 €
PV-Anwartschaftsversicherung 10 % der Bezugsgröße: 339,50 € x allgemeiner Beitragssatz in der Pflegeversicherung 3,05 %	11,54 €
Hinzuverdienstgrenze für Rentner (2023)	keine
Einkommensgrenze für Familienversicherung	485,00 €
Gesetzlicher Mindestlohn ab 01.10.2022 pro Zeitstunde (brutto)	12,00 €
Grenze für Betriebsprüfungen der Unfallversicherung	611,10 €

1.3 Mindestlohn und Anpassung seit 01.10.2022

Am 01.01.2015 ist das Gesetz zur Stärkung der Tarifautonomie, das sog. Mindestlohngesetz (MiLoG), in Kraft getreten.

Hier ein Überblick über die wichtigsten Eckpunkte im Gesetz:

1.3.1 Höhe des Mindestlohns und Ausnahmeregelungen

Wichtig

Mit dem Gesetz zur Stärkung der Tarifautonomie (Mindestlohngesetz) wurde seit dem 01.01.2015 ein flächendeckender Mindestlohn in Höhe von 8,50 € in Deutschland eingeführt.

Mit dem Gesetz zur Anpassung der Höhe des gesetzlichen Mindestlohns wurde die Erhöhung des gesetzlichen Mindestlohns ab dem 01.01.2022 auf 9,82 € bzw. ab dem 01.07.2022 auf 10,45 € beschlossen. **Zum 01.10.2022 wurde der gesetzliche Mindestlohn zuletzt auf 12,00 € angehoben.** Die Anpassung erfolgt nach Vorgabe des Mindestlohngesetzes alle zwei Jahre durch die Mindestlohnkommission.

Der Mindestlohn ist auf alle in Deutschland beschäftigten Arbeitnehmer anzuwenden, unabhängig davon, ob der Arbeitgeber seinen Firmensitz im Inland oder Ausland hat. Fällig ist der Mindestlohn **spätestens am letzten Bankarbeitstag des Monats, der auf den Monat folgt, in dem der Arbeitnehmer die Arbeitsleistung erbracht hat**.

Allerdings sind eine Vielzahl von Ausnahmeregelungen zu beachten, bei denen der gesetzliche Mindestlohn keine Anwendung findet.

Vom Mindestlohn ausgeschlossen sind beispielsweise **Auszubildende in der Berufsausbildung**. Auch **Ehrenamtliche** haben keinen Anspruch auf Mindestlohn – letztendlich eine logische Schlussfolgerung, denn ein ehrenamtlich Tätiger ohne Entgelt kann keinen Anspruch auf einen Mindestlohn geltend machen. **Kinder und Jugendliche bis 18 Jahre** haben keinen Anspruch auf den gesetzlichen Mindestlohn, wenn sie noch keine Berufsausbildung abgeschlossen haben. **Praktikanten** werden dagegen umfangreicher im Mindestlohngesetz geregelt. Grundsätzlich will der Gesetzgeber einen Missbrauch von Praktikanten verhindern, deshalb spricht er ihnen auch den gesetzlichen Mindestlohn zu. Allerdings mit Ausnahmen:

- Pflichtpraktika und
- Orientierungspraktika/begleitende Praktika von bis zu drei Monaten sind vom Mindestlohn ausgeschlossen.
- Ebenfalls vom Mindestlohn ausgeschlossen sind sog. begleitende Praktika, wenn bei dem gleichen Arbeitgeber nicht bereits vorher ein solches Praktikumsverhältnis bestand.
- Letzte Ausnahme bei den Praktikanten sind Praktika in den Fällen des § 54 SGB III (sog. Einstiegsqualifizierungen) oder Praktika in den Fällen der §§ 68 bis 70 Berufsbildungsgesetz (sog. Berufsausbildungsvorbereitung).

Tipp

Arbeitgeber sollten ihre firmeninternen Regelungen zum Thema Praktikanten überprüfen, denn nicht überall, wo Praktikant draufsteht, steht auch wirklich ein Praktikum dahinter!

Langzeitarbeitslose erhalten in den ersten sechs Monaten ihrer Beschäftigung keinen Mindestlohn. Danach haben sie Anspruch auf den gesetzlichen Mindestlohn. Die Regelung soll eine verbesserte Möglichkeit zur Rückkehr in den Arbeitsmarkt ermöglichen.

Eine weitere besondere Gruppe im Mindestlohngesetz ist die der **Zeitungszusteller**. Für diese gilt der Mindestlohn im Rahmen einer stufenweisen Anpassung. Somit erhalten Zeitungszusteller:

- ab dem 01.01.2015 75 % des Mindestlohns (6,38 €),
- ab dem 01.01.2016 85 % (7,23 €) und
- ab dem 01.01.2017 den Mindestlohn in Höhe von 8,50 € und
- seit dem 01.01.2018 den gesetzlichen Mindestlohn nach Beschluss der Mindestlohnkommission (seit dem 01.01.2021 in Höhe von 9,50 €).

Wichtig

Dabei ist zu beachten, dass die Erhöhung des Mindestlohns zum 01.01.2017 für die Gruppe der Zeitungszusteller tatsächlich erst ab dem 01.01.2018 zur Anwendung gekommen ist (siehe Kap. 1.3.2.).

1.3.2 Tarifverträge mit Übergangsregelung

Im Mindestlohngesetz ist in § 24 neben der Sonderregelung für Zeitungszusteller eine Übergangsregelung für die Jahre 2015 bis Ende 2017 vorgesehen. Diese Übergangsregelung war für Tarifverträge anzuwenden, bei denen abweichend von der gesetzlichen Mindestlohnregelung eine Vereinbarung unter 8,84 € getroffen wurde. Diese abweichende Regelung für Tarifverträge und Vereinbarungen nach dem Arbeitnehmerüberlassungsgesetz (AÜG) und Arbeitnehmer-Entsendegesetz (AEntG) sieht seit dem 01.01.2017 eine Lohnuntergrenze von 8,50 € und seit dem 01.01.2018 den tatsächlichen Mindestlohn in Höhe von 8,84 € vor. **Somit ist seit dem 01.01.2018 jedem Arbeitnehmer pro Zeitstunde der gesetzliche Mindestlohn zu zahlen.**

1.3.3 Arbeitszeitkonto

Arbeitnehmer, die Anspruch auf den gesetzlichen Mindestlohn haben, während dieser jedoch durch die Zahlung des verstetigten Arbeitseinkommens nicht erfüllt ist, können **Überstunden** auf ein Arbeitszeitkonto einstellen. Dieses Arbeitszeitkonto muss dann innerhalb von 12 Kalendermonaten nach der jeweiligen Erfassung durch bezahlte Freistellung oder Auszahlung der Überstunden ausgeglichen werden. Die eingestellte Arbeitszeit **darf 50 % der vereinbarten Arbeitszeit nicht übersteigen**.

1.3.4 Aufzeichnungspflichten

Wichtig

Ein wichtiger Punkt im Mindestlohngesetz ist die Regelung zur Aufzeichnung der Arbeitszeit.

Das Mindestlohngesetz verweist an dieser Stelle auf den § 2a des Gesetzes zur Bekämpfung der Schwarzarbeit und die darin genannten Arbeitnehmer. **Zusätzlich werden aber auch die geringfügig Beschäftigten genannt, bei denen der Beginn, die Dauer und das Ende der täglichen Arbeitszeit aufgezeichnet werden müssen.** Diese Aufzeichnungen sind mindestens zwei Jahre aufzubewahren und müssen spätestens bis zum Ablauf des siebten auf den Tag der Arbeitsleistung folgenden Kalendertages erfolgen. Für Entleiher, dem ein Verleiher eine/n oder mehrere Arbeitnehmerin/nen und Arbeitnehmer zur Verfügung stellt, gelten diese Regelungen parallel.

Hinweis

Arbeitgeber müssen nach der Mindestlohndokumentationspflichtenverordnung (MiLoDokV) vom 29.07.2015 keine Arbeitszeiten mehr für ihre Arbeitnehmer aufzeichnen, wenn das regelmäßige Bruttoarbeitsentgelt des Arbeitnehmers mehr als 2.784 € beträgt und das Entgelt jeweils für die letzten 12 Monate nachweisbar ausgezahlt wurde. Keine Arbeitszeiten müssen aufgezeichnet werden, wenn das regelmäßige Bruttoarbeitsentgelt des Arbeitnehmers mehr als 4.176 € beträgt. Beide Regelungen bleiben parallel bestehen und können jeweils angewendet werden.

Wichtig

Das Bundesarbeitsgericht (BAG) hat mit Urteil vom 13.09.2022 (Aktenzeichen 1 ABR 22/21) entschieden, dass auch in Deutschland die gesamte Arbeitszeit der Arbeitnehmer aufzuzeichnen ist. Der Arbeitgeber hat nach § 3 Abs. 2 Nr. 1 Arbeitsschutzgesetz (ArbSchG) ein System einzuführen, mit dem die von den Arbeitnehmern geleistete Arbeitszeit erfasst werden kann. Konsequenzen aus diesem Urteil müssen ggf. von einem Fachanwalt geprüft werden.

1.3.5 Bürgenhaftung

Ein weiterer sehr wichtiger Punkt im Mindestlohngesetz ist die Bürgenhaftung. Der Gesetzgeber ahndet Verstöße mit sehr hohen Geldbußen von bis zu 500.000 €. Gemeint ist die Haftung des Auftraggebers von Werk- oder Dienstleistungen in dem

Fall, dass ein Sub- oder Nachunternehmer oder aber auch ein von diesem beauftragtes Unternehmen seinen Arbeitnehmern im Rahmen der Arbeitnehmerüberlassung nicht den gesetzlichen Mindestlohn zahlt. Der Auftraggeber haftet in diesen Fällen wie ein Bürge für die Einhaltung der Mindestlohnregelungen für die Arbeitnehmer. Der Gesetzgeber verstärkt mit dieser Regelung die Wirksamkeit des Mindestlohns. In der Praxis wird sich noch herausstellen müssen, inwieweit die Auftraggeber vollumfänglich ihrer Kontrollpflicht nachkommen können.

1.3.6 Anrechenbarkeit auf den Mindestlohn

Aufgrund fehlender gesetzlicher Klarstellung hat die Bundesregierung in einer Antwort (BT-Drucksache 18/1558, Seite 84) auf die Stellungnahme des Bundesrates (BT-Drucksache 18/1558, Seite 74) auf die Urteile des Europäischen Gerichtshofs (EuGH) vom 14.04.2005 (Aktenzeichen C-341/02) und 07.11.2013 (Aktenzeichen C-522/12) verwiesen. Nach den beiden Urteilen sind Zulagen nur dann Bestandteil des Mindestlohns, wenn sie nicht das Verhältnis zwischen der Leistung des Arbeitnehmers und der von ihm erhaltenen Gegenleistung verändern und somit ihrem Zweck nach die eigentliche Arbeitsleistung mit dem Mindestlohn entgelten sollen. Danach ist ein Weihnachtsgeld oder Urlaubsgeld nur dann anrechenbar, wenn es zum maßgeblichen Fälligkeitstermin des Mindestlohns gezahlt wird.

Hinweis

Werden Sonderzahlungen wie Urlaubs- und Weihnachtsgeld vom Arbeitgeber über das Jahr verteilt und vorbehaltlos und unwiderruflich monatlich jeweils mit 1/12 gezahlt, sind diese Zahlungen auf den gesetzlichen Mindestlohn anrechenbar. Die Revision einer Arbeitnehmerin vor dem BAG blieb erfolglos. Das BAG hat mit Urteil vom 25.05.2016 (Aktenzeichen 5 AZR 135/16) die Vorinstanz bestätigt.

Der Mindestlohn nach dem Mindestlohngesetz wird als Brutto-Stundenlohn je Zeitstunde festgesetzt. Das Gesetz macht den Anspruch nicht von der zeitlichen Lage der Arbeit oder den mit der Arbeitsleistung verbundenen Umständen oder Erfolgen abhängig. Der Anspruch auf den Mindestlohn ist dann erfüllt, wenn dieser dem Arbeitnehmer endgültig zur freien Verfügung übereignet oder überwiesen ist.

Alle im Austauschverhältnis zwischen Arbeitgeber und Arbeitnehmer stehenden Geldleistungen des Arbeitgebers sind geeignet, den Mindestlohnanspruch des Arbeitnehmers zu erfüllen. Von den im arbeitsvertraglichen Austauschverhältnis erbrachten Entgeltzahlungen des Arbeitgebers fehlt nur solchen die Erfüllungswirkung, die der Arbeitgeber ohne Rücksicht auf eine tatsächliche Arbeitsleistung erbringt oder die auf einer besonderen gesetzlichen Zweckbestimmung beruhen (siehe auch BAG-Urteil vom 17.01.2018, Aktenzeichen 5 AZR 69/17).

Zu den berücksichtigungsfähigen Zulagen und Zuschlägen gehören u. a.:

- Zulagen und Zuschläge, mit denen lediglich die regelmäßige und dauerhaft vertraglich geschuldete Arbeitsleistung vergütet wird,
- Akkordprämien,

- Qualitätsprämien,
- Überstundenvergütungen für tatsächlich geleistete Überstunden,
- Sonn- und Feiertagszuschläge,
- Schmutz- und Gefahrenzulage.

Nicht zu berücksichtigen sind u. a.:

- Nachtarbeitszuschläge,
- Beiträge zur betrieblichen Altersvorsorge,
- Beiträge zu vermögenswirksamen Leistungen,
- Aufwandsentschädigungen.

Hinweis

Weitere Informationen zur Anrechenbarkeit von Lohnbestandteilen zur Erfüllung des gesetzlichen Mindestlohnanspruchs finden Sie auf der Internetseite der Zollbehörde (*www.zoll.de*) unter der Rubrik Mindestlohn nach dem Mindestlohngesetz.

2 Grundlagen der Entgeltabrechnung

2.1 Aufgaben der Entgeltabrechnung

Im Rahmen der Entgeltabrechnung fallen eine Vielzahl von Aufgaben an.

Dazu gehören in erster Linie:

- Feststellung der Arbeitnehmereigenschaft,
- Festlegung des Arbeitslohns unter Beachtung der rechtlichen und vertraglichen Ansprüche,
- Berechnung der Lohn- und Kirchensteuer,
- Berechnung der Sozialversicherungsbeiträge,
- Berücksichtigung von Nettobe- und -abzügen,
- Führen von Lohnkonten und Lohnjournalen,
- Anmeldung und Abführung der steuerrechtlichen und sozialversicherungsrechtlichen Abzüge,
- Meldepflichten in der Sozialversicherung,
- Buchen und Verteilen des Personalaufwands im Rahmen des betrieblichen Rechnungswesens,
- Erstellen von Bescheinigungen und Statistiken,
- Beachtung der Arbeitgeberfürsorgepflichten.

2.2 Arbeitnehmereigenschaft

Vor der Durchführung der Entgeltabrechnungen ist zunächst zu prüfen, ob arbeitsrechtlich ein Arbeits- oder Dienstverhältnis vorliegt oder ob es sich um eine freiberufliche bzw. selbständige Tätigkeit handelt.

Nur für nichtselbständige Arbeitnehmer erstellt der Arbeitgeber die Abrechnungen und ermittelt die gesetzlichen Abzüge. Selbständige und Freiberufler tragen selbst Verantwortung für die korrekte Abführung der Steuer- und Sozialversicherungsbeiträge.

2.3 Arbeitnehmerbegriff

Steuer- und sozialversicherungsrechtliche Vorschriften definieren den Arbeitnehmerbegriff. Nach § 1 der Lohnsteuerdurchführungsverordnung (LStDV) handelt es sich bei Arbeitnehmern um Personen, die aus einem aktiven oder früheren Dienstverhältnis Arbeitslohn beziehen. Im Unterschied zur Sozialversicherung liegt die Arbeitnehmereigenschaft auch dann vor, wenn aus einem früheren Dienstverhältnis Arbeitslohn bezogen wird.

Ein Dienstverhältnis besteht, wenn der Arbeitnehmer weisungsgebunden und in die Organisation des Betriebs eingegliedert ist. Grundsätzlich gibt es eine weitgehende Übereinstimmung zwischen dem steuerlichen und sozialversicherungsrechtlichen Arbeitnehmerbegriff. Ausnahmen bestehen z. B. bei Gesellschafter-Geschäftsführern einer GmbH. Steuerrechtlich handelt es sich hierbei um Arbeitnehmer, sozialversicherungsrechtlich im Regelfall nicht.

Folgende Kriterien sprechen für eine Eingliederung des Arbeitnehmers in die Organisation des Betriebs und lassen somit eine nichtselbständige Tätigkeit, also Arbeitnehmereigenschaft, vermuten:

- persönliche und wirtschaftliche Abhängigkeit,
- genau geregelte Arbeitszeiten,
- ein vom Arbeitgeber zur Verfügung gestellter fester Arbeitsplatz,
- Urlaubsanspruch und Überstundenvergütung,
- Fortzahlung der Vergütung im Urlaubs- oder Krankheitsfall,
- Einbeziehung in die Sozialleistungen des Betriebs,
- Weisungsgebundenheit.

Mit dem Gesetz zur Änderung des Arbeitnehmerüberlassungsgesetzes und anderer Gesetze führte der Gesetzgeber zum 01.04.2017 den § 611a BGB ein. Mit diesem wird die gesetzliche Definition des Begriffs „Arbeitnehmer“ zur Abgrenzung von Arbeitsverträgen zu Werkverträgen im Bürgerlichen Gesetzbuch (BGB) ergänzt.

Wichtig

Unabhängig von der Bezeichnung liegt ein Arbeitsvertrag vor, wenn sich dies aus der tatsächlichen Durchführung des Vertragsverhältnisses ergibt. Dabei kommt es auf die tatsächliche Bezeichnung im Vertrag nicht an.

Dabei sind die im § 611a BGB genannten Kriterien nicht neu. Die o. g. Aufzählung beinhaltet u. a. auch im neuen Paragrafen genannte Punkte wie z. B. Weisungsgebundenheit, persönliche Abhängigkeit etc.

2.4 Arbeitslohn

Obwohl im allgemeinen Sprachgebrauch die Bezeichnung „Entgelt“ verwendet wird, differenziert das Steuerrecht den Begriff des „Arbeitslohns“.

Das Einkommensteuergesetz definiert in § 8 Abs. 1 EStG in Verbindung mit § 19 Abs. 1 EStG **Arbeitslohn** als alle Einnahmen, die einem Arbeitnehmer oder seinem Erben aus einem **gegenwärtigen oder früheren** Dienstverhältnis zufließen. Als Einnahmen zählen nicht nur Geld, sondern auch Sachbezüge und geldwerte Vorteile

(z. B. Firmenwagen zur privaten Nutzung, verbilligter Einkauf von Waren und Dienstleistungen).

Leistungen, die der Arbeitgeber im **allgemeinen betrieblichen Interesse** erbringt, wie beispielsweise die Bereitstellung von Aufenthaltsräumen, gehören dagegen nicht zum Arbeitslohn. Sogenannte **Aufmerksamkeiten** (z. B. die Bereitstellung von Getränken in Besprechungsräumen, Geschenke im Wert von bis zu 60 € an den Arbeitnehmer aufgrund eines persönlichen Ereignisses) fallen ebenso nicht unter den Arbeitslohnbegriff.

Grundsätzlich unterliegt Arbeitslohn im steuerrechtlichen Sinne der Lohnsteuer. Bestimmte Einnahmen sind jedoch steuerfrei. Dazu zählen z. B. Beitragsleistungen zur betrieblichen Altersversorgung und Zuschläge für Sonntags-, Feiertags- und Nachtarbeit.

2.5 Arbeitsentgelt

Arbeitsentgelt ist ein Begriff aus der Sozialversicherung. Zum Arbeitsentgelt gehören alle laufenden oder einmaligen Einnahmen aus einer Beschäftigung, gleichgültig, ob ein Rechtsanspruch auf die Einnahmen besteht, unter welcher Bezeichnung oder in welcher Form sie geleistet werden und ob sie unmittelbar aus der Beschäftigung oder im Zusammenhang mit ihr erzielt werden.

2.6 Laufende Bezüge und Einmalbezüge

In der Abrechnungspraxis führen die unterschiedlichen Bruttobezüge zum steuerpflichtigen Arbeitslohn und sozialversicherungspflichtigen Arbeitsentgelt. In EDV-Programmen erfolgt deren Abbildung über sogenannte **Lohnarten**. Die verschiedenen Bruttobezüge (Lohnarten) unterteilen sich in **laufende Bezüge** und **Einmalbezüge.**

Typische laufende Bezüge sind:

- Gehälter,
- Monatslöhne,
- Stundenlöhne,
- vermögenswirksame Leistungen (AG-Anteile),
- Schichtzulagen,
- Nachzahlungen und Vorauszahlungen, wenn sich diese ausschließlich auf Lohnzahlungszeiträume beziehen, die im Kalenderjahr der Zahlung enden,
- Arbeitslohn für Lohnzahlungszeiträume des abgelaufenen Kalenderjahres, der innerhalb der ersten drei Wochen des Folgejahres zufließt.

Laufende Bezüge werden **regelmäßig** bezahlt. Die Versteuerung erfolgt über die Tages-, Wochen- oder Monatslohnsteuertabelle.

Als häufige Einmalbezüge kommen vor:

- Weihnachtsvergütungen,
- Urlaubsgelder,
- Umsatzprovisionen,
- Tantiemen,
- Abfindungen.

Einmalbezüge werden nicht monatlich, sondern nur **gelegentlich** für einen ganz bestimmten Zweck vergütet. Die steuerrechtliche Bezeichnung für solche Einmalbezüge lautet **sonstige Bezüge**.

Sonstige Bezüge werden generell über die **Jahreslohnsteuertabelle** versteuert.

2.7 Lohnzahlungszeitraum/-Lohnabrechnungszeitraum

Der Lohnzahlungszeitraum ist der Zeitraum, für den Arbeitslohn bzw. Arbeitsentgelt gezahlt wird. Der Lohnabrechnungszeitraum bezieht sich hingegen auf den Zeitraum, für den Arbeitslohn und Arbeitsentgelt abgerechnet werden. In der Praxis stimmen Lohnzahlungszeitraum und Lohnabrechnungszeitraum in aller Regel überein. Üblicherweise werden Löhne und Gehälter pro Kalendermonat bezahlt und abgerechnet.

Leistet der Arbeitgeber für den Lohnabrechnungszeitraum lediglich eine Abschlagszahlung und erfolgt die eigentliche Lohnabrechnung erst später, kann er nach § 39b Abs. 5 EStG den Lohnzahlungszeitraum als Lohnabrechnungszeitraum behandeln und die Lohnsteuer erst bei der Lohnabrechnung einbehalten.

Hinweis

Diese Regelung gilt jedoch nicht, wenn der Lohnabrechnungszeitraum fünf Wochen übersteigt oder die Lohnabrechnung nicht innerhalb von drei Wochen nach dessen Ablauf erfolgt.

2.8 Zufluss- und Entstehungsprinzip

2.8.1 Lohnsteuer

Nach § 38 Abs. 2 EStG entsteht die Lohnsteuerschuld, sobald der Arbeitslohn dem Arbeitnehmer zufließt. Dies ist der Zeitpunkt, zu dem der Arbeitgeber den Arbeitslohn an den Arbeitnehmer ausbezahlt und zu dem dieser wirtschaftlich darüber verfügen kann. Bei Überweisung der Löhne und Gehälter erfolgt der Zufluss im Moment der Kontogutschrift.

§ 38a EStG regelt ergänzend dazu, dass laufende Bezüge in dem Kalenderjahr zufließen, in dem der Lohnzahlungszeitraum endet. In diesem Sonderfall wird also das eigentliche Zuflussprinzip in der Steuer durchbrochen. Dagegen gelten sonstige Bezüge immer zum Zeitpunkt des Zuflusses als bezogen.

Beispiel 1

Ein Arbeitgeber zahlt monatlich die Löhne und Gehälter aus. Für den Monat Dezember des laufenden Jahres erfolgt die Auszahlung des Arbeitslohns erst im Januar des Folgejahres.

In diesem Fall gilt der Arbeitslohn noch als im Dezember des laufenden Jahres zugeflossen.

Beispiel 2

Werden im obigen Fall Weihnachtsgelder mit ausbezahlt, fließen diese im Januar des neuen Jahres zu und müssen der Januarabrechnung zugeordnet werden. Eine gemeinsame Abrechnung mit den laufenden Bezügen für Dezember wäre nicht möglich. Um dem zu entgehen, sollte man die Dezemberlöhne noch im Dezember überweisen. Dann gelten auch sonstige Bezüge noch im alten Jahr als zugeflossen und können gemeinsam mit den laufenden Bezügen mit der Dezemberabrechnung versteuert werden.

2.8.2 Sozialversicherung

Im Sozialversicherungsrecht galt in der Vergangenheit für die Beitragserhebung sowohl für laufende Bezüge als auch für einmalige Zuwendungen (Einmalbezüge) einheitlich das **Entstehungsprinzip**. § 22 Abs. 1 SGB IV besagt, dass Beiträge dann fällig werden, wenn der Anspruch des Arbeitnehmers auf das Arbeitsentgelt entstanden ist.

Diese Regelung hat zur Konsequenz, dass Beiträge bereits dann anfallen, wenn der Arbeitslohn geschuldet wird. Auf die tatsächliche Auszahlung kommt es nicht an.

Derartig unterschiedliche Regelungen des Steuer- und Sozialversicherungsrechts, nämlich auf der einen Seite das **Zuflussprinzip** und auf der anderen Seite das **Entstehungsprinzip**, verursachten regelmäßig Probleme und Unsicherheiten.

Hinweis

Seit dem 01.04.2003 gilt in der Sozialversicherung für **Einmalbezüge** das Zuflussprinzip. Für **laufende Bezüge** ist in der Sozialversicherung jedoch weiterhin das Entstehungsprinzip anzuwenden.

3 Ein- und Austritt von Arbeitnehmern

3.1 Neueintritt Arbeitnehmer

Beim Neueintritt eines Arbeitnehmers sind unter anderem folgende Aufgaben vom Arbeitgeber wahrzunehmen (als Hilfestellung finden Sie in Kap. 14 eine Checkliste zu diesem Thema):

- Einbehaltung der Arbeitspapiere (siehe Kap. 3.1.3);
- Feststellung steuer- und sozialversicherungsrechtlicher Merkmale aus den Arbeitspapieren;
- Feststellung der Beitragspflicht in den einzelnen Zweigen der Sozialversicherung – hier ist vor allem zu entscheiden, ob Versicherungsfreiheit oder Versicherungspflicht in der gesetzlichen Krankenversicherung besteht (siehe Kap. 5.5.3);
- seit dem 01.01.2005 ist darauf zu achten, ob für den Arbeitnehmer ein Zuschlag von 0,25 % bzw. ab 01.01.2022 von 0,35 % in der Pflegeversicherung bei Kinderlosigkeit zu erheben ist. Geht die Elterneigenschaft nicht aus den Arbeitspapieren hervor, muss ein anderer Nachweis eingefordert werden. Hat der Arbeitnehmer das 23. Lebensjahr vollendet, ist bei Kinderlosigkeit der Zuschlag zu erheben. Das Erreichen des 23. Lebensjahres muss überwacht werden (siehe Kap. 5.6.2.5);
- Anmeldung des Arbeitnehmers bei der zuständigen Krankenkasse;
- Festlegung der Entlohnungshöhe und eventueller Zulagen.

3.1.1 Anmeldung

Der Arbeitgeber muss den neuen Arbeitnehmer mithilfe des Formulars **Meldung zur Sozialversicherung** mit dem **Meldegrund „10“** bei seiner Krankenkasse anmelden.

Hinweis

Seit 2006 gilt eine einheitliche Meldefrist für alle meldepflichtigen Tatbestände (mit Ausnahme der Jahresmeldung).

Demnach müssen die Meldungen mit der nächsten Abrechnung durchgeführt werden, spätestens innerhalb von sechs Wochen nach Eintritt. Für die Jahresmeldungen ist der 15.02. des Folgejahres als spätester Meldezeitpunkt zu beachten.

Seit 2006 gilt die gesetzliche Verpflichtung zur elektronischen Durchführung aller Meldetatbestände.

3.1.2 Zuständige Krankenkasse

Wichtig

Der Arbeitnehmer ist verpflichtet, innerhalb von **zwei Wochen** nach Aufnahme seiner Beschäftigung eine **Mitgliedsbescheinigung** seiner gewählten Krankenkasse vorzulegen.

Unterlässt er dies, hat der Arbeitgeber ihn bei der Krankenkasse anzumelden, bei der er zuletzt versichert war. Ansonsten kann der Arbeitgeber die Krankenkasse frei wählen.

Bei einem privat krankenversicherten Arbeitnehmer geht die Meldung an eine beliebige gesetzliche Krankenkasse, die der Arbeitnehmer auch im Falle einer Versicherungspflicht wählen könnte.

Folgende Daten sind zu melden:

- **Versicherungsnummer** (dem Versicherungsnummernnachweis zu entnehmen oder elektronische abzurufen),
- **Personalnummer** (Angabe ist freiwillig),
- Name und Anschrift des Arbeitnehmers,
- **Grund der Abgabe** (Anmeldung Meldeschlüssel 10),
- Beginn der Beschäftigung (TT.MM.JJJJ),
- **Betriebsnummer des Arbeitgebers** (Betriebsnummer wird vom Arbeitsamt zugeteilt),
- **Personengruppe** (Mithilfe des Personengruppenschlüssels werden den Arbeitnehmern bestimmte Sozialversicherungsmerkmale zugeordnet. Kommen mehrere Möglichkeiten infrage, ist stets der niedrigste Schlüssel anzugeben.),
- Betriebsstätte Ost oder West,
- **Beitragsgruppen** (Der Beitragsgruppenschlüssel drückt aus, ob bzw. in welcher Form in den einzelnen Zweigen der Sozialversicherung Versicherungspflicht besteht.),
- **Tätigkeitsschlüssel** (Die Agentur für Arbeit hat ein Verzeichnis mit allen Schlüsseln im Internet bereitgestellt bzw. im Lohnprogramm ist diese hinterlegt.),
- **Staatsangehörigkeitsschlüssel** (Die Krankenkassen veröffentlichen Listen aller Staatsangehörigkeitsschlüssel.).

3.1.3 Übersicht Arbeitspapiere und weitere Angaben

Der Arbeitnehmer legt bei Beginn einer neuen Beschäftigung seine Arbeitspapiere vor.

Eine Übersicht wichtiger Arbeitspapiere:

- Aufenthaltserlaubnis und Arbeitserlaubnis bei ausländischen Arbeitnehmern,
- Nachweis der Staatsangehörigkeit,
- Urlaubsbescheinigung,
- Bildungsurlaubsbescheinigung,
- Bescheinigung über bereits genommene Elternzeit,
- Bescheinigung über private Krankenversicherung,
- Bescheinigung der Krankenkasse über private Mitgliedschaft,
- Nachweis über vermögenswirksame Leistungen,
- Schwerbehindertenausweis (freiwillige Angabe).

Der Arbeitgeber hat die Arbeitspapiere ordnungsgemäß für die Dauer des Dienstverhältnisses aufzubewahren. Bei Ende der Beschäftigung hat der Arbeitgeber die Arbeitspapiere umgehend dem Arbeitnehmer auszuhändigen.

Zusätzlich hat der Arbeitnehmer dem Arbeitgeber weitere Angaben mitzuteilen. Ein gesonderter Nachweis ist dafür nicht notwendig:

- Versicherungsnummer der Deutschen Rentenversicherung (Rentenversicherungsnummer),
- gesetzliche Krankenkassen,
- Steuer-Identifikationsnummer,
- Geburtsdatum,
- Haupt- oder Nebenarbeitgeber (für ELStAM-Anmeldung).

3.1.4 Lohnsteuerabzugsmerkmale

Die elektronischen Lohnsteuerabzugsmerkmale (ELStAM) werden für alle unbeschränkt einkommensteuerpflichtigen Arbeitnehmer erstellt, das sind solche Arbeitnehmer, die ihren Wohnsitz oder gewöhnlichen Aufenthalt im Inland haben. Das Einkommensteuerrecht definiert den Wohnsitz dort, wo der Steuerpflichtige auf Dauer eine Wohnung bzw. Haus tatsächlich nutzt.

Ein mindestens sechsmonatiger Inlandsaufenthalt führt zu einem gewöhnlichen Aufenthalt. Anderen Arbeitnehmern, die ihren Wohnsitz im Ausland haben und dort gemeldet sind, stellt das Finanzamt eine Bescheinigung über die für den Lohnsteuerabzug maßgeblichen Daten aus (Ersatzbescheinigung nach § 39 EStG). Diese Arbeitnehmer werden als „beschränkt steuerpflichtig" bezeichnet.

3.1.4.1 Steuer-Identifikationsnummer

Im Rahmen des Projekts „ELSTER II" hat jeder Steuerpflichtige im Jahr 2008 eine neue Steuer-Identifikationsnummer erhalten. Diese ersetzt die eTIN seit dem 01.01.2010.

Wichtig

Der Arbeitnehmer muss dem Arbeitgeber seine Steuer-Identifikationsnummer (Steuer-ID) mitteilen, da nur die persönlich bekannt gegebene Steuer-ID zur Nutzung der ELStAM-Datenbank berechtigt. Eine durch ein Konzernunternehmen rechtmäßig erhobene Steuer-ID eines Arbeitnehmers kann auch durch eine zum selben Konzern gehörende Stelle verwendet werden (§ 139b Abs. 2 Nr. 4 AO).

3.1.4.2 Bedeutung der Lohnsteuerabzugsmerkmale

Der Arbeitgeber ruft die Lohnsteuerabzugsmerkmale von der ELStAM-Datenbank ab. Die bereitgestellten Lohnsteuerabzugsmerkmale sind unbedingt einzuhalten. Weder Arbeitgeber noch Arbeitnehmer dürfen eigenständig Veränderungen daran vornehmen.

Zum Jahresende bzw. bei Beendigung des Arbeitsverhältnisses erstellt der Arbeitgeber die sogenannte Lohnsteuerbescheinigung (siehe Kap 4.9). Sinn und Zweck dieser Bescheinigung bestehen darin, das Finanzamt über die gezahlten Bruttobezüge, angefallene Lohnsteuer, Kirchensteuer, Solidaritätszuschlag usw. zu informieren. Die Lohnsteuerbescheinigung dient als Grundlage für die Einkommensteuererklärung.

Arbeitgeber, die maschinell abrechnen, müssen die Lohnsteuerbescheinigung ab dem Jahr 2005 elektronisch erstellen.

Wichtig

Spätester Abgabezeitpunkt ist immer der 28.02. bzw. 29.02. im Folgejahr (auch bei unterjährigem Austritt). Die Arbeitnehmer erhalten eine Kopie der Lohnsteuerbescheinigung (DIN-A4-Format).

3.1.4.3 Verwendung der Lohnsteuerabzugsmerkmale

Maschinelle Bereitstellung der Daten (ELStAM): Seit dem 01.01.2013 muss der Arbeitgeber die Lohnsteuerabzugsmerkmale aus der ELStAM-Datenbank abrufen.

3.1.4.4 Arbeitnehmer bleibt „Herr seiner Daten“

Damit der Arbeitnehmer „Herr seiner Daten“ bleibt, war es notwendig, ihm eine Möglichkeit zu geben, eine Zuordnung in der Datenbank vorzunehmen. Dies wird durch drei Zugriffsmöglichkeiten umgesetzt:

1. **Vollsperrung für alle Arbeitgeber:** Ob dies eine sinnvolle Möglichkeit ist, bleibt offen. Alle Arbeitgeber, die die Lohnsteuerdaten abrufen, erhalten die Meldung „keine Zugriffsberechtigung“.
2. **Negativliste für Arbeitgeber:** In diesem Fall lässt der Arbeitnehmer konkrete Arbeitgeber für den Abruf sperren. Die Zuordnung zu dem Arbeitgeber erfolgt anhand der Steuernummer. Der Arbeitnehmer kann dann alle seine Arbeitgeber sperren, die nicht die Hauptarbeitgebereigenschaft erhalten sollen.

3. **Positivliste für Arbeitgeber:** Der gemeldete Arbeitgeber erhält die Hauptarbeitgebereigenschaft, alle anderen Arbeitgeber erhalten die Meldung „keine Zugriffsberechtigung". Der Arbeitnehmer hat die Möglichkeit, bis zu zehn Arbeitgeber zu melden.

Ist der Arbeitgeber vom Arbeitnehmer gesperrt worden oder nicht in der Positivliste vorhanden, wird sein Zugriff abgelehnt. Es werden keine ELStAM übermittelt, auch nicht die Lohnsteuerklasse VI. Der Arbeitgeber muss dann reagieren und beim Arbeitnehmer nachfragen, warum er abgelehnt wird.

Hinweis

Einige Softwaresysteme werden in diesen Fällen automatisch die Lohnsteuerklasse VI setzen und eine entsprechende Meldung herausgeben.

3.1.4.5 Authentifizierung

Für den Datenabruf ist die Authentifizierung im ELSTER-Online-Portal zwingend erforderlich. Das seit 2009 notwendige Zertifikat für die Übermittlung der Lohnsteuerbescheinigung ist nur drei Jahre gültig und muss dann verlängert werden. Evtl. muss der Arbeitgeber vor dem Abruf der ELStAM-Daten eine Verlängerung beantragen.

Wird die Entgeltabrechnung durch einen Dienstleister vorgenommen, muss vor dem Initiallauf die Berechtigung des Dienstleisters für den Datenabruf geklärt werden. In der ELSTER-Datenbank (DB) muss der Arbeitgeber den Dienstleister für den Datenabruf autorisieren. Der Dienstleister ruft die Daten seinerseits mithilfe der Steuer-ID des Arbeitgebers und seiner eigenen Steuer-ID ab. Bei einem Wechsel des Dienstleisters muss der Arbeitgeber dies in der ELSTER-DB eintragen. Der alte Dienstleister ist dann gesperrt und kann keine Daten mehr abrufen. Diese Regelungen sind auch bei einer betriebs- oder konzerninternen Dienstleistung zu beachten.

3.1.4.6 Notwendige Abrufdaten

Für den Abruf sind die folgenden Daten vom Arbeitgeber vorzugeben:

- Steuer-ID des Arbeitnehmers,
- Kennzeichen Hauptarbeitgeber,
- melderechtliches Geburtsdatum,
- zu berücksichtigender Freibetrag (bei St-Kl. VI mit Freibetrag),
- Datum für ELStAM-Anmeldung ohne Eintritt,
- Datum für ELStAM-Abmeldung ohne Austritt,
- Referenzdatum Arbeitgeber (Datum, ab wann dem AG die ELStAM geliefert werden sollen).

3.1.4.6.1 Steuerliche ID-Nummer

Grundsätzlich muss der Arbeitnehmer seine Erlaubnis zum Datenabruf geben. Dafür genügt die Bekanntgabe der steuerlichen ID-Nr. Sollte der Arbeitgeber die ID-Nr. nicht vom Arbeitnehmer erhalten, darf er die Daten auch dann nicht abrufen, wenn er die ID-Nr. kennt. Beim Initiallauf kann davon ausgegangen werden, dass alle gespeicherten Arbeitnehmer die Erlaubnis gegeben haben.

3.1.4.6.2 Kennzeichen Hauptarbeitgeber

Das Feld „Hauptarbeitgeber" oder „1. Arbeitgeber" signalisiert dem System, dass die Hauptlohnsteuerklasse vergeben werden muss. Die ELSTER-Datenbank nimmt keine inhaltliche Prüfung des angemeldeten Sachverhaltes vor. Ist kein Hauptarbeitgeber vorhanden und die Anmeldung ohne das Kennzeichen erfolgt, wird die LSt-Klasse VI vergeben. Alle weiteren ELStAM werden mit übersandt.

Wichtig

Der Arbeitgeber muss die übermittelten ELStAM so verwenden, wie sie bereitgestellt werden. Er muss dies auch tun, wenn ihm die Daten suspekt vorkommen, der Arbeitnehmer z. B. LSt-Klasse I hat, obwohl er verheiratet ist. Hierbei muss berücksichtigt werden, dass der Arbeitnehmer sich durchaus ungünstigere Steuermerkmale eintragen lassen kann.

3.1.4.6.3 Melderechtliches Geburtsdatum

Vorsicht

Das Geburtsdatum muss das gleiche sein, das im Personalausweis oder im Pass steht. Es kann sein, dass der Arbeitnehmer ein Fantasiegeburtsdatum in seinen Personaldokumenten stehen hat, z. B. 00.00.JJJJ oder 30.02.JJJJ oder TT.MM.2099. In diesen Fällen ist das Geburtsdatum nicht bekannt. Um eine Sozialversicherungsnummer zu erhalten, müsste in der DEÜV aber ein „echtes" Geburtsdatum eingegeben werden, z. B. 01.01.JJJJ. Wird der Abruf mit diesem Datum aus dem Stammsatz vorgenommen, kommt es zu einer Fehlermeldung. Evtl. muss im ELStAM-Verfahren ein abweichendes steuerliches Geburtsdatum verwendet werden.

3.1.4.6.4 Zu berücksichtigender Freibetrag bei LSt-Klasse VI

Da die Lohnsteuer nur der Abschlag auf die Einkommensteuer ist, sollten die monatlichen Lohnsteuerbeträge in einem Jahr möglichst nahe an die Einkommensteuer herankommen. Die Lohnsteuerklasse VI wird allerdings ohne Freibeträge gerechnet, so dass es zu einer zu hohen Steuer kommen kann. Um diesen Nachteil bereits bei der monatlichen Entgeltabrechnung auszugleichen, konnte bei LSt-Klasse VI ein Freibetrag eingetragen werden, jeweils in Höhe des zu versteuernden Einkommens, und bei LSt-Klasse I wurde ein entsprechender Hinzurechnungsbetrag eingetragen. Im ELStAM-Verfahren wird dieser Freibetrag nicht automatisch übermittelt. Er wird vom Finanzamt in einer Summe eingetragen und der Arbeitgeber muss beim Abruf der ELStAM mit angeben, wie hoch der abzurufende Freibetrag sein soll. Diese Information muss er vom Arbeitnehmer bekommen. Alternativ können Arbeitnehmer der Finanzbehörde mitteilen, welcher Arbeitgeber den Freibetrag in der Steuerklasse VI erhalten soll. Somit entfällt die Notwendigkeit, dass der Arbeitnehmer seinen Arbeitgeber über den Freibetrag informieren muss und dieser eine Ab- und Anmeldung zum Abruf des Freibetrags vornehmen muss.

Vorsicht

Diese Regelung gilt nur bei LSt-Klasse VI, bei allen anderen LSt-Klassen wird der Freibetrag automatisch mitgeliefert.

3.1.4.6.5 Datum für ELStAM-Anmeldung ohne Eintritt

Dieses Datum wird benötigt, um Arbeitnehmer anzumelden, die vorher keinen echten Austritt hatten. Dies kann z. B. dann der Fall sein, wenn der Arbeitnehmer während der Elternzeit bei einem anderen Arbeitgeber arbeitet.

3.1.4.6.6 Datum für ELStAM-Abmeldung ohne Austritt

Dieses Datum wird benötigt, um Arbeitnehmer steuerlich abzumelden, bei denen das arbeitsrechtliche Beschäftigungsverhältnis jedoch bestehen bleibt. Dies kann z. B. dann der Fall sein, wenn der Arbeitnehmer während der Elternzeit bei einem anderen Arbeitgeber arbeitet.

3.1.4.6.7 Referenzdatum

Das Referenzdatum ist ein Datenfeld zur Identifikation des Datenabrufs. Über dieses Datum wird bei einer Abmeldung der Bezug zum richtigen Datensatz hergestellt. Beim Einstieg in das Verfahren muss das aktuelle Datum als Referenzdatum mit angegeben werden. Nach dem Start des Verfahrens ist das Referenzdatum immer das Eintrittsdatum.

Für weitere Meldungen wird auf der Datenbank eine 1:1-Beziehung hergestellt.

3.1.4.7 Bildung der ELStAM

Grundlage für die Bildung der Lohnsteuerabzugsmerkmale sind die von den Meldebehörden mitgeteilten melderechtlichen Daten, wobei die Finanzverwaltung grundsätzlich an diese melderechtlichen Daten gebunden ist.

Zuständig für die Bildung der Lohnsteuerabzugsmerkmale ist in der Regel das Wohnsitzfinanzamt des unbeschränkt einkommensteuerpflichtigen Arbeitnehmers. Ändert sich der Familienstand eines Arbeitnehmers, z. B. durch Eheschließung, Begründung einer Lebenspartnerschaft, Tod des Ehegatten/Lebenspartners oder Scheidung, führt dies automatisch dazu, dass die nach Landesrecht für das Meldewesen zuständigen Behörden die melderechtlichen Änderungen des Familienstandes an die Finanzverwaltung übermitteln.

3.1.4.8 Rückmeldung der ELStAM

Der ELStAM-Datensatz beinhaltet folgende Informationen:

- Steuer-ID des Arbeitnehmers,
- Datum der Bereitstellung,
- Datum „gültig ab“,
- Steuerklasse,
- bei Anwendung des Faktorverfahrens den Minderungsfaktor zur Steuerklasse IV,
- Religion des Steuerpflichtigen,
- ggf. auch Religion des Ehegatten/Lebenspartners,
- Freibetrag/Hinzurechnungsbetrag,
- Anzahl Kinderfreibeträge.

Nach erfolgreichem ELStAM-Abruf hat der Arbeitgeber die abgerufenen ELStAM grundsätzlich für die nächste auf den Abrufzeitpunkt folgende Lohnabrechnung anzuwenden und im Lohnkonto aufzuzeichnen.

Der Datensatz enthält nur dann ein Kirchensteuermerkmal, wenn in dem Bundesland des Arbeitgebers Kirchensteuer einbehalten werden muss.

3.1.4.9 Aktionen beim Eintritt

Aktionen beim Eintritt eines Arbeitnehmers:

1. Der Arbeitnehmer muss dem Arbeitgeber seine Steuer-ID und sein amtliches Geburtsdatum (aus dem Personaldokument) nennen. Die Daten werden in dem System gespeichert. Hat der Arbeitnehmer eine Positivliste auf der ELSTER-Datenbank eingerichtet, muss er den Arbeitgeber zulassen.
2. Eine Anmeldung kann erst nach dem Eintrittsdatum erfolgen. Evtl. ist ein Wiedervorlagedatum zu erfassen. In Zukunft soll es möglich sein, die Anmeldung vorher durchzuführen (Zukunftsmeldung).
3. Der Arbeitgeber meldet den Mitarbeiter auf der ELSTER-Datenbank an und übermittelt die Steuer-ID und das Geburtsdatum des Arbeitnehmers sowie die Steuernummer des Arbeitgebers. Sollte ein Dienstleister die Payroll ausführen, ist dessen Steuernummer zu melden. Dabei ist zu beachten, dass Unternehmen häufig mehrere Steuernummern erhalten (für Umsatzsteuer, für Lohnsteuer, für Körperschaftssteuer). Für die Teilnahme an ELStAM muss die Steuernummer verwendet werden, mit der auch die Lohnsteueranmeldung (siehe Kap. 6.2.2.1) übermittelt wird.
4. Der Arbeitgeber (Dienstleister) erhält eine E-Mail, dass die Daten bereitstehen.
5. Der Arbeitgeber ruft die Daten ab und spielt sie in sein System ein.

In der ELStAM-Datenbank kann eine falsche Anmeldung (derzeit) nicht storniert werden. Um eine mit falschem Datum vorgenommene Anmeldung zurückzunehmen, ist gegenwärtig nur der Weg über eine Abmeldung am gleichen Tag möglich. In diesem

Fall wird aber in der Datenbank ein steuerliches Arbeitsverhältnis von einem Tag gespeichert. Hierbei ist allerdings zu beachten, dass mit der Anmeldung automatisch beim alten Arbeitgeber eine Abmeldung vorgenommen wird. Diese muss korrigiert werden.

Beispiel

Arbeitnehmer soll zum 01.04. eingestellt werden.

Neuer AG – meldet den AN zum 01.04. an und erhält LSt-Klasse I

Alter AG – hat noch nicht abgemeldet und erhält für April die LSt-Klasse VI

Neuer AG – Personalabteilung informiert, dass AN erst am 01.05. beginnt

Neuer AG – Abmeldung des AN zum 01.04. – damit Arbeitsverhältnis von 1 Tag

Alter AG – meldet den AN zum 01.04. ab

Alter AG – meldet den AN zum 02.04. an – bekommt LSt-Klasse I

3.1.5 Sozialversicherungsnachweis

3.1.5.1 Allgemeines

Der Rentenversicherungsträger verschickt an alle Versicherten einen Nachweis mit der Sozialversicherungsnummer (ehemals SV-Ausweis). Dieser enthält die Versicherungsnummer und die persönlichen Daten des Arbeitnehmers. Mit dem 8. SGB IV-Änderungsgesetz wurde der Sozialversicherungsausweis in seiner bisherigen Form abgeschafft und durch den Sozialversicherungsnummernnachweis ersetzt. Diesen stellt weiterhin die Deutsche Rentenversicherung aus.

Seit 2005 wird die Rentenversicherungsnummer bereits mit der Geburt zugeteilt, weil sie zur Bildung der Krankenversichertennummer verwendet wird. Die Rentenversicherungsnummer wird also bereits Neugeborenen von der Deutschen Rentenversicherung zugeteilt und schriftlich mitgeteilt.

Dies erfolgte bis 2011 mit dem hochoffiziellen, von der Bundesdruckerei hergestellten SV-Ausweis; seit 2012 gibt es dafür ein schlichtes Anschreiben der Deutschen Rentenversicherung. Ab dem 01.01.2023 wird dieses Schreiben per Gesetz in Versicherungsnummernachweis umbenannt.

Bislang müssen Arbeitnehmende ihrem Arbeitgebenden bei Beschäftigungsaufnahme den SV-Ausweis vorlegen, damit eine Aufnahme in die Entgeltunterlagen erfolgen und die Nummer für das DEÜV-Meldeverfahren verwendet werden kann.

Der Sozialversicherungsausweis enthielt die in § 18h Abs. 1 Satz 1 SGB IV bestimmten sowie zusätzlichen Angaben:

1. den Aufdruck „Sozialversicherungsausweis“ (mehrsprachig),
2. die Versicherungsnummer,

3. den Familiennamen,
4. den Geburtsnamen,
5. den Vornamen,
6. den Aufdruck „Deutsche Rentenversicherung“,
7. das Ausstellungsdatum und
8. die Nummern 2 bis 5 und 7 codiert aufgebracht.

Sozialversicherungsausweis

Deutsche Rentenversicherung

Sozialversicherungsausweis

Social Insurance Card
Carte d'assurance sociale
Tessera di previdenza sociale
Tarjeta de seguridad social
Ταυτότπτα κοίνωνίκής ασφάλίσπς
Sosyal Sigorta kimlik kartinizi
Legitymację ubezpieczenia społecznego

Versicherungsnummer:
12 010564 M 518
Name, Vorname:
Mustermann, Erika
Geburtsname:
Musterfrau
ausgestellt am:
16.10.2020

Abbildung 3.1: Alter Sozialversicherungsausweis

Bereits seit mehreren Jahren gibt es aber auch ein elektronisches Abfrageverfahren, mit dem die Arbeitgebenden die Versicherungsnummer direkt bei der Datenstelle der Rentenversicherung anfordern können.

Dieses Verfahren hat sich in der Praxis bewährt und wird ab dem 01.01.2023 für den Fall verpflichtend, dass Beschäftigte nicht selbst die Nummer mitteilen (beispielsweise über den Personalfragebogen). Für die Versicherungsnummernabfrage ist der entsprechende Datensatz (DSVV) mit den Datenbausteinen Name, Geburtsangaben und Anschrift (DBNA, DBGB und DBAN) zu verwenden.

Die Datenstelle der Rentenversicherung übermittelt dem Arbeitgebenden daraufhin unverzüglich die Versicherungsnummer zurück – oder den Hinweis, dass die Vergabe der Versicherungsnummer mit der DEÜV-Anmeldung erfolgt.

3.1.6 Mitführungspflicht von Personaldokumenten

Der SV-Ausweis war für eine Prüfung nicht ausreichend und wurde daher nicht für Prüfungszwecke herangezogen.

Arbeitnehmer, die in den nachstehend genannten Branchen arbeiten, müssen Personaldokumente mitführen. Dies kann der Personalausweis oder der Pass sein. Ein Führerschein wird nicht akzeptiert.

Der Arbeitgeber muss seine betroffenen Arbeitnehmer über die Mitführungs- und Vorlagepflicht informieren. Der Nachweis über die Information ist den Lohnunterlagen beizulegen.

Unterlässt der Arbeitgeber die Information oder kann er sie nicht nachweisen, können Bußgelder erhoben werden (bis 1.000 €). Haben Arbeitnehmer ihre Personalpapiere nicht dabei, kann ihnen ein Bußgeld (bis 5.000 €) drohen. Branchen, in denen die Arbeitnehmer ihre Personaldokumente mitführen müssen, sind:

- Bau,
- Gaststätten- und Beherbergungsgewerbe,
- Personenbeförderung,
- Speditions-, Transport- und damit verbundene Logistikgewerbe,
- Schaustellergewerbe,
- Forstwirtschaft,
- Gebäudereinigung,
- Auf- und Abbau von Messen und Ausstellungen,
- Fleischwirtschaft.

3.2 Ende der Beschäftigung

3.2.1 Tätigkeiten bei Austritt

Beim Austritt eines Arbeitnehmers hat der Arbeitgeber eine Reihe von Pflichten zu erfüllen (als Hilfestellung finden Sie in Kap. 14 eine Checkliste zu diesem Thema).

Dazu gehören z. B.:

- Abschluss des Lohnkontos,
- elektronische Übermittlung der Lohnsteuerbescheinigung,
- Abmeldung des Arbeitnehmers bei der zuständigen Krankenkasse,
- Bescheinigung über den bereits gewährten bzw. abgegoltenen Urlaub,
- Bescheinigung über bereits genommene Elternzeit,
- Ausstellung eines qualifizierten Arbeitszeugnisses,
- Übermittlung der sogenannten Arbeitsbescheinigung, die der Agentur für Arbeit zur Berechnung eines eventuellen Arbeitslosengeldes dient (nur auf Anforderung).

Hinweis

Über die Besonderheiten, die sich bei einem Austritt oder auch Eintritt **während** des Monats, also nicht zum Monatsletzten bzw. Monatsersten, ergeben, gibt das Kap. **Teillohnzahlungszeitraum** (siehe Kap. 7) Auskunft.

3.2.2 Abmeldung ausgeschiedener Arbeitnehmer

3.2.2.1 ELStAM

Aktionen beim Austritt eines Arbeitnehmers:

1. Die Daten werden in dem System gespeichert.
2. Der Arbeitgeber meldet den Mitarbeiter bei der ELStAM-Datenbank ab. Bei einer Nachzahlung von laufenden Bezügen (z. B. Mehrarbeit) muss nach den Merkmalen des Austrittsmonats abgerechnet werden. Da im System die ELStAM bis zum Austrittsdatum gespeichert sind, erfolgt die Rückrechnung problemlos. Werden „sonstige Bezüge", also einmalige Zahlungen, vorgenommen, muss sich der Arbeitgeber erneut anmelden. Je nach Status erfolgt die Abrechnung mit der LSt-Klasse VI (Nebenarbeitgeber) oder LSt-Klasse I bis V (Hauptarbeitgeber).

3.2.2.2 Sozialversicherung

Ausgeschiedene Mitarbeiter müssen bei ihrer Krankenkasse abgemeldet werden. Als Abgabegrund ist der Meldeschlüssel 30 (Ende einer versicherungspflichtigen Beschäftigung) anzugeben. Die Abmeldung ist mit der nächsten Entgeltabrechnung an die Krankenkasse zu entrichten, bei welcher der Arbeitnehmer versichert ist bzw. an welche die Beiträge für ihn abgeführt wurden.

3.2.2.3 Meldung Unfallversicherung

Seit dem Meldejahr 2015 ist erstmals die UV-Jahresmeldung (Meldegrund 92) zu erstellen. Diese Meldung ist auch beim Austritt des Arbeitnehmers neben der Meldung zur Sozialversicherung abzusetzen.

Hinweis

Eine Übersicht über die verschiedenen Meldegründe, die nach der DEÜV (Datenerfassungs- und übermittlungsverordnung) anzugeben sind, befindet sich im Anhang dieses Buches (siehe Kap. 13.6).

4 Steuerrechtliche Abzüge

4.1 Rechtsgrundlagen

Die nachstehende Auflistung zeigt einige für das Steuerrecht relevante Rechtsgrundlagen:

- Einkommensteuergesetz (EStG),
- Gewerbesteuergesetz (GewStG),
- Umsatzsteuergesetz (UStG),
- Vermögensbildungsgesetz (VermBG),
- Abgabenordnung (AO),
- Alterseinkünftegesetz (AltEinkG),
- Lohnsteuerdurchführungsverordnung (LStDV),
- Lohnsteuerrichtlinien (LStR),
- Amtliche Hinweise zu den Lohnsteuerrichtlinien (LStH),
- Solidaritätszuschlagsgesetz (SolZG),
- BMF-Schreiben,
- Erlasse der Finanzministerien der Länder,
- Auslandstätigkeitserlass (ATE),
- Doppelbesteuerungsabkommen (DBA),
- Grundsätze zur ordnungsmäßigen Führung und Aufbewahrung von Büchern, Aufzeichnungen und Unterlagen in elektronischer Form sowie zum Datenzugriff (GoBD),
- Rechtsprechung des Bundesfinanzhofs (BFH) und der Finanzgerichte (FG).

4.2 Lohnsteuer

4.2.1 Lohnsteuer als Teil der Einkommensteuer

Der Einkommensteuer unterliegen nach § 2 Abs. 1 EStG folgende Einkünfte:

- Einkünfte aus Land- und Forstwirtschaft (§ 13 EStG),
- Einkünfte aus Gewerbebetrieb (§ 15 EStG),
- Einkünfte aus selbständiger Arbeit (§ 18 EStG),
- Einkünfte aus nichtselbständiger Arbeit (§ 19 EStG),
- Einkünfte aus Kapitalvermögen (§ 20 EStG),
- Einkünfte aus Vermietung und Verpachtung (§ 21 EStG),
- sonstige Einkünfte im Sinne des § 22 EStG (z. B. Renten).

Die Lohnsteuer ist eine besondere Erhebungsform der Einkommensteuer und somit keine eigene Steuerart. Lohnsteuer fällt für Arbeitslohn an. Arbeitslohn gehört zu den Einkünften aus nichtselbständiger Tätigkeit.

Der Arbeitgeber ist verpflichtet, die Lohnsteuer richtig zu berechnen und fristgerecht an das Finanzamt abzuführen. Für falsch abgeführte Lohnsteuerbeträge kann er in Haftung genommen werden.

In der Einkommensteuer gibt es nur zwei Berechnungsmethoden, die „Grundtabelle" für Ledige und die „Splittingtabelle" für Verheiratete/Lebenspartnerschaften. Grundsätzlich kann davon ausgegangen werden, dass die Einkommensteuer in der Splittingtabelle (wenn beide Ehepartner/Lebenspartner ein Einkommen haben) mit der Einkommensteuer in der Grundtabelle identisch ist, wenn beide Ehepartner/Lebenspartner einzeln betrachtet werden. Die nachstehende Tabelle soll dies verdeutlichen:

Verdienst	**Grundtabelle**	**Splittingtabelle**
20.000 €	1.956 €	0 €
30.000 €	4.700 €	1.472 €
40.000 €	7.828 €	3.912 €
50.000 €	11.343 €	6.560 €
60.000 €	15.242 €	9.400 €
70.000 €	19.651 €	12.432 €
80.000 €	24.350 €	15.656 €
20.000 € + 40.000 €	15.242 €	9.400 €
20.000 € + 60.000 €	24.350 €	15.656 €
30.000 € + 30.000 €	15.242 €	9.400 €
30.000 € + 50.000 €	24.350 €	15.656 €
40.000 € + 40.000 €	24.350 €	15.656 €

Tabelle 4.1: Vergleich Einkommensteuer – Lohnsteuer;
Basis ist die am 01.01.2023 verfügbare Lohnsteuerberechnung

4.2.2 Berechnung der steuerlichen Abzüge

Die Ausgangsbasis für die Berechnung der Lohnsteuer bildet das Steuerbrutto. Es ermittelt sich aus dem Gesamtbrutto (Summe aller Bruttobezüge) abzüglich steuerfreier und pauschalierter Bezüge.

Der Abzug eventueller Freibeträge bzw. die Addition von Hinzurechnungsbeträgen ergibt die Bemessungsgrundlage (Berechnungsgröße) für die Lohnsteuerermittlung.

Steuerbrutto

– monatliche persönliche Freibeträge

+ monatliche persönliche Hinzurechnungsbeträge

– zu berücksichtigende Beiträge zu KV und PV

– monatliche allgemeingültige Freibeträge

= Bemessungsgrundlage für die Steuerberechnung

4.2.3 Steuertarif

Der Steuertarif unterteilt sich in mehrere Tarifzonen:

Tarifzone 1 (Nullzone): Ist das zu versteuernde Einkommen (zvE) pro Jahr nicht höher als 10.908 €, fällt keine Einkommensteuer an.

Tarifzone 2 (Progressionszone 1): Erst wenn das (abgerundete) zvE 10.908 € übersteigt, fällt Einkommensteuer an. Im Eingangsbereich der Tarifzone 2 gilt ein Grenzsteuersatz von 14 % (Eingangssteuersatz). Danach steigt der Grenzsteuersatz bis zu einem zvE von 15.999 € linear auf rund 24 % an. Der Grenzsteuersatz steigt somit in dieser Zone für je 1.000 € zusätzliches Einkommen um rund 1,95 Prozentpunkte.

Tarifzone 3 (Progressionszone 2): Ab einem zvE von 16.000 € bis zu 62.809 € steigt der Grenzsteuersatz dann ebenfalls linear, aber nicht mehr so steil wie in Tarifzone 2, von 24 % bis auf 42 % an. Der Grenzsteuersatz steigt somit in dieser Zone für je 1.000 € zusätzliches Einkommen um rund 0,46 Prozentpunkte.

Über beide Progressionszonen betrachtet steigt der Grenzsteuersatz für je 1.000 € zusätzliches Einkommen durchschnittlich um rund 0,62 Prozentpunkte.

Tarifzone 4 (Proportionalzone 1): Ab einem zvE von 62.810 € bleibt der Grenzsteuersatz konstant bei 42 %; d. h., von jedem Euro, um den sich das zvE in dieser Zone erhöht, wird – ohne Berücksichtigung der Rundungsregelung – eine Steuer von 0,42 € fällig. Dies gilt bis zu einem Betrag von 277.825 € für Ledige bzw. 555.650 € für Verheiratete/Lebenspartnerschaften.

Tarifzone 5 (Proportionalzone 2): Diese zweite Proportionalzone wurde als sogenannte „Reichensteuer“ ab 2007 hinzugefügt. Ab einem zvE von 277.826 € (Ledige) bzw. 555.652 € (Verheiratete/Lebenspartnerschaften) beträgt der Grenzsteuersatz 45 %, d. h., von jedem Euro, um den sich das zvE in dieser Zone erhöht, wird – ohne Berücksichtigung der Rundungsregelung – eine Steuer von 0,45 € fällig.

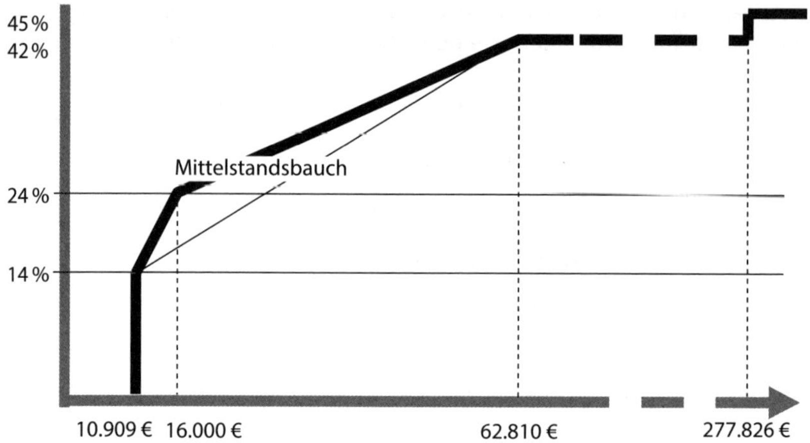

Abbildung 4.1: Steuertarif

Hinweis

Die vorstehend genannten Werte beziehen sich auf die Grundtabelle. In der Splittingtabelle sind die Eurowerte zu verdoppeln.

Hinweis

Der Grundfreibetrag wurde für 2023 auf 10.908 € erhöht.

4.2.3.1 Unterschiedliche Formen

Zu unterscheiden sind die allgemeine Lohnsteuertabelle und die besondere Lohnsteuertabelle. Mit dem Begriff „Tabelle" ist eine besondere Berechnungsformel gemeint, da durch den Formeltarif keine Tabellen mehr veröffentlicht werden.

Im Normalfall ist für Beschäftigte in der Privatwirtschaft die allgemeine Lohnsteuertabelle anzuwenden.

Die besondere Lohnsteuertabelle berücksichtigt solche Arbeitnehmer, die keinen eigenen Anteil zur Rentenversicherung bezahlen müssen (z. B. Gesellschafter-Geschäftsführer, Beamte, weiterbeschäftigte Altersrentner mit Vollrente).

Für diese Beschäftigten wird nur eine gekürzte Vorsorgepauschale gewährt, die in die besondere Lohnsteuertabelle eingearbeitet ist. Somit ergibt sich aus der besonderen Lohnsteuertabelle eine höhere Lohnsteuer. Sowohl die allgemeine als auch die besondere Lohnsteuertabelle unterteilen sich in die:

- Monatslohnsteuertabelle für den laufenden Arbeitslohn,
- Jahreslohnsteuertabelle für sonstige Bezüge,
- Tageslohnsteuertabelle für Teillohnzahlungszeiträume.

Der Lohnsteuerabzug erfolgt entsprechend den über das ELStAM-Verfahren gemeldeten steuerrechtlichen Merkmalen (Steuerklasse, Kinderfreibeträge, Konfession, Freibeträge).

Laufende Bezüge, die dem Arbeitnehmer gemäß LStR 39b.2 regelmäßig fortlaufend zufließen, wie beispielsweise:

- Monatsgehälter,
- Monatslöhne,
- Mehrarbeitsvergütungen,
- Zuschläge,
- geldwerte Vorteile aus der ständigen Überlassung von Dienstwagen zur privaten Nutzung,
- Nachzahlungen und Vorauszahlungen für das laufende Kalenderjahr,
- Arbeitslohn für Lohnzahlungszeiträume des abgelaufenen Kalenderjahres, der innerhalb der ersten drei Wochen des nachfolgenden Kalenderjahres zufließt,

werden für die Berechnung der Lohnsteuer den Lohnzahlungszeiträumen zugerechnet, für die sie geleistet werden. Die Lohnsteuer errechnet sich dabei aus der Monats-, Wochen- oder Tagestabelle.

Die Tagestabelle kommt dann zum Einsatz, wenn ein sogenannter **Teillohnzahlungszeitraum** entsteht, z. B. beim Eintritt oder Austritt während des Monats.

Sonstige Bezüge bilden den Gegensatz zum laufenden Arbeitslohn. Beispiele dafür sind:

- Urlaubsgelder,
- Weihnachtsgelder,
- Abfindung,
- Tantieme,
- Nachzahlung von Arbeitslohn für das Vorjahr.

Solche Bezüge werden nicht regelmäßig, sondern meistens nur einmal im Jahr zweckgebunden und zusätzlich zum laufenden Arbeitslohn vergütet (LStR 39b.2). Sonstige Bezüge sind unter Anwendung eines besonderen Berechnungsverfahrens nach der **Lohnsteuerjahrestabelle** in dem Monat zu versteuern, in dem sie dem Arbeitnehmer zufließen (Zuflussprinzip).

4.2.4 Steuerklassen

Steuerklassen dienen zur Erleichterung des Lohnsteuerabzugs durch den Arbeitgeber. Der Gesetzgeber hat die verschiedenen Frei- und Pauschbeträge des Einkommensteuerrechts bereits in die Lohnsteuertabellen, die nach Steuerklassen unterteilt sind, eingearbeitet. Somit werden diese bereits beim monatlichen Lohnsteuerabzug berücksichtigt.

Es gibt sechs verschiedene Steuerklassen:

- **Steuerklasse I:**
  - ledige oder geschiedene Arbeitnehmer,
  - Verheiratete, aber dauernd getrennt Lebende oder Ehegatte/Lebenspartner im Ausland lebend,
  - Verwitwete (Ausnahme im Todesjahr und im darauffolgenden Jahr, dann LSt-Klasse III).
- **Steuerklasse II:**
  - die unter Steuerklasse I genannten Arbeitnehmer, in deren Wohnung mindestens ein Kind gemeldet ist, für welches sie einen Kinderfreibetrag erhalten. Es wird den sogenannten **echten Alleinerziehenden** ein **Entlastungsbetrag** in Höhe von **4.260 €** jährlich bzw. **355 €** monatlich gewährt. Alleinerziehende Arbeitnehmer, in deren Wohnung noch andere Erwachsene (außer eigenen Kindern, für die noch Kindergeld gezahlt wird) mit Haupt- oder Nebenwohnsitz gemeldet sind, erhalten den Entlastungsbetrag grundsätzlich nicht.

Hinweis

Mit dem Jahressteuergesetz 2022 wurde der Entlastungsbetrag für Alleinerziehende ab dem 01.01.2023 um 252 € auf 4.260 € erhöht.

- **Steuerklasse III:**
  - verheiratete Arbeitnehmer/Lebenspartnerschaften, die im Inland nicht dauernd getrennt leben und deren Ehegatte/Lebenspartner keinen Arbeitslohn bezieht oder in Steuerklasse V eingereiht ist,
  - verwitwete Arbeitnehmer, deren Ehegatte/Lebenspartner am bzw. nach dem 01.01. des Vorjahres verstorben ist. Diese Arbeitnehmer bleiben im Todesjahr des Ehegatten/Lebenspartners und ein Jahr danach noch in Steuerklasse III (Gnadensplitting). Erfüllen diese Arbeitnehmer die Voraussetzungen für die Steuerklasse II (Alleinerziehende), können sie sich den Entlastungsbetrag innerhalb der Steuerklasse III als Freibetrag eintragen lassen.
- **Steuerklasse IV:**
  - verheiratete Arbeitnehmer/Lebenspartnerschaften, die beide Arbeitslohn beziehen, nicht dauernd getrennt leben und im Inland wohnen.
  - Hinweis: Eine zusätzliche Option ist Steuerklasse IV mit einem Faktor (siehe Kap. 4.2.4.2).
- **Steuerklasse V:**
  - verheiratete Arbeitnehmer/Lebenspartnerschaften, bei denen der Ehegatte/Lebenspartner bereits Arbeitslohn in Steuerklasse III bezieht.
- **Steuerklasse VI:**
  - wenn ein Arbeitnehmer gleichzeitig in mehreren Arbeitsverhältnissen steht,
  - bei schuldhafter Nichtvorlage der steuerlichen ID-Nummer.

4.2.4.1 Steuerklassenwahl bei Ehegatten/ Lebenspartnerschaften

Arbeiten beide Ehegatten/Lebenspartner, erfolgt grundsätzlich eine gemeinsame Besteuerung. Beim Lohnsteuerabzug eines Ehegatten/Lebenspartners wird nur dessen eigener Arbeitslohn zugrunde gelegt.

Die Zusammenführung der Arbeitseinkünfte beider Ehegatten/Lebenspartner wird am Jahresende im Rahmen der Veranlagung zur Einkommensteuer vorgenommen. Erst dann ergibt sich die maßgebliche Jahressteuer. Es lässt sich deshalb nicht vermeiden, dass im Laufe des Jahres zu viel oder zu wenig Lohnsteuer einbehalten wird.

Um das Jahresergebnis möglichst genau im Voraus zu berechnen, können die Ehegatten/Lebenspartner zwischen zwei Steuerklassenkombinationen wählen:

- Steuerklasse III/V:
  Diese Kombination ist so gestaltet, dass die Summe der Steuerabzüge für beide Ehegatten/Lebenspartner in etwa der gemeinsamen Jahressteuer entspricht, wenn der in Steuerklasse III eingestufte Ehegatte/Lebenspartner ca. 60 % und der in Steuerklasse V eingestufte Ehegatte/Lebenspartner ca. 40 % des gemeinsamen Arbeitslohns bezieht.
- Steuerklasse IV/IV:
  Diese Kombination geht davon aus, dass beide Ehegatten/Lebenspartner etwa gleich viel verdienen.
  Eine optionale Erweiterung ist seit 2010 möglich. Ehegatten/Lebenspartner können sich einen Faktor in ihren persönlichen ELStAM eintragen lassen, der dann in Kombination mit Steuerklasse IV/IV wirkt.

4.2.4.2 Faktorverfahren

Ab dem 01.01.2010 können Ehegatten/Lebenspartner das Faktorverfahren für ihre Lohnsteuerberechnung wählen. Dabei werden die Einkommen der Ehegatten/Lebenspartner im Rahmen einer Verhältnisberechnung addiert. Auf der Grundlage dieses Gemeinschaftseinkommens wird dann die zu erwartende Einkommensteuer berechnet und wiederum ins Verhältnis zu der zu erwartenden Jahreslohnsteuer gestellt. Ist der sich hieraus ergebende Faktor kleiner als 1, wird in den ELStAM beider Ehepartner/Lebenspartner ein Faktor eingetragen.

Die Lohnsteuer wird dann auf der Basis der Steuerklasse IV berechnet und mit dem Faktor multipliziert. Dieses Faktorverfahren ist optional und kann zukünftig neben den alten Lohnsteuerkombinationen III/V und IV/IV genutzt werden.

Die Daten der geänderten ELStAM (Lohnsteuerklasse und Faktor) müssen in dem EDV-System gespeichert werden. Das Programm errechnet die Lohnsteuer auf der Grundlage der Lohnsteuerklasse IV und multipliziert den Betrag mit dem Faktor.

4.2.4.2.1 Beispiel für die Ermittlung des Faktors

Die Arbeitnehmer-Ehegatten/-Lebenspartner beantragen das Faktorverfahren bei ihrem zuständigen Finanzamt. Für die Ermittlung des maßgeblichen Faktors sind die voraussichtlichen Arbeitslöhne des laufenden Jahres aus den ersten Dienstverhältnissen anzugeben. Auf dieser Grundlage wird

- die voraussichtliche gemeinsame Einkommensteuer nach dem Splittingtarif ermittelt (Y) und
- die Summe der voraussichtlichen Lohnsteuer beider Ehegatten/Lebenspartner in der Steuerklasse IV (X) ermittelt.

Der Faktor wird aus Y:X berechnet und – wenn er kleiner als 1 ist – neben der Steuerklasse IV in den ELStAM mit drei Nachkommastellen eingetragen.

Beispiel 1

Basis 2023

Stpfl. 1 =	30.000 € – LSt-Kl. IV =	2.786,00 €
Stpfl. 2 =	10.000 € – LSt-Kl. IV =	0,00 €
Einkommensteuer nach Splitting (v. Finanzamt ausgerechnet) =		1.432,00 €
Faktor = 1.432 : 2.786 = 0,513		
Neu:		
Stpfl. 1 =	30.000 € – LSt-Kl. IV mit Faktor = (zum Vergleich mit LSt-Klasse III = 168,00 €)	1.429,00 €
Stpfl. 2 =	10.000 € – LSt-Kl. IV mit Faktor = (zum Vergleich mit LSt-Klasse V = 928,00 €)	0,00 €

Bei der Lohnsteuerklassenkombination III/V hätten die Ehepartner/Lebenspartner im Jahresverlauf 336 € zu wenig bezahlt. Diese Differenz würde bei der Einkommensteuererklärung nachgefordert.

Beispiel 2

Basis 2023

Stpfl. 1 =	40.000 € – LSt. IV =	5.089,00 €
Stpfl. 2 =	20.000 € – LSt. IV =	737,00 €
Einkommensteuer nach Splitting (v. Finanzamt ausgerechnet) =		5.562,00 €
Faktor = 5.562 : 5.826 = 0,954		
Neu:		
Stpfl. 1 =	40.000 € – LSt-Kl. IV mit Faktor = (zum Vergleich mit LSt-Klasse III = 1.770,00 €)	4.854,00 €
Stpfl. 2 =	20.000 € – LSt-Kl. IV mit Faktor = (zum Vergleich mit LSt-Klasse V = 2.804,00 €)	703,00 €

Bei der Lohnsteuerklassenkombination III/V hätten die Ehepartner/Lebenspartner im Jahresverlauf 988 € zu wenig bezahlt. Diese Differenz würde bei der Einkommensteuererklärung nachgefordert. Das Finanzamt kann bei einer Nachforderung von mehr als 400 € eine Einkommensteuervorauszahlung ansetzen.

Basis ist die am 01.01.2023 verfügbare Lohnsteuerberechnung. Es wurde der durchschnittliche Zusatzbeitrag in der gesetzlichen Krankenversicherung berücksichtigt.

Hinweis

Die Faktorberechnung kann unter *www.bmf-steuerrechner.de* selbst durchgeführt werden.

4.2.4.2.2 Auswirkungen auf Entgeltersatzleistungen

Die geänderten Nettobeträge haben Auswirkungen auf die Lohnersatzleistungen:

- Arbeitslosengeld,
- Mutterschaftsgeld,
- Krankengeld,
- Elterngeld,
- Altersteilzeit (ATZ)-Aufstockung.

Durch die Nutzung des Faktorverfahrens kann es zu einem erhöhten Netto kommen. Dies wirkt sich bei der Berechnung des Zuschusses zum Krankengeld oder Mutterschaftsgeld sowie bei der ATZ-Berechnung aus.

Bei der Pfändungsberechnung kann das Faktorverfahren vom Schuldner genutzt werden, um seine Steuerbelastung zu erhöhen und damit sein Netto zu verringern. Dies kann sich auf die Höhe des pfändbaren Betrags auswirken. Da die Anwendung des Faktorverfahrens legitim ist, muss der Arbeitgeber dies in der Pfändungsberechnung umsetzen. Der Gläubiger kann eine evtl. Einkommensteuerrückzahlung pfänden.

4.2.4.3 Beispiele Steuerklassenkombination Ehegatten/ Lebenspartnerschaften

Die Beispiele beziehen sich auf die Jahreslohnsteuer. Der sich ergebende Vorteil ist nur während des laufenden Jahres interessant. In der Einkommensteuerveranlagung kann es in den Steuerklassen III/V und IV/IV zu Nach- oder Rückzahlungen kommen. Bei der Nutzung des Faktorverfahrens wird die Lohnsteuer an die Einkommensteuer angelehnt. Eine Nach- oder Rückzahlung kann vorkommen, wenn Faktoren zu berücksichtigen sind, die bei der Faktorermittlung nicht bekannt waren.

Auf der Internetseite des Bundesministeriums der Finanzen (*www.bmf-steuerrechner.de*) ist ein Berechnungsprogramm vorhanden.

Beispiel 1

Basis 2023

Steuerpflichtiger 1 Einkommen: 48.000,00 €

Steuerpflichtiger 2 Einkommen: 42.000,00 €

Einkommensteuer nach Splitting: 12.672 € – Faktor: 0,998

Steuer-pflichti-ger	St-Kl.	Lohn-steuer in €	Steuer-pflichti-ger	St-Kl.	Lohn-steuer in €	Summe in €	Diff. zur Ein-kommen-steuer in €
1	III	3.362,00	2	V	10.035,00	13.397,00	725,00
1	IV	7.115,00	2	IV	5.580,00	12.695,00	23,00
1	IV F	7.100,00	2	IV F	5.568,00	12.668,00	–4,00

Beispiel 2

Basis 2023

Steuerpflichtiger 1 Einkommen: 36.000,00 €

Steuerpflichtiger 2 Einkommen: 18.000,00 €

Einkommensteuer nach Splitting: 4.232 € – Faktor: 0,938

Steuer-pflichti-ger	St-Kl.	Lohn-steuer in €	Steuer-pflichti-ger	St-Kl.	Lohn-steuer in €	Summe in €	Diff. zur Ein-kommen-steuer in €
1	III	1.064,00	2	V	2.043,00	3.107,00	–1.125,00
1	IV	4.137,00	2	IV	370,00	4.507,00	275,00
1	IV F	3.880,00	2	IV F	347,00	4.227,00	–5,00

Beispiel 3

Basis 2023

Steuerpflichtiger 1 Einkommen: 48.000,00 €

Steuerpflichtiger 2 Einkommen: 12.000,00 €

Einkommensteuer nach Splitting: 5.486 € – Faktor: 0,771

Steuer-pflichti-ger	St-Kl.	Lohn-steuer in €	Steuer-pflichti-ger	St-Kl.	Lohn-steuer in €	Summe in €	Diff. zur Ein-kommen-steuer in €
1	III	3.362,00	2	V	1.149,00	4.511,00	–975,00
1	IV	7.115,00	2	IV	0,00	7.115,00	1.629,00
1	IV F	5.485,00	2	IV F	0,00	5.485,00	–1,00

Basis ist die am 01.01.2023 verfügbare Lohnsteuerberechnung. Es wurde der durchschnittliche Zusatzbeitrag in der gesetzlichen Krankenversicherung berücksichtigt.

4.3 Beitrag zur Kranken- und Pflegeversicherung

4.3.1 Bürgerentlastungsgesetz

Nach altem Recht konnten steuerpflichtige Arbeitnehmer im Jahr max. 1.500 € für Versicherungsbeiträge bei der Einkommensteuer geltend machen. Diese Regelung wurde vom Bundesverfassungsgericht am 13.02.2008 (2 BvL 1/06) als nicht mit dem Grundgesetz vereinbar bewertet. Das BVerfG forderte die Bundesregierung auf, bis spätestens 01.01.2010 eine gesetzliche Änderung vorzunehmen und die volle Absetzbarkeit der Beiträge zur Kranken- und Pflegeversicherung zu regeln. Diese Vorgabe wurde im „Bürgerentlastungsgesetz“ umgesetzt.

Nach dem Urteil des BVerfG müssen Kranken- und Pflegeversicherungsbeträge vollständig als Sonderausgaben abziehbar sein. Allerdings werden nur Beiträge berücksichtigt, die das vergleichbare Leistungsspektrum eines Sozialhilfeempfängers abdecken. Mit dem Beitrag zur gesetzlichen Krankenversicherung wird u. a. Krankengeld finanziert. Dieser Anteil ist herauszurechnen und deshalb wird in der gesetzlichen Krankenversicherung (GKV) der ermäßigte Beitragssatz von 14,0 % angewendet – allerdings nur im Lohnsteuerabzugsverfahren, bei der Berechnung der Einkommensteuer wird dagegen der allgemeine Beitragssatz genommen und der sich ergebende Betrag um 4 % gekürzt.

Bei Mitgliedern der privaten Krankenversicherung (PKV) ist der berücksichtigungsfähige Beitrag zu ermitteln. Dies ist im Allgemeinen der Basistarif. Bei der Einkommensteuerveranlagung wird aber der tatsächlich gezahlte Beitrag genommen und um die nicht berücksichtigungsfähigen Anteile gekürzt. Hierfür gibt es eine eigene „Krankenversicherungsbeitragsanteils-Ermittlungsverordnung“.

4.3.2 Mitglieder der gesetzlichen Krankenversicherung

Bei Arbeitnehmern in der GKV wird für die Lohnsteuerberechnung der ermäßigte Beitragssatz angewendet. Dies ist notwendig, da nur der Beitrag berücksichtigt werden darf, der Leistungen an einen Sozialhilfeempfänger abdeckt. Da ein Sozialhilfeempfänger kein Krankengeld bekommt, muss der Anteil von 0,6 % vom allgemeinen Beitragssatz (14,6 %) abgezogen werden. Dies ergibt den ermäßigten Beitragssatz von 14,0 %. Im Lohnsteuerverfahren werden Rückzahlungen nicht berücksichtigt. Dies muss im Rahmen der Einkommensteuererklärung gemacht werden. Der rechnerische Beitrag wird um einen fiktiven Arbeitgeberanteil von 7 % gekürzt, somit ist ein Beitragssatz von 7,0 % zuzüglich des evtl. kassenindividuellen Zusatzbeitrags ansetzbar.

Die Berechnung erfolgt nach folgendem Schema:

1. Berechnung der Vorsorgepauschale = 12 % des (steuerlichen) Bruttolohns, aber max. 1.900 € (Steuerklasse III: 3.000 €),
2. mindestens jedoch der vom Arbeitnehmer getragene Kranken- und Pflegeversicherungsbeitrag = (steuerlicher) Bruttolohn, max. bis zur Bemessungsgrenze zur KV x 7,0 % (für KV) und dem Beitrag für die soziale PV (halber Beitragssatz plus evtl. Kinderlosenbeitrag, Sonderrecht in Sachsen beachten).

4.3.3 Mitglieder der privaten Krankenversicherung

Bei privat versicherten Arbeitnehmern kann nur der Teil angesetzt werden, der auch für die Sozialhilfe anzuwenden wäre. Da der Arbeitgeber aber aus dem Beitragsnachweis der PKV nicht erkennen kann, wie sich der Beitrag auf unterschiedliche Versicherungsleistungen verteilt, muss die PKV eine entsprechende Bescheinigung ausstellen. Dieser von der PKV bescheinigte Beitrag ist dem EDV-System vorzugeben. Hiervon wird ein fiktiver Arbeitgeberzuschuss von 7 % abgezogen. Der tatsächlich gezahlte Arbeitgeberzuschuss wird an dieser Stelle nicht berücksichtigt.

Der Versicherte kann die Zustimmung zur Datenmeldung durch die PKV verweigern. Bei Nichtvorlage einer Bescheinigung des berücksichtigungsfähigen Betrags gilt die Mindestvorsorgepauschale. Für die Pflegeversicherung werden die tatsächlich gezahlten Beiträge verwendet.

Die Berechnung erfolgt nach folgendem Schema:

1. Berechnung der Vorsorgepauschale = 12 % des (steuerlichen) Bruttolohns, aber max. 1.900 € (Steuerklasse III: 3.000 €),
2. mindestens jedoch der von der PKV bescheinigte steuerlich berücksichtigungsfähige Beitrag abzgl. eines fiktiven Arbeitgeberzuschusses von 7 %.

4.3.4 Bescheinigungspflichten

Die Arbeitnehmerbeiträge müssen einzeln bescheinigt werden. Hierfür gibt es auf der Lohnsteuerbescheinigung folgende Zeilen:

- **Zeile 25:** gesetzliche Krankenversicherung (der echte Beitrag, der vom Arbeitnehmer gezahlt wurde),
- **Zeile 26:** soziale Pflegeversicherung (der echte Beitrag, der vom Arbeitnehmer gezahlt wurde),
- **Zeile 27:** Arbeitslosenversicherung,
- **Zeile 28:** nachgewiesene Beiträge zur privaten KV und PV (der echte Beitrag, der vom Arbeitnehmer gezahlt wurde).

4.3.5 Mindestvorsorgepauschale

Neben den Beiträgen zu KV und PV sind auch weitere Vorsorgeaufwendungen als Sonderausgaben berücksichtigungsfähig, wenn die Mindestvorsorgepauschalen von 1.900 € (Arbeitnehmer) bzw. 2.800 € (Selbständige) nicht ausgeschöpft sind. Diese Regelung eines einheitlichen Abzugsvolumens für Vorsorgeaufwendungen wird im Lohnsteuerabzugsverfahren dadurch berücksichtigt, dass 12 % vom Bruttoarbeitslohn als arbeitslohnabhängige Mindestvorsorgepauschale anzusetzen sind, höchstens jedoch 1.900 €/Jahr in den Steuerklassen I, II, IV, V, VI bzw. 3.000 €/Jahr in Steuerklasse III.

4.4 Freibeträge

Die Steuerlast wird durch eine Reihe von Freibeträgen gemindert. Diese können allgemeingültig sein oder individuell. Zu den Freibeträgen, die jeder Arbeitnehmer automatisch erhält, zählen u. a. der Grundfreibetrag und der Arbeitnehmerpauschbetrag. Diese Freibeträge sind bereits in den lohnsteuerlichen Programmablaufplan eingearbeitet und müssen nicht explizit beantragt werden.

Individuelle Freibeträge müssen vom Steuerpflichtigen beim Finanzamt beantragt werden und werden in der ELStAM-Datenbank eingetragen. Da sie nicht automatisch berücksichtigt werden, müssen die Daten in das Entgeltabrechnungsprogramm übernommen werden.

4.4.1 Kinderfreibeträge

Jeder Elternteil hat Anspruch auf die Hälfte des Kinderfreibetrags. Wenn die Eltern zusammenleben, erhalten sie gemeinsam den vollen Kinderfreibetrag.

Der Kinderfreibetrag beträgt im Jahr 2023:

halber Kinderfreibetrag 3.012 €	ganzer Kinderfreibetrag 6.024 €

Zu halben Kinderfreibeträgen kommt es bei Kindern aus geschiedenen und dauernd getrennt lebenden Ehen sowie bei nichtehelichen Kindern. Eine Übertragung eines halben Kinderfreibetrags auf den anderen Elternteil ist unter bestimmten Umständen möglich.

Hinweis

In den Steuerklassen V und VI können keine Kinderfreibeträge eingetragen werden.

Für Kinder bis **18 Jahre** wurden die Kinderfreibeträge bereits in der ELStAM-Datenbank eingetragen. Für Kinder **über 18 Jahren** erfolgt der Eintrag auf Antrag durch das **Finanzamt**.

Neben dem Kinderfreibetrag wurde zum 01.01.2002 auch ein neuer einheitlicher Freibetrag für Betreuungs-, Erziehungs- und Ausbildungsbedarf eingeführt.

halber Betreuungsfreibetrag 1.464 € ganzer Betreuungsfreibetrag 2.928 €

Der Kinderfreibetrag und der Betreuungsfreibetrag wirken sich umfassend nur bei der Einkommensteuerberechnung aus. Im Rahmen der Lohnsteuerberechnung haben die Freibeträge keine Bedeutung, reduzieren aber die Bemessungsgrundlage für die Berechnung der Kirchensteuer und des Solidaritätszuschlags. Bei der Steuerberechnung werden die beiden Freibeträge im Allgemeinen zusammengefasst und auch zusammen als „Kinderfreibetrag" bezeichnet. Dieser beträgt dann in Summe 8.952 €.

Kinderfreibeträge wirken sich im Rahmen des monatlichen Lohnsteuerabzugs nicht mindernd auf die Lohnsteuer, aber auf die Kirchensteuer und den Solidaritätszuschlag (Annexsteuern) aus.

Anstelle des bis 31.12.1995 im Lohnsteuertarif enthaltenen Kinderfreibetrags wird dem Arbeitnehmer während des Jahres ein Kindergeld gewährt. Das Finanzamt prüft im Rahmen der Veranlagung zur Einkommensteuer, ob die steuerliche Berücksichtigung von Kinderfreibeträgen günstiger ist als während des Kalenderjahres gezahltes Kindergeld.

Falls ja, wird dem Steuerpflichtigen die Differenz erstattet. Andernfalls bleibt es bei dem im Voraus gezahlten Kindergeld. Für die Berechnung von Kirchensteuer und Solidaritätszuschlag wurden die Kinderfreibeträge sowie der Betreuungs-, Erziehungs- und Ausbildungsfreibetrag bereits in den Lohnsteuertarif eingearbeitet. Somit mindern Kinderfreibeträge die Höhe der Kirchensteuer und des Solidaritätszuschlags. Auf die Höhe der Lohnsteuer haben sie beim Lohnsteuerabzug keine Auswirkung.

4.4.1.1 Kindergeld

Seit dem 01.01.1996 wirkt sich der Kinderfreibetrag nicht mehr mindernd auf die Lohnsteuer, sondern nur noch auf die Kirchensteuer und den Solidaritätszuschlag aus.

Monatlich wird folgendes Kindergeld gezahlt:

• erstes und zweites Kind	250 €
• drittes Kind	250 €
• jedes weitere Kind	250 €

Das Kindergeld wurde zum 01.01.2023 auf einheitlich 250 € für jedes Kind erhöht.

Das Kindergeld wird von der Familienkasse direkt an die Berechtigten überwiesen. Ausgenommen davon sind Arbeitnehmer des öffentlichen Dienstes, die ihr Kindergeld im Rahmen der Entgeltabrechnung ausbezahlt bekommen. Der Arbeitgeber verrechnet die Vorauszahlungen mit seiner Lohnsteuerschuld.

4.4.1.2 Anspruch auf Kinderfreibeträge und Kindergeld

Ohne jede weitere Voraussetzung wird sowohl das Kindergeld als auch der Kinderfreibetrag für Kinder bis zum **18. Lebensjahr** gewährt. Für arbeitslose Kinder findet die Berücksichtigung bis zum **21. Lebensjahr** statt.

Bis zum **25. Lebensjahr** werden Kinder berücksichtigt, die sich in einer Berufs- oder Schulausbildung befinden. Geistig und körperlich behinderte Kinder werden unter bestimmten Voraussetzungen ohne Altersbegrenzung berücksichtigt.

Generell gibt es für Kinder über 18 Jahren nur dann Kindergeld, wenn eine erstmalige Berufsausbildung oder ein Erststudium vorliegt. Nach Abschluss einer erstmaligen Berufsausbildung oder eines Erststudiums wird das Kindergeld weitergezahlt, wenn sich das Kind in einer weiteren Berufsausbildung befindet und tatsächlich keiner (schädlichen) Erwerbstätigkeit nachgeht. Eine Erwerbstätigkeit ist unschädlich, wenn die regelmäßige wöchentliche Arbeitszeit nicht mehr als 20 Stunden beträgt.

4.4.2 Bereits eingearbeitete Freibeträge

Bestimmte Freibeträge sind in Ableitung aus dem Einkommensteuertarif bereits in den Lohnsteuertarif eingearbeitet. Sie werden somit beim Lohnsteuerabzug, je nach Steuerklasse in unterschiedlicher Höhe, automatisch berücksichtigt und mindern die Lohnsteuerschuld (§ 38c EStG).

Dazu gehören u. a.:

- der Grundfreibetrag (**10.908** € bei Ledigen bzw. **21.816** € bei Verheirateten/Lebenspartnerschaften),
- der Arbeitnehmerpauschbetrag (**1.230** € nur in Steuerklasse I bis V),
- die Vorsorgepauschale.

Zur Berechnung der Vorsorgepauschale werden die Beiträge zur Sozialversicherung berücksichtigt. Bei der Rentenversicherung werden ab dem Jahr 2006 (beginnend mit 10 %) jedes Jahr 4 % mehr berücksichtigt. Seit dem 01.01.2023 können 100% der Beiträge in die gesetzliche Rentenversicherung als Vorsorgeaufwand im Lohnsteuerabzugsverfahren berücksichtigt werden (siehe Jahressteuergesetz 2022).

4.4.3 Individuelle Freibeträge

Der Arbeitnehmer kann sich auf Antrag beim Finanzamt steuerlich abziehbare Aufwendungen als Freibetrag in seinen ELStAM eintragen lassen (§ 39a EStG).

Als abziehbare Aufwendungen sind u. a. zu benennen:

- Sonderausgaben (z. B. Spenden für gemeinnützige Vereinigungen),
- außergewöhnliche Belastungen (z. B. Scheidungskosten),
- Werbungskosten, d. h. durch den Beruf veranlasste Aufwendungen (z. B. Fahrten Wohnung – erste Tätigkeitsstätte),
- Pauschbeträge für Behinderte.

Hinweis

Für die Änderungen der Lohnsteuerklassen ist das Wohnsitzfinanzamt zuständig. Ein Antrag auf die Änderung der Lohnsteuerklasse ist über das Formular „Antrag auf Steuerklassenwechsel bei Ehegatten/Lebenspartnern" (*www.formulare-bfinv.de*) möglich. Seit Oktober 2021 kann für einen Steuerklassenwechsel das elektronische Lohnsteuer-Ermäßigungsverfahren (ELeV) über Mein ELSTER unter *www.elster.de* genutzt werden. Neben der neu eingeführten Möglichkeit der elektronischen Antragstellung kann der Steuerklassenwechsel weiterhin auf Papier beim Finanzamt beantragt werden. Die Finanzämter empfehlen jedoch, bevorzugt von der elektronischen Antragstellung Gebrauch zu machen, weil so eine schnelle und medienbruchfreie Bearbeitung möglich ist.

4.4.4 Hinzurechnungsbeträge

Seit 01.01.2000 können nicht nur Freibeträge, sondern auch Hinzurechnungsbeträge eingetragen werden (§ 39c Abs. 7 EStG). Ein solcher Hinzurechnungsbetrag wirkt sich gegenteilig wie ein Freibetrag aus, da er die Bemessungsgrundlage für die Lohnsteuer erhöht.

Es kommt häufig vor, dass bestimmte Arbeitnehmergruppen, wie z. B. Studenten, Auszubildende und Rentner, mehrere Arbeitsverhältnisse mit geringem Arbeitslohn wahrnehmen.

Dabei übernimmt der Hauptarbeitgeber die Hauptlohnsteuerklasse I bis V. Aufgrund des niedrigen Arbeitslohns wird oftmals der steuerliche Grundfreibetrag, der bereits in die Steuertabellen eingearbeitet ist, nicht voll ausgeschöpft. Dennoch fällt beim zweiten Arbeitgeber, der die Steuerklasse VI abrechnen muss, Lohnsteuer an, obwohl das gesamte zu versteuernde Einkommen des Arbeitnehmers unter dem steuerlichen Grundfreibetrag liegt.

Die dadurch zu viel abgeführte Lohnsteuer wird dem Arbeitnehmer erst nach Ablauf des Kalenderjahres im Rahmen der Einkommensteuerveranlagung erstattet. In solchen Fällen kann sich der Arbeitnehmer für die Lohnsteuerklasse VI einen Freibetrag und gleichzeitig für die Hauptlohnsteuerklasse I bis V einen Hinzurechnungsbetrag in gleicher Höhe eintragen lassen.

Diese Vorgehensweise verhindert oder reduziert zumindest den Lohnsteuerabzug in Steuerklasse VI, so dass nicht zunächst Lohnsteuer abgeführt und dann erst später im Zuge der Veranlagung wieder erstattet wird. Die steuerliche Entlastung zeigt sich sofort bei der monatlichen Lohnabrechnung.

Beispiel

Hinzurechnungsbetrag

Ein Azubi erhält eine monatliche Ausbildungsvergütung von 620 €. Nebenbei arbeitet er als Barkeeper in einer Diskothek. Für diese Tätigkeit bezieht er eine Vergütung von 400 € im Monat. Der Hauptarbeitgeber ruft die Lohnsteuerklasse I bis V ab. In der Diskothek wird die Steuerklasse VI abgerufen. Die beiden Arbeitgeber nehmen folgende Abzüge vor:

	Arbeitslohn	Lohnsteuer	Kirchensteuer (9 %)	Solidaritätszuschlag (5,5 %)
AG 1 (I)	620,00 €	0,00 €	0,00 €	0,00 €
AG 2 (VI)	400,00 €	44,00 €	3,96 €	0,00 €
Summe Abzüge		**44,00 €**	**3,96 €**	**0,00 €**

Basis ist die am 01.01.2023 verfügbare Lohnsteuerberechnung.

Der Auszubildende zahlt monatlich Steuern, obwohl sein jährlich zu versteuerndes Einkommen steuerfrei bleibt. Die abgeführte Lohnsteuer erstattet das Finanzamt im Rahmen der Veranlagung zur Einkommensteuer.

Um die monatlichen Abzüge im Voraus zu vermeiden, kann sich der Auszubildende bei der Steuerklasse VI einen Freibetrag sowie gleichzeitig bei der Steuerklasse I einen Hinzurechnungsbetrag in gleicher Höhe eintragen lassen. Wählt er z. B. einen Betrag von 400 €, so ergibt sich folgendes Bild:

	abzulesen bei	Lohnsteuer	Kirchensteuer (9 %)	Solidaritätszuschlag (5,5 %)
AG 1 (I) Hinzurechnungsbetrag von 400 €	1.020,00 €	0,00 €	0,00 €	0,00 €
AG 2 (VI) Freibetrag von 400 €	0,00 €	0,00 €	0,00 €	0,00 €
Summen		**0,00 €**	**0,00 €**	**0,00 €**

Durch den eingetragenen Hinzurechnungsbetrag bei der Steuerklasse I ist nun die Lohnsteuer bei einem Betrag von 1.020 € (620 € Arbeitslohn + 400 € Hinzurechnungsbetrag) abzulesen. Auch bei 1.020 € monatlich fällt in der Lohnsteuerklasse I noch keine Lohnsteuer an.

Der zweite Arbeitgeber hat keine Lohnsteuer zu berechnen, da der Freibetrag in Höhe von 400 € zu einer Bemessungsgrundlage von 0,00 € führt (400 € Arbeitslohn – 400 € Freibetrag). Der Arbeitnehmer hat den Vorteil, dass nicht vorweg Lohnsteuer anfällt, die dann erst im Rahmen der persönlichen Einkommensteuerveranlagung wieder zu erstatten ist.

Arbeitnehmer, die Arbeitslohn aus mehreren Dienstverhältnissen nebeneinander beziehen, können bei dem Dienstverhältnis mit der Steuerklasse VI bis zur Höhe der nachfolgend aufgeführten Beträge einen Freibetrag ermitteln und als Elektronisches Lohnsteuerabzugsmerkmal (ELStAM) bilden lassen. In gleicher Höhe wird bei dem ersten Dienstverhältnis (Steuerklassen I bis V) jedoch ein Hinzurechnungsbetrag ermittelt und als ELStAM gebildet, der ggf. mit einem bereits ermittelten oder noch zu ermittelnden und als ELStAM gebildeten Freibetrag zu verrechnen ist.

Steuerklasse I oder IV	Steuerklasse II	Steuerklasse III	Steuerklasse V
12.144 €	16.152 €	23.052 €	1.236 €

4.4.5 Nicht eingetragene Freibeträge

Neben den bisher genannten Freibeträgen kommen auch noch solche hinzu, die nicht individuell beantragt werden können und auch keine Berücksichtigung im Lohnsteuertarif finden. Dabei handelt es sich um den **Altersentlastungsbetrag** und den **Versorgungsfreibetrag**.

4.4.5.1 Altersentlastungsbetrag

Unbeschränkt steuerpflichtige Arbeitnehmer, die vor Beginn des Kalenderjahres das **64. Lebensjahr** vollendet haben, erhalten den Altersentlastungsbetrag (gemäß § 24a EStG).

Im Jahr 2022 beträgt der Altersentlastungsbetrag **13,6 %** (2005: 40 %) **des Arbeitslohns**, sofern es sich nicht um Versorgungsbezüge handelt, höchstens jedoch **646 €** (2005: 1.900 €). Bei monatlicher Lohnzahlung ist 1/12 davon zu berücksichtigen. Der Arbeitgeber hat anhand des Geburtsdatums selbständig zu prüfen, ob der Altersentlastungsbetrag abzuziehen ist. In der Praxis wird diese Prüfung normalerweise automatisch durch die EDV-Systeme vorgenommen.

Durch das ab 01.01.2005 in Kraft getretene Alterseinkünftegesetz und das dadurch eingeführte Prinzip der nachgelagerten Versteuerung von Rentenleistungen wird der Altersentlastungsbetrag langfristig abgebaut. Der Prozentsatz verringert sich

- in den Jahren 2006 bis 2020 um jeweils 1,6 %,
- in den Jahren 2021 bis 2039 um jeweils 0,8 %,
- ab dem Jahr 2040 auf 0 %.

Ebenso reduziert sich der Höchstbetrag

- in den Jahren 2006 bis 2020 um jeweils 76 €,
- in den Jahren 2021 bis 2039 um jeweils 38 €,
- ab dem Jahr 2040 auf 0 €.

4.4.5.2 Versorgungsfreibetrag

Versorgungsbezüge sind Bezüge, die aufgrund früherer Dienstverhältnisse als Entgelt für die frühere Dienstleistung gewährt werden. Typische Versorgungsbezüge sind sogenannte Betriebsrenten der Werkspensionäre und Ruhegehälter der Beamtenpensionäre. Diese Bezugsvariante ist grundsätzlich steuerpflichtig, wobei allerdings unter Umständen ein Versorgungsfreibetrag zu berücksichtigen ist.

Für Versorgungsbezüge, die wegen des Erreichens einer Altersgrenze bezahlt werden, wird der Freibetrag erst ab dem **63. Lebensjahr** gewährt, bei Schwerbehinderten bereits ab dem **60. Lebensjahr**.

Für Versorgungsbezüge, die wegen Berufs- und Erwerbsunfähigkeit oder als Hinterbliebenenbezüge gezahlt werden, ist für die Berücksichtigung des Versorgungsfreibetrags keine Altersgrenze maßgebend.

Im öffentlichen Dienst erfolgt die Gewährung des Versorgungsfreibetrags generell unabhängig vom Lebensalter. Im Jahr 2022 beträgt der Versorgungsfreibetrag **13,6 % der Versorgungsbezüge**, maximal jedoch **1.020 €** (2005: 3.000 €). Bei monatlicher Zahlung ist der Versorgungsfreibetrag mit höchstens 1/12 vom Jahreshöchstbetrag anzusetzen.

Ähnlich wie beim Altersentlastungsbetrag ergeben sich auch beim Versorgungsfreibetrag Änderungen durch das Alterseinkünftegesetz. Der Gesetzgeber hat im Rahmen des Alterseinkünftegesetzes beschlossen, den Ertragsanteil für die Versteuerung der gesetzlichen Renten bis zum Jahr 2040 schrittweise auf 100 % anzuheben. Versorgungsbezüge werden bereits voll, d. h. nicht nur mit ihrem Ertragsanteil, versteuert.

Da das Alterseinkünftegesetz die Gleichheit der Versteuerung von gesetzlichen Renten und Versorgungsbezügen vorsieht, wird der Versorgungsfreibetrag schrittweise abgebaut. Im Jahre 2040 werden die Renten voll versteuert, gleichzeitig wird es ab diesem Zeitpunkt keinen Versorgungsfreibetrag mehr geben. Nach § 19 EStG ermäßigt sich der Versorgungsfreibetrag

- in den Jahren 2006 bis 2020 um jeweils 1,6 %,
- in den Jahren 2021 bis 2039 um jeweils 0,8 %,
- ab dem Jahr 2040 auf 0,0 %.

Gleichzeitig sinkt der Höchstbetrag

- in den Jahren 2006 bis 2020 um jeweils 120 €,
- in den Jahren 2021 bis 2039 um jeweils 60 €,
- ab dem Jahr 2040 auf 0 €.

Nach § 19 Abs. 2 Satz 4 EStG wird der Versorgungsfreibetrag ab 2005 folgendermaßen berechnet:

- Bildung des voraussichtlichen Jahresversorgungsbezugs auf Basis des Versorgungsbezugs des ersten vollen Monats unter Einrechnung voraussichtlicher Einmalzahlungen. Versorgungsbezüge, deren Beginn vor 2005 liegt, sind so zu behandeln wie Versorgungsbezüge, die im Januar 2005 neu gewährt werden.
- Multiplikation des voraussichtlichen Jahresversorgungsbezugs mit dem Prozentsatz des Erstjahres.

Seit 01.01.2005 wird neben dem herkömmlichen Versorgungsfreibetrag noch ein **zusätzlicher** Versorgungsfreibetrag in Höhe von **900 €** auf Versorgungsbezüge gewährt. Für die Gewährung gelten die gleichen Voraussetzungen wie beim eigentlichen Versorgungsfreibetrag.

Dieser Zuschlag zum Versorgungsfreibetrag wurde als Ersatz für die Reduzierung der Werbungskostenpauschale für Versorgungsbezüge eingeführt. Durch das Alterseinkünftegesetz wurde die Werbungskostenpauschale für Versorgungsbezüge von **920 €** auf **102 €** gesenkt. Somit existiert nun sowohl für Versorgungsbezüge als auch für gesetzliche Renten (sonstige Einkünfte) eine einheitliche Werbungskostenpauschale von jeweils **102 €**.

Analog zum Versorgungsfreibetrag ermäßigt sich auch der Zuschlag zum Versorgungsbetrag in den nächsten Jahren. Die Reduzierung beträgt

- von 2006 bis 2020 jeweils 36 €,
- von 2021 bis 2040 jeweils 18 €.

Für beide Freibeträge gilt die sogenannte **Kohortenversteuerung**. Das heißt, dass die zu Beginn des Versorgungsbezugs festgelegten Versorgungsfreibeträge auf Dauer gelten.

Bezieht beispielsweise ein Arbeitnehmer im Jahre 2023 das erste Mal eine Betriebsrente, wird ihm darauf ein Versorgungsfreibetrag von 13,6 %, maximal 1.020 €, sowie ein Zuschlag zum Versorgungsfreibetrag in Höhe von 306 € gewährt.

Diese beiden Freibeträge werden im Erstjahr gebildet und dem Arbeitnehmer für die gesamte Dauer des Versorgungsbezugs unverändert zugeschrieben. Zukünftige Rentenerhöhungen – auch im Erstjahr – verändern daran nichts mehr.

Beispiel 1

Betriebsrente ab 2008

Ein Werkspensionär erhält ab Januar 2008 eine Betriebsrente von 700 €. Außerdem besteht Anspruch auf Zahlung eines Weihnachtsgeldes in Höhe einer Monatsrente. Der Pensionär hat zum Zeitpunkt der ersten Zahlung das 63. Lebensjahr vollendet.

Ermittlung Versorgungsfreibetrag 2008

Betriebsrente im ersten vollen Monat: 700 € x 12	8.400,00 €
Sonderzahlung	700,00 €
Jahresbetrag	9.100,00 €
Versorgungsfreibetrag des Jahres 2008, 35,2 % von 9.100 € (= 3.203,20 €), maximal 2.640 €	2.640,00 €
Zusätzlicher Versorgungsfreibetrag 2008	792,00 €
Summe der Versorgungsfreibeträge	**3.432,00 €**
Jahresbetriebsrente	9.100,00 €
abzgl. Versorgungsfreibeträge	–3.432,00 €
abzgl. Werbungskostenpauschale	–102,00 €
zu versteuern	**5.566,00 €**

Die beiden Versorgungsfreibeträge von insgesamt 3.432 € werden diesem Arbeitnehmer lebenslang zugeordnet.

Beispiel 2

Erhöhung der Betriebsrente

Die Betriebsrente des Werkspensionärs aus Beispiel 1 wird ab 2023 auf 9.500 €/Jahr erhöht.

Ermittlung Versorgungsfreibetrag 2023	
Jahresbetriebsrente	9.500,00 €
abzgl. Versorgungsfreibetrag (aus 2008)	–2.640,00 €
abzgl. Zuschlag zum Versorgungsfreibetrag	–792,00 €
abzgl. Werbungskostenpauschale	–102,00 €
zu versteuern	**5.966,00 €**

Der Versorgungsfreibetrag und der Zuschlag zum Versorgungsfreibetrag ermäßigen sich für jeden vollen Kalendermonat, für den die Betriebsrentenzahlung nicht stattfindet, um ein Zwölftel (§ 19 Abs. 2 Satz 12 EStG).

Beispiel 3

Betriebsrente ab 2023

Ein Arbeitnehmer bezieht ab 01.07.2023 eine monatliche Betriebsrente von 500 €. Es ergibt sich folgende Berechnung des Versorgungsfreibetrags und des zusätzlichen Versorgungsfreibetrags:

Ermittlung Versorgungsfreibetrag 2023	
Betriebsrente im ersten vollen Monat: 500 € x 12	6.000,00 €
Versorgungsfreibetrag des Jahres 2023, 13,6 % von 6.000 € (= 816 €), maximal 1.020 €	816,00 €
Zusätzlicher Versorgungsfreibetrag 2023	306,00 €
Summe der Versorgungsfreibeträge	**1.122,00 €**
Jahresbetriebsrente	6.000,00 €
abzgl. Versorgungsfreibeträge	–1.122,00 €
abzgl. Werbungskostenpauschale	–102,00 €
zu versteuern	**4.776,00 €**

Die Summe der Freibeträge von 1.122 € wird lebenslang festgeschrieben. Im Jahr 2023 ergibt sich ein anteiliger Freibetrag von 6/12, also 561 €. Bei monatlicher Zahlung der Betriebsrente sind die Versorgungsfreibeträge nur monatlich zu berücksichtigen. Daher führt dies automatisch zur richtigen Berechnung:

monatliche Betriebsrente 2023	500,00 €
Versorgungsfreibetrag monatlich 13,6 % von 500 € (= 68 €), maximal 85 €	68,00 €
Zusätzlicher Versorgungsfreibetrag monatlich (306 € : 12 = 25,50 €)	25,50 €
Summe der monatlichen Versorgungsfreibeträge	**93,50 €**

§ 39b Abs. 3 EStG sagt aus, dass der Versorgungsfreibetrag und der zusätzliche Versorgungsfreibetrag bei Versteuerung eines sonstigen Bezugs in besonderer Weise zu berücksichtigen sind.

Die beiden Freibeträge dürfen nur in dem Maße berücksichtigt werden, wie sie bei der Ermittlung des voraussichtlichen Arbeitslohns noch nicht berücksichtigt wurden und soweit sie nicht bereits bei der Besteuerung eines früher im Kalenderjahr gezahlten sonstigen Bezugs berücksichtigt worden sind (LSR 39b.3).

4.4.5.3 Aufzeichnungs- und Bescheinigungspflichten

Im Zusammenhang mit der **Kohortenversteuerung** von Versorgungsbezügen ergeben sich besondere Aufzeichnungs- und Bescheinigungspflichten. In § 4 Abs. 1 Nr. 4 LStDV ist vorgeschrieben, dass im Lohnkonto der Monat und das Kalenderjahr des Versorgungsbeginns und die für die Festschreibung der Versorgungsfreibeträge errechnete Bemessungsgrundlage zu dokumentieren sind.

Im Lohnkonto aufgezeichnete Angaben müssen in die Lohnsteuerbescheinigung übertragen werden. Folgende Zeilen sind ggf. zu bescheinigen:

- **Zeile 29:** Bemessungsgrundlage für den Versorgungsfreibetrag,
- **Zeile 30:** Kalenderjahr des Versorgungsbeginns,
- **Zeile 31:** bei unterjähriger Zahlung: erster und letzter Monat, für den Versorgungsbezüge gezahlt wurden,
- **Zeile 32:** Sterbegeld, Kapitalauszahlungen/Abfindungen und Nachzahlungen von Versorgungsbezügen.

4.4.5.4 Mehrere Versorgungsbezüge

Der Versorgungsfreibetrag und der zusätzliche Versorgungsfreibetrag werden im Falle des mehrfachen Bezugs (bei verschiedenen Arbeitgebern) von Betriebsrenten ggf. mehrfach berücksichtigt. Der Ausgleich erfolgt in diesen Fällen über eine Pflichtveranlagung zur Einkommensteuer (§ 46 Abs. 2 Nr. 2 EStG).

Erhält ein Arbeitnehmer mehrere Versorgungsbezüge mit unterschiedlichen Kohorten (z. B. Witwenrente des verstorbenen Ehegatten und eigene Rente) von ein und demselben Arbeitgeber, so sind dabei Besonderheiten zu beachten. In diesem Fall muss jeder Versorgungsbezug mit den Freibeträgen seiner jeweiligen Kohorte berücksichtigt werden. Insgesamt sind allerdings die Versorgungsfreibeträge auf die Höchstbeträge der ältesten Kohorte zu begrenzen.

Beispiel

Unterschiedliche Versorgungsbezüge

Das Ehepaar Christoph und Claudia Müller erhält von der Firma Lohnfix GmbH jeweils unterschiedliche Versorgungsbezüge. Herr Müller bezieht bereits seit 2015 eine Betriebsrente in Höhe von 500 €, Frau Müller erst ab 2016 eine Betriebsrente in Höhe von 400 €. Im Jahre 2021 verstirbt Herr Müller.

Für die eigenen Versorgungsbezüge der Ehefrau berechnen sich die Versorgungsfreibeträge nach dem Erstbezugsjahr 2016. Dies ergibt einen Versorgungsfreibetrag von 22,4 % von 4.800 € (400 € x 12 Monate) = 1.075 € sowie einen Zuschlag zum Versorgungsfreibetrag von 504 €.

Frau Müller erhält nun neben ihrer eigenen Rente eine Witwenrente aus den Versorgungsbezügen ihres verstorbenen Mannes in Höhe von 250 €. Für die Berechnung der Versorgungsfreibeträge der Witwenrente sind die Beträge des Jahres 2015 (Erstbezugsjahr des Versorgungsbezugs ihres Mannes) zugrunde zu legen. Somit beträgt der Versorgungsfreibetrag für die Witwenrente 24 % von 3.000 € (250 € x 12 Monate) = 720 € und der Zuschlag zum Versorgungsfreibetrag 540 €.

Die Summe der Versorgungsfreibeträge ab 2021 beträgt 1.795 € (1.075 € + 720 €). Allerdings wird der Versorgungsfreibetrag maximal als Höchstbetrag des ältesten Versorgungsbezugs des Ehemannes aus dem Jahr 2015 berücksichtigt (1.800 €). Mit 1.795 € liegt dieser allerdings unter dem Höchstbetrag und wird somit nicht begrenzt. Die Summe der Zuschläge zum Versorgungsfreibetrag beträgt 1.044 € (540 € + 504 €). Auch hier findet die Begrenzung auf den Betrag aus dem Jahre 2015 statt, also auf 540 €.

Diese Berechnungsweise kann allerdings so nicht im Zuge der Lohnabrechnung durchgeführt werden, weil der amtliche Programmablaufplan dies nicht vorsieht. Daher sind im Rahmen der Lohnabrechnung bei beiden Versorgungsbezügen von Frau Müller die Versorgungsbezüge nach den Beträgen der ältesten Kohorte zu berücksichtigen und zu begrenzen. Auf dieses Beispiel bezogen also mit jeweils 24 %, maximal insgesamt 1.800 € sowie insgesamt 540 €.

Die richtige Berechnung (mit unterschiedlichen Kohorten) kann erst durch die Steuerveranlagung vom Finanzamt vorgenommen werden. Dazu muss der Arbeitgeber allerdings die Zeilen 29 bis 32 (Bemessungsgrundlage, maßgebliches Kalenderjahr, bei unterjähriger Zahlung den ersten und letzten Monat) auf der Lohnsteuerbescheinigung je Versorgungsbezug getrennt ausweisen. In der Praxis kann dies durch den Ausdruck einer zweiten Lohnsteuerbescheinigung erfolgen.

Es wäre somit zu bescheinigen:

Für die eigene Rente von Frau Müller

Zeile 29: 4.800 € (400 € x 12), **Zeile 30:** Jahr 2016

Für ihre Witwenrente

Zeile 29: 3.000 € (250 € x 12), **Zeile 30:** Jahr 2015 (Erstbezugsjahr der Rente ihres Mannes)

4.5 Kirchensteuer

Die Kirchensteuer wird prozentual von der angefallenen Lohnsteuer erhoben. In den einzelnen Bundesländern bestehen unterschiedlich hohe Prozentsätze. Maßgebend für die Höhe ist der Sitz der **lohnsteuerlichen Betriebsstätte**. Für einen Arbeitnehmer, der z. B. in Rheinland-Pfalz wohnt und bei einem Arbeitgeber beschäftigt ist, dessen lohnsteuerliche Betriebsstätte in Baden-Württemberg liegt, hat der Arbeitgeber den Kirchensteuersatz von Baden-Württemberg, also 8 %, abzuführen.

Bundesland	Kirchensteuer	Mindestkirchensteuersatz
Baden-Württemberg	8 %	
Bayern	8 %	
Berlin	9 %	
Brandenburg	9 %	
Bremen	9 %	
Hamburg	9 %	
Hessen	9 %	
Mecklenburg-Vorpommern	9 %	
Niedersachsen	9 %	
Nordrhein-Westfalen	9 %	
Rheinland-Pfalz	9 %	
Saarland	9 %	
Sachsen	9 %	
Sachsen-Anhalt	9 %	3,60 €*
Schleswig-Holstein	9 %	
Thüringen	9 %	

Tabelle 4.2: Kirchensteuersätze

* In Sachsen-Anhalt wird für die evangelische Kirche ein Mindestkirchensteuersatz erhoben. Dieser Mindestsatz fällt dann an, wenn Lohnsteuer anfällt und die Kirchensteuer bei Anwendung des jeweiligen Kirchensteuerprozentsatzes unter dem Mindestkirchensteuersatz liegt.

4.5.1 Kappung der Kirchensteuer

Kappung ist eine gesetzlich vorgeschriebene Begrenzung der Kirchensteuer. Sie tritt in folgenden Bundesländern auf:

- In Berlin, Brandenburg, Hamburg, Mecklenburg-Vorpommern und Schleswig-Holstein wird die Kirchensteuer auf 3 % des auf das zu versteuernde Einkommen begrenzt.
- In Bremen, Niedersachsen, Nordrhein-Westfalen (evangelische Kirche), Hessen (evangelische Kirche), Rheinland-Pfalz (evangelische Kirche), Saarland (evangelische Kirche), Sachsen, Sachsen-Anhalt und Thüringen wird die Kirchensteuer auf 3,5 % des auf das zu versteuernde Einkommen begrenzt.
- In Baden-Württemberg wird die Kirchensteuer auf 2,75 % (evangelische Kirche Württemberg) bzw. auf 3,5 % (evangelische Kirche Baden und katholische Kirche) des auf das zu versteuernde Einkommen begrenzt.
- In den Ländern Hessen (katholische Kirche), Nordrhein-Westfalen (katholische Kirche), Rheinland-Pfalz (katholische Kirche) und Saarland (katholische Kirche) wird die Kirchensteuer auf 4 % des auf das zu versteuernde Einkommen begrenzt.
- In den Ländern Baden-Württemberg, Hessen, Nordrhein-Westfalen, Rheinland-Pfalz und Saarland muss die Kappung der Kirchensteuer beantragt werden.
- Im Bundesland Bayern gibt es keine Kappung der Kirchensteuer.

4.5.2 Kirchensteuerberechtigte Konfessionen

Kirchensteuer fällt nur für bestimmte erhebungsberechtigte Religionsgemeinschaften an. Diese werden in ELStAM durch folgende entsprechende Abkürzungen ausgewiesen:

rk	=	römisch-katholisch
ev	=	evangelisch, evangelisch-lutherisch, evangelisch-reformiert, französisch-reformiert
ak	=	altkatholisch
is	=	israelitisch
fb	=	freireligiöse Landesgemeinde Baden
ib	=	israelitische Religionsgemeinschaft Baden
iw	=	israelitische Religionsgemeinschaft Württembergs
fg	=	freireligiöse Landesgemeinde Pfalz
fm	=	freireligiöse Gemeinde Mainz
fa	=	freie Religionsgemeinschaft Alzey

Tabelle 4.3: Kirchensteuerberechtigte Konfessionen

Für einzelne Länder sind noch weitere Abkürzungen zugelassen. Gehört der Arbeitnehmer einer nicht kirchensteuerberechtigten Konfession bzw. keiner Religionsgemeinschaft an, wird von ELStAM kein Kennzeichen geliefert. In diesem Fall ist keine Kirchensteuer zu berechnen.

4.5.3 Berücksichtigung von Kinderfreibeträgen

Seit 1996 finden Kinderfreibeträge bei der Berechnung der Lohnsteuer keine Berücksichtigung mehr. Sie mindern allerdings noch den Solidaritätszuschlag und die Kirchensteuer.

4.5.4 Konfessionsverschiedene Ehen/Lebenspartnerschaften

Wenn die Ehegatten/Lebenspartner unterschiedlichen Konfessionen angehören, ist die Kirchensteuer in den meisten Bundesländern jeweils zur Hälfte zwischen diesen Konfessionen aufzuteilen.

Die Bundesländer Bayern, Niedersachsen und Bremen weichen von diesem **Halbteilungsgrundsatz** ab. Hier geht die volle Kirchensteuer an die Religionsgemeinschaft, welcher der Arbeitnehmer angehört.

Gehört nur der Ehegatte/Lebenspartner des Arbeitnehmers einer kirchensteuerberechtigten Religionsgemeinschaft an, wird die Konfession des Ehegatten/Lebenspartners nicht in den ELStAM weitergegeben. Für den Arbeitnehmer fällt keine Kirchensteuer an.

Gehört der Ehegatte/Lebenspartner des Arbeitnehmers der gleichen Konfession an oder ist er glaubenslos, darf aus datenschutzrechtlichen Gründen nur die Konfession des Arbeitnehmers in den ELStAM weitergegeben werden.

Nur bei konfessionsverschiedenen Ehen/Lebenspartnerschaften, bei denen mit Ausnahme der Länder Bayern, Bremen und Niedersachsen der Halbteilungsgrundsatz anzuwenden ist, wird die Konfession des Ehegatten/Lebenspartners in den ELStAM weitergegeben. Die folgende Auflistung zeigt beispielhaft mögliche Konstellationen bei Ehegatten/Lebenspartnern und die dazugehörende Aufteilung und Abführung der Kirchensteuer:

Konfession Arbeitnehmer	Konfession Ehegatte/ Lebenspartner	Eintragung in ELStAM	Abführung Kirchensteuer
ev	ev	ev	ev: 100 %
rk	rk	rk	rk: 100 %
ev	rk	ev/rk	ev: 50 %, rk: 50 %

Tabelle 4.4: Eintragungen der Konfession

Konfession Arbeitnehmer	Konfession Ehegatte/ Lebenspartner	Eintragung in ELStAM	Abführung Kirchensteuer
rk	ev	rk/ev	rk: 50 %, ev: 50 %
rk	-	rk	rk: 100 %
ev	-	ev	ev: 100 %
-	rk	-	keine
-	ev	-	keine
-	-	-	keine

Tabelle 4.4: Eintragungen der Konfession (Forts.)

4.5.5 Pauschale Kirchensteuer

Wird die Lohnsteuer pauschaliert, z. B. bei Aushilfen, fällt grundsätzlich auch pauschale Kirchensteuer an. Diese ist je nach Bundesland unterschiedlich hoch. Basis für die Berechnung ist immer die pauschale Lohnsteuer.

Die Aufteilung basiert unabhängig davon, welcher Konfession der Arbeitnehmer tatsächlich angehört, auf einem festgelegten Verteilungsschlüssel zwischen der römisch-katholischen und der evangelischen Kirche.

Die unterschiedlichen prozentualen Sätze und Verteilungsschlüssel in den einzelnen Bundesländern können der nachfolgenden Tabelle entnommen werden:

Bundesland	Prozentsatz bei Pauschalierung	Aufteilung nach Konfessionen	
		ev	rk
Baden-Württemberg	5 %	50 %[1]	50 %
Bayern	7 %	30 %	70 %
Berlin	5 %	70 %	30 %
Brandenburg	5 %	70 %	30 %
Bremen	7 %	80 %	20 %
(Stadt Bremerhaven)	7 %	90 %	10 %
Hamburg	4 %	70 %	29,5 %[2]
Hessen	7 %	50 %[1]	50 %
Mecklenburg-Vorpommern	5 %	90 %	10 %
Niedersachsen	6 %	73 %	27 %

Tabelle 4.5: Prozentsätze bei Pauschalierung der Kirchensteuer

Bundesland	Prozentsatz bei Pauschalierung	Aufteilung nach Konfessionen	
		ev	rk
Nordrhein-Westfalen	7 %	40,97 %[3]	58,92 %
Rheinland-Pfalz	7 %	50 %[1]	50 %
Saarland	7 %	25 %	75 %
Sachsen	5 %	85 %	15 %
Sachsen-Anhalt	5 %	73 %	27 %
Schleswig-Holstein	6 %	85 %	15 %
Thüringen	5 %	73 %	27 %

1) Die Aufteilung ist je nach Region unterschiedlich geregelt. Im Zweifelsfall gilt 50 %/50 %.
2) Für die jüdische Gemeinde 0,5 %.
3) Für die jüdischen Kultusgemeinden 0,07 %, für die altkatholische Kirche 0,04 %.

Tabelle 4.5: Prozentsätze bei Pauschalierung der Kirchensteuer (Forts.)

Findet eine Pauschalierung der Lohnsteuer für beschränkt steuerpflichtige Arbeitnehmer statt, entfällt die Kirchensteuer.

4.6 Solidaritätszuschlag

4.6.1 Höhe des Solidaritätszuschlags

Bemessungsgrundlage für den Solidaritätszuschlag (SolZ) ist die Lohnsteuer aus laufendem Arbeitslohn (unter Berücksichtigung der Kinderfreibeträge) sowie die Lohnsteuer von sonstigen und pauschal versteuerten Bezügen.

Hinweis

Pflichtig sind alle Arbeitnehmer, auch die beschränkt steuerpflichtigen Personen.

Seit dem 01.01.1995 wird in allen Bundesländern ein Solidaritätszuschlag erhoben. Er beträgt 5,5 % der Lohnsteuer.

Wichtig

Mit dem Gesetz zur Rückführung des Solidaritätszuschlags1[1] wird der Solidaritätszuschlag ab 2021 schrittweise abgebaut.

1 Gesetz zur Rückführung des Solidaritätszuschlags 1995 vom 10.12.2019 (BGBl 2019 Teil I vom 12.12.2019, Seite 2115)

4.6.2 Freigrenze

Es wird kein SolZ erhoben, wenn die Lohnsteuer aus laufenden Bezügen in der **Steuerklasse III** nicht mehr als **2.923,83 €** monatlich bzw. in den **Steuerklassen I, II, IV, V und VI** nicht mehr als **1.461,92 €** monatlich beträgt.

Hinweis

Die Freigrenze (bis 31.12.2020 Nullzone) wurde zum 01.01.2021 von 81 € monatlich auf 1.413 € und von 162 € monatlich auf 2.826 € angehoben. Mit dem Inflationsausgleichsgesetz[1] wurden die Freigrenzen auf 17.543 € und 35.083 € erhöht. Zum 01.01.2024 erfolgt eine weitere Erhöhung.

4.6.3 Milderungszone

Der volle Zuschlag von 5,5 % der Bemessungsgrundlage wird erst dann erhoben, wenn **11,9 % des Unterschiedsbetrags** zwischen Bemessungsgrundlage (Lohnsteuer) und der Freigrenze keinen niedrigeren SolZ ergeben:

Beispiel

Gemilderter Solidaritätszuschlag

Gehalt 10.500 €, Steuerklasse III/0

Lohnsteuer in Steuerklasse III	=	2.427,16 €
Solidaritätszuschlag	=	0,00 €

Gehalt 11.500 €, III/0

Lohnsteuer in Steuerklasse III	=	3.000,00 €
Solidaritätszuschlag	=	9,06 €

(3.000,00 € – 2.923,83 € = 76,17 €)

(76,17 € x 11,9 % = 9,06 €)

zum Vergleich:

(5,5 % x 3.000,00 € = 165,00 €)

Die Vergleichsberechnung zeigt, dass 5,5 % der Lohnsteuer (= 165,00 €) mehr ergibt als 11,9 % des Unterschiedsbetrags zwischen Lohnsteuer und Freigrenze (=

1 Gesetz zum Ausgleich der Inflation durch eien fairen Einkommensteuertarif sowie zur Anpassung weiterer steuerlicher Regelungen - Inflationsausgleichsgesetz (BGBl 2022 Teil I vom 13.12.2022, Seite 2230)

9,06 €). Der niedrigere Betrag ist maßgeblich. Somit beträgt der SolZ 9,06 €. Die Freigrenzen kommen beim Steuerabzug von der Pauschalierung der Lohnsteuer nicht zum Tragen. In diesen Fällen wird der SolZ generell mit 5,5 % von der Lohnsteuer berechnet. Bei sonstigen Bezügen findet die Milderungszone weiterhin keine Anwendung. Bei der Berechnung des Solidaritätszuschlags von einem sonstigen Bezug beträgt dieser auch nach dem 01.01.2021 unverändert 5,5 %.

4.7 Progressionsvorbehalt

Viele Entgeltersatzleistungen sind im Grunde steuerfrei, unterliegen aber dem Progressionsvorbehalt. Die Anwendung des Progressionsvorbehalts erfolgt im Rahmen der persönlichen Veranlagung zur Einkommensteuer. Der Arbeitgeber muss Zeiten ohne Entgelt von mindestens fünf Tagen dem Finanzamt melden. Dies wird in Zeile 2 der Lohnsteuerbescheinigung durch die Angabe eines „U" gemacht. Damit wird dem Finanzamt angezeigt, dass der Arbeitnehmer evtl. eine Entgeltersatzleistung bekommen hat und dies zu prüfen ist. In der Folge wird der Arbeitnehmer zur Einkommensteuer zwangsveranlagt. Im Rahmen der Einkommensteuerberechnung wird die Entgeltersatzleistung dem zu versteuernden Einkommen zugeschlagen und zu diesem Gesamtbetrag die Einkommensteuer ermittelt. Wichtig ist aber nur der Prozentsatz, da hiermit das Einkommen ohne die Entgeltersatzleistungen multipliziert wird.

Der Arbeitgeber ist verpflichtet, Entgeltersatzleistungen (z. B. Kranken- oder Kurzarbeitergeld) in der Zeile 15 der Lohnsteuerbescheinigung anzudrucken (siehe Kap. 4.9).

Beispiel

Progressionsvorbehalt

Herr Schulze verdient im Jahr 2023 40.000 €. Außerdem bezieht er Kurzarbeitergeld in Höhe von 10.000 €.

Lösung:	zu versteuerndes Einkommen	40.000,00 €
	Kurzarbeitergeld	10.000,00 €
		50.000,00 €
	Einkommensteuer nach Splitting	6.560,00 €
	dies entspricht einem Prozentsatz von 13,1200 %	
	zu versteuerndes Einkommen 40.000 € x 13,1200 % =	5.248,00 €
	Berechnung der höheren Steuer:	
	Einkommensteuer für 40.000 € nach Splitting	3.912,00 €
	Mehrbelastung	1.336,00 €
	entspricht einem Prozentsatz für das Kurzarbeitergeld	13,3600 %

4.8 Pauschalierung von Arbeitslohn

4.8.1 Grundsätzliches zur Pauschalierung

Normalerweise ist steuerpflichtiger Arbeitslohn individuell, d. h. aufgrund der ELStAM, durch den Arbeitnehmer zu versteuern. In bestimmten Fällen können Arbeitslohn oder Teile davon auch vom Arbeitgeber lohnsteuerlich pauschaliert werden.

Bei der Pauschalierung wendet der Arbeitgeber vom Gesetzgeber vorgegebene prozentuale Steuersätze an. Grundsätzlich sind zusätzlich zur pauschalen Lohnsteuer die Kirchensteuer und der Solidaritätszuschlag abzuführen.

Pauschaliert werden können z. B.

- Fahrtkostenzuschüsse 15 %
- Direktversicherungen 20 %
- Essenszuschüsse 25 %
- geringfügig entlohnte Beschäftigte 2 % bzw. 20 %
- kurzfristig Beschäftigte 25 %
- Sachgeschenke an Mitarbeiter bzw. Betriebsfremde 30 %

Pauschalierungsfähige Zuwendungen	**Pauschal-steuersatz**	**Rechts-grundlage**	**Sozialversicherungs-rechtliche Behandlung**
Gewährung von sonstigen Bezügen in einer größeren Zahl von Fällen von nicht mehr als 1.000 € im Kalenderjahr	zu berechnen nach den steuerlichen Verhältnissen der Arbeitnehmer	§ 40 Abs. 1 Satz 1 Nr. 1 EStG	beitragspflichtig
Nachforderung von Lohnsteuer in einer größeren Zahl von Fällen durch das Finanzamt	zu berechnen nach den steuerlichen Verhältnissen der Arbeitnehmer	§ 40 Abs. 1 Satz 1 Nr. 2 EStG	beitragspflichtig
Gewährung oder Bezuschussung von arbeitstäglichen Mahlzeiten	25 %	§ 40 Abs. 2 Satz 1 Nr. 1 EStG	beitragsfrei
Gewährung von Erholungsbeihilfen, im Kalenderjahr 156 € für den AN, 104 € für Ehegatte und 52 € für jedes Kind	25 %	§ 40 Abs. 2 Satz 1 Nr. 3 EStG	beitragsfrei

Tabelle 4.6: Übersicht Pauschalierungsmöglichkeiten

Pauschalierungsfähige Zuwendungen	Pauschalsteuersatz	Rechtsgrundlage	Sozialversicherungsrechtliche Behandlung
Zuwendungen aus Anlass von Betriebsveranstaltungen	25 %	§ 40 Abs. 2 Satz 1 Nr. 2 EStG	beitragsfrei
steuerpflichtiger Verpflegungskostenersatz bis 100 % der steuerfreien Pauschbeträge	25 %	§ 40 Abs. 2 Satz 1 Nr. 4 EStG	beitragsfrei
Übereignung von Datenverarbeitungsgeräten bzw. Telekommunikationsgeräten und Internetzugang	25 %	§ 40 Abs. 2 Satz 1 Nr. 5 EStG	beitragsfrei
Übereignung von Ladevorrichtungen zum Aufladen von Elektro- oder Hybridfahrzeugen (befristet bis 31.12.2030)	25 %	§ 40 Abs. 2 Satz 1 Nr. 6 EStG	beitragsfrei
Zuschuss eines AG an den AN für Kosten des Erwerbs einer Ladeeinrichtung für Elektro- oder Hybridfahrzeuge (befristet bis 31.12.2030)	25 %	§ 40 Abs. 2 Satz 1 Nr. 6 EStG	beitragsfrei
Übereignung von betrieblichen Fahrrädern	25 %	§ 40 Abs. 2 Satz 1 Nr. 7 EStG	beitragsfrei
Zuschüsse für Fahrten Wohnung/Arbeitsstätte mit Pkw sowie Sachbezüge aus Firmen-Pkw für diese Fahrten	15 %	§ 40 Abs. 2 Satz 2 EStG	beitragsfrei
Arbeitslohn von kurzfristig Beschäftigten	25 %	§ 40a Abs. 1 EStG	versicherungsfrei, wenn Kriterien der Kurzfristigkeit erfüllt sind

Tabelle 4.6: Übersicht Pauschalierungsmöglichkeiten (Forts.)

Pauschalierungsfähige Zuwendungen	Pauschal-steuersatz	Rechts-grundlage	Sozialversicherungs-rechtliche Behandlung
geringfügig entlohnte Beschäftigung	2 %	§ 40a Abs. 2 EStG	AN versicherungsfrei AG zahlt 13 % KV, 15 % RV
kurzfristig im Inland beschäftigte beschränkt steuerpflichtige AN, die einer ausländischen Betriebsstätte zugeordnet sind	30 %	§ 40a Abs. 7 EStG	beitragspflichtig
Beiträge zu einer Direktversicherung und Zuwendungen in eine Pensionskasse bis 1.752 €/Jahr	20 %	§ 40b Abs. 1 EStG a. F.	beitragsfrei, wenn zusätzlich zum Arbeitslohn oder aus Einmalzahlungen, sonst beitragspflichtig
Beiträge zu einer Gruppenunfallversicherung, wenn der auf einen Arbeitnehmer entfallende Teilbetrag nach Abzug der Versicherungssteuer nicht höher ist als 100 € im Kalenderjahr	20 %	§ 40b Abs. 3 EStG	beitragsfrei, wenn zusätzlich zum Arbeitslohn oder aus Einmalzahlungen, sonst beitragspflichtig
sonstige Sachleistungen an den AN oder an Dritte	30 %	§ 37b EStG	volle Beitragspflicht nur bei den eigenen Arbeitnehmern

Tabelle 4.6: Übersicht Pauschalierungsmöglichkeiten (Forts.)

4.8.2 Pauschalierung der Kirchensteuer

Pauschale Lohnsteuer verursacht generell pauschale Kirchensteuer. Diese wird in den einzelnen Bundesländern unterschiedlich hoch erhoben. Eine Besonderheit stellt die Aufteilung der pauschalen Kirchensteuer nach verschiedenen Verteilungsschlüsseln zwischen evangelischer und römisch-katholischer Konfession dar. Die folgende Tabelle gibt einen Überblick über die jeweiligen Regelungen in den einzelnen Bundesländern.

Hier eine Übersicht über die je nach Bundesland verschieden hohen Pauschalierungssätze in der Kirchensteuer:

Bundesland	Regelkirchensteuer	Kirchensteuer bei Pauschalierung	Aufteilung der pauschalen Kirchensteuer nach Konfessionen	
			ev	rk
Baden-Württemberg	8 %	5 %	50 %	50 %
Bayern	8 %	7 %	30 %	70 %
Berlin	9 %	5 %	70 %	30 %
Brandenburg	9 %	5 %	70 %	30 %
Bremen	9 %	7 %	80 %	20 %
(Stadt Bremerhaven)	9 %	7 %	90 %	10 %
Hamburg	9 %	4 %	70 %	30 %
Hessen	9 %	7 %	50 %	50 %
Mecklenburg-Vorpommern	9 %	5 %	90 %	10 %
Niedersachsen	9 %	6 %	73 %	27 %
Nordrhein-Westfalen	9 %	7 %	50 %	50 %
Rheinland-Pfalz	9 %	7 %	50 %	50 %
Saarland	9 %	7 %	25 %	75 %
Sachsen	9 %	5 %	85 %	15 %
Sachsen-Anhalt	9 %	5 %	73 %	27 %
Schleswig-Holstein	9 %	6 %	85 %	15 %
Thüringen	9 %	5 %	73 %	27 %

Tabelle 4.7: Pauschale Kirchensteuersätze (ohne detaillierte Landesregelungen)

4.8.3 Wahlrecht bei Kirchensteuer-Pauschalierung

Der Arbeitgeber kann die pauschale Kirchensteuer nach unterschiedlichen Verfahren erheben:

- **Vereinfachungsverfahren,**
- **Nachweisverfahren.**

4.8.4 Vereinfachungsverfahren

Hier pauschaliert der Arbeitgeber die Kirchensteuer grundsätzlich für alle Arbeitnehmer, unabhängig davon, ob diese einer kirchensteuerberechtigten Konfession angehören oder nicht. Als Kirchensteuersatz ist stets der **ermäßigte** Satz des jeweiligen Bundeslandes anzuwenden.

4.8.5 Nachweisverfahren

Der Arbeitgeber pauschaliert die Kirchensteuer nur bei denjenigen Arbeitnehmern, die tatsächlich einer kirchensteuerberechtigten Konfession angehören. Für diese Arbeitnehmer ist dann jedoch der **Regelkirchensteuersatz** anzusetzen.

Von Arbeitnehmern ohne ELStAM muss sich der Arbeitgeber eine schriftliche Erklärung über die Nichtzugehörigkeit zu einer kirchensteuerberechtigten Konfession aushändigen lassen und diese den Lohnunterlagen beifügen.

Ausführliche Erläuterungen zu Pauschalierungsformen, wie z. B. bei Minijobs, betrieblicher Altersversorgung, Sachbezügen usw., finden sich in den entsprechenden Kapiteln zu diesen Themen.

4.9 Elektronische Lohnsteuerbescheinigung

Die Aufgaben von Lohnkonten werden in Kap. 6.2.1.1 besprochen. Das Lohnkonto bildet die Basis für die Lohnsteuerbescheinigungen, die beim Austritt bzw. am Jahresende erfolgen.

Die Lohnsteuerbescheinigung enthält steuerrelevante Abrechnungsdaten, die als Grundlage für die persönliche Einkommensteuererklärung des Arbeitnehmers dienen. Sie wird bei Austritten und am Jahresende für alle Arbeitnehmer erstellt.

Die Lohnsteuerbescheinigungen sind elektronisch an das Bundesfinanzministerium zu übermitteln (Ausnahme Privathaushalte, die nur Aushilfen beschäftigen). Der Arbeitnehmer erhält einen Ausdruck der elektronisch übermittelten Daten im DIN-A4-Format. Ab dem 01.11.2010 ist die Verwendung der Steuer-ID zwingend vorgeschrieben.

Die Daten werden beim Bundesfinanzministerium unter der Steuer-ID gespeichert. Der Arbeitnehmer gibt seine Steuer-ID in der „Anlage N“ der Formulare für die Einkommensteuererklärung an.

Ausdruck der elektronischen Lohnsteuerbescheinigung für 2023

Nachstehende Daten wurden maschinell an die Finanzverwaltung übertragen.

Korrektur/Stornierung
Datum:
Identifikationsnummer:
Personalnummer:
Geburtsdatum:
Transferticket:

Dem Lohnsteuerabzug wurden im letzten Lohnzahlungszeitraum zugrunde gelegt:

Steuerklasse/Faktor

Zahl der Kinderfreibeträge

Steuerfreier Jahresbetrag

Jahreshinzurechnungsbetrag

Kirchensteuermerkmale

Anschrift und Steuernummer des Arbeitgebers:

1. Bescheinigungszeitraum		vom - bis	
2. Zeiträume ohne Anspruch auf Arbeitslohn		Anzahl „U"	
Großbuchstaben (S, M, F, FR)			
		EUR	Ct
3. Bruttoarbeitslohn einschl. Sachbezüge ohne 9. und 10.			
4. Einbehaltene Lohnsteuer von 3.			
5. Einbehaltener Solidaritätszuschlag von 3.			
6. Einbehaltene Kirchensteuer des Arbeitnehmers von 3.			
7. Einbehaltene Kirchensteuer des Ehegatten/Lebenspartners von 3. (nur bei Konfessionsverschiedenheit)			
8. In 3. enthaltene Versorgungsbezüge			
9. Ermäßigt besteuerte Versorgungsbezüge für mehrere Kalenderjahre			
10. Ermäßigt besteuerter Arbeitslohn für mehrere Kalenderjahre (ohne 9.) und ermäßigt besteuerte Entschädigungen			
11. Einbehaltene Lohnsteuer von 9. und 10.			
12. Einbehaltener Solidaritätszuschlag von 9. und 10.			
13. Einbehaltene Kirchensteuer des Arbeitnehmers von 9. und 10.			
14. Einbehaltene Kirchensteuer des Ehegatten/Lebenspartners von 9. und 10. (nur bei Konfessionsverschiedenheit)			
15. (Saison-)Kurzarbeitergeld, Zuschuss zum Mutterschaftsgeld, Verdienstausfallentschädigung (Infektionsschutzgesetz), Aufstockungsbetrag und Altersteilzeitzuschlag			
16. Steuerfreier Arbeitslohn nach	a) Doppelbesteuerungsabkommen (DBA)		
	b) Auslandstätigkeitserlass		
17. Steuerfreie Arbeitgeberleistungen, die auf die Entfernungspauschale anzurechnen sind			
18. Pauschal mit 15 % besteuerte Arbeitgeberleistungen für Fahrten zwischen Wohnung und erster Tätigkeitsstätte			
19. Steuerpflichtige Entschädigungen und Arbeitslohn für mehrere Kalenderjahre, die nicht ermäßigt besteuert wurden - in 3. enthalten			
20. Steuerfreie Verpflegungszuschüsse bei Auswärtstätigkeit			
21. Steuerfreie Arbeitgeberleistungen bei doppelter Haushaltsführung			
22. Arbeitgeber-anteil/-zuschuss	a) zur gesetzlichen Rentenversicherung		
	b) an berufsständische Versorgungs-einrichtungen		
23. Arbeitnehmer-anteil	a) zur gesetzlichen Rentenversicherung		
	b) an berufsständische Versorgungs-einrichtungen		
24. Steuerfreie Arbeitgeber-zuschüsse	a) zur gesetzlichen Krankenversicherung		
	b) zur privaten Krankenversicherung		
	c) zur gesetzlichen Pflegeversicherung		
25. Arbeitnehmerbeiträge zur gesetzlichen Krankenversicherung			
26. Arbeitnehmerbeiträge zur sozialen Pflegeversicherung			
27. Arbeitnehmerbeiträge zur Arbeitslosenversicherung			
28. Beiträge zur privaten Kranken- und Pflege-Pflichtversicherung oder Mindestvorsorgepauschale			
29. Bemessungsgrundlage für den Versorgungsfreibetrag zu 8.			
30. Maßgebendes Kalenderjahr des Versorgungsbeginns zu 8. und/oder 9.			
31. Zu 8. bei unterjähriger Zahlung: Erster und letzter Monat, für den Versorgungsbezüge gezahlt wurden			
32. Sterbegeld; Kapitalauszahlungen/Abfindungen und Nachzahlungen von Versorgungsbezügen - in 3. und 8. enthalten			
33. Ausgezahltes Kindergeld			—
34. Freibetrag DBA Türkei			
Finanzamt, an das die Lohnsteuer abgeführt wurde (Name und vierstellige Nr.)			

3.22

Abbildung 4.2: Ausdruck elektronische Lohnsteuerbescheinigung für 2023

4.9.1 Auszug der wichtigsten Felder

Im Wesentlichen sind folgende Daten zu bescheinigen.

Zeile 1: Bescheinigungszeitraum

Hier wird immer nur der Zeitraum des laufenden Kalenderjahres bescheinigt. Das Vorjahr wurde im Zuge der Lohnsteuerbescheinigung am Jahresende gemeldet, die für alle Arbeitnehmer grundsätzlich auszustellen ist.

Zeile 2: Anzahl der Unterbrechungen

Liegt eine Unterbrechung des Arbeitsverhältnisses von mindestens fünf aufeinanderfolgenden Arbeitstagen vor, ist dieser Sachverhalt dem Finanzamt mitzuteilen. Dadurch erfährt das Finanzamt, dass evtl. der Progressionsvorbehalt zu beachten ist. Außerdem sind in Zeile 2 (untere Hälfte) noch weitere Angaben vorzunehmen:

S ist einzutragen, wenn die Lohnsteuer von einem sonstigen Bezug im ersten Dienstverhältnis berechnet wurde und dabei der Arbeitslohn aus früheren Dienstverhältnissen des Kalenderjahres außer Betracht geblieben ist.

M ist grundsätzlich einzutragen, wenn dem Arbeitnehmer anlässlich oder während einer beruflichen Auswärtstätigkeit oder im Rahmen einer beruflichen doppelten Haushaltsführung vom Arbeitgeber oder auf dessen Veranlassung von einem Dritten eine nach § 8 Abs. 2 Satz 8 EStG mit dem amtlichen Sachbezugswert zu bewertende Mahlzeit zur Verfügung gestellt wurde. Die Eintragung hat unabhängig davon zu erfolgen, ob die Besteuerung der Mahlzeit nach § 8 Abs. 2 Satz 9 EStG unterbleibt, der Arbeitgeber die Mahlzeit individuell oder nach § 40 Abs. 2 Satz 1 Nr. 1a EStG pauschal besteuert hat. Im Übrigen sind für die Bescheinigung des Großbuchstabens M auch die Ausführungen des Einführungsschreibens zur Reform des steuerlichen Reisekostenrechts ab dem 01.01.2014 zu beachten.

F ist einzutragen, wenn eine steuerfreie Sammelbeförderung gemäß § 3 Nr. 32 EStG erfolgte.

FR ist für französische Grenzgänger einzutragen, bei denen nach dem Doppelbesteuerungsabkommen (DBA) Deutschland/Frankreich eine Bescheinigung nach § 39 Abs. 4 Nr. 5 EStG ausgestellt wurde und auf Grundlage der Bescheinigung keine Lohnsteuer einzubehalten ist. Die Buchstabenkombination FR ist um das Bundesland zu ergänzen, in dem der Grenzgänger im Bescheinigungszeitraum zuletzt tätig war. FR1 ist für das Bundesland Baden-Württemberg, FR2 für das Bundesland Rheinland-Pfalz und FR3 für das Bundesland Saarland zu bescheinigen.

Zeile 3: Bruttoarbeitslohn

Zu bescheinigen ist das im Kalenderjahr gezahlte Steuerbrutto einschließlich Sachbezügen. Das Steuerbrutto darf nicht um eventuelle Freibeträge gemindert werden. Ermäßigt besteuerter Arbeitslohn ist nicht in Zeile 3, sondern extra in Zeile 9 auszuweisen. Versorgungsbezüge für mehrere Jahre, die ermäßigt besteuert wurden, sind ausschließlich in Zeile 9 zu bescheinigen.

Zeile 4: Einbehaltene Lohnsteuer

In dieser Zeile wird die einbehaltene Lohnsteuer des Steuerbruttos aus Zeile 3 ausgewiesen.

Zeile 5: Einbehaltener Solidaritätszuschlag

Hier ist analog der Lohnsteuer der einbehaltene Solidaritätszuschlag zu bescheinigen.

Zeile 6 und 7: Einbehaltene Kirchensteuer

Gehört der Ehegatte/Lebenspartner des Arbeitnehmers keiner anderen Konfession an, ist in Zeile 6 die gesamte einbehaltene Kirchensteuer des Arbeitnehmers zu bescheinigen. Bei konfessionsverschiedenen Ehen/Lebenspartnerschaften (z. B. Ehemann/Lebenspartner ev, Ehefrau/Lebenspartner rk) ist der auf den Ehegatten/Lebenspartner entfallende Teil der Kirchensteuer unter Zeile 7 oder Zeile 14 des Ausdrucks anzugeben (Halbteilung der Lohnkirchensteuer). Diese Halbteilung der Lohnkirchensteuer kommt in Bayern, Bremen und Niedersachsen nicht in Betracht, deshalb ist in diesen Ländern die einbehaltene Kirchensteuer immer nur unter Zeile 6 oder Zeile 13 einzutragen.

Zeile 15: Lohnersatzleistungen

Die hier aufzuführenden Leistungen stellen Lohnersatzleistungen dar und führen zur Anwendung des Progressionsvorbehalts durch das Finanzamt.

Zeile 16: Doppelbesteuerungsabkommen

Hier ist der nach einem Doppelbesteuerungsabkommen (DBA) oder Auslandstätigkeitserlass steuerfreie Arbeitslohn getrennt auszuweisen.

Zeile 17: Steuerfreie Arbeitgeberleistungen Fahrten Wohnung/Betrieb

Ein vom Arbeitgeber **zusätzlich zum ohnehin geschuldeten Arbeitslohn** gewährtes bzw. unentgeltlich oder bezuschusstes bzw. vergünstigtes Jobticket für **öffentliche Verkehrsmittel im Linienverkehr** ist seit dem 01.01.2019 steuerfrei. Bis zum 31.12.2018 konnte für Jobtickets die Pauschalierung nach § 40 Abs. 2 EStG oder die Sachbezugsfreigrenze angewandt werden. Sofern der Wert die Sachbezugsfreigrenze monatlich nicht überschritten hat, musste der steuerfreie geldwerte Vorteil ebenfalls eingetragen werden. Auch wenn der Arbeitnehmer von seinem Arbeitgeber geldwerte Vorteile, die bis zur Höhe von **1.080 €** (Rabattfreibetrag) steuer- und sozialversicherungsfrei sind, erhält (z. B. Arbeitnehmer eines Verkehrsbetriebes), kann dieser zur Anwendung kommen. In diesen Fällen ist der überlassene Wert in Zeile 17 genau auszuweisen.

Zeile 18: Pauschal versteuerte Fahrtkostenzuschüsse

Fahrtkostenzuschüsse für Pkw sind steuerpflichtig. Solche Leistungen können jedoch mit 15 % pauschal versteuert werden. Eventuell pauschal versteuerte Beträge müssen in Zeile 18 dokumentiert werden, da sie die Werbungskosten des Arbeitnehmers mindern.

Zeile 19: Steuerpflichtige Entschädigungen

Im Interesse der Arbeitnehmer sollten hier Entschädigungszahlungen (Abfindungen), die nicht über die Fünftelregelung vom Arbeitgeber versteuert wurden, ausgewiesen werden. Dadurch kann der Arbeitnehmer noch im Zuge der Steuerveranlagung ggf. nachträglich von der ermäßigten Versteuerung Gebrauch machen. Die nicht ermäßigt versteuerten Entschädigungszahlungen müssen dann auch im Lohnkonto getrennt aufgezeichnet werden.

Zeile 20: Steuerfreie Verpflegungszuschüsse bei Auswärtstätigkeit

Hier sind die steuerfreien Verpflegungszuschüsse bei beruflich veranlassten Auswärtstätigkeiten zu bescheinigen. Die unentgeltliche Gewährung von Mahlzeiten sowie die Zuzahlung des Arbeitgebers zu Mahlzeiten sind nicht zu berücksichtigen.

Sofern das Betriebsstättenfinanzamt nach § 4 Abs. 2 Nr. 4 Satz 2 LStDV für steuerfreie Vergütung für Verpflegung eine andere Aufzeichnung als im Lohnkonto zugelassen hat, ist eine Bescheinigung dieser Beträge nicht zwingend erforderlich.

Zeile 22 und 23: Zukunftssicherungsleistungen

Der Arbeitgeberanteil zur gesetzlichen Rentenversicherung und an berufsständische Versorgungseinrichtungen ist jeweils gesondert unter 22a bzw. 22b anzugeben, Analoges gilt für den Arbeitnehmeranteil in den Zeilen 23a und 23b. Werden von ausländischen Sozialversicherungsträgern Globalbeiträge erhoben, ist eine Aufteilung vorzunehmen: In diesen Fällen ist in Zeile 22a und 23a der auf die Rentenversicherung entfallende Teilbetrag zu bescheinigen. Die für die Aufteilung maßgebenden staatenbezogenen Prozentsätze werden für den Veranlagungszeitraum 2022 durch ein gesondertes BMF-Schreiben bekannt gegeben. Rentenversicherungsbeiträge des Arbeitgebers, die im Zusammenhang mit nach § 3 Nr. 2 EStG steuerfreiem Kurzarbeitergeld stehen, sind nicht zu bescheinigen.

Zeile 24: Steuerfreie Arbeitgeberzuschüsse zur KV und PV

Steuerfreie Zuschüsse des Arbeitgebers zur gesetzlichen Krankenversicherung bei freiwillig versicherten Arbeitnehmern – soweit der Arbeitgeber zur Zuschussleistung gesetzlich verpflichtet ist – sind in Zeile 24a einzutragen. Arbeitgeberzuschüsse zu privaten Krankenversicherungen sind in der Zeile 24b zu bescheinigen. Zeile 24c erfasst die steuerfreien Arbeitgeberzuschüsse zur sozialen Pflegeversicherung wie zur privaten Pflege-Pflichtversicherung. Bei Beziehern von Kurzarbeitergeld ist der gesamte vom Arbeitgeber gewährte Zuschuss zu bescheinigen. Nicht einzutragen ist der Arbeitgeberanteil zur gesetzlichen Kranken- und sozialen Pflegeversicherung bei pflichtversicherten Arbeitnehmern.

Zeile 25 und 26: Arbeitnehmerbeitrag zur gesetzlichen Krankenversicherung und zur sozialen Pflegeversicherung

Der Arbeitnehmerbeitrag zur inländischen gesetzlichen Krankenversicherung ist bei pflichtversicherten Arbeitnehmern in Zeile 25 einzutragen. Es sind die an die Krankenkasse abgeführten Beiträge zu bescheinigen, d. h. gegebenenfalls mit Beitragsanteilen für Krankengeld. Zahlt der Arbeitnehmer kassenindividuelle einkommensabhängige Zusatzbeiträge nach § 242 SGB V, sind diese ebenfalls zu bescheinigen. Arbeitnehmerbeiträge zur inländischen sozialen Pflegeversicherung sind in Zeile 26 einzutragen. Bei freiwillig versicherten Arbeitnehmern ist in den Zeilen 25 und 26 jeweils der gesamte Beitrag zur gesetzlichen Krankenversicherung bzw. zur sozialen Pflegeversicherung zu bescheinigen – wenn der Arbeitgeber die Beiträge an die Krankenkasse abführt (sog. Firmenzahler). Arbeitgeberzuschüsse sind nicht von den Arbeitnehmerbeiträgen abzuziehen, sondern gesondert in Zeile 24 zu bescheinigen. In Fällen, in denen der freiwillig versicherte Arbeitnehmer und nicht der Arbeitgeber die Beiträge an die Krankenkasse abführt (sog. Selbstzahler), sind in Zeile 25 und 26 keine Eintragungen vorzunehmen. Arbeitgeberzuschüsse sind unabhängig davon in Zeile 24 einzutragen.

Zeile 27: Arbeitnehmerbeitrag zur Arbeitslosenversicherung

Arbeitnehmerbeiträge zur Arbeitslosenversicherung sind in Zeile 27 des Ausdrucks zu bescheinigen.

Hinweis

In den Zeilen 22 bis 27 dürfen keine Beiträge oder Zuschüsse bescheinigt werden, die mit steuerfreiem Arbeitslohn in einem unmittelbaren wirtschaftlichen Zusammenhang stehen. Gleiches gilt in den Fällen, in denen Beiträge oder Zuschüsse des Arbeitgebers nicht nach § 3 Nr. 62 EStG, sondern nach einer anderen Vorschrift steuerfrei sind. Deshalb sind Beiträge, die auf den nach § 3 Nr. 63 Satz 3 EStG steuerfreien Arbeitslohn oder auf den im Zusammenhang mit nach § 3 Nr. 56 EStG steuerfreiem Arbeitslohn stehenden Hinzurechnungsbetrag nach § 1 Abs. 1 Satz 3 und 4 Sozialversicherungsentgeltverordnung (SvEV) entfallen, nicht zu bescheinigen, weil sie nicht als Sonderausgaben abziehbar sind.

Zeile 28: Nachgewiesene Beiträge zur privaten Krankenversicherung und Pflege-Pflichtversicherung

In Zeile 28 ist der tatsächlich im Lohnsteuerabzugsverfahren berücksichtigte Teilbetrag der Versorgungspauschale nach § 39b Abs. 2 Satz 5 Nr. 3 Buchstabe d EStG (Beiträge zur privaten Basis-Krankenversicherung und privaten Pflege-Pflichtversicherung) zu bescheinigen. Wurde beim Lohnsteuerabzug die Mindestvorsorgepauschale berücksichtigt, ist auch diese zu bescheinigen.

Zeile 29 bis 32: Eintragungen für Versorgungsbezüge

Für die Ermittlung des bei Versorgungsbezügen nach § 19 Abs. 2 EStG zu berücksichtigenden Versorgungsfreibetrags sowie des Zuschlags zum Versorgungsfreibetrag (Freibeträge für Versorgungsbezüge) sind die Bemessungsgrundlage des Versorgungsfreibetrags, das Jahr des Versorgungsbeginns und, bei unterjähriger Zahlung von Versorgungsbezügen, der erste und letzte Monat, für den Versorgungsbezüge gezahlt werden, maßgebend.

Sterbegelder und Kapitalauszahlungen/Abfindungen von Versorgungsbezügen sowie Nachzahlungen von Versorgungsbezügen, die sich ganz oder teilweise auf vorangegangene Kalenderjahre beziehen, sind als eigenständige zusätzliche Versorgungsbezüge zu behandeln. Für diese Bezüge sind die Höhe des gezahlten Bruttobetrags im Kalenderjahr und das maßgebende Kalenderjahr des Versorgungsbeginns anzugeben. In diesen Fällen sind die maßgebenden Freibeträge für Versorgungsbezüge in voller Höhe und nicht zeitanteilig zu berücksichtigen (Rz. 72, 74, 76 und 77 des BMF-Schreibens vom 24.02.2005, a. a. O.).

Der Arbeitgeber ist verpflichtet, die für die Berechnung der Freibeträge für Versorgungsbezüge erforderlichen Angaben für jeden Versorgungsbezug gesondert im Lohnkonto aufzuzeichnen (§ 4 Abs. 1 Nr. 4 LStDV i. V. m. Rz. 79 des BMF-Schreibens vom 24.02.2005, a. a. O.). Die so für das Lohnkonto festgelegten Angaben zu Versorgungsbezügen sind in dem Ausdruck wie folgt anzugeben (§ 41b Abs. 1 Satz 2 EStG):

a) Versorgungsbezug, der laufenden Arbeitslohn darstellt

In der Zeile 29 des Ausdrucks ist die nach § 19 Abs. 2 Sätze 4 bis 11 EStG ermittelte Bemessungsgrundlage für den Versorgungsfreibetrag (das 12-Fache des Versorgungsbezugs für den ersten vollen Monat zuzüglich voraussichtlicher Sonderzahlungen) einzutragen.

In Zeile 30 ist das maßgebende Kalenderjahr des Versorgungsbeginns (vierstellig) zu bescheinigen.

In der Zeile 31 ist **nur bei unterjähriger Zahlung** eines laufenden Versorgungsbezugs der erste und letzte Monat (zweistellig mit Bindestrich, z. B. „02 – 12" oder „01 – 08"), für den Versorgungsbezüge gezahlt wurden, einzutragen.

b) Versorgungsbezug, der einen sonstigen Bezug darstellt

Sterbegelder, Kapitalauszahlungen/Abfindungen von Versorgungsbezügen und die als sonstige Bezüge zu behandelnden Nachzahlungen von Versorgungsbezügen, die in den Zeilen 3 und 8 des Ausdrucks enthalten sind, sind in Zeile 32 gesondert zu bescheinigen.

Nach § 34 EStG ermäßigt zu besteuernde Versorgungsbezüge für mehrere Kalenderjahre sind dagegen nur in Zeile 9 des Ausdrucks zu bescheinigen. Zusätzlich ist zu den in den Zeilen 9 oder 32 bescheinigten Versorgungsbezügen jeweils in Zeile 30 des Ausdrucks das Kalenderjahr des Versorgungsbeginns anzugeben.

c) Mehrere Versorgungsbezüge

Fällt der maßgebende Beginn mehrerer laufender Versorgungsbezüge in dasselbe Kalenderjahr (Zeile 30 des Ausdrucks), kann der Arbeitgeber in Zeile 29 des Ausdrucks die zusammengerechneten Bemessungsgrundlagen dieser Versorgungsbezüge in einem Betrag bescheinigen (Rz. 67 des BMF-Schreibens vom 24.02.2005, a. a. O.). In diesem Fall sind auch in Zeile 8 die steuerbegünstigten Versorgungsbezüge zusammenzufassen.

Bei mehreren als sonstige Bezüge gezahlten Versorgungsbezügen mit maßgebendem Versorgungsbeginn in demselben Kalenderjahr können die Zeilen 8 und/oder 9 sowie 28 und 30 zusammengefasst werden. Gleiches gilt, wenn der Versorgungsbeginn laufender Versorgungsbezüge und als sonstige Bezüge gezahlte Versorgungsbezüge in dasselbe Kalenderjahr fallen.

Bei mehreren laufenden Versorgungsbezügen und als sonstige Bezüge gezahlten Versorgungsbezügen mit unterschiedlichen Versorgungsbeginnen nach § 19 Abs. 2 Satz 3 EStG sind die Angaben zu den Zeilen 8 und/oder 9 sowie 30 bis 32 jeweils **getrennt** zu bescheinigen (Rz. 79 des BMF-Schreibens vom 24.02.2005, a. a. O.).

Zeile 33: Ausgezahltes Kindergeld

In der Zeile 33 des Ausdrucks ist die Summe des in dem Kalenderjahr vom Arbeitgeber an Angehörige des öffentlichen Dienstes ausgezahlten Kindergeldes zu bescheinigen, wenn es zusammen mit den Bezügen oder dem Arbeitsentgelt ausgezahlt wird (§ 72 Abs. 7 Satz 1 EStG).

Zeile 34: Freibetrag DBA Türkei

In der Zeile 34 ist seit dem 01.01.2016 der für Versorgungsbezüge beim Lohnsteuerabzug verbrauchte Betrag nach Artikel 18 Abs. 2 DBA zwischen der Bundesrepublik Deutschland und der Republik Türkei zu bescheinigen.

Gemäß dem DBA Türkei erhalten Firmenrentner einen Freibetrag von 10.000 € jährlich und einen besonderen Steuertarif.

4.10 Reisekostenrecht

Seit dem 01.01.2014 ist das Reisekostenrecht reformiert. Folgende Begriffe werden im Zusammenhang mit dem Reisekostenrecht verwendet:

- erste Tätigkeitsstätte,
- Verpflegungsmehraufwendungen,
- Dreimonatsfrist,
- Mahlzeiten,
- Unterkunft.

4.10.1 Erste Tätigkeitsstätte

Der bisher verwendete Begriff **regelmäßige Arbeitsstätte** wird durch den Begriff **erste Tätigkeitsstätte** ersetzt.

Entsprechend der Rechtsprechung des Bundesfinanzhofs ist dabei höchstens noch eine Tätigkeitsstätte je Dienstverhältnis mit beschränktem Werbungskostenabzug (Entfernungspauschale, keine Verpflegungspauschalen, Unterkunftskosten in der Regel nur im Rahmen einer doppelten Haushaltsführung) vorgesehen. Die Bestimmung dieser einen Tätigkeitsstätte erfolgt vorrangig anhand der arbeits- oder dienstrechtlichen Festlegungen sowie der diese ausfüllenden arbeits- oder dienstrechtlichen Weisungen/Verfügungen, hilfsweise mittels quantitativer Kriterien. Im Zweifel ist die räumliche Nähe zur Wohnung des Steuerpflichtigen maßgebend. Dabei ist nicht die Regelmäßigkeit des Aufsuchens von Bedeutung, erheblich sind vielmehr vorrangig die Festlegungen des Arbeitgebers.

Eine erste Tätigkeitsstätte ist eine ortsfeste betriebliche Einrichtung des Arbeitgebers und der Arbeitnehmer muss dieser dauerhaft zugeordnet sein (qualitative Kriterien).

Somit müssen folgende Voraussetzungen erfüllt sein:

- ortsfeste Einrichtung des Arbeitgebers,
- dauerhafte Zuordnung,
- arbeits- und dienstrechtliche Festlegung,
- alternativ quantitative Kriterien.

4.10.1.1 Ortsfeste Einrichtung

Eine ortsfeste Einrichtung kann bestehen beim:

- eigenen Arbeitgeber,
- im Konzern des Arbeitgebers,
- bei einem Kunden,
- in einem großflächigen Werksgelände.

Nicht ortsfest sind:

- mobile Einrichtungen des Arbeitgebers (Auto, Schiff u. Ä.).

4.10.1.2 Dauerhafte Zuordnung

Die Prüfung erfolgt immer aufgrund einer Prognose, also für die Zukunft. Kriterien für eine dauerhafte Zuordnung sind:

Der Arbeitnehmer ist dem Ort

- unbefristet,
- länger als 48 Monate,
- für die Dauer des Arbeitsvertrags

zugeordnet.

Kettenabordnungen werden nicht zusammengerechnet, sondern jeweils extra bewertet.

4.10.1.3 Keine erste Tätigkeitsstätte

ist:

- eine ortsfeste betriebliche Einrichtung, an der der Arbeitnehmer tatsächlich nicht tätig werden soll,
- Treffen an einem Sammelpunkt,

- ein Homeoffice,
- Beschäftigung in einem weiträumigen Tätigkeitsgebiet.

Vorsicht

Fahrten von der Wohnung zu einem Sammelpunkt sind zwar keine Reisekosten, werden aber steuerlich wie „Fahrten von der Wohnung zur ersten Tätigkeitsstätte" bewertet (siehe auch BMF-Schreiben vom 25.11.2020).

4.10.1.4 Festlegung der „ersten Tätigkeitsstätte"

1. Stufe der Prüfung – arbeitsrechtlich

Der Arbeitgeber kann von sich aus die **erste Tätigkeitsstätte** bestimmen, muss es aber nicht. Hierbei geht es nur um eine arbeitsrechtliche Festlegung ohne besondere Berücksichtigung qualitativer oder quantitativer Merkmale. Arbeitnehmerbezogene Besonderheiten können berücksichtigt werden. Die Zuordnung muss arbeitsrechtlich zulässig sein und den tatsächlichen Verhältnissen entsprechen.

Vorsicht

Eine missbräuchliche Anwendung wird steuerlich nicht anerkannt (§ 42 AO).

2. Stufe der Prüfung – quantitativ

Hat der Arbeitgeber arbeitsrechtlich keine **erste Tätigkeitsstätte** festgelegt, muss eine quantitative Prüfung (auf Basis einer Prognose) erfolgen.

Die quantitativen Vorgaben gelten als erfüllt, wenn der Arbeitnehmer:

- arbeitstäglich oder
- je Arbeitswoche zwei volle Arbeitstage oder
- mindestens ein Drittel der vereinbarten regelmäßigen Arbeitszeit

an diesem Ort tätig ist.

Hinweis

Erfüllen mehrere Orte diese Vorgaben, gilt der Arbeitsplatz als erste Tätigkeitsstätte, der am nächsten zur Wohnung des Arbeitnehmers liegt.

4.10.2 Verpflegungsmehraufwendungen

Es gibt zwei unterschiedliche Sätze für Dienstreisen:

Eintägige Dienstreisen:

Abwesenheit von mehr als acht Std. 14 €

Mehrtägige Dienstreisen:

Anreisetag	14 €
Zwischentag	28 €
Abreisetag	14 €

Es erfolgt keine Prüfung auf Mindestabwesenheit, nur auf den Tatbestand, dass eine Übernachtung vorgenommen wurde.

Ende einer Reise und Beginn einer neuen Reise am gleichen Tag werden nur einmal bewertet. Die Zuordnung zur Reise ist dem Arbeitgeber freigestellt.

Bei Tätigkeiten „über Nacht" kann eine Verpflegungspauschale von 14 € gezahlt werden, wenn die Abwesenheit insgesamt mehr als acht Stunden beträgt. Diese Reise wird dem Tag mit dem größten Stundenanteil zugeordnet.

Zahlt der Arbeitgeber weniger als die steuerfreien Pauschalen, kann der Arbeitnehmer den Rest in seiner Einkommensteuer ansetzen. In diesem Fall kann eine gesonderte Bescheinigung des Arbeitgebers notwendig werden.

Tipp

Zahlt der Arbeitgeber mehr als die steuerfreien Pauschalen, kann der übersteigende Betrag bis max. 100 % pauschal versteuert werden (§ 40 Abs. 2 Nr. 4 EStG).

4.10.3 Dreimonatsfrist bei Verpflegungspauschalen

Steuerfreie Pauschalen können für maximal drei Monate gezahlt werden.

Die Dreimonatsfrist gilt nicht

- bei Fahrtätigkeit,
- Tätigkeit in einem weitläufigen Tätigkeitsgebiet,
- wenn dieselbe auswärtige Tätigkeitsstätte regelmäßig nur an max. zwei Tagen wöchentlich aufgesucht wird/werden soll (Prognose).

Wird die Dienstreise für mehr als vier Wochen unterbrochen, kann die steuerfreie Pauschale für die Verpflegungsmehraufwendung erneut gezahlt werden.

Vorsicht

Arbeitsrechtlich kritisch wegen möglicher Bevorzugung eines Arbeitnehmers. Aber auf jeden Fall als Werbungskosten in der Einkommensteuererklärung geltend machen.

4.10.4 Mahlzeiten

Verpflegungskosten, die anlässlich einer Auswärtstätigkeit anfallen, können vom Arbeitgeber ersetzt werden, wenn es sich um eine **übliche Mahlzeit** handelt. Der Gesamtbetrag der Mahlzeit inkl. Getränke darf maximal 60 € betragen.

Bewirtung, Betriebsveranstaltungen und Arbeitsessen (ebenfalls bis 60 €) fallen nicht unter diese Gruppe und sind steuerfrei.

Steht dem Arbeitnehmer keine steuerfreie Verpflegungspauschale zu, kann die Mahlzeit mit dem Sachbezugswert bewertet werden.

Wenn der Arbeitnehmer Anspruch auf eine steuerfreie Verpflegungspauschale hat, muss diese gekürzt werden. Als Basis dient immer die Pauschale für eine 24-stündige Abwesenheit (28 €):

- Frühstück: 20 % = 5,60 €
- Mittagessen: 40 % =11,20 €
- Abendessen: 40 % =11,20 €

In diesem Fall unterbleibt die Besteuerung der Mahlzeit.

Wichtig

Dies gilt auch, wenn die Mahlzeit an sich steuerfrei ist (Bewirtung, Arbeitsessen, Betriebsveranstaltung).

4.10.4.1 Großbuchstabe „M“

Wenn der Arbeitnehmer zum ersten Mal im Jahr eine Mahlzeit vom Arbeitgeber erstattet bekommt, muss der Großbuchstabe M in Zeile 2 der Lohnsteuerbescheinigung angedruckt werden. Dies gilt auch dann, wenn keine Verpflegungspauschale gezahlt wird. Bei Betriebsveranstaltungen, Arbeitsessen und Bewirtungen ist der Großbuchstabe M nicht zu bescheinigen.

4.10.5 Unterkunft

4.10.5.1 Dienstreise

Tatsächlich entstehende Aufwendungen können steuerfrei ersetzt werden.

Eine zeitlich unbegrenzte Erstattung in tatsächlicher Höhe ist möglich bei:

- Fahrtätigkeit,
- Tätigkeit in einem weiträumigen Tätigkeitsgebiet,
- wenn dieselbe auswärtige Tätigkeitsstätte regelmäßig nur an max. zwei Tagen pro Woche aufgesucht wird.

In allen anderen Fällen ist eine Erstattung der tatsächlichen Aufwendungen nur bis zu einer Dauer von max. 48 Monaten möglich. Eine Unterbrechung von sechs Monaten führt wieder zu einer erneuten Dauer von 48 Monaten. Nach 48 Monaten erfolgt eine Begrenzung auf 1.000 € pro Monat.

4.10.5.2 Doppelte Haushaltsführung

Bei der doppelten Haushaltsführung wird die Anrechnung der tatsächlich entstehenden Aufwendungen für die Nutzung der Unterkunft oder Wohnung auf einen Betrag von 1.000 € im Monat begrenzt. Dieser Betrag umfasst alle für die Unterkunft oder Wohnung entstehenden Aufwendungen, z. B. Miete inklusive Betriebskosten, Miet- oder Pachtgebühren für Kfz-Stellplätze, auch in Tiefgaragen, Aufwendungen für Sondernutzung (wie Garten etc.). Maklerkosten sind in die 1.000-€-Grenze nicht mit einzubeziehen.

Tipp

BMF-Schreiben zur 1.000 €-Grenze vom 25.11.2020

Betragen die Aufwendungen im Inland mehr als 1.000 € monatlich oder handelt es sich um eine Wohnung im Ausland, können nur die Aufwendungen berücksichtigt werden, die durch eine beruflich veranlasste, alleinige Nutzung des Arbeitnehmers verursacht werden. Hierzu kann die ortsübliche Miete für eine nach Lage und Ausstattung durchschnittliche Wohnung am Ort der auswärtigen Tätigkeitsstätte mit einer Wohnfläche von bis zu 60 qm als Vergleichsmaßstab herangezogen werden (siehe auch BMF-Schreiben vom 25.11.2020, Rz. 122).

5 Sozialversicherung

5.1 Rechtsgrundlagen

Für die Sozialversicherung sind folgende Rechtsgrundlagen zu nennen:

- Sozialgesetzbuch (SGB I bis XII),
- Sozialversicherungsentgeltverordnung (SvEV),
- Datenerfassungs- und -übermittlungsverordnung (DEÜV),
- Beitragsverfahrensverordnung (BVV),
- Erlasse der Sozialversicherungsträger,
- Entscheidungen der Sozialgerichte,
- Gemeinsame Grundsätze der SV-Träger,
- Gemeinsame Verlautbarungen der SV-Träger,
- Besprechungsergebnisse der Spitzenverbände der Sozialversicherungsträger,
- bilaterale Abkommen über soziale Sicherheit mit verschiedenen Vertragsstaaten,
- Richtlinien zur versicherungspflichtigen Beurteilung von Arbeitnehmern bei Ausstrahlung (§ 4 SGB IV) und Einstrahlung (§ 5 SGB IV) vom 02.11.2010,
- Gemeinsame Verlautbarungen zur versicherungsrechtlichen Beurteilung entsandter Arbeitnehmer vom 18.11.2015.

5.2 Zweige der Sozialversicherung

Die Sozialversicherung umfasst folgende Zweige:

- Krankenversicherung,
- Pflegeversicherung,
- Rentenversicherung,
- Arbeitslosenversicherung,
- Unfallversicherung.

In allen Zweigen teilen sich Arbeitgeber und Arbeitnehmer die Beiträge – einzige Ausnahme ist die gesetzliche Unfallversicherung, hier muss der Arbeitgeber die Beiträge allein tragen.

Träger der gesetzlichen Krankenversicherung:

- Allgemeine Ortskrankenkassen,
- Betriebskrankenkassen,
- Ersatzkassen,
- Knappschaft (inkl. See-Krankenkasse),
- Landwirtschaftliche Krankenkasse,
- Innungskrankenkassen.

Träger der Pflegeversicherung:

- gesetzliche Pflegekassen,
- private Versicherungsunternehmen.

Träger der Rentenversicherung:

- Deutsche Rentenversicherung Bund,
- Regionalstellen der Deutschen Rentenversicherung Bund,
- Deutsche Rentenversicherung Knappschaft-Bahn-See.

Träger der Arbeitslosenversicherung:

- Bundesagentur für Arbeit,
- Agentur für Arbeit

Träger der Künstlersozialversicherung:

- Deutsche Rentenversicherung Oldenburg/Bremen.

Träger der gesetzlichen Unfallversicherung:

- gewerbliche Berufsgenossenschaften,
- See-Berufsgenossenschaft,
- Landwirtschaftliche Berufsgenossenschaft,
- Gemeindeunfallversicherungsverbände,
- Ausführungsbehörden der Unfallversicherung des Bundes, der Länder und der Gemeinden.

5.3 Versicherungspflicht in der Sozialversicherung

Die Sozialversicherungspflicht betrifft in erster Linie alle Arbeitnehmer, die gegen Entgelt beschäftigt sind oder eine Berufsausbildung ausüben (§ 5 SGB V).

Arbeitnehmer sind in der Renten- und Arbeitslosenversicherung ohne Rücksicht auf die Höhe des Arbeitsentgelts versicherungspflichtig. In der Krankenversicherung besteht seit dem 10.01.2009 eine generelle Versicherungspflicht. Wenn das **regelmäßige Jahresarbeitsentgelt** des Arbeitnehmers die maßgebende **Jahresarbeitsentgeltgrenze (66.600 € bzw. 59.850 €)** überschreitet, kann sich der Arbeitnehmer freiwillig oder privat versichern.

Personen, die privat krankenversichert sind, haben nach § 23 Abs. 1 SGB XI die Pflicht, bei diesem (oder einem anderen) Unternehmen zur Absicherung des Risikos der Pflegebedürftigkeit einen Versicherungsvertrag abzuschließen. Privat krankenversicherte Arbeitnehmer führen ihre Beiträge zur privaten Kranken- und Pflegeversicherung im Regelfall selbst ab. Die übrigen SV-Beiträge führen die Arbeitgeber an die zuständigen gesetzlichen Krankenkassen ab.

5.4 Grunddaten in der Sozialversicherung

5.4.1 Beiträge zur Sozialversicherung

Die Beiträge für die einzelnen Sozialversicherungszweige bilden den Gesamtsozialversicherungsbeitrag.

Zweige	Arbeitnehmeranteil	Gesamtbeitragssatz
Rentenversicherung (RV)	9,3 %	18,60 %
Arbeitslosenversicherung (AV)	1,3 %	2,60 %
Pflegeversicherung (PV)	1,525 %	3,05 %
(nur in Sachsen:)	2,025 %	3,05 %
Krankenversicherung (KV) allgemeiner Beitrag	7,3 %	14,6 %
Krankenversicherung (KV) ermäßigter Beitrag	7,0 %	14,0 %

Tabelle 5.1: Beitragssätze 2023

5.4.2 Beitragsteilung

In der Regel übernehmen Arbeitnehmer und Arbeitgeber jeweils die Hälfte der Beiträge. Die Arbeitnehmeranteile sind vom Arbeitgeber im Zuge der Entgeltabrechnung zu ermitteln und einzubehalten. Zusammen mit den Arbeitgeberanteilen sind sie als Gesamtsozialversicherungsbeiträge an die gesetzlichen Krankenkassen abzuführen.

Allerdings wurde die paritätische Finanzierung der Beiträge ab dem 01.01.2005 aufgehoben. Kinderlose zahlen ab dem 01.01.2022 einen Zuschlag von **0,35 %** in der gesetzlichen Pflegeversicherung.

Wichtig

Einkommensabhängige kassenindividuelle Zusatzbeiträge seit dem 01.01.2015

Ab dem 01.01.2022 beträgt der Zuschlag für kinderlose Versicherte in der gesetzlichen Pflegeversicherung 0,35 % (bis 31.12.2021 waren es 0,25 %).

Seit dem 01.01.2015 ist bei der gesetzlichen Krankenversicherung der **einkommensabhängige kassenindividuelle Zusatzbeitrag** eingeführt. Dieser Zuschlag war bis 31.12.2018 ausschließlich von den Arbeitnehmern zu finanzieren. Seit dem 01.01.2019 zahlen Arbeitgeber und Arbeitnehmer den einkommensabhängigen kassenindividuellen Zusatzbeitrag je zur Hälfte.[1] Außerdem gab es schon in der Ver-

1 Gesetz zur Beitragsentlastung der Versicherten in der gesetzlichen Krankenversicherung vom 21.11.2018 (BGBl 2018 Teil I vom 14.12.2018, Seite 2387)

gangenheit eine Reihe von Ausnahmen, bei denen die Beiträge nicht gleichmäßig auf die Arbeitgeber und Arbeitnehmer verteilt waren. Dazu gehören u. a. folgende Fälle:

- Für zur Berufsausbildung Beschäftigte (Auszubildende bzw. Praktikanten), die nicht mehr als **325 €** monatlich verdienen **(Geringverdiener)**, zahlt der Arbeitgeber den vollen Beitrag allein.
- Für Bezieher von Kurzarbeiter- und Winterausfallgeld hat der Arbeitgeber den auf das ausgefallene Arbeitsentgelt entfallenden KV-, PV- und RV-Beitrag allein zu tragen.
- Für weiterbeschäftigte Altersrentner mit Vollrente und Pensionsempfänger zahlt der Arbeitgeber nur seinen Beitrag zur RV.
- Arbeitnehmer, die die Regelaltersgrenze überschritten haben, sind in der Arbeitslosenversicherung frei.
- Für Studenten, Schüler und Praktikanten bestehen Sonderregelungen.
- Für Beamte, Richter und Soldaten besteht Versicherungsfreiheit.
- Für geringfügig Beschäftigte **(bis 520 €)** zahlt der Arbeitgeber pauschale Beiträge zur Renten- und Krankenversicherung. Die Arbeitnehmer müssen den Differenzbetrag zum RV-Beitrag (2023 = 18,6 %) aufstocken, können sich hiervon aber befreien lassen.
- Arbeitnehmer, die sich im sogenannten **Niedriglohnbereich (Übergangsbereich von 520,01 € bis 2.000,00 €)** befinden, zahlen einen linear ansteigenden Beitragssatz von 4 % bis ca. 20 %. Arbeitgeber zahlen Beiträge in normaler Höhe.

5.4.3 Beitragsbemessungsgrenzen

Das Arbeitsentgelt wird nur bis zu sogenannten **Beitragsbemessungsgrenzen** zur Beitragspflicht herangezogen. Der Gesetzgeber legt die Grenzwerte jährlich neu fest.

	KV/PV West/Ost	RV/AV West	RV/AV Ost
Jahr	59.850 €	87.600 €	85.200 €
Monat	4.987,50 €	7.300 €	7.100 €

Tabelle 5.2: Beitragsbemessungsgrenzen 2023

5.4.4 Arbeitsentgelt im Sinne der Sozialversicherung

Das Steuerrecht kennt den Begriff des **Arbeitslohns**, die Sozialversicherung spricht von **Arbeitsentgelt**. Nach § 14 Abs. 1 Satz 1 SGB IV umfasst das Arbeitsentgelt alle laufenden oder einmaligen Einnahmen aus einer Beschäftigung. Neben dem Barlohn gehören dazu auch die Sachbezüge.

Nicht zum beitragspflichtigen Arbeitsentgelt gehören einmalige Einnahmen, laufende Zulagen, Zuschläge und Zuschüsse, soweit sie lohnsteuerfrei bleiben. Arbeitslohn, der in der Lohnsteuer pauschal versteuert wird, zählt in bestimmten Fällen ebenfalls nicht zum Arbeitsentgelt.

5.4.5 Besonderheiten in den neuen Bundesländern

Teilweise ergeben sich in der Sozialversicherung für die neuen Bundesländer noch Besonderheiten. In den einzelnen Versicherungszweigen gelten zurzeit folgende Vorschriften:

- **Kranken- und Pflegeversicherung:**
  - Bundeseinheitliche Beitragsbemessungs- und Jahresarbeitsentgeltgrenzen und Sachbezugswerte.
- **Renten- und Arbeitslosenversicherung:**
  - In den alten Bundesländern einschließlich West-Berlin gelten die Westgrenzen.
  - In den neuen Bundesländern einschließlich Ost-Berlin gelten die Ostgrenzen.

Mit dem Gesetz über den Abschluss der Rentenüberleitung werden, beginnend ab dem Jahr 2018, die unterschiedlichen Werte des West- und Ostrechts in der Rentenversicherung stufenweise angepasst. Ab dem 01.07.2024 ist der Rentenwert einheitlich. Ab dem 01.01.2025 gibt es dann eine bundeseinheitliche Beitragsbemessungsgrenze und eine bundeseinheitliche Bezugsgröße in der Rentenversicherung.

5.4.6 Personengruppenschlüssel

Für die diversen DEÜV-Meldungen sind für die einzelnen Arbeitnehmer die sogenannten Personengruppenschlüssel anzugeben:

Personengruppen	Schlüssel
Sozialversicherungspflichtig Beschäftigte ohne besondere Merkmale	101
Auszubildende ohne besondere Merkmale	102
Beschäftigte in Altersteilzeit	103
Hausgewerbetreibende	104
Praktikanten (mit einem Entgelt von 0 € oder über 325 €)	105
Werkstudenten	106
Personen in Einrichtungen der Jugendhilfe oder in Werkstätten für Behinderte	107

Tabelle 5.3: Personengruppenschlüssel

Personengruppen	Schlüssel
Bezieher von Vorruhestandsgeld	108
Geringfügig entlohnte Beschäftigte	109
Kurzfristig Beschäftigte	110
Personen in Einrichtungen der Jugendhilfe, Berufsbildungswerken oder ähnlichen Einrichtungen für behinderte Menschen	111
Mitarbeitende Familienangehörige in der Landwirtschaft	112
Nebenerwerbslandwirte	113
Nebenerwerbslandwirte, saisonal beschäftigt	114
Ausgleichsgeldempfänger	116
Unständig Beschäftigte – nicht berufsmäßig	117
Unständig Beschäftigte – berufsmäßig	118
Versicherungsfreie Altersvollrentner und Versorgungsbezieher wegen Alters	119
Versicherungspflichtige Altersvollrentner	120
Zur Berufsausbildung Beschäftigte (Auszubildende, Praktikanten), deren Entgelt die Geringverdienergrenze von 325 € nicht überschreitet	121
Auszubildende in einer außerbetrieblichen Einrichtung	122
Personen, die ein freiwilliges soziales Jahr, ein freiwilliges ökologisches Jahr oder einen Bundesfreiwilligendienst leisten	123
Heimarbeiter ohne Anspruch auf Entgeltfortzahlung im Krankheitsfall	124
Behinderte Menschen in einem Integrationsprojekt	127
Seeleute	140
Auszubildende in der Seefahrt	141
Seeleute in Altersteilzeit	142
Seelotsen	143
Auszubildende in der Seefahrt, deren Arbeitsentgelt die Geringverdienergrenze nicht überschreitet	144

Tabelle 5.3: Personengruppenschlüssel (Forts.)

Personengruppen	Schlüssel
In der Seefahrt beschäftigte versicherungsfreie Altersvollrentner und Versorgungsbezieher wegen Alters	149
In der Seefahrt beschäftigte versicherungspflichtige Altersvollrentner	150
Personen, die in der Unfallversicherung pflichtig sind, aber nicht in den anderen SV-Zweigen, z. B. Gesellschafter-Geschäftsführer, Praktikanten im vorgeschriebenen Zwischenstudium	190

Tabelle 5.3: Personengruppenschlüssel (Forts.)

5.4.7 Beitragsgruppen

Um die Gesamtsozialversicherungsbeiträge zu ermitteln, wurden Beitragsgruppen eingeführt. Sie sagen aus, in welchen Versicherungszweigen der Arbeitnehmer beitragspflichtig ist:

Beitragsgruppen	nummerisch
Beiträge zur Krankenversicherung allgemeiner Beitrag	1000
Beiträge zur Krankenversicherung ermäßigter Beitrag	3000
Beitrag zur landwirtschaftlichen Krankenversicherung	4000
Arbeitgeberbeitrag zur landwirtschaftlichen Krankenversicherung	5000
Beiträge zur Krankenversicherung für geringfügig Beschäftigte	6000
Beitrag zur freiwilligen Krankenversicherung (Firmenzahler)	9000
Beiträge zur Rentenversicherung, voller Beitrag	0100
Beiträge zur Rentenversicherung, halber Beitrag	0300
Beiträge zur Rentenversicherung für geringfügig Beschäftigte	0500
Beiträge zur Arbeitsförderung, voller Beitrag	0010
Beiträge zur Arbeitsförderung, halber Beitrag	0020
Insolvenzgeldumlage der Unfallversicherung	0050
Beiträge zur sozialen Pflegeversicherung	0001

Tabelle 5.4: Beitragsgruppen

Der Beitragsgruppenschlüssel drückt die Einordnung eines Arbeitnehmers in die verschiedenen Zweige der Sozialversicherung aus:

Arbeitnehmer	**Beitragsgruppen-schlüssel**
Gesetzlich krankenversicherte Beschäftigte	1111
Freiwillig krankenversicherte Beschäftigte (Arbeitgeber führt Gesamtbeitrag ab)	9111
Privat kranken- und pflegeversicherte Beschäftigte (Arbeitgeber führt den Gesamtbeitrag nicht ab)	0110
Geringfügig entlohnte Beschäftigte (rentenversicherungspflichtig)	6100
Geringfügig entlohnte Beschäftigte (rentenversicherungsfrei)	6500
Geringfügig entlohnte Beschäftigte, die privat krankenversichert sind	0500

Tabelle 5.5: Beitragsgruppenschlüssel

5.5 Krankenversicherung

Die Krankenversicherung schützt vor den Risiken bei Erkrankungen und fördert die Prävention. Die gesetzliche Grundlage ist das SGB V. Seit dem 01.01.2009 gilt in Deutschland die allgemeine Krankenversicherungspflicht. Die Versicherten sind entweder Mitglied in einer gesetzlichen oder in einer privaten Krankenversicherung.

Arbeitnehmer, die regelmäßig weniger als den Betrag der Jahresarbeitsentgeltgrenze verdienen, sind Pflichtmitglieder in der gesetzlichen Krankenversicherung. Beim Überschreiten der Jahresarbeitsentgeltgrenze (JAEG) haben die Versicherten das Recht, sich in der gesetzlichen KV als freiwilliges Mitglied weiterzuversichern, oder sie wechseln in eine private Krankenversicherung.

Wichtig

Prüfung der Jahresarbeitsentgeltgrenze

Der Arbeitgeber hat die Prüfung auf Überschreitung der JAEG vorzunehmen und den Arbeitnehmer entsprechend zuzuordnen.

5.5.1 Beiträge

5.5.1.1 Gesetzliche Krankenversicherung

Seit dem 01.01.2015 werden die Beitragssätze zur gesetzlichen KV einheitlich vom Gesetzgeber festgelegt und ab dem 01.01.2015 in § 241 SGB V und § 243 SGB V festgeschrieben.

Seit dem 01.01.2015 beträgt der allgemeine Beitragssatz 14,6 %. Der Arbeitgeber trägt die Hälfte des allgemeinen Beitragssatzes in Höhe von 7,3 %, der Arbeitnehmer die Differenz (14,6 % – 7,3 % = 7,3 %). Zuzüglich zahlen Arbeitgeber und Arbeitnehmer den kassenindividuellen Zusatzbeitrag je zur Hälfte (Kap. 5.5.1). Der allgemeine Beitragssatz ist der Normalfall. Er wird für Arbeitnehmer erhoben, die mindestens sechs Wochen Anspruch auf Entgeltfortzahlung haben.

Auch der ermäßigte Beitragssatz (§ 243 SGB V) wird vom Gesetzgeber festgelegt. Dieser kommt zur Anwendung, wenn ein Arbeitnehmer keinen Anspruch auf Krankengeld hat, wie u. a. Mitarbeiter in Altersteilzeit-Freistellung. Der ermäßigte Beitragssatz beträgt seit dem Jahr 2015 14,0 %. Davon trägt der Arbeitnehmer 7,0 % und der Arbeitgeber 7,0 %, zuzüglich des kassenindividuellen Zusatzbeitrags.

5.5.1.2 Einkommensabhängiger Zusatzbeitrag

Wichtig

Einkommensabhängiger Zusatzbeitrag seit dem 01.01.2015.

Durch das Gesetz zur Weiterentwicklung der Finanzstruktur und der Qualität in der gesetzlichen Krankenversicherung müssen Mitglieder der gesetzlichen Krankenkassen seit dem 01.01.2015 einen einkommensabhängigen Zusatzbeitrag zur Krankenversicherung bezahlen. Mit dem Gesetz zur Beitragsentlastung der Versicherten in der gesetzlichen Krankenversicherung hat der Gesetzgeber auch für den einkommensabhängigen kassenindividuellen Zusatzbeitrag die paritätische Beitragszahlung wieder eingeführt. Zum 01.01.2019 ist die Änderung in Kraft getreten. Arbeitgeber und Arbeitnehmer zahlen den Zusatzbeitrag je zur Hälfte (bis 31.12.2018 musste allein der Arbeitnehmer den Zusatzbeitrag zahlen).

Wichtig

Seit dem 01.01.2019 tragen Arbeitgeber und Arbeitnehmer den Zusatzbeitrag je zur Hälfte.

Das gilt auch für freiwillig in der gesetzlichen Krankenversicherung Versicherte. Für bestimmte Personengruppen gilt der kassenabhängige Zusatzbeitrag nicht:

- Personen, die in Einrichtungen der Jugendhilfe für eine Erwerbstätigkeit befähigt werden sollen (§ 5 Abs. 1 Nr. 5 SGB V),

- Teilnehmer an Leistungen zur Teilhabe am Arbeitsleben (§ 5 Abs. 1 Nr. 6 SGB V),
- behinderte Menschen in Werkstätten, Einrichtungen etc. (§ 5 Abs. 1 Nr. 7 und 8 SGB V), wenn das tatsächliche Arbeitsentgelt den nach § 235 Abs. 3 SGB V maßgeblichen monatlichen Mindestbetrag (2023 = 679 €) nicht übersteigt. Übersteigt das Arbeitsentgelt diesen Wert, wird der kassenindividuelle Zusatzbeitragssatz erhoben (und vom Träger der Einrichtung gezahlt). Wird der Mindestbetrag jedoch ausschließlich durch eine Sonderzahlung überschritten, bleibt der durchschnittliche Zusatzbeitragssatz maßgebend;
- Beschäftigte, die ein freiwilliges soziales oder ökologisches Jahr im Sinne des Jugendfreiwilligendienstgesetzes (JFDG) oder einen Bundesfreiwilligendienst nach dem Bundesfreiwilligendienstgesetz (BFDG) leisten,
- Auszubildende, die in einer außerbetrieblichen Einrichtung im Rahmen eines Berufsausbildungsvertrags nach dem Berufsbildungsgesetz ausgebildet werden (§ 5 Abs. 4a Satz 1 SGB V),
- Zur Ausbildung Beschäftigte mit einem Arbeitsentgelt bis 325 € im Monat (sogenannte Geringverdiener, vgl. § 20 Abs. 3 Satz 1 Nr. 1 SGB IV). Der durchschnittliche Zusatzbeitragssatz ist bei diesem Personenkreis auch zu berücksichtigen, soweit die Geringverdienergrenze ausschließlich durch eine Sonderzahlung überschritten wird und deshalb der Arbeitgeber und der Auszubildende die Beiträge aus dem übersteigenden Betrag gemeinsam tragen. Im Rahmen der Geringfügigkeitsgrenze (325 €) trägt der Arbeitgeber den Zusatzbeitrag;
- versicherungspflichtige landwirtschaftliche Unternehmen (Landwirtschaftliche Krankenkasse).

Der Arbeitgeber hat den Zusatzbeitrag einzubehalten und zusammen mit den anderen Sozialversicherungsbeiträgen an die zuständigen Krankenkassen abzuführen. Die Krankenkassen sind wiederum verpflichtet, den Zusatzbeitrag an den Spitzenverband Bund der Krankenkassen (GKV-Spitzenverband) zu melden und ihn jeweils im Internet zu veröffentlichen.

Hinweis

Die ITSG informiert über ihre Beitragssatzdatei über die jeweiligen Zusatzbeiträge der gesetzlichen Krankenkassen.

Erhebt eine gesetzliche Krankenkasse erstmals einen Zusatzbeitrag oder erhöht sie ihren bisherigen Zusatzbeitrag, kann ein Mitglied von seinem Sonderkündigungsrecht Gebrauch machen. Die Kündigung kann mit dem Ablauf des Monats erklärt werden, für den ein Zusatzbeitrag erstmals erhoben wird oder ein bestehender Zusatzbeitrag erhöht wird.

Beispiel

Eine Krankenkasse kündigt mit Schreiben vom 29.12.2022 an, dass sie ab Januar 2023 ihren Zusatzbeitrag von 0,9 % auf 1,1 % erhöht.

Das Mitglied kann bis spätestens 31.01.2023 mit Wirkung zum 28.02.2023 kündigen. In dieser Zeit (01.01. bis 28.02.2023) ist der Zusatzbeitrag in Höhe von 1,1 % dennoch zu zahlen.

Freiwillig versicherte Selbstzahler führen den Beitrag selbst an die Krankenkasse ab. In der privaten Krankenversicherung ist der Zusatzbeitrag nicht vorgeschrieben.

5.5.1.2.1 Wahltarife der gesetzlichen Krankenkassen

Mit Einführung des Gesundheitsfonds am 01.01.2009 müssen die Krankenkassen folgende Wahltarife anbieten:

- Krankengeld für Versicherte ohne Anspruch auf Entgeltfortzahlung,
- besondere Versorgungsformen (z. B. Hausarzttarif).

Zusätzlich können die Krankenkassen weitere Tarife zur Wahl anbieten:

- Selbstbehalt,
- Rückerstattung,
- Kostenerstattungsverfahren,
- Kostenübernahme bei besonderen Therapien,
- Leistungsbeschränkung.

Bei allen Wahltarifen bindet sich das Mitglied für einen bestimmten Zeitraum an die betreffende Krankenkasse. Während dieser Zeit gibt es kein Recht auf Kündigung, dies gilt auch für das Sonderkündigungsrecht bei Erhebung eines Sonderbeitrags.

5.5.1.3 Private Krankenversicherung

Im Gegensatz zur gesetzlichen Krankenversicherung (GKV) gibt es bei den privaten Krankenversicherungen (PKV) keinen Einheitsbeitrag. Vielmehr ist der Beitrag von den individuellen Voraussetzungen und Ansprüchen abhängig. Die PKV versichert nach Risiken und Leistungen. Junge, gesunde Menschen haben das geringste Risiko und damit niedrige Grundprämien. Werden die Menschen älter, steigen die Krankheitsrisiken und damit auch die Prämien.

Die GKV bietet in ihrem Leistungsspektrum nur die vom Gesetzgeber vorgeschriebenen Leistungen an. Bei der PKV kann sich der Versicherte Leistungen nach seinen eigenen Wünschen zusammenstellen. Dies hat natürlich Auswirkungen auf die Prämie.

Der Arbeitgeber muss seinen Anteil nur für den Versicherungsumfang zahlen, der dem der GKV entspricht.

5.5.2 Krankenkassenwahlrecht bei der GKV

Eine Mitgliedschaft in der Krankenversicherung kommt bei gesetzlichen Krankenkassen grundsätzlich nur durch Ausübung des Wahlrechts durch den Arbeitnehmer infrage. Zu den gesetzlichen Krankenkassen gehören die Allgemeinen Ortskrankenkassen, Betriebskrankenkassen, Innungskrankenkassen und Ersatzkassen.

Pflicht- und freiwillig versicherte Arbeitnehmer können grundsätzlich folgende Krankenkassen wählen:

- die AOK am Beschäftigungs- oder Wohnort;
- jede Ersatzkasse, deren Zuständigkeit sich nach der Satzung der Ersatzkasse auf den Beschäftigungs- oder Wohnort erstreckt;
- eine Betriebs- oder Innungskrankenkasse, wenn in dem Betrieb, in dem der Arbeitnehmer beschäftigt ist, eine solche besteht bzw. die Satzung eine allgemeine Öffnung für abgegrenzte Regionen vorsieht;
- die Krankenkasse, bei der zuletzt eine Mitgliedschaft oder Familienversicherung bestanden hat;
- die Krankenkasse, bei welcher der Ehegatte versichert ist,
- die Knappschaft-Bahn-See.

Die ausgewählte Krankenkasse darf die Mitgliedschaft nicht ablehnen und hat dem Arbeitgeber eine digitale Mitgliedsbescheinigung zu übermitteln. Der Arbeitnehmer muss dem Arbeitgeber bei Eintritt der Versicherungspflicht innerhalb von **14 Tagen** die gewählte Krankenkasse formlos mitteilen. Der Arbeitgeber meldet den Arbeitnehmer mittels DEÜV bei der Krankenkasse an und erhält die digitale Mitgliedsbescheinigung.

Unterlässt er dies, hat der Arbeitgeber ihn bei der Krankenkasse, bei der er zuletzt gesetzlich versichert war, oder bei einer durch den Arbeitgeber wählbaren Krankenkasse anzumelden (nach Vorgabe des GKV-Spitzenverbandes nach § 173 SGB V). Krankenversicherungspflichtig und freiwillig Versicherte sind an eine gewählte Krankenkasse mindestens **12 Monate** gebunden (Bindungsfrist).

Durch einen Arbeitgeberwechsel wird diese Bindungsfrist nicht gelöst. In der Ergebnisniederschrift über die Sitzung der Fachkonferenz Beiträge vom 20.03.2019 wird die Rechtsprechung des BSG2[1] berücksichtigt. Wechselt ein Arbeitnehmer ohne Unterbrechung den Arbeitgeber und hat die Mindestbindungsfrist von **12 Monaten** (bis 31.12.2020 18 Monate) erfüllt, kann er anlässlich des Neueintritts die Krankenkasse ohne Einhaltung der Kündigungsfrist wechseln.

1 BSG-Urteil vom 11.09.2018, Aktenzeichen B 1 KR 10/18 R

Wählbare Kasse	Für alle Versicherten	Zusätzliche für Studenten	Zusätzliche für Rentner
AOK	• Kasse Wohnort	• Kasse am Sitz der Hochschule • Kasse eines Elternteils	
Ersatzkassen	• bundesweit	• bundesweit	
BKK (nicht geöffnet)	• bei Betriebszugehörigkeit • letzte Kasse • Kasse Ehegatte	• Kasse eines Elternteils	• bei früherer Betriebszugehörigkeit
IKK (nicht geöffnet)	• bei Innungszugehörigkeit • letzte Kasse • Kasse Ehegatte	• Kasse eines Elternteils	• bei früherer Betriebszugehörigkeit
BKK/IKK geöffnet	• BKK/IKK regional • BKK/IKK bundesweit • letzte Kasse • Kasse Ehegatte	• BKK/IKK am Sitz der Hochschule • Kasse eines Elternteils	
Knappschaft-Bahn-See	• bundesweit	• bundesweit	

Tabelle 5.6: Übersicht wählbare Krankenkassen

5.5.3 Prüfung der Krankenversicherungspflicht

Beschäftigte sind nur so lange krankenversicherungspflichtig, wie ihr **regelmäßiges Jahresarbeitsentgelt** die **Jahresarbeitsentgeltgrenze** (JAEG) nicht übersteigt. Für neue und alte Bundesländer gelten einheitliche Grenzen.

5.5.3.1 Unterschiedliche Jahresarbeitsentgeltgrenzen

Durch das Beitragssicherungsgesetz gibt es seit 2003 zwei unterschiedliche Jahresarbeitsentgeltgrenzen. Die Beträge werden jährlich angepasst. Die „allgemeine" Jahresarbeitsentgeltgrenze (§ 6 Abs. 6 SGB V) gilt für alle Personen, die einen Krankenversicherungsvertrag als freiwilliges Mitglied bei einer gesetzlichen Krankenversicherung oder bei einer privaten Krankenkasse abschließen wollen bzw. abgeschlossen haben.

Die „besondere" Jahresarbeitsentgeltgrenze (§ 6 Abs. 7 SGB V) gilt für Personen, die am 31.12.2002 die Jahresarbeitsentgeltgrenze überschritten hatten **und** einen

„substitutiven“ privaten Krankenversicherungsschutz hatten. Darunter versteht man eine Krankenversicherung, welche vollständig an die Stelle der gesetzlichen Krankenversicherung tritt. Eine bloße Zusatzversicherung ersetzt nicht die gesetzliche Krankenversicherung. Eine zwischenzeitlich eingetretene Versicherungspflicht entbindet bei diesem Personenkreis nicht von der Prüfung der besonderen JAEG.

	2021 und 2022	2023
Allgemeine JAEG	64.350 €	66.600 €
Besondere JAEG	58.050 €	59.850 €

Tabelle 5.7: Jahresarbeitsentgeltgrenzen

5.5.3.2 Regelmäßiges Jahresarbeitsentgelt

Zum **regelmäßigen Jahresarbeitsentgelt** zählen alle Zuwendungen aus der versicherungspflichtigen Beschäftigung, die zum beitragspflichtigen Arbeitsentgelt gehören.

Als „regelmäßig“ gelten alle Bezüge, die mit **„hinreichender Sicherheit“** mindestens einmal jährlich bezahlt werden (§ 14 SGB IV).

Dazu zählen neben dem laufenden Arbeitsentgelt auch regelmäßige Einmalzahlungen wie z. B. Urlaubsgeld und Weihnachtsgeld, sofern mit ihrer Zahlung mit hinreichender Sicherheit gerechnet werden kann.

Gelegentliche Mehrarbeitsvergütungen finden keine Berücksichtigung. Regelmäßige, fixe Pauschalzahlungen, die zur generellen Abgeltung eventuell anfallender Überstunden vereinbart wurden, werden dagegen angerechnet.

Keine Anrechnung finden alle Zuschläge, die mit Rücksicht auf den Familienstand gezahlt werden.

Einmalige Zuwendungen, die nicht regelmäßig gewährt werden, wie dies beispielsweise bei einer Jubiläumszuwendung der Fall ist, bleiben auch außen vor.

Ebenso nicht berücksichtigt werden Bezüge, die in der Lohnsteuer pauschaliert werden und beitragsfrei in der Sozialversicherung sind.

Sofern der Arbeitnehmer Teile seines Entgelts zugunsten einer **betrieblichen Altersversorgung** umwandelt und diese Beiträge SV-frei sind, wirkt sich dies auch auf das Jahresarbeitsentgelt aus. Dabei gilt folgender Grundsatz:

- Arbeitnehmer, die wegen Überschreitens der Jahresarbeitsentgeltgrenze krankenversicherungsfrei sind und deren regelmäßiges Entgelt aufgrund der beitragsfreien Entgeltumwandlung zugunsten einer betrieblichen Altersversorgung die Jahresarbeitsentgeltgrenze nicht mehr übersteigt, werden krankenversicherungspflichtig.
- Die Krankenversicherungspflicht beginnt bei der Umwandlung von Einmalzahlungen mit dem Tag, an dem der Arbeitnehmer die Umwandlung gegenüber seinem Arbeitgeber für wirksam erklärt. Dies trifft auch dann zu, wenn die Erklärung vor

der eigentlichen Umwandlung erfolgt (z. B. Erklärung im Januar, dass Teile des Weihnachtsgeldes umgewandelt werden sollen).

- Wird laufendes Arbeitsentgelt umgewandelt, entsteht Krankenversicherungspflicht ggf. in dem Monat, in dem zum ersten Mal umgewandelt wird.
- Wenn der Arbeitnehmer die Entgeltumwandlung rückgängig macht, ist das regelmäßige Arbeitsentgelt zu diesem Zeitpunkt sofort neu zu berechnen. Wird durch die Neuberechnung die Jahresarbeitsentgeltgrenze wieder überschritten, so kann der Arbeitnehmer erst nach Ablauf des Kalenderjahres aus der Krankenversicherungspflicht ausscheiden.
- Eine Neuprüfung ist stets auch dann durchzuführen, wenn sich die Höhe der Entgeltumwandlung ändert.

Die folgende Checkliste gibt einen Überblick darüber, welche Entgeltbestandteile zur Prüfung des regelmäßigen Jahresarbeitsentgelts zu berücksichtigen sind.

Die Versicherungspflicht endet mit dem Ablauf des Jahres, in dem das Jahresarbeitsentgelt die Jahresarbeitsentgeltgrenze übersteigt. Voraussetzung ist jedoch, dass der Arbeitnehmer mit seinem Arbeitsentgelt auch über der Jahresarbeitsentgeltgrenze des Folgejahres liegt.

Aufgabe

Prüfung der Jahresarbeitsentgeltgrenze

Die Überprüfung der Jahresarbeitsentgeltgrenze erfolgt:

- bei Beginn des Arbeitsverhältnisses,
- bei Gehaltsveränderungen,
- bei Veränderung der JAEG (normalerweise zu Beginn des neuen Jahres).

Feststellung Versicherungspflicht/-freiheit	**dazurechnen**	
	ja	**nein**
Ermittlung regelmäßiges Jahresarbeitsentgelt		
• **Lohn/Gehalt x 12** (Berücksichtigt werden z. B. pauschalierte Mehrarbeitsvergütungen für Bereitschaftsdienst und Rufbereitschaft, wenn solche Dienste vereinbart sind und regelmäßig geleistet werden. Nicht zu berücksichtigen sind z. B. künftig fällig werdende Lohn- und Gehaltsveränderungen, lohnsteuerfreie einmalige Einnahmen sowie zusätzlich zum laufenden Arbeitsentgelt gezahlte Zulagen, Zuschläge und Zuschüsse sowie ähnliche Einnahmen, die nach der Sozialversicherungsentgeltverordnung nicht dem Arbeitsentgelt hinzuzurechnen sind.)	X	

Tabelle 5.8: Checkliste KV-Pflicht/-Freiheit

Feststellung Versicherungspflicht/-freiheit	dazurechnen	
	ja	**nein**
• **Urlaubsgeld** (nur wenn die Zahlung mindestens einmal jährlich mit hinreichender Sicherheit stattfindet)	X	
• **Weihnachtsgeld** (nur wenn die Zahlung mindestens einmal jährlich mit hinreichender Sicherheit stattfindet)	X	
• **Sonstige Sonderzahlungen** (nur wenn die Zahlung mindestens einmal jährlich mit hinreichender Sicherheit stattfindet, auch wenn deren Höhe schwankend ist)	X	
• **Familienzuschläge**		X
• **Unregelmäßige Überstundenvergütungen**		X
• **Pauschale für Überstunden** (z. B. monatlich fest vereinbarter Betrag, mit dem anfallende Überstunden generell abgegolten werden)	X	

Tabelle 5.8: Checkliste KV-Pflicht/-Freiheit (Forts.)

Wird ein Arbeitnehmer mit einem regelmäßigen Jahresarbeitsentgelt eingestellt, das die Jahresarbeitsentgeltgrenze übersteigt, besteht von Anfang an keine Krankenversicherungspflicht.

Aufgrund der jährlichen Anpassung der Jahresarbeitsentgeltgrenze muss der Arbeitgeber jährlich prüfen, ob bisher krankenversicherungsfreie Arbeitnehmer auch weiterhin krankenversicherungsfrei bleiben können.

5.5.3.3 Über- oder Unterschreitung der JAEG während des Jahres

Falls der Arbeitnehmer durch eine Erhöhung des Arbeitsentgelts während des Jahres mit seinem Gehalt die Jahresarbeitsentgeltgrenze überschritten hat, kann die Versicherungsfreiheit erst zu Beginn des nächsten Jahres eintreten. Voraussetzung dafür ist, dass das Jahresarbeitsentgelt auch die Jahresarbeitsentgeltgrenze des Folgejahres übersteigt (sog. 1+1-Regelung).

Wichtig

Beim Überschreiten der Jahresarbeitsentgeltgrenze tritt die Versicherungsfreiheit erst zu Beginn des nächsten Jahres ein.

Falls der Arbeitnehmer durch eine Minderung des regelmäßigen Einkommens unter die Jahresarbeitsentgeltgrenze fällt, wird er sofort wieder krankenversicherungspflichtig.

Wichtig

Bei Unterschreitung der Jahresarbeitsentgeltgrenze tritt sofort die Versicherungspflicht ein.

Wenn das Arbeitsentgelt z. B. durch Kurzarbeit nur vorübergehend gemindert wird, löst das allerdings keine Versicherungspflicht aus. Entscheidend ist nur das **regelmäßige Arbeitsentgelt**.

Fällt der Arbeitnehmer aus der Krankenversicherungspflicht heraus, ist er zum Jahresende bei seiner Krankenkasse als Pflichtversicherter abzumelden.

Aufgabe

Abmeldung bei der gesetzlichen Krankenversicherung

Endet die Versicherungspflicht wegen Überschreitung der Jahresarbeitsentgeltgrenze, endet nicht automatisch auch die Mitgliedschaft in der gesetzlichen Krankenkasse. Diese hat den Arbeitnehmer schriftlich über die Austrittsmöglichkeit zu informieren.

Wichtig

Schriftliche Information des Arbeitgebers an den Arbeitnehmer.

Der Arbeitnehmer kann dann innerhalb von zwei Wochen seinen Austritt erklären. Bleibt die Erklärung aus, wird die bisherige Pflichtversicherung in eine freiwillige Versicherung in der gesetzlichen Krankenversicherung umgewandelt (Anschlussversicherung).

Hinweis

Am 20.03.2019 wurden auf Grundlage eines BSG-Urteils3[1] die Grundsätzlichen Hinweise4[2] überarbeitet. Darin wird eine abweichende Berücksichtigung von Entgeltveränderungen bei Arbeitnehmern dargestellt, bei denen zunächst Versicherungspflicht besteht. In diesen Fällen, in denen es um das Ausscheiden aus der Versicherungspflicht mit Ablauf des Kalenderjahres wegen Überschreitens der Jahresarbeitsentgeltgrenze geht, ist zum Ende/Ablauf des laufenden Kalenderjahres (Prognosezeitpunkt) das vereinbarte Arbeitsentgelt auf ein zu erwartendes Jahresarbeitsentgelt für das nächste Kalenderjahr (Prognosezeitraum) hochzurechnen. Prognosegrundlage sind dabei zunächst die zu diesem Zeitpunkt bestehenden Ver-

1 BSG-Urteil vom 07.06.2018, Aktenzeichen B 12 KR 8/16

2 Versicherungsfreiheit von Arbeitnehmern bei Überschreiten der Jahresarbeitsentgeltgrenze vom 20.03.2019

hältnisse. Entsprechend dem Urteil des BSG sind allerdings die zum Prognosezeitpunkt objektiv feststehenden (z. B. durch vertragliche Regelungen) oder mit hinreichender Sicherheit absehbaren Entgeltveränderungen (z. B. aus Anlass des Entgeltausfalls wegen Beginn der Schutzfristen und einer sich anschließenden Elternzeit) in die Prognose mit einzubeziehen und zu berücksichtigen. Entgeltveränderungen sind sowohl Entgeltminderungen als auch Entgelterhöhungen.

Mit den Hinweisen vom 20.03.2019 ist zwischen den Arbeitnehmern zu unterscheiden, die bereits versicherungsfrei sind, und denen, die aus der Versicherungspflicht ausscheiden könnten. Bei versicherungsfreien Arbeitnehmern sind Entgeltveränderungen zu berücksichtigen, wenn sie tatsächlich eintreten (keine Änderung). Bei Arbeitnehmern, die aus der Versicherungspflicht ausscheiden könnten, sind zum Zeitpunkt der Prognose für das Folgejahr alle bekannten Entgeltveränderungen zu berücksichtigen (Änderung).

Bei einem **bisher versicherungspflichtigen Arbeitnehmer** sind feststehende Entgeltveränderungen, die zum Zeitpunkt der Prüfung der Jahresarbeitsentgeltgrenze bereits bekannt sind (z. B. Mutterschutzfrist, vereinbarte Arbeitszeitänderung, Lohnerhöhung), in der Prognose **zu berücksichtigen**. Das kann dazu führen, dass der betroffene Arbeitnehmer zum 01.01.

- durch die Berücksichtigung zukünftiger Entgeltminderungen krankenversicherungspflichtig bleibt statt ohne Berücksichtigung dieser Änderung krankenversicherungsfrei zu werden;
- durch die Berücksichtigung zukünftiger Entgelterhöhungen krankenversicherungsfrei wird statt ohne Berücksichtigung dieser Änderung krankenversicherungspflichtig zu bleiben.

Beispiel

Eine **bisher krankenversicherungspflichtige Arbeitnehmerin** hatte bis August 2022 ein Monatsentgelt von 5.500 € und seit September 2022 ein Monatsentgelt von 5.600 €. Zum Jahreswechsel liegt die ärztliche Bescheinigung der Schwangerschaft mit dem voraussichtlichen Entbindungstermin vor. Im März 2023 beginnt die Schutzfrist von insgesamt mindestens 14 Wochen = 3 1/2 Monate. Dadurch beträgt das Entgelt im März 2023 nur 2.000 €.

Das eigentlich anzusetzende Jahresentgelt (Entgelt Monat Dezember 5.600 € x 12 Monate = 67.200 €) liegt sowohl über der Jahresarbeitsentgeltgrenze für 2022 = 64.350 € als auch über der Jahresarbeitsentgeltgrenze für 2023 = 66.600 €. Dadurch **würde** die Arbeitnehmerin ab 01.01.2023 krankenversicherungsfrei werden. **Aber:**

Das tatsächliche Jahresentgelt 2023 (unter Berücksichtigung der Mutterschutzfrist 5.600 € x 8,75 Monate = 49.000 €, wenn auch schon der Antrag auf Elterngeld vorliegt 5.600 € x 2 + 2.000 € = 13.200 €) liegt jedoch unter der Jahresarbeitsentgeltgrenze für 2023 = 66.600 €. Deshalb bleibt die Arbeitnehmerin 2023 weiterhin krankenversicherungspflichtig.

Bei einem **bisher versicherungsfreien Arbeitnehmer** sind solche Änderungen **nicht zu berücksichtigen**. In diesem Fall wird der Arbeitnehmer erst bei Eintritt der zukünftigen Entgeltveränderung krankenversicherungspflichtig oder wird wegen Unterschreitens der Jahresarbeitsentgeltgrenze bereits zum 01.01. krankenversicherungspflichtig. Hier ergeben sich gegenüber dem bisherigen Vorgehen keine Änderungen. Das führt dazu, dass der betroffene Arbeitnehmer zum 01.01.

- ohne die Berücksichtigung zukünftiger Entgeltminderungen krankenversicherungsfrei bleibt statt mit Berücksichtigung dieser Änderung bereits krankenversicherungspflichtig zu werden;
- ohne die Berücksichtigung zukünftiger Entgelterhöhungen krankenversicherungspflichtig wird statt mit Berücksichtigung dieser Änderung krankenversicherungsfrei zu bleiben.

Beispiel

Ein **bisher krankenversicherungsfreier Arbeitnehmer** hat schon seit Januar 2022 ein Monatsentgelt von 5.500 €. Zum Jahreswechsel liegt die Höhergruppierung des Arbeitnehmers vor, wonach er ab Februar 2023 ein Monatsentgelt von 5.600 € erhält.

Das anzusetzende Jahresentgelt (Entgelt Monat Dezember 5.500 € x 12 = 66.000 €) liegt zwar über der Jahresarbeitsentgeltgrenze für 2022 = 64.350 €, aber nicht über der Jahresarbeitsentgeltgrenze für 2023 = 66.600 €. Da der Arbeitnehmer krankenversicherungsfrei ist, sind bekannte zukünftige Änderungen nicht zu berücksichtigen. Dadurch wird der Arbeitnehmer zum 01.01.2023 krankenversicherungspflichtig.

Bei der erneuten Prüfung zum 01.02.2023 ergibt sich ein tatsächliches Jahresentgelt von 5.600 € x 12 = 67.200 € und liegt damit über der Jahresarbeitsentgeltgrenze für 2023 = 66.600 €. Der Arbeitnehmer wird jedoch frühestens ab dem 01.01.2024 krankenversicherungsfrei.

5.5.3.4 Herabsetzung der Arbeitszeit

Wenn die Arbeitszeit des Arbeitnehmers auf die Hälfte oder weniger der regelmäßigen Wochenarbeitszeit einer vergleichbaren Vollbeschäftigung gesenkt wird und dadurch Krankenversicherungspflicht entstehen würde, wird auf Antrag bei der gesetzlichen Krankenkasse eine Befreiung gewährt. Voraussetzung ist, dass der Arbeitnehmer bereits seit mindestens fünf Jahren von der Krankenversicherungspflicht befreit war.

Die Versicherungsfreiheit endet grundsätzlich auch dann, wenn die Entgeltminderung **vorübergehender Natur** oder **zeitlich befristet** ist, es sei denn, die Entgeltminderung ist nur von kurzer Dauer (GKV-Hinweise vom 20.03.2019). Von kurzer Dauer ist auszugehen, wenn der Zeitraum nicht mehr als drei Monate umfasst. Eine zu Beginn der Minderung des laufenden Arbeitsentgelts ggf. bereits absehbare Rückkehr zu den Verhältnissen vor der Entgeltminderung bleibt zunächst unberücksichtigt.

Wichtig

Bei der Prüfung der Jahresarbeitsentgeltgrenze ist auf Besonderheiten zu achten. So wirkt sich z. B. eine Verringerung der regelmäßigen, wöchentlichen Arbeitszeit auf die Hälfte oder weniger im Rahmen einer Vollbeschäftigung auch auf die Versicherungspflicht aus. In diesem Fall kann auf Antrag bei der gesetzlichen Krankenkasse eine Befreiung gewährt werden. Voraussetzung ist dabei, dass der Arbeitnehmer bereits seit mehr als fünf Jahren von der gesetzlichen Krankenversicherung befreit war. Eine weitere Ausnahme stellen Arbeitnehmer mit Vollendung ihres 55. Lebensjahres dar. Auch diese bleiben weiterhin versicherungsfrei, wenn sie in den letzten fünf Jahren in keiner gesetzlichen Krankenversicherung versichert waren.

Hinweis

Am 20.03.2019 wurden auf Grundlage eines BSG-Urteils5[1] die Grundsätzlichen Hinweise6[2] überarbeitet. Darin wird eine abweichende Berücksichtigung von Entgeltveränderungen bei Arbeitnehmern dargestellt, bei denen zunächst Versicherungspflicht besteht. In diesen Fällen, in denen es um das Ausscheiden aus der Versicherungspflicht mit Ablauf des Kalenderjahres wegen Überschreitens der Jahresarbeitsentgeltgrenze geht, ist zum Ende/Ablauf des laufenden Kalenderjahres (Prognosezeitpunkt) das vereinbarte Arbeitsentgelt auf ein zu erwartendes Jahresarbeitsentgelt für das nächste Kalenderjahr (Prognosezeitraum) hochzurechnen. Prognosegrundlage sind dabei zunächst die zu diesem Zeitpunkt bestehenden Verhältnisse. Entsprechend dem Urteil des BSG sind allerdings die zum Prognosezeitpunkt objektiv feststehenden (z. B. durch vertragliche Regelungen) oder mit hinreichender Sicherheit absehbaren Entgeltveränderungen (z. B. aus Anlass des Entgeltausfalls wegen Beginn der Schutzfristen und einer sich anschließenden Elternzeit) in die Prognose mit einzubeziehen und zu berücksichtigen. Entgeltveränderungen sind sowohl Entgeltminderungen als auch Entgelterhöhungen.

5.5.3.5 Arbeitnehmer mit Vollendung des 55. Lebensjahres

Mit Vollendung des 55. Lebensjahres bleiben Personen in der Krankenversicherung frei, sofern sie in den letzten fünf Jahren keinen gesetzlichen Krankenversicherungsschutz hatten.

Vorsicht

Privat versicherte Arbeitnehmer bleiben ab Vollendung des 55. Lebensjahres frei in der gesetzlichen Krankenversicherung.

1 BSG-Urteil vom 07.06.2018, Aktenzeichen B 12 KR 8/16

2 Versicherungsfreiheit von Arbeitnehmern bei Überschreiten der Jahresarbeitsentgeltgrenze vom 20.03 2019

Davon sind überwiegend ältere Arbeitnehmer betroffen, die privat versichert sind, aber wegen einer Herabsetzung ihres Entgelts (z. B. wegen Altersteilzeitvereinbarungen) nicht mehr über die Jahresarbeitsentgeltgrenze hinauskommen. Sie erhalten vom Arbeitgeber einen Zuschuss für ihre private Krankenversicherung.

5.5.4 Beitragszuschuss des Arbeitgebers

Ein Arbeitnehmer, dessen regelmäßiges Jahresarbeitsentgelt die Jahresarbeitsentgeltgrenze des abgelaufenen und des folgenden Kalenderjahres überschreitet, ist von der gesetzlichen Krankenversicherungspflicht entbunden.

Folgende Möglichkeiten kommen für ihn infrage:

- freiwillige Versicherung bei seiner bisherigen Krankenkasse oder bei einer anderen gesetzlichen Krankenkasse,
- private Krankenversicherung.

Entscheidet sich nun ein Arbeitnehmer für die freiwillige bzw. private Krankenversicherung, stellt sich die Frage, ob bzw. in welchem Umfang der Arbeitgeber einen Beitragsanteil zu übernehmen hat.

Seit dem 01.01.2019 ist allerdings auch der kassenindividuelle Zusatzbeitrag der gesetzlichen Krankenversicherungen zu berücksichtigen. Dies hat Auswirkungen auf die Höhe des Beitragszuschusses der, je nach Wahl der Krankenkasse, unterschiedlich ausfällt. Zur Berechnung muss zwischen privat krankenversicherten Arbeitnehmern und freiwillig krankenversicherten Arbeitnehmern unterschieden werden.

5.5.4.1 Arbeitgeberzuschuss bei freiwilliger Krankenversicherung

Freiwillig Versicherte in der gesetzlichen Krankenversicherung besitzen nach § 257 Abs. 1 SGB V Anspruch auf einen Beitragszuschuss des Arbeitgebers. Der Zuschuss entspricht der Hälfte des Beitrags, der maximal für einen Pflichtversicherten bei der Krankenkasse anfallen würde, bei der die freiwillige Versicherung besteht.

Vorsicht

Freiwillig versicherte Arbeitnehmer haben einen Anspruch auf Beitragszuschuss zur freiwilligen Krankenversicherung.

Für freiwillig in der gesetzlichen Krankenversicherung versicherte Arbeitnehmer mit Krankengeldanspruch berechnet sich der Beitragszuschuss:

- ½ von 14,6 % + ½ des Zusatzbeitrags der jeweiligen gesetzlichen Krankenkasse (zwingend getrennte Berechnung, um Rundungsdifferenzen zu vermeiden), beides maximal von 4.987,50 €.

Beispiel

Ein Arbeitnehmer ist freiwillig krankenversichert. Die Krankenkasse erhebt einen Zusatzbeitrag von 0,39 %. Die Berechnung ist wie folgt vorzunehmen:

- ½ von 14,6 % = 7,3 % + ½ des Zusatzbeitrags der jeweiligen gesetzlichen Krankenkasse = 0,195 % = 7,495 %, maximal von 4.987,50 € (373,81 €).

Für freiwillig in der gesetzlichen Krankenversicherung versicherte Arbeitnehmer ohne Krankengeldanspruch berechnet sich der Beitragszuschuss:

- ½ von 14,0 % + ½ des Zusatzbeitrags der jeweiligen gesetzlichen Krankenkasse (zwingend getrennte Berechnung, um Rundungsdifferenzen zu vermeiden), beides maximal von 4.987,50 €.

Freiwillig Krankenversicherte sind pflegeversicherungspflichtig. Der Arbeitgeber ist verpflichtet, die Hälfte des Pflegeversicherungsbeitrags als Zuschuss zu übernehmen. Der Zuschuss zur Kranken- und Pflegeversicherung ist nach § 3 Nr. 62 EStG steuerfrei. Zahlt der Arbeitgeber höhere Zuschüsse als notwendig, fallen auf den übersteigenden Betrag Steuer- und Sozialversicherungsbeiträge an.

5.5.4.2 Arbeitgeberzuschuss bei privater Krankenversicherung

Der Höchstzuschuss für privat krankenversicherte Arbeitnehmer bemisst sich nach der aktuellen Beitragsbemessungsgrenze zur Krankenversicherung, multipliziert mit dem hälftigen allgemeinen Beitragssatz und dem hälftigen durchschnittlichen Zusatzbeitrag der gesetzlichen Krankenkassen.

Der **Beitragssatz** der **gesetzlichen Krankenkassen** beträgt 2023 = 14,6 %. Davon trägt die Hälfte der Arbeitgeber (7,3 %). Der durchschnittliche Zusatzbeitrag beträgt 2023 = 1,6 %. Davon trägt die Hälfte der Arbeitgeber (0,8 %).

Die Beitragsbemessungsgrenze in der Krankenversicherung wurde 2023 auf **4.987,50 €** festgesetzt. Somit muss der Arbeitgeber für einen Privatkrankenversicherten einen maximalen Beitragszuschuss von 403,99 € (14,6 % + 1,6 % = 16,2 %, davon die ½ = 8,1 %, maximal von 4.987,50 €) aufbringen.

Der Arbeitgeber hat als Beitragszuschuss die Hälfte des tatsächlichen Beitrags, maximal den Höchstzuschuss von derzeit **403,99 €**, zu übernehmen.

Wichtig

Der Höchstzuschuss des Arbeitgebers beträgt 403,99 € bzw. 389,03 €.

Befindet sich ein Arbeitnehmer in der Freistellungsphase der Altersteilzeit und scheidet er nach der Freistellungsphase aus dem Erwerbsleben aus (z. B. gesetzliche Rente), hat er in der gesetzlichen Krankenversicherung keinen Anspruch auf Krankengeld. Aus diesem Grund wird der ermäßigte Beitragssatz von 14,0 % genommen. Auch bei diesem Beitragssatz zahlt der Arbeitgeber die Hälfte in Höhe von 7,0 % als Beitragszuschuss. In der ATZ-Freistellungsphase beträgt der maximale Arbeitgeberzuschuss daher nur **389,03 €**.

Auch hier gilt, dass ein freiwillig vom Arbeitgeber gezahlter höherer Zuschuss steuer- und sozialversicherungspflichtig ist. Der Zuschuss im Rahmen der gesetzlichen Verpflichtung bleibt dagegen steuer- und sozialversicherungsfrei.

Vorsicht

Der GKV-Spitzenverband hat am 24.07.2015 in der Fachinfo „Mitgliedschaft und Beiträge“ auf Grundlage eines Urteils klargestellt, dass während der bezahlten Freistellung ein Beschäftigungsverhältnis nicht endet. Während des Beschäftigungsverhältnisses hat der Arbeitnehmer einen Anspruch auf Krankengeld. In der bezahlten Freistellung zwar nur fiktiv – aber der Anspruch auf Krankengeld besteht. Kann im Anschluss an die Freistellung der Krankengeldanspruch nicht mehr realisiert werden, gilt weiterhin der ermäßigte Beitragssatz. Scheidet der Arbeitnehmer nicht aus dem Erwerbsleben aus, ist der allgemeine Beitragssatz auch bei der bezahlten Freistellung weiterzuzahlen. Mit Ausscheiden aus dem Erwerbsleben ist z. B. der Bezug einer gesetzlichen Rente gemeint.

Beispiel 1

Beitrag in Höhe von 400 €

Gesamtbeitrag zur privaten Krankenversicherung:	400,00 €
Zuschuss des Arbeitgebers: (50 % des Gesamtbeitrags)	200,00 €

Beispiel 2

Beitrag in Höhe von 880 €

Gesamtbeitrag zur privaten Krankenversicherung:	880,00 €
Zuschuss des Arbeitgebers zur Krankenversicherung:	403,99 €

5.5.5 Durchschnittlicher Zusatzbeitrag

Mit dem Gesetz zur Weiterentwicklung der Finanzstruktur in der gesetzlichen Krankenversicherung hat der Gesetzgeber neben dem einkommensabhängigen Zusatzbeitrag, der vom Arbeitgeber abzuführen, aber vom Arbeitnehmer zu tragen ist, einen durchschnittlichen Zusatzbeitrag eingeführt.

Bis zum 01.11. eines jeden Jahres muss der GKV-Schätzerkreis den durchschnittlichen Zusatzbeitrag berechnen und veröffentlichen.

5.5.5.1 Höhe des durchschnittlichen Zusatzbeitrags

Der durchschnittliche Zusatzbeitrag wurde am 01.11.2022 vom GKV-Schätzerkreis auf **1,6 %** festgesetzt. Er fließt in die Berechnung des Faktor F für die Gleitzone mit ein. Die nächste Anpassung des durchschnittlichen Zusatzbeitrags erfolgt zum 01.11.2023 für das Jahr 2024.

5.5.5.2 Personenkreise für die Anwendung des durchschnittlichen Zusatzbeitrags

Der durchschnittliche Zusatzbeitrag ist bei den im § 242 Abs. 3 SGB V genannten Personengruppen anzuwenden:

- Personen, die in Einrichtungen der Jugendhilfe für eine Erwerbstätigkeit befähigt werden sollen (§ 5 Abs. 1 Nr. 5 SGB V),
- Teilnehmer an Leistungen zur Teilhabe am Arbeitsleben (§ 5 Abs. 1 Nr. 6 SGB V),
- behinderte Menschen in Werkstätten, Einrichtungen etc. (§ 5 Abs. 1 Nr. 7 und 8 SGB V), wenn das tatsächliche Arbeitsentgelt den nach § 235 Abs. 3 SGB V maßgeblichen monatlichen Mindestbetrag (2023 = 679 €) nicht übersteigt. Übersteigt das Arbeitsentgelt diesen Wert, wird der kassenindividuelle Zusatzbeitragssatz erhoben (und vom Träger der Einrichtung gezahlt). Wird der Mindestbetrag jedoch ausschließlich durch eine Sonderzahlung überschritten, bleibt der durchschnittliche Zusatzbeitragssatz maßgebend;
- Beschäftigte, die ein freiwilliges soziales oder ökologisches Jahr im Sinne des Jugendfreiwilligendienstgesetzes (JFDG) oder einen Bundesfreiwilligendienst nach dem Bundesfreiwilligendienstgesetz (BFDG) leisten,
- Auszubildende, die in einer außerbetrieblichen Einrichtung im Rahmen eines Berufsausbildungsvertrags nach dem Berufsbildungsgesetz ausgebildet werden (§ 5 Abs. 4a Satz 1 SGB V),
- Zur Ausbildung Beschäftigte mit einem Arbeitsentgelt bis 325 € im Monat (sogenannte Geringverdiener, vgl. § 20 Abs. 3 Satz 1 Nr. 1 SGB IV). Der durchschnittliche Zusatzbeitragssatz ist bei diesem Personenkreis auch zu berücksichtigen, soweit die Geringverdienergrenze ausschließlich durch eine Sonderzahlung überschritten wird und deshalb der Arbeitgeber und der Auszubildende die Beiträge aus dem übersteigenden Betrag gemeinsam tragen. Im Rahmen der Geringfügigkeitsgrenze (325 €) trägt der Arbeitgeber den Zusatzbeitrag;
- versicherungspflichtige landwirtschaftliche Unternehmen (Landwirtschaftliche Krankenkasse).

Bei den genannten Personengruppen wird der durchschnittliche Zusatzbeitrag anstelle des kassenindividuellen Zusatzbeitrags erhoben, auch dann, wenn die zuständige Krankenkasse des Arbeitnehmers keinen oder einen anderen Zusatzbeitrag festgelegt hat.

Beispiel 1

Ein zu Ausbildungszwecken beschäftigter Student gilt als Geringverdiener (Monatsgehalt 320 €). Seine gesetzliche Krankenkasse erhebt einen Zusatzbeitrag von 0,5 %.

Der Arbeitgeber zahlt die Beiträge allein.

16,2 % (allg. Beitragssatz 14,6 % + 1,6 % durchschnittlicher Zusatzbeitrag) von 320 € = 51,84 €

Der tatsächliche Zusatzbeitrag der gesetzlichen Krankenkasse des Studenten bleibt unberücksichtigt.

Beispiel 2

Ein zu Ausbildungszwecken beschäftigter Student gilt als Geringverdiener (Monatsgehalt 320 €). Seine Krankenkasse erhebt einen Zusatzbeitrag von 1,5 %.

Der Arbeitgeber zahlt die Beiträge allein.

16,2 % (allg. Beitragssatz 14,6 % + 1,6 % durchschnittlicher Zusatzbeitrag) von 320 € = 51,84 €

Der tatsächliche Zusatzbeitrag der gesetzlichen Krankenkasse des Studenten bleibt unberücksichtigt.

5.5.5.3 Rentner und Versorgungsbezugsempfänger

Bei Rentnern und Versorgungsbezugsempfängern ist zu beachten, dass Beiträge seit dem 01.01.2015 am 15. des Folgemonats zur Zahlung an die Krankenkasse fällig sind.

Wichtig

Beiträge bei Rentnern und Versorgungsempfängern sind am 15. des Folgemonats fällig.

Der Zusatzbeitrag oder die Änderung des Zusatzbeitrags bei Renten und Versorgungsbezügen wird erst nach zwei Monaten berücksichtigt. Das bedeutete für die Einführung des Zusatzbeitrags zum 01.01.2015, dass dieser erst ab 01.03.2015 berücksichtigt wurde. Um eine Beitragslücke zu vermeiden, musste für Renten und Versorgungsbezüge in den Monaten Januar und Februar 2016 der durchschnittliche Zusatzbeitrag in Höhe von 0,9 % gezahlt werden. Bei Erhöhungen des Zusatzbeitrags werden auch dieser erst zwei Monate später berücksichtigt.

Beispiel 1

Ein Versorgungsempfänger zahlt bei seiner gesetzlichen Krankenkasse einen Zusatzbeitrag von 0,8 % ab dem 01.01.2023. Bis 31.12.2022 erhob die Krankenkasse einen Zusatzbeitrag von 0,4 %.

Der Arbeitgeber führt die Beiträge jeweils zum 15. des Folgemonats an die gesetzliche Krankenkasse des Versorgungsempfängers ab.

Januar 2023:	0,4 % (Zusatzbeitrag der KV für 2022)
Februar 2023:	0,4 % (Zusatzbeitrag der KV für 2022)
ab März 2023:	0,8 % (tatsächlicher Zusatzbeitrag der KV für 2022)

Beispiel 2

Bei einem Versorgungsempfänger erhöht die gesetzliche Krankenkasse den Zusatzbeitrag zum 01.06.2023 von bisher 0,8 % auf 1,1 %.

Der Arbeitgeber führt die Beiträge jeweils zum 15. des Folgemonats an die gesetzliche Krankenkasse des Versorgungsempfängers ab.

Juni 2023:	0,8 %
Juli 2023:	0,8 %
ab August 2023:	1,1 %

Nachzahlungen sind immer dem Monat zuzuordnen, für den sie gezahlt werden. Bei Selbstzahlern (freiwillige Mitglieder der GKV) gilt der Zusatzbeitragssatz auch für Rentenbezieher sofort, also nicht mit einer Verzögerung von zwei Monaten.

Hinweis

Bezieht ein Arbeitnehmer sowohl Bezüge aus einem aktiven Beschäftigungsverhältnis als auch Versorgungsbezüge, können sich in den entsprechenden Abrechnungen (Arbeitsentgelt, Rente) für den gleichen Monat unterschiedliche Zusatzbeitragssätze ergeben.

5.6 Pflegeversicherung

Die Pflegeversicherung wurde 1995 eingeführt und schützt vor den Risiken bei Pflegebedürftigkeit. Gesetzliche Grundlage ist das Sozialgesetzbuch XI. Die Pflegeversicherung folgt immer der Krankenversicherung, d. h., Bürger, die in einer GKV versichert sind, müssen auch Mitglied in einer sozialen Pflegeversicherung sein. Mitglieder der PKV müssen Mitglied einer privaten Pflegeversicherung werden.

5.6.1 Beiträge

Der Beitragssatz für die soziale Pflegeversicherung (§ 55 SGB XI) wird vom Gesetzgeber einheitlich festgelegt und beträgt im Jahr 2023 3,05 %.

Wichtig

Der Beitrag in der Pflegeversicherung wurde zum 01.01.2019 auf 3,05 % angehoben.

Seit dem 01.01.2005 zahlen Mitglieder der sozialen Pflegeversicherung ohne Kinder einen Zusatzbeitrag. Der Zusatzbeitrag wurde zum 01.01.2022 auf 0,35 % erhöht. Bis zum 31.12.2021 betrug der Zusatzbeitrag 0,25 %. Diesen Beitrag trägt der Arbeitnehmer allein. Dem Arbeitgeber obliegt die Prüfung der Elterneigenschaft.

Wichtig

Der Zusatzbeitrag für kinderlose Versicherte in der gesetzlichen Pflegeversicherung wurde zum 01.01.2022 von 0,25 % auf 0,35 % erhöht.

Hinweis

Das Bundesverfassungsgericht hatte am 07.04.2022 in mehreren Entscheidungen (Aktenzeichen 1 BvL 3/18, 1 BvR 717/6, 1 BvR 2257/16 und 1 BvR 2824/17) festgestellt, dass die aktuelle Regelung zum Kinderlosenzuschlag nicht verfassungsgemäß ist. Aktuell wird nur danach unterschieden, ob ein Versicherter kinderlos ist oder nicht. Die Zahl der Kinder bleibt hierbei unberücksichtigt. Nach den Feststellungen der Richter des Bundesverfassungsgerichts muss bei der Höhe des Kinderlosenzuschlags nach der Anzahl der Kinder differenziert werden. Hierzu wurde dem Gesetzgeber eine Frist bis zum 31.07.2023 gesetzt, eine verfassungskonforme Regelung zu schaffen. Von daher ist mit einer Änderung, was die Höhe des Kinderlosenzuschlags betrifft, im Laufe des Jahres 2023 zu rechnen.

In der privaten Pflegeversicherung richten sich die Beiträge wie bei der PKV nach dem persönlichen Risiko und den vereinbarten Leistungen.

Der Arbeitgeber muss seinen Anteil nur für den Versicherungsumfang zahlen, der dem der GKV entspricht.

5.6.2 Beitragszuschlag für Kinderlose

Als Reaktion auf ein Urteil des Bundesverfassungsgerichts, wonach ab 2005 Personen mit Kindern gegenüber kinderlosen Beitragszahlern besserzustellen sind, ist ab 01.01.2005 das Kinderberücksichtigungsgesetz in Kraft getreten.

Danach müssen Mitglieder der sozialen Pflegeversicherung, die keine Kinder haben, einen **Zusatzbeitrag in Höhe von 0,35 %** (0,25 % bis 31.12.2021) zahlen (§ 55 Abs. 3 Satz 1 SGB XI). Der Zuschlag ist vom Versicherten allein zu tragen, die Arbeitgeber beteiligen sich daran nicht. In der privaten Pflegeversicherung fällt kein Zuschlag an.

Ausgenommen von dem Zuschlag sind:

- Personen, die bis zum **31.12.1939** geboren wurden,
- Personen, die noch keine **23 Jahre** alt sind,
- Bezieher von Arbeitslosengeld II, sofern keine anderen beitragspflichtigen
- Einnahmen vorliegen,
- geringfügig entlohnte Beschäftigte,
- Eltern.

Personen, die noch keine 23 Jahre alt sind, zahlen den Zuschlag ab dem Monat nach Vollendung des 23. Lebensjahres, sofern Kinderlosigkeit besteht. Der Zuschlag ist auch auf Betriebsrenten (Versorgungsbezüge) zu erheben, wenn der Arbeitnehmer (Rentner) ab 1940 geboren ist und keine Kinder hat.

Beispiele

Ein Arbeitnehmer ist am 07.05.2000 geboren. Er vollendet das 23. Lebensjahr am 06.05.2023; der Zuschlag ist im Zuge der Gehaltsabrechnung ab Juni 2023 zu erheben.

Ein Arbeitnehmer ist am 31.01.2000 geboren. Er vollendet das 23. Lebensjahr am 30.01.2023; der Zuschlag fällt ab dem Abrechnungsmonat Februar 2023 an.

Hinweis

Das Bundesverfassungsgericht hatte am 07.04.2022 in mehreren Entscheidungen (Aktenzeichen 1 BvL 3/18, 1 BvR 717/6, 1 BvR 2257/16 und 1 BvR 2824/17) festgestellt, dass die aktuelle Regelung zum Kinderlosenzuschlag nicht verfassungsgemäß ist. Aktuell wird nur danach unterschieden, ob ein Versicherter kinderlos ist oder nicht. Die Zahl der Kinder bleibt hierbei unberücksichtigt. Nach den Feststellungen der Richter des Bundesverfassungsgerichts muss bei der Höhe des Kinderlosenzuschlags nach der Anzahl der Kinder differenziert werden. Hierzu wurde dem Gesetzgeber eine Frist bis zum 31.07.2023 gesetzt, eine verfassungskonforme Regelung zu schaffen. Von daher ist mit einer Änderung, was die Höhe des Kinderlosenzuschlags betrifft, im Laufe des Jahres 2023 zu rechnen.

5.6.2.1 Elterneigenschaft

Nur Personen, die Elterneigenschaft besitzen, zahlen keinen Zuschlag. Elterneigenschaft kann auch bei Pflegeeltern, Stiefeltern oder Adoptiveltern gegeben sein. Bei

Stiefeltern, Pflegeeltern und Adoptiveltern sind einige Besonderheiten zu beachten, die nachstehend erläutert werden.

Hinweis

Bereits ein einziges Kind löst bei beiden Elternteilen prinzipiell lebenslange Beitragszuschlagsfreiheit aus. Auch Eltern, deren Kind verstorben ist, sind auf Dauer vom Zuschlag befreit.

Eine Lebendgeburt reicht für die Befreiung aus. Die Gründe für Kinderlosigkeit spielen für die Entscheidung, ob der Zuschlag zu erheben ist, keine Rolle. Ein Kind kann mehr als zwei Personen auf Dauer von dem Zuschlag in der Pflegeversicherung befreien.

Beispiel 1

Frau und Herr Müller sind leibliche Eltern eines Kindes. Nach einigen Jahren wird die Ehe geschieden. Frau Müller heiratet einen anderen Mann und nimmt das Kind aus erster Ehe in ihren Haushalt auf. Der neue Ehemann, der selbst nicht Vater ist, erlangt durch Aufnahme des Kindes in den gemeinsamen Haushalt und Heirat mit der leiblichen Mutter die Stiefvatereigenschaft. Auch er bleibt dauerhaft vom Zuschlag befreit.

Beispiel 2

Ein Kind wird von den leiblichen, nicht verheirateten Eltern zur Adoption freigegeben. Durch Beschluss des Familiengerichts wird das Kind im Haushalt der Adoptiveltern aufgenommen. Der Beitragszuschlag ist weder von den leiblichen Eltern noch von den Adoptiveltern zu zahlen.

5.6.2.2 Stiefkinder

Der Begriff Stiefkinder ist nirgendwo genau gesetzlich geregelt. Man versteht darunter eigene, in die Ehe eingebrachte Kinder. Dabei kann es sich auch um Adoptivkinder handeln.

Gemäß § 56 Abs. 2 Nr. 1 SGB I werden solche Kinder als Stiefkinder angesehen, die in den Haushalt aufgenommen worden sind. Es muss sich um ein auf längere Dauer ausgerichtetes Betreuungs- und Erziehungsverhältnis familienähnlicher Art handeln.

Die Aufnahme in den Haushalt des Versicherten zu einem Zeitpunkt, zu dem eine Familienversicherung nach § 25 SGB XI durchgeführt wird oder hätte durchgeführt werden können, ist Voraussetzung für die Nichterhebung des Zuschlags. Eine Familienversicherung ist grundsätzlich für Kinder bis zur Vollendung des 18. Lebensjahres und bei Schul- oder Berufsausbildung bis zum 25. Lebensjahr möglich.

Die Stiefelterneigenschaft setzt weiterhin voraus, dass die Eltern miteinander verheiratet sind. Durch ein Zusammenleben ohne Trauschein kann kein Stiefelternverhältnis entstehen.

Der Status Stiefkind wird durch die spätere Auflösung der Ehe nicht beseitigt, d. h., die Befreiung vom Zuschlag besteht fort.

Gemäß Besprechungsergebnis der Spitzenverbände vom 12.06.2008 wird ein Stiefkind nur dann anerkannt, wenn es noch nicht erwachsen ist bzw. als erwachsenes Kind im gemeinsamen Haushalt lebt.

Nach den Grundsätzlichen Hinweisen vom 07.11.2017 wird die aus Anlass der Stiefelternschaft begründete Ausnahme vom Beitragszuschlag für Kinderlose durch eine spätere Auflösung der Ehe oder Lebenspartnerschaft nicht beseitigt.

5.6.2.3 Pflegekinder

Pflegeeltern sind Personen, die ein Kind als Pflegekind aufgenommen haben. Ein Pflegekindschaftsverhältnis setzt voraus, dass das Kind im Haushalt der Pflegeeltern sein Zuhause hat und diese zu dem Kind in einer familienähnlichen, auf längere Dauer angelegten Beziehung wie zu einem eigenen Kind stehen. Dies ist beispielsweise dann der Fall, wenn ein Kind im Rahmen von Hilfe zur Erziehung in Vollzeitpflege (§§ 27, 33 SGB VIII) oder im Rahmen von Eingliederungshilfe (§ 35a Abs. 1 Satz 2 Nr. 3 SGB VIII) in den Haushalt aufgenommen wird, sofern das Pflegeverhältnis auf Dauer angelegt ist. Hieran fehlt es, wenn ein Kind von vornherein nur für eine begrenzte Zeit im Haushalt der Pflegeeltern Aufnahme findet.

Voraussetzung für ein Pflegekindschaftsverhältnis ist, dass das Obhuts- und Pflegeverhältnis zu den leiblichen Eltern nicht mehr besteht, das heißt, die familiären Bindungen zu diesen auf Dauer aufgegeben sind. Gelegentliche Besuchskontakte allein stehen dem nicht entgegen. Es kommt nicht darauf an, ob die Pflegeeltern den Unterhalt des Kindes ganz oder überwiegend oder mindestens teilweise tragen.

Das Pflegekindschaftsverhältnis mit familiärer Bindung – wie ein Eltern-Kind-Verhältnis – muss von vornherein für längere Dauer, seiner Natur nach regelmäßig auf mehrere Jahre und nicht nur für eine Übergangszeit bis zu einer anderweitigen Unterbringung beabsichtigt sein. Voraussetzung ist, dass das Kind in der Familie der betreuenden Person durchgängig, das heißt nicht nur für einen Teil des Tages oder nur für einige Tage der Woche, Versorgung, Erziehung und Heimat findet.

Tagespflegepersonen sowie Personen, die eine private Pflegestelle oder Kinderkrippe betreiben oder im steten Wechsel Säuglinge und Kleinkinder von Jugendämtern und/oder Eltern gegen Kostenersatz für eine bestimmte Zeit zur Betreuung übernehmen, stehen in Bezug auf die von ihnen betreuten Kinder nicht in einem Pflegekindschaftsverhältnis im Sinne von § 56 Abs. 3 Nr. 3 SGB I.

5.6.2.4 Adoptivkinder

Adoptionspflegekinder sind – im Gegensatz zu Pflegekindern – Kinder, die mit dem Ziel der Annahme als Kind in die Obhut des annehmenden Mitglieds aufgenommen worden sind und für die die zur Aufnahme erforderliche Einwilligung der Eltern erteilt ist (§ 1747 BGB). Sie gelten bereits für die Zeit der Adoptionspflege (§ 1744 BGB) als Kinder des annehmenden Mitglieds und nicht mehr als Kinder der leiblichen Eltern.

Gemäß Besprechungsergebnis der Spitzenverbände vom 12.06.2008 wird eine Erwachsenenadoption nur dann anerkannt, wenn das Kind im gemeinsamen Haushalt lebt.

5.6.2.5 Nachweis Elterneigenschaft

Für Personen, die in den Wirkungsbereich des Gesetzes fallen, darf nur dann kein Zuschlag erhoben werden, wenn Nachweise über die Elterneigenschaft erbracht werden oder bereits vorlagen.

Wenn der Arbeitgeber aus den vorhandenen Lohnunterlagen (z. B. ELStAM mit Eintrag eines Kinderfreibetragszählers von mindestens 0,5) nicht entnehmen kann, dass der Arbeitnehmer Kinder hat, muss vom Arbeitnehmer ein entsprechender Nachweis über das Vorliegen der Elterneigenschaft erbracht werden.

Eine bestimmte Form der Nachweiserbringung ist nicht vorgeschrieben. Die Bundesverbände der Krankenkassen haben jedoch in einer gemeinsamen Verlautbarung bekannt gegeben, welche Dokumente sie als geeignet ansehen.

Nach den Grundsätzlichen Hinweisen vom 07.11.2017 ist der Nachweis der Elterneigenschaft gegenüber der beitragsabführenden Stelle zu führen, das heißt gegenüber demjenigen, dem die Pflicht zum Beitragseinbehalt und zur Beitragszahlung obliegt (z. B. Arbeitgeber, Rehabilitationsträger, Rentenversicherungsträger, Zahlstelle der Versorgungsbezüge).

Mitglieder, die ihre Elterneigenschaft nicht nachweisen, gelten bis zum Ablauf des Monats, in dem der Nachweis erbracht wird, beitragsrechtlich als kinderlos. Erfolgt die Vorlage des Nachweises innerhalb von drei Monaten nach der Geburt eines Kindes, gilt nach § 55 Abs. 3 Satz 5 SGB XI der Nachweis mit Beginn des Monats der Geburt als erbracht, ansonsten wirkt der Nachweis vom Beginn des Monats an, der dem Monat folgt, in dem der Nachweis erbracht wird.

Als Nachweise bei leiblichen Eltern und Adoptiveltern (im ersten Grad mit dem Kind verwandt) kommen wahlweise in Betracht (Auszug aus den Grundsätzlichen Hinweisen vom 07.11.2017):

- Geburtsurkunde bzw. internationale Geburtsurkunde („mehrsprachige Auszüge aus Personenstandsbüchern"),
- Abstammungsurkunde (wird für einen bestimmten Menschen an seinem Geburtsort geführt),
- Auszug aus dem Geburtenbuch des Standesamtes,
- Auszug aus dem Familienbuch/Familienstammbuch,
- steuerliche Lebensbescheinigung des Einwohnermeldeamtes (Bescheinigung wird ausgestellt, wenn der Steuerpflichtige für ein Kind, das nicht bei ihm gemel-

det ist, einen halben Kinderfreibetrag als Lohnsteuerabzugsmerkmal eintragen lassen möchte: Er muss hierfür nachweisen, dass er im ersten Grad mit dem Kind verwandt ist, z. B. durch Vorlage einer Geburtsurkunde),

- Vaterschaftsanerkennungs- und Vaterschaftsfeststellungsurkunde,
- Adoptionsurkunde,
- Kindergeldbescheid der Bundesagentur für Arbeit (BA) – Familienkasse – (bei Angehörigen des öffentlichen Dienstes und Empfängern von Versorgungsbezügen die Bezüge- oder Gehaltsmitteilung der mit der Bezügefestsetzung bzw. Gehaltszahlung befassten Stelle des jeweiligen öffentlich-rechtlichen Arbeitgebers bzw. Dienstherrn),
- Kontoauszug, aus dem sich die Auszahlung des Kindergeldes durch die BA – Familienkasse – ergibt (aus dem Auszug ist die Höhe des überwiesenen Betrags, die Kindergeldnummer sowie in der Regel der Zeitraum, für den der Betrag bestimmt ist, zu ersehen),
- Erziehungsgeld- oder Elterngeldbescheid,
- Bescheinigung über Bezug von Mutterschaftsgeld,
- Nachweis der Inanspruchnahme von Elternzeit nach dem Bundeserziehungsgeldgesetz (BErzGG) oder dem Bundeselterngeld- und Elternzeitgesetz (BEEG),
- Einkommensteuerbescheid (Berücksichtigung eines oder eines halben Kinderfreibetrags),
- Abruf der elektronischen Lohnsteuerabzugsmerkmale aus der ELStAM-Datenbank (Eintrag eines oder eines halben Kinderfreibetrags),
- Bescheinigung des Finanzamtes für den Lohnsteuerabzug in Ausnahmefällen (Eintrag eines oder eines halben Kinderfreibetrags),
- Sterbeurkunde des Kindes,
- Feststellungsbescheid des Rentenversicherungsträgers, in dem Kindererziehungs- und Kinderberücksichtigungszeiten ausgewiesen sind,
- Meldung des Rentenversicherungsträgers im Meldeverfahren Krankenversicherung der Rentner (KVdR), aus der Kindererziehungsleistungen hervorgehen.

Bei Zweifeln an der Echtheit der Belege sind die Originale oder beglaubigte Kopien zu verlangen.

Wichtig

Die Belege sind für die Dauer des Beschäftigungsverhältnisses und bis zu vier Jahre danach aufzubewahren.

Ein bloßer Vermerk, dass ein entsprechendes Dokument vorgelegt wurde, genügt nicht als Nachweis. Auf dem Nachweis ist das Datum des Eingangs zu vermerken. Hilfsweise können auch Taufbescheinigungen und Zeugenerklärungen als Beweismittel dienen, wenn entsprechende Urkunden und Dokumente nicht mehr zu beschaffen sind.

Von neuen Arbeitnehmern, die ab **1940** geboren sind und das **23. Lebensjahr** vollendet haben, ist ein entsprechender Nachweis einzufordern, sofern die Elterneigenschaft nicht aus den Arbeitspapieren hervorgeht. Liegt zum Zeitpunkt der Abrechnung kein Nachweis vor, ist der Zuschlag von **0,35 %** zu erheben.

5.6.2.6 Frist zum Nachweis der Elterneigenschaft

Mitglieder, die ihre Elterneigenschaft nicht nachweisen, gelten bis zum Ablauf des Monats, in dem der Nachweis erbracht wird, beitragsrechtlich als kinderlos. Erfolgt die Vorlage des Nachweises innerhalb von drei Monaten nach der Geburt eines Kindes, gilt nach § 55 Abs. 3 Satz 5 SGB XI der Nachweis mit Beginn des Monats der Geburt als erbracht, ansonsten wirkt der Nachweis vom Beginn des Monats an, der dem Monat folgt, in dem der Nachweis erbracht wird.

Beispiele

Ereignis	Fall 1	Fall 2	Fall 3
Geburt des Kindes am	07.02.2023	09.10.2023	21.08.2023
Nachweis erbracht am	20.04.2023	20.02.2024	16.12.2023
Beitragsbefreiung ab	01.02.2023	01.03.2024	01.01.2024

5.6.3 Beitragszuschuss zur privaten Pflegeversicherung

Privat Krankenversicherte müssen bei ihrer privaten Krankenkasse zur Absicherung des Pflegerisikos einen Pflegeversicherungsschutz abschließen. Hierfür erhalten sie vom Arbeitgeber ebenso einen entsprechenden Zuschuss. In der Pflegeversicherung beträgt der maximale Beitragszuschuss des Arbeitsgebers im Jahr 2023 **76,06 €**. In Sachsen beträgt der maximale Arbeitgeberzuschuss nur **51,12 €**.

Hinweis

Für privat krankenversicherte Arbeitnehmer konnten die privaten Versicherungsunternehmen in der Pflegeversicherung einen Corona-bedingten Beitragszuschuss in Höhe von 3,60 € pro Monat im Jahr 2022 erheben (§ 110a SGB XI). Im Jahr 2023 kann der Sonderbeitrag nicht mehr erhoben werden.

5.7 Rentenversicherung

Die Rentenversicherung ist eine Versicherung zum Schutz des Einzelnen und der Familie, die bei Erwerbsminderung, Alter und Tod Renten zahlt. Gesetzliche Grundlage ist das Sozialgesetzbuch VI.

Jeder Arbeitnehmer muss versichert sein. Im Gegensatz zu der KV und PV gibt es keine private Rentenversicherung. Allerdings haben bestimmte Berufsgruppen eigenständige Versorgungswerke, die der gesetzlichen Rentenversicherung gleichgestellt sind (z. B. Ärzte, Apotheker, Architekten u. a.).

5.7.1 Beitrag

Der Beitragssatz für die gesetzliche Rentenversicherung wird vom Gesetzgeber durch eine Rechtsverordnung einheitlich festgelegt und beträgt im Jahr 2023 18,6 %.

Wichtig

Der Rentenversicherungsbericht für das Jahr 2022 sieht einen stabilen Beitragssatz in der Rentenversicherung von 18,6 % bis Ende 2026 vor. Ab 2027 soll demnach der Beitrag auf 19,3 % steigen.

5.7.2 Entgeltpunkte

Mit den Beiträgen erwirbt der Versicherte sogenannte Entgeltpunkte, die später seine Rente bestimmen. Die Höhe der Entgeltpunkte ist von dem im relevanten Jahr erzielten beitragspflichtigen Entgelt abhängig. Einen Entgeltpunkt gibt es, wenn das Durchschnittsentgelt erzielt wurde.

Dieses wird vom Gesetzgeber anhand der Lohnsteigerungsraten (die jedes Jahr vom Statistischen Bundesamt ermittelt werden) jährlich neu festgelegt. Die Festlegung gilt immer zwei Jahre rückwirkend, im Jahr 2023 wird also das Durchschnittsentgelt für 2021 festgelegt. Es beträgt 40.463 € (Wert stand zur Drucklegung noch nicht endgültig fest). Hierfür gibt es einen Entgeltpunkt, der im Rentenfall (Eintritt 2023, Rechtsgebiet West) 37,28 € wert ist.

5.8 Arbeitslosenversicherung

Die Arbeitslosenversicherung ist eine Versicherung für den Verlust des Arbeitsplatzes. In diesen Fällen zahlt die Agentur für Arbeit dem Arbeitslosen eine Entgeltersatzleistung bis ca. 70 % des letzten Nettoverdienstes. Gesetzliche Grundlage ist das Sozialgesetzbuch III.

Weitere Leistungen, die angeboten werden, sind Qualifizierungsmaßnahmen, Berufsberatung, Zuschüsse usw.

Jeder Arbeitnehmer muss versichert sein. Im Gegensatz zu der KV, PV und RV gibt es keine private Arbeitslosenversicherung und auch keine eigenständigen Versorgungswerke.

5.8.1 Beitrag

Der Beitragssatz für die Arbeitslosenversicherung (§ 329 SGB III) wird vom Gesetzgeber einheitlich festgelegt und beträgt im Jahr 2023 2,6 %.

Wichtig

Der Beitrag in der Arbeitslosenversicherung ist zum 01.01.2023 auf 2,6 % erhöht worden. Bis zum 31.12.2022 betrug der Beitragssatz 2,4 %.

5.9 Unfallversicherung

Die gesetzliche Unfallversicherung hat die Aufgabe, Arbeitsunfälle und Berufskrankheiten zu verhüten, den Gefahrenschutz am Arbeitsplatz zu verbessern und die Versicherten nach Arbeitsunfällen und Berufskrankheiten zu rehabilitieren und sie oder ihre Hinterbliebenen zu entschädigen. Gesetzliche Grundlage ist das Sozialgesetzbuch VII.

Die Unfallversicherung ist eine Pflichtversicherung für den Arbeitgeber. Der Arbeitnehmer ist lediglich die versicherte Person. Beiträge hat der Arbeitgeber allein zu entrichten.

5.9.1 Beiträge

Die Höhe der Beiträge bestimmt die zuständige Berufsgenossenschaft selbst. Sie ist auch von der Gefahrenklasse abhängig, der der Arbeitnehmer zugeordnet ist: Je höher die Gefahrenklasse, desto höher ist der Beitrag.

Seit dem 01.01.2017 ist neben dem summarischen Lohnnachweis auch der elektronische Lohnnachweis bis spätestens 16.02. des Folgejahres an die Unfallversicherung zu melden. Die Übergangsregelung für die Abgabe des summarischen Lohnnachweises wurde für die Beitragsjahre 2016 und 2017 verlängert. Letztmalig musste für das Meldejahr 2017 der summarische Lohnnachweis als Grundlage für die Berechnung der Beiträge abgegeben werden.

Ab dem Meldejahr 2018 ist nur noch der elektronische Lohnnachweis abzusetzen. Informationen zum elektronischen Lohnnachweis und zur Übergangsregelung finden Sie auch unter: *www.dguv.de*, Stichwort digitaler Lohnnachweis.

5.10 Insolvenzgeldumlage

Die Insolvenzgeldumlage dient der Sicherung von Insolvenzverfahren und bietet den Arbeitnehmern die Sicherheit, ihr Entgelt für max. drei Monate nach Insolvenz des Arbeitgebers zu bekommen.

Die Beitragshöhe legt der Gesetzgeber fest, für 2023 beträgt sie 0,06 %. Den Beitrag zahlt der Arbeitgeber allein.

Grundlage für die Berechnung ist das RV-pflichtige Entgelt bis zur RV-BBG (West bzw. Ost – Basis ist immer der Sitz des Unternehmens). Diese Grenze gilt auch bei Betrieben der Knappschaft. Nicht berücksichtigt werden aber fiktive Entgeltbestandteile, z. B. Aufstockungen bei Altersteilzeit und Kurzarbeit. Bei SFN-Zuschlägen ist der komplette Betrag zu berücksichtigen und nicht nur der SV-pflichtige Teil. Ist der Arbeitnehmer Mitglied in einer berufsständigen Versorgungseinrichtung, wird die gesetzliche RV-BBG fiktiv verwendet.

Die Insolvenzgeldumlage wird auch bei geringfügig Beschäftigten erhoben. Bei Arbeitnehmern in der Gleitzone ist das erzielte Entgelt heranzuziehen, bei Mitarbeitern in ATZ nur das abgerechnete Entgelt.

5.11 Umlageversicherung

5.11.1 Aufgaben der Umlageversicherung

Die Umlageversicherung ist eine Pflichtversicherung. Im Rahmen der Umlageversicherung werden die Entgeltfortzahlungsleistungen und die vom Arbeitgeber zu tragenden Aufwendungen bei Mutterschaft versichert.

Der Arbeitgeber führt entsprechende Umlagebeiträge an die Krankenkassen ab. Dafür erstatten die Krankenkassen einen großen Teil der Entgeltfortzahlungsleistungen, den Zuschuss zum Mutterschaftsgeld sowie den Mutterschutzlohn zurück.

Das Umlageverfahren wird über zwei Ausgleichskassen, die unter dem Dach der Krankenkassen angesiedelt sind, durchgeführt:

Ausgleichskasse U1:

- Entgeltfortzahlung an Arbeitnehmer im Krankheitsfall,
- Weiterzahlung der Ausbildungsvergütung an Auszubildende im Krankheitsfall.

Ausgleichskasse U2:

- Arbeitgeberzuschuss zum Mutterschaftsgeld während der Schutzfristen vor und nach der Entbindung,
- Weiterzahlung von Entgelten für die Dauer von Beschäftigungsverboten (Mutterschutzlohn) nach dem Mutterschutzgesetz.

5.11.2 Aufwendungsausgleichsgesetz

Durch das ab 01.01.2006 in Kraft getretene Aufwendungsausgleichsgesetz (AAG) haben sich Änderungen im bestehenden Umlageverfahren ergeben. Während die Teilnahme am U1-Verfahren (Entgeltfortzahlungsversicherung) weiterhin nur für Kleinbetriebe verpflichtend ist, müssen ab 2006 alle Betriebe am U2-Verfahren (Mutterschutzaufwendungen) teilnehmen.

Im Zuge des U2-Verfahrens werden die Aufwendungen der Arbeitgeber für den Zuschuss zum Mutterschaftsgeld sowie für den Mutterschutzlohn, der bei individuellen Beschäftigungsverboten zu leisten ist, ausgeglichen.

In der früheren Beschränkung auf Kleinbetriebe mit nicht mehr als 20 bzw. 30 Beschäftigten sah das Bundesverfassungsgericht einen Verstoß gegen das Gleichbehandlungsverbot nach Art. 3 Abs. 2 des Grundgesetzes.

Betriebe mit mehr Beschäftigten konnten sich in der Vergangenheit nicht an dem Verfahren beteiligen und bekamen somit auch keine Rückerstattungen der geleisteten Zahlungen an ihre Arbeitnehmer.

Die Verfassungsrichter befürchteten, dass aufgrund der allein von den Arbeitgebern zu tragenden Leistungen an schwangere Mitarbeiterinnen Frauen bei der Einstellung benachteiligt werden, und forderte den Gesetzgeber zu einer Neuregelung auf. Dieser hat mit dem Aufwendungsausgleichsgesetz reagiert.

5.11.3 Regelungen im Überblick

Im Aufwendungsausgleichsgesetz wurde Folgendes geregelt:

- Ausdehnung des U2-Verfahrens (Mutterschutzaufwendungen) auf alle Betriebe, unabhängig von ihrer Beschäftigtenzahl,
- Teilnahme aller gesetzlichen Krankenkassen (Ausnahme: Landwirtschaftliche Krankenkasse) an dem Umlageverfahren,
- einheitliche Grenzzahl von 30 Arbeitnehmern zur Feststellung der Teilnahme am U1-Verfahren (Entgeltfortzahlung),
- Miteinbeziehung von Angestellten in das U1-Verfahren,
- Möglichkeit der Übertragung der Durchführung des Ausgleichsverfahrens auf eine andere Krankenkasse oder einen Landes- oder Bundesverband.

5.11.4 Entgeltfortzahlung bei Krankheit

Ob Arbeitgeber am U1-Verfahren teilnehmen müssen, richtet sich nach der Anzahl der Beschäftigten. Die Aufwendungen für die Entgeltfortzahlung im Krankheitsfall (U1) gelten einheitlich für alle Unternehmen, die nicht mehr als 30 Arbeitnehmer beschäftigen.

5.11.4.1 Ermittlung der Grenzzahl

Bei der Ermittlung der Zahl der Beschäftigten ist auf die Verhältnisse am Monatsersten des Vorjahres abzustellen.

Nicht mitzuzählen sind:

- zur Berufsausbildung Beschäftigte (Azubis, Volontäre, Praktikanten),
- Arbeitnehmer im Wehr- oder Zivildienst,
- Vorruhestandsgeldbezieher,

- Heimarbeiter oder Hausgewerbetreibende sowie
- schwerbehinderte Menschen und ihnen Gleichgestellte.

Bei Teilzeitbeschäftigten kommt es auf die regelmäßige wöchentliche Arbeitszeit an:

- bis zu 10 Stunden wöchentlich Faktor 0,25
- bis zu 20 Stunden wöchentlich Faktor 0,50
- bis zu 30 Stunden wöchentlich Faktor 0,75
- über 30 Stunden wöchentlich Faktor 1,00

Dabei ist stets von der regelmäßigen wöchentlichen Arbeitszeit auszugehen. Schwankt die Arbeitszeit von Woche zu Woche, dann ist die regelmäßige wöchentliche Arbeitszeit für die einzelnen Kalendermonate im Wege einer Durchschnittsberechnung zu ermitteln.

Beispiel

Ermittlung der Beschäftigten für die U1-Umlage

Beschäftigte	**Wöchentliche Arbeitszeit pro Beschäftigten**	**Anrechenbare Arbeitnehmer/Arbeitnehmerin**
2 Meister	40 Stunden	2
4 Büroangestellte	40 Stunden	4
12 Gesellen	40 Stunden	12
5 Auszubildende	40 Stunden	keine Anrechnung
2 schwerbehinderte Arbeitnehmer	40 Stunden	keine Anrechnung
1 Teilzeitbeschäftigter	32 Stunden	1
1 Teilzeitbeschäftigter	24 Stunden	0,75
3 Teilzeitbeschäftigte	18 Stunden	1,50
1 Teilzeitbeschäftigter	8 Stunden	0,25
31 Beschäftigte gesamt		21,50

Da das Unternehmen nicht mehr als 30 Arbeitnehmer beschäftigt, muss das Unternehmen am U1-Ausgleichsverfahren und natürlich auch am U2-Ausgleichsverfahren teilnehmen.

Die Feststellung der Grenzzahl erfolgt immer auf Basis des Vorjahres. Wenn der Betrieb im Vorjahr an acht Monatsersten die Grenzzahl von 30 nicht überschritten hat, besteht im Folgejahr die Pflicht zur Teilnahme am U1-Verfahren.

Bestand der Betrieb nicht das gesamte Vorjahr, ist es entscheidend, ob die Grenzzahl von 30 Arbeitnehmern in der überwiegenden Zahl der Monate überschritten wurde.

Die Prüfung, ob am Umlageverfahren zur Entgeltfortzahlungsversicherung teilzunehmen ist, führt der Arbeitgeber zu Beginn des Kalenderjahres durch.

Diese Entscheidung gilt dann für das gesamte Kalenderjahr, auch wenn sich die Beschäftigtenzahl ändert. Einer förmlichen Feststellung durch die Krankenkassen bedarf es dabei nicht (§ 3 Abs. 3 AAG).

Der Arbeitgeber kann jedoch bei Zweifeln von einer beliebigen Krankenkasse einen Feststellungsbescheid verlangen. Alle anderen Krankenkassen sind dann an diese Entscheidung gebunden.

Beispiel

Feststellung der Grenzzahl von 30 Arbeitnehmern

Ein Betrieb hatte im Vorjahr jeweils zum Monatsersten folgende anrechenbaren Beschäftigtenzahlen festgestellt:

Anzahl der anrechenbaren Arbeitnehmer	Stand jeweils am
28,5	01.01.
30,0	01.02.
29,0	01.03.
29,5	01.04.
30,0	01.05.
29,5	01.06.
30,5	01.07.
31,0	01.08.
29,0	01.09.
30,5	01.10.
31,5	01.11.
29,0	01.12.

Da der Betrieb an acht Monatsersten die Grenzzahl von 30 Arbeitnehmern nicht überschritten hat, ist er im Folgejahr umlagepflichtig zur Umlage 1 (Entgeltfortzahlung).

Wird der Betrieb erst im Laufe eines Kalenderjahres errichtet, nimmt der Arbeitgeber in diesem Kalenderjahr am Ausgleichsverfahren U1 teil, wenn vorausblickend davon auszugehen ist, dass in der Mehrzahl der folgenden Monate innerhalb des Kalenderjahres die Grenzzahl von 30 Arbeitnehmern nicht überschritten wird. In diesem Fall ist vom Arbeitgeber also eine sorgfältige Schätzung durchzuführen. Die getroffene Entscheidung für dieses Kalenderjahr wird auch dann nicht mehr rückgängig gemacht, wenn die späteren tatsächlichen Verhältnisse von der Schätzung abweichen.

5.11.4.2 Feststellung der Teilnahme bei mehreren Betrieben

Handelt es sich bei dem Arbeitgeber um eine natürliche Person, die mehrere Betriebe unterhält, müssen zur Feststellung der Grenzzahl die zu berücksichtigenden Beschäftigten aller Betriebe zusammengerechnet werden.

Handelt es sich bei mehreren Betrieben jedoch um jeweils eigene juristische Personen (z. B. Tochterunternehmen in Form einer GmbH als Teil eines größeren Konzerns), so ist zur Ermittlung der Grenzzahl zur Feststellung der Teilnahme am U1-Verfahren jedes Unternehmen für sich zu betrachten.

5.11.4.3 Erstattungsfähige Aufwendungen U1-Verfahren

Zu den erstattungsfähigen Aufwendungen des Arbeitgebers zählt das fortgezahlte **Bruttoarbeitsentgelt** im Rahmen des Entgeltfortzahlungsgesetzes (§ 3 Abs. 1 und 2 sowie § 9 Abs. 1 EFZG).

Das bedeutet, dass nur das für die Dauer von maximal sechs Wochen fortgezahlte Arbeitsentgelt erstattet wird, auch wenn betriebliche Vereinbarungen eine längere Fortzahlungsdauer vorsehen.

Ebenso wird Arbeitsentgelt, welches in den ersten vier Wochen des Beschäftigungsverhältnisses fortgezahlt wird, nicht erstattet, weil der Arbeitgeber in diesem Fall zur Fortzahlung nicht verpflichtet ist (§ 3 Abs. 3 EFZG).

Wichtig

Einmalbezüge fallen nicht unter die erstattungsfähigen Aufwendungen.

Erstattungsfähig sind jedoch grundsätzlich auch die Arbeitgeberanteile zur Sozialversicherung, die auf die Entgeltfortzahlung entfallen (nicht jedoch Beiträge für Einmalzahlungen). In der Regel bestimmen die Krankenkassen allerdings, dass die Erstattung der Arbeitgeberanteile durch den per Satzung festgelegten pauschalen Erstattungssatz (z. B. 80 %) mit beinhaltet ist.

Erstattet wird auch die fortgezahlte Vergütung von Auszubildenden. Ferner ist die Vergütung an Volontäre und Praktikanten erstattungsfähig. Dies bezieht sich jedoch nur auf Volontäre und Praktikanten, bei denen es sich nicht um eine Berufsausbildung im Sinne des Berufsbildungsgesetzes handelt.

Somit fallen Vergütungen solcher Volontäre und Praktikanten, die ein Praktikum als Bestandteil einer Fachschul- oder Hochschulausbildung absolvieren, nicht unter die Erstattungsfähigkeit. Im Umkehrschluss sind diese Praktikanten und Volontäre auch nicht umlagepflichtig.

Die Umlagekassen erstatten bis zu 80 % der Entgeltfortzahlung. Die meisten Krankenkassen bieten dabei verschiedene Tarife an. Je nach Höhe der Erstattungsleistungen (z. B. 60 %, 70 %, 80 %) ist ein ermäßigter, normaler oder erhöhter Umlagesatz zur Entgeltfortzahlungsversicherung abzuführen.

Zur Erstattung ist jeweils die Krankenkasse verpflichtet, bei der die Arbeitnehmer versichert sind. Für Privatversicherte gehen die Umlagebeiträge an die Krankenkasse, die für den Einzug der Sozialversicherungsbeiträge zuständig ist. Infolgedessen sind an diese Kasse auch die Erstattungsanträge zu stellen.

Eine Ausnahme bilden die geringfügig Beschäftigten. Sowohl für die geringfügig entlohnten Beschäftigten als auch für die kurzfristig Beschäftigten ist die Deutsche Rentenversicherung Knappschaft-Bahn-See (Minijobzentrale) für den Einzug der Umlagebeiträge sowie für die Erstattungsleistungen zuständig.

Außerdem ist die Landwirtschaftliche Krankenkasse nicht am Umlage- und Erstattungsverfahren beteiligt. Für Arbeitgeber, die bei der Landwirtschaftlichen Krankenkasse versicherte Arbeitnehmer beschäftigen, ist die Umlage an eine beliebige Krankenkasse abzuführen, an die dann auch der Erstattungsantrag zu richten ist.

5.11.5 Mutterschaftsaufwendungen

Das Ausgleichsverfahren für Mutterschaftsaufwendungen (U2-Umlage) gilt für alle Betriebe, unabhängig von der Beschäftigtenanzahl. Im Gegensatz zu der U1-Umlagepflicht sind davon auch öffentliche Arbeitgeber betroffen.

Da die Beschäftigtenanzahl keine Rolle spielt, ist ein Feststellungsverfahren wie bei der U1-Umlage nicht durchzuführen.

5.11.5.1 Erstattungsfähige Aufwendungen U2-Verfahren

Dem Arbeitgeber werden die Aufwendungen, die er aufgrund der Mutterschaft an Arbeitnehmerinnen zu zahlen hat, erstattet. Im Einzelnen sind dies nach § 1 AAG:

- der Zuschuss zum Mutterschaftsgeld innerhalb der allgemeinen Mutterschutzfrist (sechs Wochen vor dem mutmaßlichen Geburtstermin, acht bzw. 12 Wochen nach der Entbindung),
- das vom Arbeitgeber nach § 18 Mutterschutzgesetz (MuSchG) gezahlte Arbeitsentgelt bei Beschäftigungsverboten (Mutterschutzlohn),
- die auf den Mutterschutzlohn (Bruttozahlung) entfallenden Arbeitgeberanteile zur Sozialversicherung.

Beim Mutterschutzlohn handelt es sich z. B. um das vom Arbeitgeber wegen eines Nacht- oder Sonntagsarbeitsverbots weiterzuzahlende Arbeitsentgelt. Die werdende Mutter darf nicht schlechtergestellt werden als vorher.

Erstattungsfähig ist auch das Arbeitsentgelt, das Arbeitnehmerinnen erhalten, die wegen eines Beschäftigungsverbots die Beschäftigung oder die Entlohnungsart wechseln und dadurch einen geringeren Verdienst erhalten. Sonderzuwendungen, die während eines Beschäftigungsverbots zur Auszahlung kommen, fallen nicht in die Erstattungsleistungen.

Der Zuschuss zum Mutterschaftsgeld (Nettozahlung) wird in voller Höhe erstattet, ebenso der Mutterschutzlohn (Bruttozahlung). Die auf den Mutterschutzlohn entfallenden Arbeitgeberanteile zur Sozialversicherung erstatten die Krankenkassen i. d. R. in Form einer Pauschale (z. B. 20 %). Die genaue Höhe wird per Satzung festgelegt. Viele Krankenkassen haben als Erstattungssätze somit z. B.

- Zuschuss Mutterschaftsgeld 100 %
- Mutterschutzlohn 120 % (inkl. Arbeitgeberanteile SV)

Beispiel

Beginn der Schutzfrist (voraussichtl. Entbindung 07.01.2023):	26.11.2022
Kalendertägliches Nettoarbeitsentgelt:	24,32 €
Kalendertäglicher Arbeitgeberzuschuss (24,32 € – 13 €):	11,32 €
Tatsächliche Entbindung:	04.01.2023

Der Arbeitgeber kann folgende Erstattungsleistungen geltend machen:

26.11.2022 bis 03.01.2023 =	39 KT
04.01.2023 =	1 KT
05.01.2023 bis 04.03.2023 (+ 3 KT) =	59 KT
Tage gesamt:	99 KT
99 Kalendertage x 11,32 € =	**1.120,68 €**

5.11.5.2 Erstattungsantrag

Das infolge Krankheit fortgezahlte Arbeitsentgelt für Arbeitnehmer bzw. die Mutterschutzaufwendungen (Zuschuss Mutterschaftsgeld und Mutterschutzlohn) werden Arbeitgebern auf Antrag erstattet.

Die entsprechenden Aufwendungen werden im Vordruck vermerkt und die Krankenkassen erstatten sofort den entsprechenden Betrag oder verrechnen ihn mit der nächsten Beitragsüberweisung.

Der Anspruch entsteht mit der jeweiligen Entgeltzahlung. Zwischenabrechnungen sind möglich. Nach § 6 Abs. 1 AAG verjähren die Erstattungsansprüche vier Jahre nach Ablauf des Kalenderjahres, in dem sie entstanden sind. Der Lauf der Verjährungsfrist beginnt mit der Fälligkeit des Erstattungsanspruchs. Fälligkeitstag ist der Tag der Zahlung des Arbeitsentgelts, bei bargeldloser Zahlung der Tag der Lastschriftanzeige.

5.11.5.3 Umlagepflichtiges Arbeitsentgelt

Umlagebeiträge sind allein vom Arbeitgeber aufzubringen. Arbeitnehmer beteiligen sich nicht. Das Aufwendungsausgleichsgesetz bestimmt, dass als Basis für die Berechnung der Umlagebeiträge das Rentenversicherungsbrutto der jeweiligen Arbeitnehmer heranzuziehen ist.

Bei rentenversicherungsfreien oder von der Rentenversicherungspflicht befreiten Arbeitnehmern und Arbeitnehmerinnen ist das Arbeitsentgelt maßgeblich, nach dem die Rentenversicherungsbeiträge im Falle des Bestehens einer Rentenversicherungspflicht zu berechnen wären.

Die Obergrenze stellt dabei die Beitragsbemessungsgrenze in der Rentenversicherung dar. Die unterschiedliche Höhe in den Rechtskreisen Ost und West ist zu beachten.

Wichtig

Umlagebeiträge sind nur vom laufenden Arbeitsentgelt, nicht aus Einmalbezügen zu berechnen.

Für kurzfristig Beschäftigte fallen auch Umlagebeiträge an. Der U1-Beitrag fällt jedoch nicht für Beschäftigungen an, deren Dauer von vornherein auf nicht mehr als vier Wochen befristet ist. Wird entgegen der ursprünglichen Absicht das Arbeitsverhältnis länger als vier Wochen begründet, fällt die Umlage 1 rückwirkend ab dem ersten Tag an. Die Umlage 2 fällt generell ab dem ersten Tag an.

Die folgende Tabelle zeigt im Überblick, welche Arbeitnehmer für die Berechnung der Umlagebeiträge zu berücksichtigen sind:

Mitarbeitergruppe	**Einbeziehen in die Überprüfung, ob grundsätzlich U1-Pflicht besteht?**	**Beitragspfl. Entgelt?**		**Erstattungsfähiges Entgelt?**	
		U1	**U2**	**U1**	**U2**
Altersteilzeit (grundsätzlich)	ja	ja	ja	ja	ja
ATZ-Freistellung	nein	ja	ja	entfällt	entfällt
ATZ-Störfall (Wertguthaben)	nein	nein	nein	entfällt	entfällt

Tabelle 5.9: Umlageversicherungspflicht

Mitarbeitergruppe	Einbeziehen in die Überprüfung, ob grundsätzlich U1-Pflicht besteht?	Beitragspfl. Entgelt?		Erstattungsfähiges Entgelt?	
		U1	U2	U1	U2
Ausländische Saisonkräfte	ja	ja	ja	ja	ja
Heimarbeiter	nein	nein	ja	nein	ja
Azubis	nein	ja	ja	ja	ja
Freiw. soziales/ ökologisches Jahr	nein	nein	nein	nein	nein
Vorstandsmitglieder/ GmbH-Geschäftsführer7	nein	nein	nein	nein	nein
Beamte in Nebentätigkeit	ja	ja	ja	ja	ja
Befristete ohne Anspruch auf Lohnfortzahlung (Befristung 4 Wochen)	ja	nein	ja	entfällt	ja
Befristete mit Anspruch auf Lohnfortzahlung (auch kurzfristig Beschäftigte)	ja	ja	ja	ja	ja
Beschäftigte EU-Rentner mit Entgelt	ja	ja	ja	ja	ja
Betriebsrentner	nein	nein	nein	entfällt	nein
Bezieher von Vorruhestandsgeld	nein	nein	nein	entfällt	nein
Elternzeit ohne Entgelt	nein	entfällt	entfällt	entfällt	entfällt
Elternzeit mit Entgelt	ja	ja	ja	ja	ja
Geringfügig Beschäftigte (grundsätzlich)	ja	ja	ja	ja	ja
Praktikanten	nein	ja	ja	ja	ja
Schwerbehinderte	nein	ja	ja	ja	ja

Tabelle 5.9: Umlageversicherungspflicht (Forts.)

Nach § 7 Abs. 2 AAG sind die Umlagen jeweils in einem Prozentsatz des Arbeitsentgelts (Umlagesätze) festzusetzen. Die Höhe der Umlagesätze wird nach § 9 Abs. 1

Nr. 1 AAG in der Satzung der Krankenkasse festgelegt und richtet sich bei der U1-Umlage nach dem Erstattungssatz. Je geringer die Erstattung ist, desto geringer ist der Beitrag. Beispiel: 50 % Erstattung = 1,40 % Beitrag, 80 % Erstattung = 3,55 % Beitrag.

Beispiel – Umlageberechnung

Ein Betrieb hat sieben Beschäftigte. Die Angestellten sind bei der Deutschen Angestellten Krankenkasse (DAK) versichert, die Arbeiter bei der AOK Baden-Württemberg. Für die geringfügig Entlohnten ist die Deutsche Rentenversicherung Knappschaft-Bahn-See zuständig.

Krankenkasse (Stand Januar 2023)	**U1-Umlage**	**U2-Umlage**
AOK BW	1,60 % bis 3,75 %	0,69 %
DAK	2,20 % bis 4,20 %	0,52 %
Knappschaft-Bahn-See	1,10 %	0,24 %

Beschäftigte	**Krankenkasse**	**Gehalt in €**	**maßgebliches Entgelt für U1**	**maßgebliches Entgelt für U2**
Angestellter 1	DAK	7.500,00	7.300,00 €	7.300,00 €
Angestellter 2	DAK	4.000,00	4.000,00 €	4.000,00 €
Arbeiter 1	AOK BW	3.000,00	3.000,00 €	3.000,00 €
Arbeiter 2	AOK BW	2.000,00	2.000,00 €	2.000,00 €
Geringfügig entlohnter Beschäftigter	Knappschaft	400,00	400,00 €	400,00 €
Aushilfe befristet vier Wochen	Knappschaft	1.000,00	-	1.000,00 €
Niedriglohnbeschäftigter	DAK	600,00	448,60 €	448,60 €
Auszubildender	DAK	800,00	800,00 €	800,00 €
Umlagepflichtiges Entgelt DAK			12.548,60 €	12.548,60 €
Umlagepflichtiges Entgelt AOK			5.000,00 €	5.000,00 €
Umlagepflichtiges Entgelt Knappschaft			400,00 €	1.400,00 €

DAK:

U1:	12.548,60 €	x	4,20 %	=	527,04 €
U2:	12.548,60 €	x	0,52 %	=	65,25 €

AOK BW:

U1:	5.000,00 €	x	3,75 %	=	187,50 €
U2:	5.000,00 €	x	0,69 %	=	34,50 €

Knappschaft:

U1:	400,00 €	x	1,10 %	=	4,40 €
U2:	1.400,00 €	x	0,24 %	=	3,36 €

5.12 DEÜV-Meldeverfahren

5.12.1 Grundlagen

Die Kranken- und Pflegekassen, die Rentenversicherungsträger, die Unfallversicherungsträger und die Bundesagentur für Arbeit benötigen zur Erfüllung ihrer gesetzlichen Aufgaben von allen Arbeitgebern Informationen über die bei ihnen beschäftigten Arbeitnehmer.

Aus diesem Grund wurde ein einheitliches Meldeverfahren geschaffen, das die Arbeitgeber verpflichtet, alle versicherungsrechtlich relevanten Tatbestände bei der zuständigen Krankenkasse zu melden. Die zuständige Krankenkasse prüft und speichert die Daten und übermittelt sie an die Rentenversicherung, die die relevanten Daten an die übrigen Sozialversicherungsträger weiterleitet.

Sowohl DEÜV-Meldungen als auch Beitragsnachweise dürfen ab 2006 nur noch auf elektronischem Wege übermittelt werden. Außerhalb eines Abrechnungsprogramms kann dies durch elektronische Ausfüllhilfen wie z. B. SV-Net-Standard oder SV-Net-Comfort abgewickelt werden. Nähere Informationen dazu sind bei den Krankenkassen erhältlich.

5.12.2 Empfänger der Meldungen

Krankenkasse

Der Arbeitnehmer ist nur dann krankenversichert, wenn er eine SV-pflichtige Beschäftigung aufgenommen hat. Die gesetzliche Krankenkasse wird mittels der DEÜV-Meldung über die Aufnahme bzw. die Beendigung einer SV-pflichtigen Beschäftigung informiert. Nach Beendigung eines Arbeitsverhältnisses bleibt die Mitgliedschaft in der gesetzlichen Krankenversicherung noch für einen Zeitmonat beitragsfrei bestehen. Private Krankenkassen werden allerdings nicht mittels DEÜV informiert.

Aufgabe der Krankenkasse als Einzugsstelle ist es, bei Arbeitnehmern mit mehreren SV-pflichtigen Arbeitsverhältnissen zu prüfen, ob bestimmte Grenzwerte überschritten werden.

Rentenversicherung

Bei der Rentenversicherung wird das Rentenkonto des Arbeitnehmers geführt. Im Verlauf seines gesamten Arbeitslebens sammelt der Arbeitnehmer auf diesem Konto seine Rentenpunkte. Im Rentenfall werden die Rentenpunkte mit dem aktuellen Rentenwert bewertet und daraus ergibt sich dann die gesetzliche Rente des Arbeitnehmers.

Mittels der DEÜV-Meldung wird die Rentenversicherung über das beitragspflichtige Entgelt und über den Zeitraum informiert. Aus diesen Werten werden dann die Rentenpunkte ermittelt.

Auf Verlangen des Arbeitnehmers ist drei Monate vor Rentenantritt eine gesonderte Meldung anzugeben. Diese ermöglicht es der Rentenversicherung, die gesetzliche Rente zeitnah zu berechnen, und somit können Versorgungslücken aufseiten des Arbeitnehmers vermieden werden.

Minijobzentrale

Geringfügig und kurzfristig Beschäftigte werden von der Minijobzentrale verwaltet. Diese muss prüfen, ob es sich wirklich um ein SV-freies Arbeitsverhältnis handelt.

Unfallversicherung

Bis zum 31.12.2015 wurde für die Unfallversicherung ein besonderer Datensatz (DBUV) genutzt, der auch zur Beitragsermittlung verwendet wurde. Seit dem 01.01.2016 ist dieser Datensatz nicht mehr in der DEÜV-Meldung erhalten. Dafür müssen Arbeitgeber eine UV-Jahresmeldung absetzen (siehe dazu Kap. 5.12.5).

Hinweis

Manueller Lohnnachweis bis zum Beitragsjahr 2017. **Seit 2018 nur noch der digitale Lohnnachweis.**

Agentur für Arbeit

Bei der Agentur für Arbeit wird die zentrale Betriebsnummerndatei geführt. Die Meldedaten werden insbesondere zur Führung einer Beschäftigtenstatistik benötigt.

5.12.3 Meldesachverhalt

Die Abgabegründe sind in den Meldungen zweistellig numerisch zu verschlüsseln. Für jede Meldegruppe ist entsprechend dem Meldesachverhalt der zutreffende Schlüssel anzugeben.

Treffen für einen meldepflichtigen Sachverhalt innerhalb der Meldegruppe **Anmeldung** (Schlüsselzahlen 10 bis 13) beziehungsweise der Meldegruppe **Abmeldung** (Schlüsselzahlen 30 bis 36) mehrere Abgabegründe zu, ist stets der Abgabegrund mit der niedrigeren Schlüsselzahl anzugeben.

Die folgende Übersicht zeigt die einzelnen Meldetatbestände, die nach der sogenannten **DEÜV** (Datenerfassungs- und -übermittlungsverordnung) durchzuführen sind:

Meldetatbestände	Schlüsselzahl
Anmeldungen	
Beginn der Beschäftigung	10
Krankenkassenwechsel	11
Beitragsgruppenwechsel	12
Anmeldung nach unbezahltem Urlaub oder Streik von mehr als einem Monat	13
Anmeldung wegen Rechtskreiswechsel ohne Krankenkassenwechsel	13
Anmeldung wegen Wechsel des Entgeltabrechnungssystems (optional)	13
Anmeldung nach Ende der Pflegezeit	13
Anmeldung wegen Änderung des Personengruppenschlüssels ohne Beitragsgruppenwechsel	13
Abmeldungen	
Ende der Beschäftigung	30
Ende der Beschäftigung bei Inanspruchnahme von Pflegezeit	30
Krankenkassenwechsel	31
Beitragsgruppenwechsel	32
Änderungen im Beschäftigungsverhältnis	33

Tabelle 5.10: Meldegründe DEÜV

Meldetatbestände	Schlüsselzahl
Ende einer sozialversicherungspflichtigen Beschäftigung nach einer Unterbrechung von länger als einem Monat	34
Arbeitskampf von länger als einem Monat	35
Wechsel des Entgeltabrechnungssystems	36
Gleichzeitige An- und Abmeldung wegen Ende der Beschäftigung	40
Abmeldung wegen Tod	49
Jahres-, Unterbrechungs- und Sondermeldungen	
Jahresmeldung	50
Unterbrechung wegen Bezug von bzw. Anspruch auf Entgeltersatzleistungen	51
Unterbrechung wegen Elternzeit	52
Unterbrechung wegen gesetzlicher Dienstpflicht	53
Sondermeldung wegen einmalig gezahlten Arbeitsentgelts und Märzklauselfällen in den Monaten Februar und März	54
Nicht vereinbarungsgemäß verwendetes Wertguthaben (Störfall)	55
Unterschiedsbetrag bei Entgeltersatzleistungen während Altersteilzeitarbeit	56
Vorausmeldung bei Rentenantragstellern – drei Monate vor Rentenbeginn	57
GKV-Monatsmeldung	58
Meldungen in Insolvenzfällen	
Jahresmeldung für freigestellte Arbeitnehmer	70
Meldung des Vortages der Insolvenz	71
Entgeltmeldung zum rechtlichen Ende der Beschäftigung	72
UV-Jahresmeldung	92

Tabelle 5.10: Meldegründe DEÜV (Forts.)

5.12.4 Meldefristen

Tatbestand	Frist
Beginn einer Beschäftigung (Anmeldung)	mit der ersten Lohn-/Gehaltsabrechnung, spätestens innerhalb von sechs Wochen nach Beschäftigungsbeginn
Beginn einer Berufsausbildung (Anmeldung)	mit der ersten Lohn-/Gehaltsabrechnung, spätestens innerhalb von sechs Wochen nach Ausbildungsbeginn
Ende einer Beschäftigung (Abmeldung)	mit der nächsten Lohn-/Gehaltsabrechnung, spätestens innerhalb von sechs Wochen nach Beschäftigungsende
Ende einer Berufsausbildung (Abmeldung)	mit der nächsten Lohn-/Gehaltsabrechnung, spätestens innerhalb von sechs Wochen nach Ausbildungsende
Ende einer Beschäftigung nach einer in den Vormonaten begonnenen Unterbrechung; zwei Meldungen: a) Ende der Entgeltzahlung bzw. Ende des Vormonats b) Ende des Beschäftigungsverhältnisses	a) innerhalb von sechs Wochen nach Ende der Entgeltzahlung b) innerhalb von sechs Wochen nach Beendigung des Beschäftigungsverhältnisses
Unterbrechung der Beschäftigung für mindestens einen Kalendermonat (Unterbrechungsmeldung)	innerhalb von zwei Wochen nach Ablauf des ersten vollen Kalendermonats der Unterbrechung
Sondermeldung für einmalig gezahltes Arbeitsentgelt (Sonderzuwendung)	mit der nächsten Lohn-/Gehaltsabrechnung, spätestens innerhalb von sechs Wochen nach der Zahlung
Entgeltbescheinigung zum Jahresende (Jahresmeldung)	bis zum 15.02. des folgenden Jahres
UV-Jahresmeldung	bis zum 15.02. des folgenden Jahres (außer bei Beendigung aller Beschäftigungsverhältnisse, dann innerhalb von sechs Wochen)
Änderung im Beschäftigungs-/ Versicherungsverhältnis	wie Beginn bzw. Ende der Beschäftigung

Tatbestand	Frist
Wechsel der Krankenkasse	wie Beginn bzw. Ende der Beschäftigung
Wechsel des Rechtskreises	wie Beginn bzw. Ende der Beschäftigung
Änderung des Namens, der Staatsangehörigkeit und/oder der Anschrift	mit der nächsten Lohn-/Gehaltsabrechnung, spätestens innerhalb von sechs Wochen nach der Änderung
Änderungen/Berichtigungen bereits abgegebener Meldungen	mit der nächsten Lohn-/Gehaltsabrechnung, spätestens innerhalb von sechs Wochen nach Eintritt des meldepflichtigen Tatbestands
Beginn einer geringfügigen Beschäftigung (Anmeldung)	wie Beginn der Beschäftigung
Ende einer geringfügigen Beschäftigung (Abmeldung)	wie Ende der Beschäftigung
Änderung der geringfügigen Beschäftigung	mit der nächsten Lohn-/Gehaltsabrechnung, spätestens innerhalb von sechs Wochen nach der Änderung
Störfallmeldung von nicht vereinbarungsgemäß verwendetem Wertguthaben	mit der ersten folgenden Lohn-/Gehaltsabrechnung
Stornierungsmeldung	unverzüglich
gesonderte Meldung nach § 194 Abs. 1 SGB VI	frühestens drei Monate vor Rentenbeginn (auf Antrag des Arbeitnehmers)
Pflegezeit	wie Beginn bzw. Ende der Beschäftigung
Sofortmeldung nach § 28a Abs. 4 SGB IV	spätestens bei Aufnahme der Beschäftigung
GKV-Monatsmeldung	auf Anforderung der Krankenkasse

5.12.5 DEÜV-Meldeverfahren für die Unfallversicherung seit 2016

Seit dem 01.01.2016 ist eine UV-Jahresmeldung abzusetzen. Bis 2018 bleibt der Lohnnachweis als Basis für die Beitragsermittlung allerdings weiterhin bestehen.

Im Rahmen der UV-Jahresmeldung sind folgende Unfallversicherungsdaten zu melden:

- Versicherungsnummer,
- Mitgliedsnummer und Betriebsnummer des Beschäftigungsbetriebs,
- Betriebsnummer des UV-Trägers, dessen Gefahrtarif angewendet wird,
- Zuordnung zur jeweiligen Gefahrtarifstelle/zu den jeweiligen Gefahrtarifstellen,
- Kalenderjahr der Versicherungspflicht zur UV,
- unfallversicherungspflichtiges Entgelt (unter Berücksichtigung der Mindest-/Höchstgrenzen in der UV, mit SFN-Zuschlägen, ohne Märzklausel-Anwendung),
- Arbeitsstunden, auch für versicherungsfrei geringfügig (kurzfristig) Beschäftigte.

Das Kalenderjahr der Versicherungspflicht zu Unfallversicherung ist unabhängig vom tatsächlichen Beschäftigungszeitraum im Meldezeitraum stets mit dem Zeitraum 01.01. bis 31.12. eines Kalenderjahres anzugeben.

In der UV-Jahresmeldung entfallen zudem die Angaben aus der DEÜV-Meldung:

- Personengruppenschlüssel,
- Staatsangehörigkeit,
- Beitragsgruppenschlüssel,
- Tätigkeitsschlüssel,
- Rechtskreis,
- SV-Entgelt,
- Währung,
- Gleitzone,
- Mehrfachbeschäftigung,
- geleistete Arbeitsstunden.

Für Personen, die keine Arbeitnehmer im Sinne der SV sind, wird der Personengruppenschlüssel 190 verwendet.

Die UV-Jahresmeldung war erstmals zum 16.02.2016 für das Meldejahr 2015 abzusetzen. Somit mussten die Daten für die Unfallversicherung für das Jahr 2015 erneut gemeldet werden. Zwar sind nach § 5 Abs. 3 DEÜV Meldungen für bereits gemeldete Zeiträume unzulässig, allerdings wurde dies für die UV ausgesetzt. Somit mussten Arbeitgeber für Arbeitnehmer, die im Jahr 2015 an mindestens einem Tag unfallversicherungspflichtig beschäftigt waren, eine UV-Jahresmeldung abgeben. Davon betroffen waren auch die Arbeitnehmer, die bereits ausgeschieden waren oder als unterbrochen gemeldet wurden.

Beispiel 1

Meldung bis zum 16.02.2016 für das Jahr 2015

Monatsgehalt: 2.800 €

Einmalzahlung im Juli 2015: 2.000 €

Beschäftigungszeitraum: 01.01.2014 bis 31.05.2015

Bereits 2015 abgegebene Meldungen:

DEÜV-Abmeldung (Meldegrund 30):

Meldezeitraum: 01.01.2015 bis 31.05.2015

SV-Brutto: 14.000 €

UV-Brutto: 14.000 €

DEÜV-Sondermeldung (Meldegrund 54):

Meldezeitraum: 01.07.2015 bis 31.07.2015

SV-Brutto: 2.000 €

UV-Brutto: 2.000 €

Jahresmeldung bis 16.02.2016:

UV-Jahresmeldung (Meldegrund 92):

Meldezeitraum: 01.01.2015 bis 31.12.2015

UV-Brutto: 16.000 €

Wurde eine UV-Jahresmeldung mit Meldegrund 92 zu Unrecht abgeben oder enthielt die Meldung unzutreffende Angaben, muss diese unabhängig vom Meldezeitraum nach den bestehenden Melderegeln storniert werden und kann anschließend ggf. neu gemeldet werden. Ausgenommen hiervon sind Änderungen in den bereits gemeldeten Arbeitsstunden. In solchen Fällen ist keine Korrektur notwendig.

5.13 Beitragsabführung

Die Beiträge müssen vom Arbeitgeber an die zuständigen Krankenkassen abgeführt werden. Dies gilt auch für freiwillig versicherte Arbeitnehmer, sofern der Arbeitgeber die Beiträge abführt, was die Regel darstellt. Freiwillig versicherte Selbstzahler zahlen den höheren Beitrag zusammen mit dem bisherigen Beitrag selbst an ihre Krankenkasse.

Der Arbeitgeber hat als Hälfte des Gesamtbeitrags nur den Anteil zu übernehmen, der sich aus dem Gesamtbeitrag ohne den Zuschlag von 0,35 % ergibt. In der privaten Pflegeversicherung ist ein Zuschlag für Kinderlose nicht vorgeschrieben. Am Arbeitgeberzuschuss für privat Pflegeversicherte ändert sich somit nichts.

5.13.1 Beitragsabzug

Der Gesamtsozialversicherungsbeitrag ist in voller Höhe (Arbeitnehmer- und Arbeitgeberbeitragsanteil) vom Arbeitgeber zu zahlen (§ 28e Abs. 1 Satz 1 SGB IV). Er ist damit gleichzeitig Beitragsschuldner.

In § 28g SGB IV wird das Innenverhältnis zwischen dem Arbeitgeber und seinem Beschäftigten geregelt. So hat der Arbeitgeber hiernach einen Anspruch auf den vom Beschäftigten zu tragenden Teil des Gesamtsozialversicherungsbeitrags (Satz 1). Diesen Anspruch darf der Arbeitgeber nur im Wege des Abzugs vom Arbeitsentgelt geltend machen (Satz 2).

Unterbliebene Abzüge darf er nur bei den drei nächsten Lohn- oder Gehaltszahlungen nachholen (Satz 3). § 28g Satz 4 SGB IV enthält Ausnahmen von den Sätzen 2 und 3 dieser Vorschrift und damit für den Arbeitgeber ein erleichtertes Rückgriffsrecht auf den Arbeitnehmerbeitragsanteil.

Neben der seit dem 01.01.1990 vorgesehenen Ausnahme in Fällen, in denen der Arbeitnehmer vorsätzlich oder grob fahrlässig seinen Auskunfts-, Mitteilungs- und Vorlagepflichten zur Durchführung des Melde- und Beitragszahlungsverfahrens nicht nachgekommen ist, stellt die Regelung in der ab dem 30.03.2005 durch das Verwaltungsvereinfachungsgesetz geltenden Fassung sicher, dass der Arbeitgeber den Gesamtsozialversicherungsbeitrag unabhängig von den besonderen Voraussetzungen des § 28g Satz 2 und 3 SGB IV auch erhält, wenn der Beschäftigte den Beitrag allein trägt sowie wenn der Beschäftigte nur Sachbezüge erhält.

Letztgenannter Sachverhalt – der während eines Beschäftigungsverhältnisses ansonsten heutzutage nicht mehr üblich ist – kann für Zeiten des Bezugs von Sozialleistungen vermehrt auftreten. Das Gesetz beschreibt hier zwar einen Sachverhalt, in dem der Beschäftigte „nur“ Sachbezüge erhält; die Regelung sollte gleichwohl auch in den Fällen Anwendung finden, in denen nicht ausschließlich Sachbezug gewährt wird, der Barbezug für den vom Arbeitnehmer zu tragenden Beitragsanteil jedoch nicht ausreicht. In diesen Fällen muss der Arbeitgeber den Arbeitnehmerbeitragsanteil teilweise vorleisten.

Die Neuregelung sichert dem Arbeitgeber bei Vorliegen beitragspflichtiger Einnahmen aus den für Zeiten des Bezugs von Sozialleistungen gezahlten arbeitgeberseitigen Leistungen den Anspruch auf den vom Beschäftigten zu tragenden Teil des Gesamtsozialversicherungsbeitrags.

5.13.2 Mitteilungsverfahren

Die Arbeitgeber sind verpflichtet, den entsprechenden Sozialleistungsträgern folgende Mitteilungen zu übermitteln:

- Mitteilung des Nettoarbeitsentgelts,
- Mitteilung der beitragspflichtigen Brutto- und Netto-Einnahmen.

An private Krankenversicherungsunternehmen bzw. an Erziehungsgeld leistende Stellen erfolgt keine Information. Arbeitgeber können die Mitteilungen auf den Entgeltbescheinigungen vornehmen.

Im Gegenzug müssen die Sozialleistungsträger die Arbeitgeber über die Höhe der Brutto- und Netto-Sozialleistung informieren.

5.14 Besonderheiten Geringverdiener und Übergangsbereich

Geringverdiener (zur Ausbildung Beschäftigte mit Arbeitsentgelt bis maximal 325 €) zahlen generell keine eigenen Beiträge zur Sozialversicherung. Der Arbeitgeber übernimmt für einen Geringverdiener alle Beiträge in voller Höhe. Für Geringverdiener trägt der Arbeitgeber ausnahmsweise den Beitragszuschlag von 0,35 % in der Pflegeversicherung allein.

Für Arbeitnehmer, die mit ihrem Entgelt innerhalb des Übergangsbereichs (Arbeitsentgelt zwischen 520,01 € und 2.000,00 €) liegen, fällt der Beitrag auf das niedrigere Entgelt im Übergangsbereich, nicht auf das eigentliche Arbeitsentgelt an.

Weitere Informationen und Rechenbeispiele in Kap. 10.

6 Abrechnungsbeispiel

6.1 Ablauf Brutto-/Nettoabrechnung

Die vergangenen Kapitel vermittelten grundlegende Informationen, die im Zusammenhang mit einer Entgeltabrechnung zu beachten sind. Dieses Kapitel zeigt nun den praktischen Ablauf einer Brutto-/Nettoabrechnung mit den wichtigsten dazugehörenden Folgeaktivitäten auf.

In der Regel entspricht der Auszahlungsbetrag am Ende des Monats nicht der Höhe des vereinbarten Gehalts, da noch etliche Abzüge vorzunehmen sind.

Im Rahmen der Abrechnung werden verschiedene Zwischenbeträge gebildet, die als Grundlage für die steuer- und sozialversicherungsrechtlichen Abzüge dienen.

Die folgende Abbildung gibt einen Überblick über die einzelnen Abläufe einer Entgeltabrechnung:

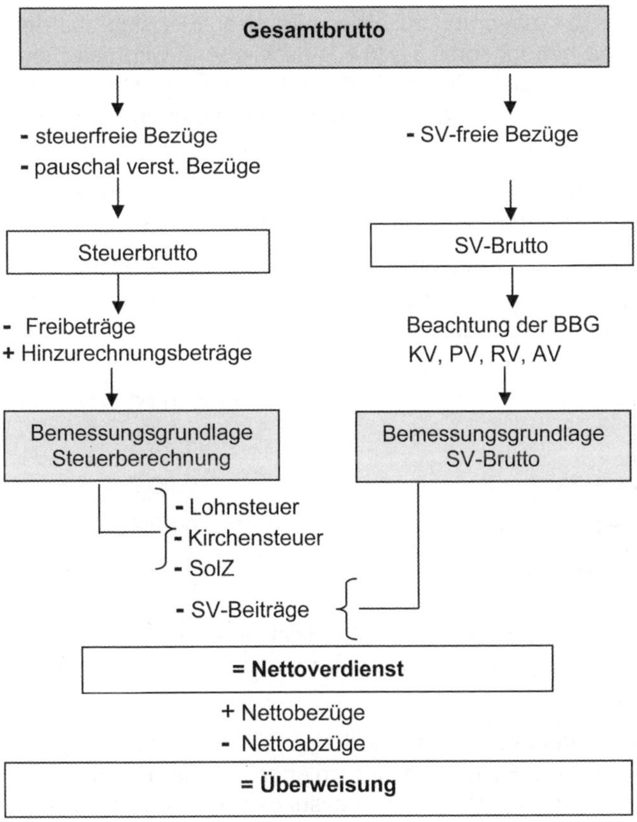

Abbildung 6.1: Schaubild Abrechnung

Beispiel

Der Arbeitnehmer Johann Schmitt bezieht folgende Bruttobezüge:

Gehalt	3.000 €
AG-Anteil zur Vermögensbildung	26 €
Reisekosten steuerfrei	12 €

Herr Schmitt hat Steuerklasse III mit 2,0 Kinderfreibeträgen. Zu seiner monatlichen Vermögensbildung zahlt der Arbeitgeber einen Zuschuss in Höhe von 26 €. Den Gesamtbeitrag zur Vermögensbildung in Höhe von 40 € überweist der Arbeitgeber direkt an das Institut.

Herr Schmitt ist Vater von zwei Kindern. Ein Zuschlag in der Pflegeversicherung von 0,35 % ist somit nicht zu erheben.

Herr Schmitt erhielt bereits am 10. des Monats einen Vorschuss von 500 €, der mit der kommenden Abrechnung am Monatsende einbehalten wird.

Zunächst ist das Gesamtbrutto zu bilden. Es errechnet sich aus der Summe aller Bruttobezüge und beträgt somit 3.038 €. Anschließend wird das Steuerbrutto ermittelt. Das Gesamtbrutto abzüglich steuerfreier Bezüge ergibt das Steuerbrutto. Da die Reisekosten steuerfrei sind, ergibt sich ein Steuerbrutto von 3.026 € (Gehalt + Vermögensbildung AG-Anteil).

Die ELStAM weisen keine Freibeträge aus. Daher ist das Steuerbrutto auch gleichzeitig die Bemessungsgrundlage für die Berechnung der steuerrechtlichen Abzüge.

Bei einer angenommenen Steuerklasse III mit zwei Kinderfreibeträgen sowie einem Kirchensteuersatz von 9 % und einem kassenindividuellem Zusatzbeitrag von 0,8 % ergeben sich folgende Abzüge:

Steuerbrutto	3.026,00 €
Lohnsteuer	95,33 €
Kirchensteuer (9 %)	0,00 €
Solidaritätszuschlag	0,00 €
Steuerliche Abzüge gesamt	**95,33 €**

Die steuerfreien Reisekosten sind auch sozialversicherungsfrei. Das Gesamtbrutto abzüglich sozialversicherungsfreier Bezüge ergibt das Sozialversicherungsbrutto in Höhe von 3.026 €.

Das Sozialversicherungsbrutto unterteilt sich in ein Kranken- und ein Rentenversicherungsbrutto, da die Bemessungsgrundlagen für die jeweiligen Beiträge wegen der unterschiedlich hohen Beitragsbemessungsgrenzen in der Kranken- und Rentenversicherung unterschiedlich hoch sein können.

In diesem Beispiel ist die Bemessungsgrundlage für alle Zweige der Sozialversicherung einheitlich 3.026 € hoch, da das Entgelt unterhalb der jeweiligen Beitragsbemessungsgrenzen (KV: 4.987,50 €, RV-West: 7.300 €) liegt.

Liegt das Gehalt beispielsweise bei 5.000 €, beträgt das KV-Brutto 4.987,50 € und das RV-Brutto 5.000 €. Bei einem Gehalt von 7.350 € betrüge das KV-Brutto 4.937,50 € und das RV-Brutto 7.300 €. Laufendes Arbeitsentgelt kann immer nur bis zur Höhe der Beitragsbemessungsgrenzen der Sozialversicherungspflicht unterworfen werden.

Beitragssätze Sozialversicherung:

Krankenversicherung (inkl. Zusatzbeitrag KK 0,8 %)	15,4 %
Pflegeversicherung	3,05 %
Rentenversicherung	18,6 %
Arbeitslosenversicherung	2,6 %

Hierbei handelt es sich um die jeweils vollen Prozentsätze. Der Arbeitnehmer trägt jedoch in der Regel nur die Hälfte der Sozialversicherungsbeiträge.

Die andere Hälfte übernimmt der Arbeitgeber. Ausnahmen von dieser Regel sind z. B. der ab dem 01.01.2005 zu zahlende Zuschlag für Kinderlose in der Pflegeversicherung, der ab dem 01.01.2022 0,35 % beträgt.

Berechnung Arbeitnehmeranteile:	**Betrag**
3.026 € x 7,7 % = KV AN-Anteil	233,00 €
3.026 € x 1,525 % = PV AN-Anteil	46,15 €
3.026 € x 9,3 % = RV AN-Anteil	281,42 €
3.026 € x 1,3 % = AV AN-Anteil	39,34 €
Summe (AN-Anteil)	**599,91 €**

Berechnung Arbeitgeberanteile:	**Betrag**
3.026 € x 7,7 % = KV AN-Anteil	233,00 €
3.026 € x 1,525 % = PV AN-Anteil	46,15 €
3.026 € x 9,3 % = RV AN-Anteil	281,42 €
3.026 € x 1,3 % = AV AN-Anteil	39,34 €
Summe (AN-Anteil)	**599,91 €**

Hinweis

Nach § 2 Beitragsverfahrensverordnung (BVV) werden Beiträge, die der Arbeitgeber und der Beschäftigte je zur Hälfte tragen, durch Anwendung des halben Beitragssatzes auf das Arbeitsentgelt und anschließende Verdoppelung des gerundeten Ergebnisses berechnet. Auf Beiträge, die der Arbeitgeber allein trägt, kann diese Regelung gleichlautend angewandt werden. Werden Beiträge vom Arbeitgeber und vom Beschäftigten nicht je zur Hälfte getragen, ergibt sich der Beitrag aus der Summe der getrennt berechneten gerundeten Anteile. Beiträge, die vom Beschäftigten allein zu tragen sind, werden durch Anwendung des für diese Beiträge geltenden Beitragssatzes oder Beitragszuschlags auf das Arbeitsentgelt berechnet.

Der Arbeitnehmeranteil beträgt 599,91 €, der Arbeitgeberanteil beträgt 599,91 € und somit der Gesamtbeitrag 1.199,82 €. Die Berechnung des Arbeitnehmeranteils erfolgt mit dem halben Prozentsatz der einzelnen Sozialversicherungszweige (Ausnahme: PV plus 0,35 % für Kinderlose, in diesem Beispiel ohne den PV-Zuschuss, da die Elterneigenschaft nachgewiesen ist).

Das Gesamtbrutto, vermindert um die gesamten steuer- und sozialversicherungsrechtlichen Abzüge, ergibt den Nettoverdienst des Arbeitnehmers.

Schließlich sind noch eventuelle Nettobezüge bzw. Nettoabzüge zu berücksichtigen. Nettobezüge erhöhen das Netto, Nettoabzüge vermindern es.

Häufige Nettoabzüge, die in der Praxis vorkommen, sind beispielsweise Vorschüsse, die der Arbeitgeber schon vor der Abrechnung bestimmten Arbeitnehmern netto ausbezahlt hat und daher im Rahmen der Abrechnung wieder einbehält. Auch die Gesamtrate zur Vermögensbildung, die der Arbeitgeber abführt, stellt einen Nettoabzug dar.

Als weitere Beispiele für Nettoabzüge sind zu nennen:

- Darlehensrückzahlungen,
- Pfändungsabzüge,
- Gesamtbeiträge für freiwillige Krankenversicherungen,
- Wareneinkäufe.

Im Beispielsfall handelt es sich um 500 € Vorschuss und 40 € Gesamtrate für vermögenswirksame Leistungen (VL).

Ein typischer Nettobezug ist z. B. der Arbeitgeberzuschuss für einen privat krankenversicherten Arbeitnehmer.

Name	**Eintritt**	**St.-kl.**	**Kind.-freib.**	**Konf.**	**BGRS**				**Freibetrag mtl./jährl.**
					KV	**RV**	**AV**	**PV**	
Schmitt Johann	01.01.02	3	2	ev	1	1	1	1	

Bruttobezüge		**Std./ Tag**	**Faktor**	**St*)**	**SV*)**	**Zuschl. in %**	**Brutto-betrag**
Gehalt AG-Anteil VL steuerfreie Reisekosten				L L F	L L F		3.000,00 € 26,00 € 12,00 €
Gesamtbrutto							
							3.038,00 €
St. Tg.	**Steuer-brutto**	**LSt**	**Ki-St **)**		**SolZ**		**steuer-liche Abzüge**
30	3.026,00 €	95,33 €	0,00 €		0,00 €		95,33 €
SV Tg.	**KV/PV Brutto**	**RV/AV Brutto**	**KV-Beitr.**	**PV-Beitr.**	**RV-Beitr.**	**AV-Beitr.**	**SV-recht-liche Ab-züge**
30	3.026,00 €	3.026,00 €	233,00 €	46,15 €	281,42 €	39,34 €	599,91 €
Gesetzliche Abzüge insgesamt							
							695,24 €
Nettoverdienst							
							2.342,76 €
Nettobe- und -abzüge							
Vorschuss VL-Gesamtrate							– 500,00 € – 40,00 €
Überweisung							
							1.802,76 €
*) L = Laufender Bezug, F = Frei **) Es wurde ein Kirchensteuersatz von 9 % angenommen.							

6.2 Folgeaktivitäten

Der Gesetzgeber verpflichtet den Arbeitgeber nicht nur zur Durchführung der eigentlichen Abrechnungen, sondern darüber hinaus auch zur Erfüllung verschiedener Aufzeichnungs- und Meldepflichten.

6.2.1 Aufzeichnungspflichten

Zu den wichtigsten Aufzeichnungspflichten zählen Lohnkonten, Lohnjournale und Buchungsbelege für die Finanzbuchhaltung.

6.2.1.1 Lohnkonto

Für jeden Arbeitnehmer und jedes Kalenderjahr ist ein Lohnkonto zu führen (§ 41 Abs. 1 EStG). Zu Beginn des Kalenderjahres sind die Lohnkonten stets neu anzulegen. Im Lohnkontenkopf müssen die steuer- und sozialversicherungsrechtlichen Merkmale hinterlegt werden.

Gesetzliche Vorschriften schreiben bestimmte Eintragungen im Lohnkonto vor. Im allgemeinen Bereich des Lohnkontos stehen die steuer- und sozialversicherungsrechtlichen Merkmale (Steuerklasse, Kinderfreibeträge usw.).

Außerdem sind die monatlichen Abrechnungswerte, ausgehend vom Gesamtbrutto über die gesetzlichen Abzüge bis hin zum Auszahlungsbetrag, im Lohnkonto zu dokumentieren.

Bei Austritt eines Arbeitnehmers und am Jahresende wird das Lohnkonto abgeschlossen. Es bildet die Grundlage für die Lohnsteuerbescheinigung. Das Lohnkonto muss bis zum Ablauf des sechsten Kalenderjahres, welches auf das Austrittsjahr folgt, aufbewahrt werden.

Selbstverständlich werden in der Praxis die Lohnkonten automatisch durch die Softwareprogramme beim Neueintritt eines Arbeitnehmers aus den hinterlegten Stammdaten angelegt und monatlich weitergeführt. Dies gilt grundsätzlich auch für die anderen im Folgenden noch aufgeführten Ausweispflichten.

6.2.1.2 Lohnjournal

Das Lohnjournal beinhaltet die Arbeitsentgelte aller Mitarbeiter des Abrechnungsmonats, ausgehend vom Gesamtbrutto über die gesetzlichen Abzüge bis hin zum Auszahlungsbetrag. Das Lohnjournal wird jeden Monat abgeschlossen und dient als Grundlage für Lohnsteueranmeldungen und Beitragsnachweise.

6.2.1.3 Buchungsbeleg

Die Finanzbuchhaltung ist ein zentrales Element des betrieblichen Rechnungswesens. Sie dient zur Aufzeichnung aller Geschäftsvorfälle. Am Jahresende wird daraus mithilfe der Gewinn- und Verlustrechnung (GuV) der Unternehmenserfolg ermittelt.

Die Lohnbuchhaltung stellt eine Nebenbuchhaltung der Finanzbuchhaltung dar. Innerhalb der Entgeltabrechnung fallen Bruttogehälter, gesetzliche Abzüge, Nettoverdienste und Überweisungsbeträge an.

Diese Daten werden der Finanzbuchhaltung und der Kostenrechnung weitergereicht. Die Finanzbuchhaltung benötigt keine einzelnen Lohn- und Gehaltsbestandteile pro

Mitarbeiter, sondern Zusammenfassungen nach den Kriterien des im Unternehmen eingesetzten Kontenplans.

In der Praxis dient der sogenannte **Buchungsbeleg** als Verbuchungsgrundlage der Lohndaten. Er enthält verdichtete Zahlen der Abrechnungsergebnisse. Jede Lohnart (Gehälter, Ausbildungsvergütungen, Fahrgeld, VL usw.) wird einem bestimmten Konto der Finanzbuchhaltung entsprechend dem gültigen Kontenplan zugeordnet.

Die Kontonummern erhalten eine Bezeichnung, z. B. Konto 4100 = „Löhne und Gehälter". Über die Lohnartenwerte erfolgt die Zuordnung der Aufwendungen und Verbindlichkeiten zu den einzelnen Konten. So werden beispielsweise die Lohnarten „Gehalt", „Überstundenvergütung" und „Fahrgeld" dem Konto 4100 zugewiesen. Der Buchungsbeleg listet die Beträge von allen Mitarbeitern, die diese Lohnarten beziehen, in einer Summe auf dem Konto 4100 (Lohn- und Gehaltsaufwendungen) auf.

Da die Lohn- und Gehaltsabrechnungen üblicherweise maschinell durchgeführt werden, gehört der Buchungsbeleg zu den Standardauswertungen des Abrechnungsprogramms.

6.2.2 Mitteilungspflichten

In erster Linie sind Mitteilungspflichten gegenüber den Finanzämtern und den Krankenkassen zu erfüllen.

6.2.2.1 Lohnsteueranmeldung

Der Arbeitgeber ist gesetzlich verpflichtet, die einbehaltene oder pauschalierte Lohn- und Kirchensteuer sowie den Solidaritätszuschlag auf einem amtlichen Vordruck bei dem Finanzamt, in dessen Bezirk sich die Betriebsstätte befindet, anzumelden und fristgerecht abzuführen. Dies erfolgt mithilfe des amtlichen Lohnsteueranmeldungsformulars, wobei die **elektronische Durchführung** der Lohnsteueranmeldungen **vorgeschrieben ist**.

Für jede Betriebsstätte ist eine einheitliche Lohnsteueranmeldung abzugeben. Die Lohnsteuer darf nicht getrennt nach bestimmten Arbeitnehmergruppen, Abteilungen usw. ausgewiesen werden. Die pauschale Lohnsteuer und die pauschale Kirchensteuer sind extra zu bescheinigen. Der pauschale Solidaritätszuschlag wird nicht extra bescheinigt.

In der lohnsteuerlichen Betriebsstätte findet die Ermittlung der Lohnabrechnungen und die Berechnung damit verbundener Abzüge statt. Außerdem werden dort die Arbeitspapiere aufbewahrt. In der Regel ist dies der Ort, an dem sich der Hauptsitz der Firma befindet.

So kann beispielsweise ein Steuerberatungsbüro, das im Auftrag des Unternehmens die Entgeltabrechnungen vornimmt, nicht als steuerliche Betriebsstätte gelten.

6.2.2.2 Lohnsteueranmeldezeitraum

Es gibt **drei** verschiedene Lohnsteueranmeldungszeiträume:

- **monatlich**, wenn die abzuführende Lohnsteuer im Vorjahr höher als 5.000 € war,
- **vierteljährlich**, wenn die abzuführende Lohnsteuer im Vorjahr zwar nicht höher als 5.000 €, aber höher als 1.080 € war,
- **kalenderjährlich**, wenn die abzuführende Lohnsteuer im Vorjahr nicht höher als 1.080 € war.

Hat die Firma im Vorjahr noch nicht existiert, wird die Lohnsteuer, die für den ersten vollen Kalendermonat abgeführt wurde, auf einen Jahresbetrag umgerechnet, der über den zukünftigen Anmeldungszeitraum entscheidet. Maßgebend für den Lohnsteueranmeldungszeitraum ist der Zeitpunkt der Einbehaltung der Lohnsteuer.

Beispiel

Die Lohnabrechnung für August erfolgt am letzten Werktag im August. Da die Einbehaltung noch im August stattfindet, muss die Anmeldung bis zum 10.09. vorgenommen werden.

Die Firma zahlt am 25.01. Vorschüsse, wobei die eigentliche Abrechnung Anfang Februar erfolgt. Da die Lohnsteuer im Februar einbehalten wird, ist die Lohnsteuer erst bis zum 10.03. anzumelden.

6.2.2.3 Frist für die Abgabe der Lohnsteueranmeldung

Die Lohnsteueranmeldung muss am 10. Tag nach Ablauf des Lohnsteueranmeldungszeitraums beim Betriebsstättenfinanzamt eingehen. Wenn der zehnte Tag auf einen Samstag, Sonntag oder Feiertag fällt, gilt der nächste Arbeitstag.

Wichtig

Abgabefrist für die Lohnsteueranmeldung ist der 10. Tag nach Ablauf des Lohnsteueranmeldezeitraums.

6.2.2.4 Folgen verspäteter Anmeldung der Lohnsteuer

Bei verspäteter Abgabe der Lohnsteueranmeldung kann das Finanzamt einen Verspätungszuschlag erheben. Dieser beträgt max. 25.000 € (§ 152 AO).

6.2.2.5 Folgen verspäteter Abführung der Lohnsteuer

Der Arbeitgeber hat die einbehaltenen Steuerabzugsbeträge bis zum 10. des Folgemonats zu zahlen.

Bei verspäteter Abführung der Lohnsteuer sind Säumniszuschläge zu entrichten. Der Säumniszuschlag beträgt für jeden angefangenen Monat der Verspätung 1 % des rückständigen, auf 50 € nach unten abgerundeten Steuerbetrags. Allerdings wird der Säumniszuschlag gemäß § 240 Abs. 3 AO bei einer Säumnis von bis zu drei Tagen nicht erhoben.

Wichtig
Säumniszuschläge 1 % des rückständigen Steuerbetrags.

6.2.3 Sozialversicherung

6.2.3.1 Fälligkeit der Beiträge

Der Gesamtsozialversicherungsbeitrag ist spätestens am drittletzten Bankarbeitstag eines Monats fällig.

Durch das Vorziehen der Fälligkeit auf einen Tag, an dem der Monat noch nicht abgeschlossen ist, sind die Beiträge auf der Basis einer sogenannten **voraussichtlichen Beitragsschuld** zu zahlen.

Beitragsnachweise	SV-Beiträge
25.01.2023	27.01.2023
22.02.2023	24.02.2023
27.03.2023	29.03.2023
24.04.2023	26.04.2023
24.05.2023	26.05.2023
26.06.2023	28.06.2023
25.07.2023	27.07.2023
25.08.2023	29.08.2023
25.09.2023	27.09.2023
24.10.2023 24.10.2023 (wenn 31.10. Feiertag)	26.10.2023 26.10.2023 (wenn 31.10. Feiertag)
24.11.2023	28.11.2023
21.12.2023	27.12.2023

Tabelle 6.1: Fälligkeit SV-Beiträge 2023

Vorsicht

Der 31.10.2023 ist **kein** bundeseinheitlicher Feiertag (Reformationstag). Der Reformationstag im Jahr 2017 war einmalig ein bundeseinheitlicher Feiertag. Einige Bundesländer haben im Jahr 2018 den Reformationstag als gesetzlichen Feiertag dauerhaft eingeführt (Bremen, Hamburg, Niedersachsen und Schleswig-Holstein).

Entscheidend für die Berücksichtigung der Feiertage ist der Sitz der Krankenkasse (Hauptniederlassung).

6.2.3.2 Ermittlung der voraussichtlichen Beitragsschuld

Die Arbeitgeber haben die voraussichtliche Beitragsschuld möglichst genau zu ermitteln. Dabei kann z. B. vom Beitragssoll des letzten Monats ausgegangen werden, wobei aber auch andere Schätzmethoden zulässig sind. Das gewählte Schätzverfahren ist auf jeden Fall zu dokumentieren. Eine einmalige Dokumentation zu Beginn reicht aus.

Zusätzlich sind

- Änderungen bei der Beschäftigtenzahl,
- die voraussichtlich in diesem Monat anfallenden Arbeitsstunden,
- Änderungen der Beitragssätze,
- Erhöhungen der Beitragsbemessungsgrenzen und
- eventuelle Lohnanpassungen

zu berücksichtigen.

Die voraussichtliche Beitragsschuld bezieht alle am Tag der Berechnung vorhandenen Informationen zur Bestimmung des Beitragssolls ein. Die Abweichung vom bisherigen Verfahren besteht darin, dass am Tag der Festlegung der voraussichtlichen Beitragsschuld noch nicht alle Faktoren des abzurechnenden Monats bekannt sind.

Wichtig

Die voraussichtliche Beitragsschuld ist zu schätzen.

So können z. B. zusätzlich anfallende und bei der Ermittlung der voraussichtlichen Beitragsschuld noch nicht bekannte Überstunden dazu führen, dass ein Restbetrag im nächsten Monat mit abzurechnen ist.

Eine fristlose Kündigung eines Beschäftigten nach der Schätzung, aber noch vor dem Monatsende führt dagegen beispielsweise zu einer Überzahlung, wobei der Ausgleich dann im nächsten Monat erfolgt.

Überzahlungen oder Nachzahlungen, die sich erst im Rahmen der letztendlichen Abrechnung ergeben können, führen nicht zu Korrekturen der bereits vorher auf

Schätzbasis abgegebenen Beitragsnachweise. Sie werden vielmehr immer mit dem nächsten abzugebenden Beitragsnachweis verrechnet.

Wichtig

Seit dem 01.01.2017 können die Beiträge auch auf Grundlage des Vormonats angesetzt werden.

Seit dem 01.01.2017 können Arbeitgeber zwischen dem Schätzverfahren wählen oder für die Vorabberechnung, Meldung und Zahlung der Beiträge bei sog. nachschüssiger Entgeltabrechnung die Werte des Vormonats ansetzen. Mit dem zweiten Bürokratieentlastungsgesetz wird der § 23 SGB IV dahingehend geändert. Somit kann die Schätzung entfallen. Der Arbeitgeber kann zwischen dem bisherigen Schätzverfahren und der Neuregelung wählen. Beiträge aus Einmalzahlungen sind im Monat der Zahlung zu berücksichtigen, dabei darf der Vormonatswert nicht ohne Berücksichtigung der Einmalzahlung angesetzt werden.

6.2.3.3 Dokumentation der Parameter

Die geschätzte voraussichtliche Beitragsschuld ist vor allem für eine Betriebsprüfung nachvollziehbar zu dokumentieren. Das gemeinsame Rundschreiben der Spitzenverbände vom 12.08.2005 bestimmt, dass die Krankenkassenlisten entsprechend um die Parameter, die zur voraussichtlichen Beitragsschuld führten, zu ergänzen sind.

Wurde die voraussichtliche Beitragsschuld zu niedrig festgelegt, ohne dass dies durch entsprechende Nachweise dokumentiert wurde und somit begründbar ist, werden von den Rentenversicherungsträgern Säumniszuschläge erhoben. Es gibt keine veröffentlichte Toleranzgrenze.

Bei Zahlung gleichbleibender Arbeitsentgelte wird die Höhe der Beitragsschuld mit hoher Wahrscheinlichkeit und nachhaltiger Sicherheit bestimmt werden können, so dass in diesen Fällen in der Regel die voraussichtliche Beitragsschuld gleichzeitig die endgültige Beitragsschuld ist.

6.2.3.4 Variable Entgeltbestandteile

Bei der Ermittlung der vorläufigen Beitragsschuld sind grundsätzlich auch variable Entgeltbestandteile zu berücksichtigen. Sofern variable Entgeltbestandteile zeitversetzt gezahlt werden und dem Arbeitgeber eine Berücksichtigung dieser Arbeitsentgelte bei der Beitragsberechnung für den Entgeltabrechnungszeitraum, in dem sie erzielt wurden, nicht möglich ist, können die variablen Arbeitsentgeltbestandteile zur Beitragsberechnung dem Arbeitsentgelt des nächsten oder übernächsten Entgeltabrechnungszeitraums hinzugerechnet werden.

6.2.3.5 Einmalbezüge

Einmalig gezahltes Arbeitsentgelt ist für die Entrichtung der Beiträge grundsätzlich dem Entgeltzahlungszeitraum zuzuordnen, in dem es ausgezahlt wird.

Unter dem Gesichtspunkt der Beitragsfälligkeit in Höhe der voraussichtlichen Beitragsschuld nach § 23 Abs. 1 Satz 2 SGB IV kann die Fälligkeit der Beiträge aus einmalig gezahltem Arbeitsentgelt allerdings nicht allein am bloßen Vorgang der Auszahlung im Sinne von § 22 Abs. 1 Satz 2 SGB IV festgemacht werden.

Vielmehr hat der Arbeitgeber bei der Ermittlung der voraussichtlichen Beitragsschuld für den Beitragsmonat festzustellen, ob die Einmalzahlung mit hinreichender Sicherheit in diesem Beitragsmonat ausgezahlt wird.

Dieser Tatbestand wird dem Arbeitgeber zu dem Zeitpunkt, an dem er die Beitragsabrechnung durchzuführen hat, in aller Regel bekannt sein. Deshalb werden die Beiträge aus einmalig gezahltem Arbeitsentgelt im Rahmen der Regelungen über die Höhe der voraussichtlichen Beitragsschuld in dem Monat fällig, in dem das einmalig gezahlte Arbeitsentgelt ausgezahlt werden soll.

Dies gilt auch dann, wenn die Einmalzahlung zwar noch in dem laufenden Monat, aber erst nach dem für diesen Monat geltenden Fälligkeitstermin ausgezahlt wird.

Beispiel 1

Abrechnungsmonat Juli

- Entgeltzahlung inkl. Zahlung eines Urlaubsgeldes am: 26.07.
- Fälligkeit des Gesamtsozialversicherungsbetrags im Juli: 27.07.
- Zeitpunkt, an dem der Arbeitgeber die voraussichtl. Höhe der Beitragsschuld feststellt: 25.07.

Es liegen keine Anhaltspunkte für die Nichtzahlung des Urlaubsgeldes vor.

Lösung:

Bei der Ermittlung der voraussichtlichen Beitragsschuld für Juli sind auch die Beiträge zu berücksichtigen, die auf das Urlaubsgeld entfallen würden.

Beispiel 2

Abrechnungsmonat Juli

- Entgeltzahlung einschließlich Urlaubsgeld am: 30.07.
- Fälligkeit des Gesamtsozialversicherungsbetrags im Juli: 27.07.
- Zeitpunkt, an dem der Arbeitgeber die voraussichtl. Höhe der Beitragsschuld feststellt: 25.07.

Es liegen keine Anhaltspunkte für die Nichtzahlung des Urlaubsgeldes vor.

Lösung:

Bei der Ermittlung der voraussichtlichen Beitragsschuld für Juli sind die Beiträge, die auf das Urlaubsgeld entfallen würden, ebenfalls zu berücksichtigen, weil es im Juli tatsächlich ausgezahlt wird.

6.2.3.6 Beitragsnachweis

Der Beitragsnachweis zeigt die voraussichtliche Höhe der Beitragsschuld an. In den Folgemonaten besteht das Beitragssoll

- aus der voraussichtlichen Höhe der Beitragsschuld des aktuellen Monats
- und einem eventuell verbleibenden Restbeitrag des Vormonats.

In dem Fall, dass die voraussichtliche Höhe der Beitragsschuld zu hoch ermittelt wurde, wird eine Verrechnung durchgeführt.

Wegen des Restbeitrags nach Ermittlung der endgültigen Beitragsschuld wird **kein** Korrekturbeitragsnachweis für den Vormonat erstellt, aus dem der Restbeitrag dem Grunde nach herrührt.

Die abzuführenden Beiträge müssen den gesetzlichen Krankenkassen durch elektronisch übermittelte Beitragsnachweise (amtliche Formulare) mitgeteilt werden. Falls sich die Beiträge nicht ändern, kann auch einmalig ein als Dauerbeitragsnachweis ausgefüllter Beitragsnachweis abgegeben werden.

6.2.3.7 Rechtzeitige Einreichung

Der Beitragsnachweis muss nach § 28f Abs. 3 Satz 1 SGB IV am fünftletzten Bankarbeitstag bei der Einzugsstelle vorliegen.

Findet die rechtzeitige Übermittlung nicht statt, wird die Einzugsstelle ihrerseits die vorläufige Beitragsschuld schätzen (§ 28f Abs. 3 Satz 4 SGB IV).

Wichtig

Beitragsnachweis muss am fünftletzten Bankarbeitstag bei der Einzugsstelle vorliegen.

6.2.3.8 Änderungen von Beitragsfaktoren

Die Fälligkeit des Restbeitrags im Folgemonat der Arbeitsleistung wirkt sich nicht auf die Grundlagen der Beitragsberechnung aus. Änderungen der Beitragsfaktoren für den Folgemonat (z. B. Beitragssätze, BBG), in dem der Restbeitrag fällig wird, bleiben in diesem unberücksichtigt. Für die Beitragsberechnung gelten die Beitragsfaktoren des Abrechnungszeitraums, unabhängig von der Zuordnung im Beitragsnachweis.

6.2.3.9 Krankenkassenwechsel

Werden an eine Einzugsstelle nur die Gesamtsozialversicherungsbeiträge für einen Arbeitnehmer gezahlt und scheidet dieser Arbeitnehmer aus dem Beschäftigungsverhältnis aus, ist in Fällen, in denen das endgültige Beitragssoll nicht abgerechnet werden konnte, für den Monat nach dem Ausscheiden aus dem Beschäftigungsverhältnis ein Beitragsnachweis mit der Restschuld/Differenz abzugeben (sogenannter „nachgehender Beitragsnachweis“).

Gleiches gilt, wenn ein Arbeitnehmer die Krankenkasse wechselt und für diese Einzugsstelle nach dem vollzogenen Krankenkassenwechsel keine Beiträge mehr abzuführen wären.

Beispiel

Arbeitnehmer A ist bei Arbeitgeber B beschäftigt. Er gehört als einziger Arbeitnehmer der BKK „Gesund+“ an. Arbeitgeber B hat 70 Beschäftigte und rechnet mit acht unterschiedlichen Krankenkassen ab. Am 30.06. scheidet der Arbeitnehmer A aus. Da Arbeitnehmer A leistungsabhängige Vergütungsbestandteile erhält, können die Beiträge für Juni zum Fälligkeitstag nur in Form der voraussichtlichen Beitragsschuld nachgewiesen und gezahlt werden.

Lösung:

Obwohl Arbeitnehmer A zum 30.06. aus dem Beschäftigungsverhältnis ausgeschieden ist und weitere Arbeitnehmer des Betriebs bei dieser Krankenkasse nicht versichert sind, muss für die Krankenkasse BKK „Gesund+“ für den Monat Juli noch ein Beitragsnachweis mit dem Restbeitrag für den Monat Juni eingereicht werden. Die hiernach zu zahlenden Beiträge sind am drittletzten Bankarbeitstag im Juli fällig.

Ein Korrekturbeitragsnachweis für den Monat Juni wird nicht erstellt. In der Abmeldung nach der DEÜV ist als Ende der Beschäftigung der 30.06. anzugeben. Bei der Angabe des beitragspflichtigen Arbeitsentgelts fließt der volle Betrag des Arbeitsentgelts ein.

6.2.3.10 Pauschalbeiträge bei geringfügig entlohnten Beschäftigten

Für die zur Krankenversicherung und/oder zur Rentenversicherung für versicherungsfreie geringfügig entlohnte Beschäftigte zu entrichtenden Pauschalbeiträge gilt die Fälligkeitsregelung des § 23 Abs. 1 SGB IV. Soweit die Pauschalbeiträge im Rahmen des Haushaltsscheckverfahrens zu zahlen sind, sieht § 23 Abs. 2a SGB IV eine besondere Fälligkeitsregelung vor. Danach sind die Beiträge für das in den Monaten Januar bis Juni erzielte Arbeitsentgelt am 31.07. des laufenden Jahres und für das in den Monaten Juli bis Dezember erzielte Arbeitsentgelt am 31.01. des folgenden Jahres fällig.

6.2.3.11 Fälligkeit für die Umlagen U1 und U2

Die Fälligkeitsregelung nach § 23 Abs. 1 Satz 2 SGB IV – einschließlich der Übergangsregelung des § 119 Abs. 2 SGB IV – ist auch für die Umlagen U1 und U2 maßgebend.

Wichtig

Die Fälligkeit für die Umlage entspricht dem Beitragsnachweis.

6.2.3.12 Beiträge für freiwillig versicherte Arbeitnehmer

Für freiwillig Versicherte, für die der Arbeitgeber die Beiträge abführt, gelten grundsätzlich die Fälligkeitsvorschriften. Es sei denn, die Satzung der Krankenkasse bestimmt etwas anderes. Für Selbstzahler gilt die Beitragsfälligkeit zum 15. des Folgemonats. Der GKV-Spitzenverband hat die einheitlichen Grundsätze zur Beitragsbemessung freiwilliger Mitglieder der gesetzlichen Krankenversicherung weiterer Mitgliedergruppen sowie zur Zahlung und Fälligkeit der von Mitgliedern selbst zu entrichtender Beiträge die sog. Beitragsverfahrensgrundsätze für Selbstzahler in der Fassung vom 27.10.2008 zuletzt am 28.11.2018 geändert.

Hinweis

Abweichende Fälligkeit bei Selbstzahlern.

6.2.3.13 Besprechungsergebnis der Spitzenverbände zur Fälligkeit der Gesamtsozialversicherungsbeiträge

Mit einem Besprechungsergebnis vom 23.11.2016 wurde durch die Spitzenverbände der Sozialversicherung erneut Stellung zur Fälligkeit des Gesamtsozialversicherungsbeitrags genommen. Wichtige Punkte in diesem Besprechungsergebnis sind u. a.:

- Die Fälligkeitsregelung des § 23 Abs. 1 Satz 2 SGB IV kennt innerhalb eines Kalendermonats nur einen Fälligkeitstag. Danach sind die Beiträge der versicherungspflichtigen Arbeitnehmer zur Kranken-, Pflege-, Renten- und Arbeitslosenversicherung, die nach dem Arbeitsentgelt bemessen werden und als Gesamtsozialversicherungsbeitrag zu zahlen sind, spätestens am drittletzten Bankarbeitstag des Monats, in dem die Beschäftigung, mit der das Arbeitsentgelt erzielt wird, ausgeübt worden ist oder als ausgeübt gilt, fällig.
- Die voraussichtliche Höhe der Beitragsschuld ist so zu bemessen, dass der Restbeitrag, der erst im Folgemonat fällig wird, so gering wie möglich bleibt. Dies wird dadurch erreicht, dass das Beitragssoll entweder in Form einer Fiktivberechnung auf der Grundlage des absehbaren Entgeltanspruchs jedes Arbeitnehmers im laufenden Monat oder auf der Grundlage des letzten Entgeltabrechnungszeitraums unter Berücksichtigung der eingetretenen Änderungen in der Form des

Hinzutritts oder Austritts von Beschäftigten, der Arbeitstage bzw. Arbeitsstunden sowie der einschlägigen Entgeltermittlungsgrundlagen ermittelt wird.

- Nach § 23 Abs. 1 Satz 3 SGB IV kann der Arbeitgeber abweichend von der Regelung zur Bestimmung der voraussichtlichen Höhe der Beitragsschuld nach § 23 Abs. 1 Satz 2 SGB IV den Gesamtsozialversicherungsbeitrag zum Fälligkeitstag in Höhe des Vormonatssolls der Echtabrechnung zahlen. Die Anwendung der Vereinfachungsregelung ist nicht mehr davon abhängig, dass regelmäßig Änderungen der Beitragsberechnung durch Mitarbeiterwechsel oder die Zahlung variabler Entgeltbestandteile zu berücksichtigen sind.
- Die Vereinfachungsregelung findet aufgrund des ausdrücklichen Hinweises des Gesetzgebers in der Gesetzesbegründung (vgl. Gesetzentwurf eines Zweiten Bürokratieentlastungsgesetzes in Bundesrats-Drucksache 437/16, Begründung zu Artikel 7) auf einmalig gezahltes Arbeitsentgelt keine Anwendung. Beiträge, die im Vormonat auf Einmalzahlungen entfallen sind, werden für die Ermittlung der Beitragsschuld des laufenden Monats in entsprechender Höhe von der Beitragsschuld des Vormonats abgezogen. Damit wird der Intention der Vereinfachungsregelung Rechnung getragen, Beiträge aus laufendem Arbeitsentgelt auf Vormonatsbasis entsprechend der Echtabrechnung zu zahlen, ohne dass dabei die Beiträge aus Einmalzahlungen aus dem Vormonat das Beitragssoll zu Lasten des Arbeitgebers erhöhen. Ist in dem Monat, für den die Beiträge nach der Echtabrechnung des Vormonats gezahlt werden sollen, wiederum eine Einmalzahlung zu berücksichtigen, sind die darauf entfallenden Beiträge in voraussichtlicher Höhe der Beitragsschuld dem auf das laufende Arbeitsentgelt des Vormonats (Echtabrechnung) entfallenden Beitragssoll hinzuzurechnen; insoweit können die Beiträge aus Einmalzahlungen nach § 22 Abs. 1 Satz 2 SGB IV nicht unberücksichtigt bleiben.
- Unter Berücksichtigung der Vereinfachungsregelung des § 23 Abs. 1 Satz 3 SGB IV entspricht das Beitragssoll des laufenden Monats dem Beitragssoll aus der Echtabrechnung des Vormonats, soweit es auf Grundlage des laufenden Arbeitsentgelts ermittelt wurde. Dazu kommt das Beitragssoll in voraussichtlicher Höhe aus einer ggf. zu berücksichtigenden Einmalzahlung des laufenden Monats sowie ein verbleibender Restbeitrag des Vormonats oder der Ausgleich einer eventuellen Überzahlung aus dem Vormonat.

6.2.3.14 Zuständige Einzugsstelle

Für gesetzlich krankenversicherte Arbeitnehmer ist Einzugsstelle die Krankenkasse, bei welcher der Arbeitnehmer versichert ist. Für privat krankenversicherte Arbeitnehmer gehen die Beiträge an die Krankenkasse, bei der die Anmeldung erfolgte. Dies kann eine beliebige gesetzliche Krankenkasse sein.

6.3 Aufzeichnungsunterlagen

Auf den folgenden Seiten sind die wichtigsten besprochenen Aufzeichnungsunterlagen, die im Rahmen der Entgeltabrechnung zu berücksichtigen sind, beispielhaft aufgezeigt.

6.3.1 Lohnkonto – allgemeine Angaben

Lohnkonto							
Allgemeine Daten							
Name	Schmitt	Straße	Musterstr. 20	Bankname	Deutsche Bank	Familienstand	verheiratet
Vorname	Johann	PLZ	99999	Bankleitzahl	500 999 99	Anzahl Kinder	3
Zusatz	von	Ort	Musterstadt	Konto-nr.	99 99999 11	Geb. am	18.03.1955
Titel	Dr.						
Staatsangeh.	deutsch						
Arbeitsplatzdaten							
Personal-Nr.	1	Eintritt	01.01.2002	Abteilung	Buchhaltung	Arbeitszeit	36 Std
		Austritt					
Steuerdaten							
Finanzamt	Musterstadt	Steuerklasse	3	Freibetrag mtl	0,00	Freibetrag Jahr	0,00
Gemeinde	Musterstadt	Anzahl Kinderfreibetrag	2,0	Hinzurechnungsbetrag mtl.	0,00	Hinzurechnungsbetrag Jahr	0,00
Steuer-Nr.	123456789	Kirchensteuer	ev/-				

Sozialversicherungsdaten							
Soz-Vers.-Nr.	30180355S493	Beitragsgruppenschlüssel		Krankenkasse	AOK, Musterstadt	Tätigkeitsschlüssel	722134611
Personengruppe	101	KV	1				
		RV	1				
		AV	1				
		PV	1				

Vermögenswirksame Leistung / betriebliche Altersvorsorge			
VL-Vertrag		betriebl. Altersvorsorge	
Nr.	98765432	Nr.	
Institut	Muster-Fond	Institut	
Bank	Sparkasse	Bank	
BLZ	666 777 88	BLZ	
Konto	91827	Konto	
Betrag	40,00 €	Betrag	
AG-Anteil	26,00 €	AG-Anteil	

Mo-nat	St.Tg	St.-Brutto	St.-freie Bezüge	Pausch. verst. Bezüge	Pausch. Fahrtk.	Gesamt-brutto	Lohnsteuer	Kirch.-steuer (9%)	SolZ	Pausch. Lohnst.	Pausch. SolZ	Pauchal. Kirchensteuer	U *)	N *)
1	*30*	*3.026*	*12,00*			*3.038*	*95,33*	*0,00*	*0,00*					
2	*30*	*3.026*	*12,00*			*3.038*	*95,33*	*0,00*	*0,00*					
3	*30*	*3.026*	*12,00*			*3.038*	*95,33*	*0,00*	*0,00*					
4	*30*	*3.026*	*12,00*			*3.038*	*95,33*	*0,00*	*0,00*					
5	*30*	*3.026*	*12,00*			*3.038*	*95,33*	*0,00*	*0,00*					
.....														

*) U = Unterbrechung des Arbeitsverhältnisses (z.B. wenn die Entgeltfortzahlungsfrist abgelaufen ist)
*) N = Nachberechnungsmonat aufgrund irgendwelcher Korrekturen

Name, Vorname				*Schmitt, Johann*				Pers.-Nr.	*1*			Jahr *2023*		
MO	SVT G	KV/PV Brutto	RV/AV Brutto	KV/AN	PV/AN	RV/AN	AV/AN	Gesetzliche Abzüge Gesamt	Nettover-dienst	Freiw.KV/ AN	Freiw.PV/ AN	VL	Vor-sch.	Aus-zah-lung
				KV/AG	PV/AG	RV/AG	AV/AG			KV/AG	PV/AG			
1	*30*	*3026*	*3026*	*233,00* *233,00*	*46,15* *46,15*	*281,42* *281,42*	*39,34* *39,34*	*695,24*	*2.342,76*			*-40,00*	*-500,00*	*1.802,76*
2	*30*	*3026*	*3026*	*233,00* *233,00*	*46,15* *46,15*	*281,42* *281,42*	*39,34* *39,34*	*695,24*	*2.342,76*			*-40,00*	*-500,00*	*1.802,76*
3	*30*	*3026*	*3026*	*233,00* *233,00*	*46,15* *46,15*	*281,42* *281,42*	*39,34* *39,34*	*695,24*	*2.342,76*			*-40,00*	*-500,00*	*1.802,76*
4	*30*	*3026*	*3026*	*233,00* *233,00*	*46,15* *46,15*	*281,42* *281,42*	*39,34* *39,34*	*695,24*	*2.342,76*			*-40,00*	*-500,00*	*1.802,76*
5	*30*	*3026*	*3026*	*233,00* *233,00*	*46,15* *46,15*	*281,42* *281,42*	*39,34* *39,34*	*695,24*	*2.342,76*			*-40,00*	*-500,00*	*1.802,76*
usw.														

Abbildung 6.2: Lohnkonto

6.3.2 Lohnjournal

P-Nr. Na-me	Gesamt-brutto	Steuer-Brutto	SV-Brutto	LSt.	SolZ	Ki-St	Pausch.-verst. Bezüge	KV	PV	RV	AV	Netto-be- / abz.	Netto Über-weis.
						ev / rk	Pausch. Lohnst.	AN AG	AN AG	AN AG	AN AG		
1	3.038	3.026	3.026	95,33	0,00	0,00		233,00	46,15	281,42	39,34		2.342,76
Schmitt						-	-	233,00	46,15	281,42	39,34	540,00	1.802,76
2	-	-	-	-	-	-	-	-	-	-	-	-	-
AN 2						-	-	-	-	-	-	-	-
3	-	-	-	-	-	-	-	-	-	-	-	-	-
AN 3						-	-	-	-	-	-	-	-
4	-	-	-	-	-	-	-	-	-	-	-	-	-
AN 4						-	-	-	-	-	-	-	-
Summe:	3.038	3.026	3.026	95,33	0,00	0,00		233,00	46,15	281,42	39,34		2.342,76
						-	-	233,00	46,15	281,42	39,34	540,00	1.802,76
Aus Pauschalversteuerung				LSt	Ki-St	SolZ		Aufteilung nach Konfession 50% ev			50% rk		
Direktversicherung 20% Fahrtkostenzuschuss 15%													

Abbildung 6.3: Lohnjournal

6.3.3 Buchungsbeleg (Beispiel DATEV-Kontenrahmen SKR 03)

Soll	Haben	Konto	Gegenkonto	Kostenstelle	Buchungstext
3000,00		*4120*	*1755*	*1000*	*Gehälter*
12,00		*4110*	*1755*	*2000*	*Reisekosten*
26,00		*4170*	*1755*	*1100*	*AG-Anteil VL*
599,91		*4130*	*1755*	*3000*	*Gesetzliche soziale Aufwendungen*
	95,33	*1741*	*1755*		*Verbindlichkeiten LSt/Ki-St/SolZ*
	1.802,76	*1740*	*1755*		*Verbindlichkeiten Personal*
	500,00	*1530**	*1755*		*Vorschuss*
	40,00	*1750*	*1755*		*Verbindlichkeiten VL*
	1.199,82	*1742*	*1755*		*Verbindlichkeiten Sozialversicherung*
3.637,91	***3.637,91***				***Abstimmsumme***

* ggf. abweichende Buchung

Abbildung 6.4: Buchungsbeleg

6.3.4 Beitragsnachweis

Arbeitgeber:Meier GmbH	Betriebs-/Firmennummer des Arbeitgebers G 45									
Zeitraum:		Tag		Monat		Jahr				
	von	*0*	*1*	*0*	*1*	*2*	*0*	*2*	*3*	
Allgemeine Ortskrankenkasse Mutterstadt										
		Tag		Monat		Jahr				
	bis	*3*	*1*	*0*	*1*	*2*	*0*	*2*	*3*	
	Dauer-Beitragsnachweis *)									
	bisheriger Dauer-Beitragsnachweis gilt erneut ab nächstem Monat *)									
	Beitragsnachweis enthält Beiträge aus Wertguthaben, das abgelaufenen Kalenderjahren zuzuordnen ist *)									
	Korrektur-Beitragsnachweis für abgelaufene Kalenderjahre *)									

Beitragsnachweis		Beitragsgruppe	DM* / Euro*	Pf / Cent
Beiträge zur Krankenversicherung – allgemeiner Beitrag		1000	***441***	***80***
Beiträge zur Krankenversicherung – erhöhter Beitrag		2000		
Beiträge zur Krankenversicherung – ermäßigter Beitrag		3000		
Beiträge zur Krankenversicherung für geringfügig Beschäftigte		6000		
Beiträge zur Rentenversicherung – voller Beitrag		0100	***562***	***84***
Beiträge zur Rentenversicherung – halber Beitrag		0300		
Beiträge zur Rentenversicherung für geringfügig Beschäftigte		0500		
Beitrag zur Arbeitsförderung		0010	***78***	***68***
Beiträge zur Arbeitsförderung – halber Beitrag		0020		
Beiträge zur sozialen Pflegeversicherung		0001	***92***	***30***
Umlage – Krankheitsaufwendungen		U1		
Umlage – Mutterschaftsaufwendungen		U2		
Umlage zur Insolvenzgeldversicherung		INSO		
Zusatzbeitrag Pflichtbeiträge		ZBP	**24**	***20***
Zusatzbeitrag KV-Freiwillig		ZBF		
Zwischensumme			***1.199***	***82***
Beiträge für freiwillig Krankenversicherte **)	zur Krankenversicherung	900		
	zur Pflegeversicherung	850		
zu zahlender Betrag/Guthaben			***1.199***	***82***
Es wird bestätigt, dass die Angaben mit denen der Lohn- und Gehaltsunterlagen übereinstimmen und in diesen sämtliche Entgelte enthalten sind.				
Datum, Stempel und Unterschrift des Arbeitgebers	*)Zutreffendes bitte ankreuzen **)freiwillige Angabe des Arbeitgebers			

Abbildung 6.5: Beitragsnachweis 2023 (Entwurf)

6.3.5 Lohnsteueranmeldung

- Bitte weiße Felder ausfüllen oder ☒ ankreuzen und Hinweise auf der Rückseite beachten -

2023

Fallart	Steuernummer	Unterfallart
11		62

30 Eingangsstempel oder -datum

Finanzamt

Arbeitgeber - Anschrift der Betriebsstätte - Telefonnummer - E-Mail

Lohnsteuer-Anmeldung 2023

Anmeldungszeitraum

bei **monatlicher** Abgabe bitte ankreuzen

23 01	Jan.		23 07	Juli	
23 02	Feb.		23 08	Aug.	
23 03	März		23 09	Sept.	
23 04	April		23 10	Okt.	
23 05	Mai		23 11	Nov.	
23 06	Juni		23 12	Dez.	

bei **vierteljährlicher** Abgabe bitte ankreuzen

23 41	I. Kalendervierteljahr	
23 42	II. Kalendervierteljahr	
23 43	III. Kalendervierteljahr	
23 44	IV. Kalendervierteljahr	

bei jährlicher Abgabe bitte ankreuzen

23 19	Kalenderjahr	

Berichtigte Anmeldung (falls ja, bitte eine „1" eintragen).........	10	
Zahl der Arbeitnehmer (einschl. Aushilfs- und Teilzeitkräfte)...............	86	
zu Zeile 22: Zahl der Arbeitnehmer mit BAV-Förderbetrag.....................	90	

Zeile			EUR	Ct
18	Summe der einzubehaltenden Lohnsteuer [1)] [2)]	42		
19	Summe der pauschalen Lohnsteuer - ohne § 37b EStG - [1)]	41		
20	Summe der pauschalen Lohnsteuer nach § 37b EStG [1)]	44		
21	abzüglich Kürzungsbetrag für Besatzungsmitglieder von Handelsschiffen	33		
22	abzüglich Förderbetrag zur betrieblichen Altersversorgung nach § 100 EStG (BAV-Förderbetrag) [1)]	45		
23	Verbleiben [1)]	48		
24	Solidaritätszuschlag [1)] [2)]	49		
25	pauschale Kirchensteuer im vereinfachten Verfahren	47		
26	Evangelische Kirchensteuer - ev [1)] [2)]	61		
27	Römisch-Katholische Kirchensteuer - rk [1)] [2)]	62		
28				
29				
30				
31				
32				
33	**Gesamtbetrag** [1)]	83		

1) Negativen Beträgen ist ein **Minuszeichen** voranzustellen
2) Nach Abzug der im Lohnsteuer-Jahresausgleich erstatteten Beträge

34 Ein Erstattungsbetrag wird auf das dem Finanzamt benannte Konto überwiesen, soweit der Betrag nicht mit Steuerschulden verrechnet wird.

35 **Verrechnung des Erstattungsbetrags erwünscht/Erstattungsbetrag ist abgetreten** (falls ja, bitte eine „1" eintragen).. . . . . **29** ☐
Geben Sie bitte die Verrechnungswünsche auf einem besonderen Blatt oder auf dem beim Finanzamt erhältlichen Vordruck „Verrechnungsantrag" an.

36 Das **SEPA-Lastschriftmandat** wird ausnahmsweise (z. B. wegen Verrechnungswünschen) für diesen Anmeldungszeitraum **widerrufen** (falls ja, bitte eine „1" eintragen) . . . . **26** ☐
Ein ggf. verbleibender Restbetrag ist gesondert zu entrichten.

37 Über die Angaben in der Steueranmeldung hinaus sind weitere oder abweichende Angaben oder Sachverhalte zu berücksichtigen (falls ja, bitte eine „1" eintragen) . . . . **23** ☐
Diese ergeben sich aus der beigefügten Anlage, welche mit der Überschrift „Ergänzende Angaben zur Steueranmeldung" gekennzeichnet ist.

38 **Datum, Unterschrift**

Datenschutzhinweis:
Die mit der Steueranmeldung angeforderten Daten werden auf Grund der §§ 149, 150 der Abgabenordnung und des § 41a des Einkommensteuergesetzes erhoben. Die Angabe der Telefonnummer und der E-Mail-Adresse ist freiwillig.
Informationen über die Verarbeitung personenbezogener Daten in der Steuerverwaltung und über Ihre Rechte nach der Datenschutz-Grundverordnung sowie über Ihre Ansprechpartner in Datenschutzfragen entnehmen Sie bitte dem allgemeinen Informationsschreiben der Finanzverwaltung. Dieses Informationsschreiben finden Sie unter www.finanzamt.de (unter der Rubrik „Datenschutz") oder erhalten Sie bei Ihrem Finanzamt.

3.22 - **LStA** - Lohnsteuer-Anmeldung 2023 -

Hinweise für den Arbeitgeber

Datenübermittlung oder Steueranmeldung auf Papier?

1. Bitte beachten Sie, dass die Lohnsteuer-Anmeldung nach amtlich vorgeschriebenem Datensatz durch Datenfernübertragung authentifiziert zu übermitteln ist. Für die elektronische authentifizierte Übermittlung, die gesetzlich vorgeschrieben ist, benötigen Sie ein Zertifikat. Dieses erhalten Sie nach kostenloser Registrierung auf der Internetseite www.elster.de. Bitte beachten Sie, dass die Registrierung bis zu zwei Wochen dauern kann. Unter www.elster.de/elsterweb/softwareprodukt finden Sie Programme zur elektronischen Übermittlung. Auf Antrag kann das Finanzamt zur Vermeidung von unbilligen Härten auf eine elektronische Übermittlung verzichten; in diesem Fall haben Sie oder eine zu Ihrer Vertretung berechtigte Person die Lohnsteuer-Anmeldung nach amtlich vorgeschriebenem Vordruck abzugeben und zu unterschreiben.

Abführung der Steuerabzugsbeträge

2. Tragen Sie bitte die Summe der einzubehaltenden Steuerabzugsbeträge (§§ 39b und 39c EStG) in Zeile 18 ein. Die Summe der mit festen oder besonderen Pauschsteuersätzen erhobenen Lohnsteuer nach den §§ 37a, 40 bis 40b EStG tragen Sie bitte in Zeile 19 ein. Nicht einzubeziehen ist die an die Deutsche Rentenversicherung Knappschaft-Bahn-See abzuführende 2 %-ige Pauschsteuer für geringfügig Beschäftigte i. S. d. § 8 Abs. 1 Nr. 1 und § 8a SGB IV. In Zeile 20 tragen Sie bitte gesondert die pauschale Lohnsteuer nach § 37b EStG ein. Vergessen Sie bitte nicht, auf dem Zahlungsabschnitt die Steuernummer, den Zeitraum, in dem die Beträge einbehalten worden sind, und je gesondert den Gesamtbetrag der Lohnsteuer, des Solidaritätszuschlags zur Lohnsteuer und der Kirchensteuer anzugeben oder durch Ihre Bank oder Sparkasse angeben zu lassen.

   Sollten Sie mehr Lohnsteuer erstatten, als Sie einzubehalten haben (z. B. wegen einer Neuberechnung der Lohnsteuer für bereits abgelaufene Lohnzahlungszeiträume desselben Kalenderjahres), kennzeichnen Sie bitte den Betrag mit einem deutlichen Minuszeichen. Der Erstattungsantrag ist durch Übermittlung oder Abgabe der Anmeldung gestellt.

   Reichen die Ihnen zur Verfügung stehenden Mittel zur Zahlung des vollen vereinbarten Arbeitslohns nicht aus, so ist die Lohnsteuer von dem tatsächlich zur Auszahlung gelangenden niedrigeren Betrag zu berechnen und einzubehalten.

3. Arbeitgeber, die eigene oder gecharterte Handelsschiffe betreiben, dürfen die gesamte anzumeldende und abzuführende Lohnsteuer, die auf den Arbeitslohn entfällt, der an die Besatzungsmitglieder für die Beschäftigungszeiten auf diesen Schiffen gezahlt wird, abziehen und einbehalten. Dieser Betrag ist in Zeile 21 einzutragen.

4. Arbeitgeber dürfen vom Gesamtbetrag der einzubehaltenden Lohnsteuer für jeden Arbeitnehmer mit einem ersten Dienstverhältnis einen Teilbetrag des Arbeitgeberbeitrags zur kapitalgedeckten betrieblichen Altersversorgung (BAV-Förderbetrag) entnehmen und gesondert absetzen (§ 100 EStG). Dieser Betrag ist in Zeile 22 einzutragen. Zusätzlich ist die Zahl der Arbeitnehmer mit BAV-Förderbetrag in Zeile 16 einzutragen. Werden die Beiträge zur betrieblichen Altersversorgung an den Arbeitgeber zurückgezahlt, ist der auf den Rückzahlungsbetrag entfallende BAV-Förderbetrag zurückzuzahlen. Ist der zurückzuzahlende BAV-Förderbetrag höher als der im Lohnzahlungszeitraum der Rückzahlung von der Lohnsteuer abzusetzende BAV-Förderbetrag, ist der „negative BAV-Förderbetrag" durch ein vorangestelltes Minuszeichen zu kennzeichnen.

5. Haben Sie in den Fällen der Einkommensteuer-und Lohnsteuerpauschalierung nach den §§ 37a, 37b, 40 bis 40b EStG die Kirchensteuer im vereinfachten Verfahren mit einem ermäßigten Steuersatz ermittelt, tragen Sie bitte diese (pauschale) Kirchensteuer in einer Summe in Zeile 25 ein. Die Aufteilung der pauschalen Kirchensteuer auf die steuererhebenden Religionsgemeinschaften wird von der Finanzverwaltung übernommen.

6. Abführungszeitpunkt ist
   a) spätestens der zehnte Tag nach Ablauf eines jeden Kalendermonats, wenn die abzuführende Lohnsteuer für das vorangegangene Kalenderjahr mehr als 5.000 € betragen hat,
   b) spätestens der zehnte Tag nach Ablauf eines jeden Kalendervierteljahres, wenn die abzuführende Lohnsteuer für das vorangegangene Kalenderjahr mehr als 1.080 €, aber nicht mehr als 5.000 € betragen hat,
   c) spätestens der zehnte Tag nach Ablauf eines jeden Kalenderjahres, wenn die abzuführende Lohnsteuer für das vorangegangene Kalenderjahr nicht mehr als 1.080 € betragen hat.

   Hat Ihr Betrieb nicht während des ganzen vorangegangenen Kalenderjahres bestanden, so ist die für das vorangegangene Kalenderjahr abzuführende Lohnsteuer für die Feststellung des Lohnsteuer-Anmeldungszeitraums auf einen Jahresbetrag umzurechnen.

   Hat Ihr Betrieb im vorangegangenen Kalenderjahr noch nicht bestanden, so ist die auf einen Jahresbetrag umgerechnete, für den ersten vollen Kalendermonat nach der Eröffnung des Betriebs abzuführende Lohnsteuer maßgebend.

7. Im Falle nicht rechtzeitiger Abführung der Steuerabzugsbeträge ist ein Säumniszuschlag zu entrichten. Der Säumniszuschlag beträgt 1 % des auf 50 € abgerundeten rückständigen Steuerbetrages (ohne Kirchensteuer) für jeden angefangenen Monat der Säumnis.

8. Verbleibende Beträge von insgesamt weniger als 1 € werden weder erhoben noch erstattet, weil dadurch unverhältnismäßige Kosten entstehen.

Anmeldung der Steuerabzugsbeträge

9. Übermitteln oder übersenden Sie bitte unabhängig davon, ob Sie Lohnsteuer einzubehalten hatten oder ob die einbehaltenen Steuerabzugsbeträge an das Finanzamt abgeführt worden sind, dem Finanzamt der Betriebsstätte spätestens bis zum Abführungszeitpunkt (siehe oben Nummer 6) eine Lohnsteuer-Anmeldung nach amtlich vorgeschriebenem Datensatz oder Vordruck.

   Sie sind aber künftig von der Verpflichtung zur Übermittlung oder Abgabe weiterer Lohnsteuer-Anmeldungen befreit, wenn Sie Ihrem Betriebsstättenfinanzamt mitteilen, dass Sie keine Lohnsteuer einzubehalten oder zu übernehmen haben. Gleiches gilt, wenn Sie nur Arbeitnehmer beschäftigen, für die Sie lediglich die 2 %-ige Pauschsteuer an die Deutsche Rentenversicherung Knappschaft-Bahn-See abzuführen haben.

10. Trifft die Anmeldung nicht rechtzeitig ein, so kann das Finanzamt zu der Lohnsteuer einen **Verspätungszuschlag** festsetzen.

11. Um Rückfragen des Finanzamts zu vermeiden, geben Sie bitte in Zeile 15 stets die Zahl der Arbeitnehmer – einschließlich Aushilfs- und Teilzeitkräfte, zu denen auch die an die Deutsche Rentenversicherung Knappschaft-Bahn-See gemeldeten geringfügig Beschäftigten i. S. d. § 8 Abs. 1 Nr. 1 und § 8a SGB IV gehören – an.

12. Wenn über die Angaben in der Steueranmeldung hinaus weitere oder abweichende Angaben oder Sachverhalte berücksichtigt werden sollen, tragen Sie bitte in Zeile 37 eine "1" ein. Gleiches gilt, wenn bei den in der Steueranmeldung erfassten Angaben bewusst eine von der Verwaltungsauffassung abweichende Rechtsauffassung zugrunde gelegt wurde. Diese Angaben sind in einer von Ihnen zu erstellenden gesonderten Anlage zu machen, welche mit der Überschrift „Ergänzende Angaben zur Steueranmeldung" zu kennzeichnen ist. Angaben zu Änderungen der persönlichen Daten (z. B. Bankverbindung) sind nicht hier einzutragen, sondern dem Finanzamt gesondert mitzuteilen.

Berichtigung von Lohnsteuer-Anmeldungen

13. Wenn Sie feststellen, dass eine bereits eingereichte Lohnsteuer-Anmeldung fehlerhaft oder unvollständig ist, so ist für den betreffenden Anmeldungszeitraum eine berichtigte Lohnsteuer-Anmeldung zu übermitteln oder einzureichen. Dabei sind Eintragungen auch in den Zeilen vorzunehmen, in denen sich keine Änderungen ergeben haben. Es ist nicht zulässig, nur Einzel- oder Differenzbeträge nachzumelden. Für die Berichtigung mehrerer Anmeldungszeiträume sind jeweils gesonderte berichtigte Lohnsteuer-Anmeldungen einzureichen. Den Berichtigungsgrund teilen Sie bitte Ihrem Finanzamt gesondert mit.

Übersicht über länderunterschiedliche Werte in der Lohnsteuer-Anmeldung 2023

Land	Zeilen-Nr.	Bedeutung	Kenn-zahl
Baden-Württemberg	28	Kirchensteuer der Israelitischen Religionsgemeinschaft Baden – ib [1,2]	78
	29	Kirchensteuer der Freireligiösen Landesgemeinde Baden – fb [1,2]	67
	30	Kirchensteuer der Israelitischen Religionsgemeinschaft Württembergs – iw [1,2]	73
	31	Alt-Katholische Kirchensteuer – ak [1,2]	63
Bayern	28	Israelitische Bekenntnissteuer – is [1,2]	64
	29	Alt-Katholische Kirchensteuer – ak [1,2]	63
Berlin	28	Alt-Katholische Kirchensteuer – ak [1,2]	63
Brandenburg	28	Israelitische / Jüdische Kultussteuer – is/jh/jd [1,2]	64
	29	Freireligiöse Gemeinde Mainz – fm [1,2]	65
	30	Israelitische Kultussteuer der kultussteuerberechtigten Gemeinden Hessen – il [1,2]	74
	31	Alt-Katholische Kirchensteuer – ak [1,2]	63
Bremen	28	Beiträge zur Arbeitnehmerkammer	68
Hamburg	28	Jüdische Kultussteuer – jh [1,2]	64
	29	Alt-Katholische Kirchensteuer – ak [1,2]	63
Hessen	28	Freireligiöse Gemeinde Offenbach/M. – fs [1,2]	66
	29	Freireligiöse Gemeinde Mainz – fm [1,2]	65
	30	Israelitische Kultussteuer Frankfurt – is [1,2]	64
	31	Israelitische Kultussteuer der kultussteuerberechtigten Gemeinden – il [1,2]	74
	32	Alt-Katholische Kirchensteuer – ak [1,2]	63
Niedersachsen	28	Alt-Katholische Kirchensteuer – ak [1,2]	63
Nordrhein-Westfalen	28	Jüdische Kultussteuer – jd [1,2]	64
	29	Alt-Katholische Kirchensteuer – ak [1,2]	63
Rheinland-Pfalz	28	Jüdische Kultussteuer – is [1,2]	64
	29	Freireligiöse Landesgemeinde Pfalz – fg [1,2]	68
	30	Freireligiöse Gemeinde Mainz – fm [1,2]	65
	31	Freie Religionsgemeinschaft Alzey – fa [1,2]	72
	32	Alt-Katholische Kirchensteuer – ak [1,2]	63
Saarland	28	Israelitische Kultussteuer – issl [1,2]	64
	29	Alt-Katholische Kirchensteuer – ak [1,2]	63
	30	Beiträge zur Arbeitskammer	70
Schleswig-Holstein	28	Jüdische Kultussteuer – ih [1,2]	64
	29	Alt-Katholische Kirchensteuer – ak [1,2]	63

1) Negativen Beträgen ist ein **Minuszeichen** voranzustellen
2) Nach Abzug der im Lohnsteuer-Jahresausgleich erstatteten Beträge

03.22

Abbildung 6.6: Lohnsteueranmeldung 2023

6.4 Entgeltbescheinigung für den Arbeitnehmer

6.4.1 Beschreibung

Nach § 108 Abs. 1 der Gewerbeordnung (GewO) hat jeder Arbeitgeber seinen Beschäftigten eine Entgeltabrechnung in Textform zu erteilen, die mindestens Angaben über den Abrechnungszeitraum und die Zusammensetzung des Arbeitsentgelts enthält. Diese Entgeltbescheinigung dient nicht allein der Information des Beschäftigten, sondern wird vielfach zum Nachweis des Arbeitsentgelts gegenüber öffentlichen Stellen und anderen Dritten verwendet.

Die seit dem 01.07.2013 gültige Entgeltbescheinigungsverordnung (EBV) definiert einen verbindlichen Mindeststandard, der bei den „sachkundigen Dritten" der Sozialleistungsträger zu einer deutlichen Verringerung des Erfüllungsaufwands führt und auch die Rückfragen bzw. Anforderung von zusätzlichen Bescheinigungen beim Arbeitgeber verringert. Seit dem 01.07.2013 müssen die Arbeitgeber die Entgeltbescheinigung für den Arbeitnehmer nach den Regeln dieser Verordnung erstellen.

6.4.2 Allgemeiner Teil

Der allgemeine Teil der Entgeltbescheinigung wird in § 1 Abs. 1 der EBV definiert. Hier wird im Detail beschrieben, welche Stammdaten angedruckt werden müssen. Diese Angaben orientieren sich an den Anforderungen, die in einer Vielzahl von Nachweisregelungen innerhalb der einzelnen Sozialgesetzbücher und angeschlossenen Gesetze nach § 68 SGB I geregelt sind.

Die Angaben im allgemeinen Teil orientieren sich hauptsächlich an den vom Arbeitgeber verwendeten Stammdaten, erweitert um die steuerliche Identifikationsnummer und die Kennzeichen für Mehrfach- und Gleitzonenbeschäftigte.

6.4.3 Lohnartenteil – Brutto

Der Lohnartenteil der Entgeltbescheinigung, der die einzelnen Brutto- und Nettolohnarten, die gesetzlichen Abzüge und die Summen enthält, wird in § 1 EBV sehr genau definiert. Dabei ist immer von den Grundvorgaben der Verordnung auszugehen. Ein „sachkundiger Dritter" muss eine Entgeltabrechnung lesen und verstehen können, egal von welchem Arbeitgeber sie mit welcher Software erstellt wurde. Aus diesem Grund muss alles einzeln und mit erklärenden Zuordnungen gezeigt werden.

Die Vorgabe für die Bruttolohnarten definiert eindeutig, dass jeder Be- oder Abzug einzeln gezeigt werden muss und dass jede Lohnart eine Identifikation erhält, wie sie steuer- und sozialversicherungsrechtlich zu behandeln ist. Somit müsste jede Bruttolohnart folgende Merkmale enthalten:

- steuerpflichtig oder steuerfrei,
- SV-pflichtig oder SV-frei,

- Auswirkungen auf das arbeitsrechtliche Gesamtbrutto, den steuerpflichtigen Arbeitslohn und das Sozialversicherungsbruttoentgelt,
- ob es sich um laufende oder einmalige Be- oder Abzüge handelt.

Dies bedeutet, dass alle Bruttolohnarten eine mehrteilige Tabelle haben müssen. Damit ist es auch nicht möglich, mehrere Bezüge zusammenzufassen und als eine Lohnart auf der Abrechnung darzustellen, z. B. Tarifgehalt + tarifliche Zulage + betriebliche Zulage = Entgelt – hier sind alle drei Lohnarten anzudrucken.

Auch bei den Lohnarten für SFN-Zuschläge ist eine Einzeldarstellung zu beachten, da es eine eindeutig erkennbare Zuordnung zu den steuer- bzw. SV-freien und den pflichtigen Bezügen geben muss.

Folgende Lohnarten sind im Bruttoteil der Entgeltbescheinigung darzustellen:

- Die Aufstockungsbeträge zur Altersteilzeit sind als (steuer- und SV-freier) Bruttobetrag auszuweisen.
- Sachbezüge und geldwerte Vorteile sind als Bruttobetrag und Nettoabzug auszuweisen.
- Auf den Arbeitnehmer abgewälzte pauschale Lohnsteuer ist als (steuer- und SV-freier) Bruttoabzug auszuweisen.
- Beiträge zur Zukunftssicherung wirken sich auf das Brutto weder erhöhend noch mindernd aus.

Besonders die Darstellung von Sachbezügen führt häufig zu Verständnisproblemen, z. B. vor der Entgeltbescheinigungsverordnung:

Gehalt	5.000 €
Dienstwagen (geldwerter Vorteil)	500 €
arbeitsrechtliches Gesamtbrutto	5.000 €
Steuerbrutto	5.500 €
Sozialversicherungsbrutto entsprechend	

mit der Entgeltbescheinigungsverordnung:

Gehalt	5.000 €
Dienstwagen (geldwerter Vorteil)	500 €
arbeitsrechtliches Gesamtbrutto	5.500 €
Steuerbrutto	5.500 €
Sozialversicherungsbrutto entsprechend	
Nettoabzug für Dienstwagen	– 500 €

Kommt eine Entgeltumwandlung nach dem Betriebsrentengesetz dazu, wird es noch kniffliger:

Gehalt	5.000 €
Entgeltumwandlung § 3 Nr. 63 EStG	– 300 €

Dienstwagen (geldwerter Vorteil)	500 €
arbeitsrechtliches Gesamtbrutto	5.500 €
Steuerbrutto	5.200 €
Sozialversicherungsbrutto entsprechend	
Nettoabzug für Dienstwagen	– 500 €
Überweisung der Entgeltumwandlung	– 300 €

6.4.4 Lohnartenteil – Summen

In der Verordnung werden in § 1 Abs. 2 Nr. 2 und 3 EBV die Summen genauer definiert. Die Zuordnung von Lohnarten zu dem arbeitsrechtlichen, dem steuerrechtlichen und dem sozialversicherungsrechtlichen Brutto wird genau definiert. Weiterhin wird es zum ersten Mal eine gesetzliche Definition der Begriffe „Nettoentgelt" und „Auszahlungsbetrag" geben.

Das arbeitsrechtliche Gesamtbruttoentgelt wird in einer Summe dargestellt, ohne Trennung nach laufenden und einmaligen Bezügen.

Bei dem steuer- bzw. sozialversicherungsrechtlichen Brutto muss aber eine Trennung in laufende und einmalige Bezüge vorgenommen werden. Eine bisher übliche Darstellung mit einer Gesamtsumme und einem Davon-Teil darf es nicht mehr geben (z. B. Steuerbrutto = 10.000 €, davon einmalig 6.000 €).

Problematisch ist auch die Vorgabe für die Darstellung des Sozialversicherungsbruttoentgelts, da hier eine Trennung nach Versicherungszweigen vorgegeben ist. Bisher wurden KV/PV und RV/AV brutto ausgewiesen.

Die gesetzlichen Abzüge sind getrennt nach laufenden und einmaligen Bezügen darzustellen. Auch hier ist eine „Davon-Regelung" nicht mehr möglich.

Zum ersten Mal wird durch diese Verordnung ein gesetzliches Netto definiert. Dies ist die Differenz zwischen dem Gesamtbrutto und den gesetzlichen Abzügen. Hierbei ist besonders die neue Regelung bei der Darstellung von Sachbezügen, geldwerten Vorteilen etc. (§ 1 Abs. 3 GewO) zu beachten, da das Netto von dem bisherigen abweichen kann.

6.4.5 Weitere Regelungen

Auf Drängen der Softwarehäuser hat der Gesetzgeber darauf verzichtet, dass jeden Monat eine Entgeltbescheinigung gedruckt werden muss. Arbeitnehmer müssen nur dann eine Bescheinigung erhalten, wenn Änderungen erfolgt sind. Um jedoch die Vollständigkeit überprüfen zu können, wird in § 2 EBV vorgeschrieben, dass die Zeiträume lückenlos angegeben werden müssen, für die diese Bescheinigung gilt.

Den Sachbearbeitern bei den Leistungsträgern soll mit diesen Entgeltbescheinigungen die Arbeit erleichtert werden und Rückfragen sollen reduziert werden. Hierfür ist zwingend vorgeschrieben, dass die Entgeltbescheinigung einen Hinweis enthält, dass sie nach § 108 Abs. 3 Satz 1 der GewO erstellt wurde.

7 Teillohnzahlungszeitraum

7.1 Begriff

Ein Teillohnzahlungszeitraum liegt vor, wenn der Anspruch auf Arbeitslohn nicht für den vollen Monat besteht.

Mögliche Gründe dafür können sein:

- Ein- und Austritt während des Monats,
- unbezahlter Urlaub,
- Ende der Entgeltfortzahlung.

Zu beachten sind

- die Höhe des Teilentgelts und
- die richtige steuer- und sozialversicherungsrechtliche Behandlung.

Eine Übersicht im Anhang dieses Buches zeigt weitere Teillohnzahlungszeiträume und unbezahlte Fehlzeiten sowie deren steuer- und sozialversicherungsrechtlichen Auswirkungen auf.

7.2 Berechnung von Teilmonatsentgelt

7.2.1 Stundenlöhne

Bei Stundenlohnempfängern ist die Berechnung einfach: Es sind die tatsächlich anteilig geleisteten Stunden des Monats zu berücksichtigen. Der anteilige Lohn kann durch Multiplikation dieser Stunden mit dem Stundenlohn problemlos ermittelt werden.

7.2.2 Festbezüge

Für Monatslöhne oder Gehälter gibt es in der Praxis verschiedene Umrechnungsformeln. Einige übliche und weit verbreitete Umrechnungsmethoden werden im Folgenden vorgestellt.

7.2.3 Kalendertägliche Berechnung

Hier wird für jeden Kalendertag der entsprechende Bruchteil des Festbezugs bezahlt.

Beispiel

Eintritt eines Arbeitnehmers zum 11.07., Gehalt 3.000 €

$$\frac{\text{Betrag x zu bezahlende Kalendertage}}{\textbf{tatsächliche}\text{ Kalendertage des Monats}}$$

$$\frac{3.000\text{ € x 21 Kalendertage}}{31\text{ Kalendertage}}$$

Ergebnis: Teilgehalt 2.032,26 €

7.2.4 Dreißigstel-Berechnung

Der Festbezug wird **immer** durch **30** geteilt, unabhängig davon, wie viele Tage der Monat tatsächlich hat.

Beispiel

$$\frac{\text{Betrag x zu bezahlende Kalendertage}}{\textbf{30}}$$

Auf obiges Beispiel bezogen ergibt sich damit:

$$\frac{3.000\text{ € x 21 Kalendertage}}{30\text{ Kalendertage}}$$

Ergebnis: Teilgehalt 2.100,00 €

7.2.5 Arbeitstägliche Berechnung

Der Festbezug wird durch die Anzahl der Arbeitstage des Monats geteilt. Dieser Betrag wird mit den zu bezahlenden Arbeitstagen multipliziert.

Beispiel

$$\frac{\text{Betrag x zu bezahlende Arbeitstage}}{\textbf{tatsächliche}\text{ Arbeitstage des Monats}}$$

Beim Eintritt am 11.07. fallen 15 zu bezahlende Arbeitstage an. Der Juli hat insgesamt 21 Arbeitstage.

$$\frac{3.000\text{ € x 15 Arbeitstage}}{21\text{ Arbeitstage}}$$

Ergebnis: Teilgehalt 2.142,86 €

In der Praxis werden noch andere Umrechnungsformeln eingesetzt:

- **Durchschnittliche Arbeitstage:** Das Monatsentgelt wird durch die aus dem Jahresdurchschnitt errechneten durchschnittlichen monatlichen Arbeitstage – inklusive gesetzlicher Wochenfeiertage – geteilt.
- **Stundenweise Umrechnung:** Diese Methode entspricht der arbeitstäglichen Methode mit der Maßgabe, dass die Sollstunden an die Stelle der Arbeitstage treten (z. B. bei 21 Arbeitstagen je 8 Sollstunden und bei 12 Anspruchstagen 96/168).
- **Feste Sollstunden:** Das Monatsgehalt wird durch eine festgelegte Pauschalstundenzahl, unabhängig von den jeweiligen tatsächlichen Arbeitsstunden des Monats, geteilt und das Ergebnis wird mit den Anspruchsstunden vervielfacht (z. B. bei einer Pauschalstundenzahl von 168 und 48 Stunden Entgeltanspruch 48/168).

7.2.6 Abzugs-/Bezugsmethode

Alle genannten Formeln können sowohl im Rahmen der **Abzugsmethode** als auch der **Bezugsmethode** verwirklicht werden. Die bisherigen Beispiele wurden alle nach der Bezugsmethode berechnet.

7.2.6.1 Abzugsmethode

Errechnung aus Stundensatz/Tagessatz aus Monatsentgelt x Anzahl **nicht zu bezahlender** Stunden/Tage. Das Ergebnis wird vom festgelegten Monatsentgelt abgezogen. Der Restbetrag ist das auszuweisende Teilentgelt.

7.2.6.2 Bezugsmethode

Errechnung von Stundensatz/Tagessatz aus Monatsentgelt x Anzahl **zu bezahlender** Stunden/Tage. Das Ergebnis ist der auszuweisende Teilbetrag.

7.2.6.3 Anwendung der richtigen Formel

Welche Formel nun für die Umrechnung herangezogen werden muss, entscheidet sich nach Tarifverträgen, Betriebsvereinbarungen, Einzelarbeitsverträgen oder nach betrieblicher Übung.

Falls keine genaue Regelung existiert, ist laut Urteil des Bundesarbeitsgerichts die **arbeitstägliche Methode** zu verwenden.

Wichtig

Bei fehlender Regelung werden Teilmonate nach der arbeitstäglichen Methode berechnet (BAG-Urteil vom 14.08.1985, Aktenzeichen 5 AZR 384/84).

7.3 Berechnung der Steuer- und SV-Beiträge

Basis ist die am 01.01.2023 verfügbare Lohnsteuerberechnung.

Die steuer- und sozialversicherungsrechtliche Behandlung ist von der Ursache des Teillohnzahlungszeitraums abhängig.

7.3.1 Ein- und Austritt während des Monats

Teillohnzahlungszeiträume entstehen häufig durch Ein- oder Austritte von Mitarbeitern während des Monats.

Beispiel

Der Arbeitnehmer Fritz Bauer tritt am 11.07. neu in der Firma ein. Sein monatliches Gehalt beträgt 3.000 €. Bei Anwendung der kalendertäglichen Bezugsmethode ergibt sich ein Teilgehalt von gerundet 2.032,26 € (3.000 € : 31 Kalendertage x 21 anteilige Kalendertage). Herr Bauer hat die Steuerklasse III ohne Kinderfreibeträge (Kirchensteuer 9 %).

7.3.2 Ermittlung der Lohnsteuer

Bei Ein- oder Austritten während des Monats entstehen sogenannte **anteilige Steuertage** (LStR 39b Abs. 5). Steuertage sind alle Kalendertage einschließlich der Samstage, Sonntage und Feiertage. Ein voller Monat hat immer 30 Steuertage.

Für anteilige Steuertage ist die Lohnsteuer aus der Tagestabelle zu berechnen. Die Monatstabelle kommt nicht zur Anwendung, da die Freibeträge, die bereits in die Monatstabelle eingearbeitet sind, nur anteilig berücksichtigt werden dürfen. Zur Anwendung der Tagestabelle erfolgt die Umrechnung auf einen Steuertag:

$$\frac{\text{Teilgehalt}}{\text{anteilige Steuertage}} = \text{Entgelt pro Steuertag}$$

$$\frac{2.032{,}26\ €}{21} = 96{,}77\ € \text{ pro Steuertag}$$

Mit diesem Betrag ist dann in die Tageslohnsteuertabelle zu gehen und der Tagessatz der Lohn- und Kirchensteuer sowie des Solidaritätszuschlags zu ermitteln:

Steuerliche Abzüge nach Tagestabelle bei 96,77 € in Steuerklasse III:

Lohnsteuer:	2,43 €
Kirchensteuer (9 %):	0,21 €
Solidaritätszuschlag:	0,00 €

Bei der Berechnung der Lohnsteuer wurde der durchschnittliche Zusatzbeitrag für die gesetzliche Krankenversicherung berücksichtigt. Diese Ergebnisse werden wieder mit den 21 angefallenen Steuertagen multipliziert und ergeben die monatlichen Steuerbeträge für das Teilgehalt von 2.032,26 €:

Lohnsteuer:	2,43 € x 21 Steuertage = 51,03 €
KiSt:	0,21 € x 21 Steuertage = 4,41 €
SolZ:	0,00 € x 21 Steuertage = 0,00 €

Die Lohnsteuer aus der Tagestabelle ist deutlich höher als die beim Monatsbetrag aus der Monatstabelle ausgewiesene Lohnsteuer. Dies kommt daher, weil die in die Lohnsteuertabelle eingearbeiteten Freibeträge nur anteilig innerhalb der Tagestabelle berücksichtigt werden.

Nach der Monatstabelle ergeben sich bei dem Teilgehalt von 2.032,26 € zum Vergleich folgende Abzüge:

Lohnsteuer:	0,00 €
Kirchensteuer (9 %):	0,00 €
Solidaritätszuschlag:	0,00 €

Diese Vorgehensweise wäre allerdings falsch. In diesem Fall darf die Lohnsteuer nicht aus der Monatstabelle ermittelt werden, sondern ausdrücklich aus der Tagestabelle.

Vorsicht

Teilmonate = Tageslohnsteuertabelle

7.3.3 Ermittlung der Sozialversicherungsbeiträge

Beginnt oder endet das Arbeitsverhältnis während des Monats, entstehen anteilige Sozialversicherungstage. Sozialversicherungstage sind, wie Steuertage, alle Kalendertage, einschließlich der Samstage, Sonn- und Feiertage. Ein voller Monat hat immer **30 Sozialversicherungstage**.

Wichtig

Steuer und Sozialversicherungstage sind alle Kalendertage, einschließlich der Samstage, Sonn- und Feiertage.

Wenn anteilige Sozialversicherungstage vorliegen, gelten nicht die vollen monatlichen Beitragsbemessungsgrenzen, sondern nur **anteilige Beitragsbemessungsgrenzen**. Diese sind im Verhältnis zu den angefallenen Sozialversicherungstagen zu bilden.

7.3.4 Anteilige Beitragsbemessungsgrenzen

1. Tägliche Beitragsbemessungsgrenze in der KV/PV:

$$\frac{4.987{,}50\ €}{30} = 166{,}25\ €$$

2. Tägliche Beitragsbemessungsgrenze RV/AV-West:

$$\frac{7.300{,}00\ €}{30} = 243{,}33\ €$$

3. Tägliche Beitragsbemessungsgrenze RV/AV-Ost:

$$\frac{7.100{,}00\ €}{30} = 236{,}67\ €$$

Die im Beispiel vorliegenden 21 Kalendertage verursachen folgende anteilige monatliche Beitragsbemessungsgrenzen (RV-West):

166,25 € x 21 Kalendertage	= 3.491,25 €
243,33 € x 21 Kalendertage	= 5.109,93 €

Da das Teilgehalt von 2.032,26 € unterhalb der beiden anteiligen Beitragsbemessungsgrenzen liegt, entsteht in allen Zweigen volle Sozialversicherungspflicht.

Bezieht ein Arbeitnehmer in den alten Bundesländern ein Teilgehalt von beispielsweise 3.800 € bei 21 vorliegenden Sozialversicherungstagen, sind davon nur 3.491,25 € in der Kranken- und Pflegeversicherung pflichtig. In der Renten- und Arbeitslosenversicherung würden für die kompletten 3.800 € Beiträge anfallen, da die anteilige monatliche Beitragsbemessungsgrenze 5.109,93 € hoch ist.

7.4 Ende der Entgeltfortzahlung

Nach dem Entgeltfortzahlungsgesetz ist erkrankten Arbeitnehmern das Arbeitsentgelt für die Dauer von **sechs Wochen** weiterzuzahlen. Innerhalb dieser Sechs-Wochen-Frist fällt normales steuer- und SV-pflichtiges Entgelt an. Da die Frist in den seltensten Fällen gerade zum Monatsende abläuft, entstehen in diesem Zusammenhang oft Teillohnzahlungszeiträume.

Beispiel

Der Arbeitnehmer Fritz Bauer (Beispiel aus 7.3.1) ist schon längere Zeit krank. Die Lohnfortzahlungsdauer von sechs Wochen ist bereits am 14.08. abgelaufen.

Die Krankenkasse zahlt ab 15.08. Krankengeld. Das anteilige Gehalt bis einschließlich 14.08. beträgt 1.354,84 € (3.000 € : 31 x 14).

7.4.1 Berechnung der Lohnsteuer

Der Bezug von Krankengeld während des Monats verursacht keine anteiligen Steuertage. Im Monat August fallen deshalb für den Arbeitnehmer volle 30 Steuertage an. Die Lohnsteuer ist aus der Monatstabelle zu ermitteln.

Vorsicht

Beim Ende der Entgeltfortzahlung entsteht steuerlich **kein** Teilmonat.

7.4.2 Berechnung der Sozialversicherungsbeiträge

Im Gegensatz zur Lohnsteuer entstehen in der Sozialversicherung anteilige Sozialversicherungstage. Anteilige Sozialversicherungstage verursachen anteilige monatliche Beitragsbemessungsgrenzen, wie bereits im Beispiel eines Ein- oder Austritts während des Monats aufgezeigt wurde. Beiträge fallen nur bis zur Höhe dieser anteiligen monatlichen Beitragsbemessungsgrenzen an.

Vorsicht

Beim Ende der Entgeltfortzahlung entsteht sozialversicherungsrechtlich **ein Teilmonat**.

7.4.3 Aufzeichnungspflichten

Das Arbeitsverhältnis wird ab Beginn des Krankengeldbezugs unterbrochen, das heißt, dass das Arbeitsverhältnis erst einmal ruht. In dieser Zeit fallen keine Beiträge zur Sozialversicherung an.

Im Zusammenhang mit einer solchen Unterbrechung des Arbeitsverhältnisses sind bestimmte Aufzeichnungs- und Meldepflichten vorzunehmen:

- Ausweis des Unterbrechungstatbestands im Lohnkonto und in der Lohnsteuerbescheinigung,
- Durchführung einer Unterbrechungsmeldung.

7.4.3.1 Ausweis der Unterbrechung für das Finanzamt

Eine Unterbrechung von mindestens **fünf aufeinanderfolgenden Arbeitstagen** ist im Lohnkonto und auf der Lohnsteuerbescheinigung durch den **Großbuchstaben U** auszuweisen. Arbeitsfreie Samstage, Sonn- und Feiertage unterbrechen den Zeitraum nicht.

Beispiel

Die Unterbrechung beginnt am Donnerstag und dauert bis Mittwoch der Folgewoche. Der Mindestzeitraum von fünf Tagen ist erfüllt. Die Unterbrechung ist zu bescheinigen.

Bei Unterbrechungen, die über den Jahreswechsel fortdauern, ist jedes Kalenderjahr für sich zu betrachten.

Diese Kennzeichnung der Unterbrechung verlangt das Finanzamt wegen der Prüfung des **Progressionsvorbehalts**. Sämtliche Lohnersatzleistungen, wie z. B. Krankengeld, Arbeitslosengeld, Arbeitslosenhilfe, Kurzarbeitergeld, Winterausfallgeld, Aufstockungsbeträge nach dem Altersteilzeitgesetz, Mutterschaftsgeld und Zuschuss zum Mutterschaftsgeld, unterliegen dem Progressionsvorbehalt.

7.4.3.2 Unterbrechungsmeldung für die Sozialversicherung

Dauert die Unterbrechung mindestens einen **vollen Kalendermonat** an, muss eine **Unterbrechungsmeldung** mit dem Meldegrund 51 erfolgen.

Im obigen Beispiel beginnt die Unterbrechung am 15.08., also mit dem ersten Tag des Krankengeldbezugs. Ist der Arbeitnehmer am 25.09. wieder gesund, sind zwar mehr als vier Wochen, aber kein voller Kalendermonat vergangen.

Erst wenn der Arbeitnehmer den kompletten Monat September arbeitsunfähig erkrankt, ist der Tatbestand für eine Unterbrechungsmeldung gegeben. Die Unterbrechungsmeldung hat mit der nächsten Entgeltabrechnung zu erfolgen.

Beispiel

Unterbrechung vom 15.08. bis zum 20.09.:

kein voller Kalendermonat = keine Meldung

Unterbrechung vom 15.08. bis zum 12.10.:

kompletter Monat September ohne Entgelt = Unterbrechungsmeldung 51

8 Behandlung von Abwesenheitszeiten

Das Bürgerliche Gesetzbuch (BGB) definiert in § 611 den Grundsatz „kein Arbeitslohn ohne Arbeit", der auch den Umkehrschluss „keine Arbeit ohne Arbeitslohn" zulässt. Dies bedeutet, dass der Arbeitnehmer immer dann, wenn er seine Arbeitsleistung zur Verfügung gestellt hat, einen Anspruch auf Arbeitslohn hat.

Allerdings kennt das deutsche Recht eine Vielzahl von Tatbeständen, bei denen es auch einen Arbeitslohnanspruch gibt, ohne dass eine Arbeitsleistung erbracht wird. Besonders in den Fällen, in denen der Arbeitnehmer aus persönlichen Gründen an der Erbringung der Arbeitsleistung verhindert ist, sieht das Gesetz besondere Regelungen vor, z. B. Entgeltfortzahlung

- bei Krankheit und Kur,
- an Feiertagen,
- im Urlaub,
- im Mutterschutz,
- in Elternzeit.

8.1 Entgeltfortzahlung bei Krankheit oder Kur

Nach dem Entgeltfortzahlungsgesetz erwerben alle in Deutschland beschäftigten Arbeitnehmer einen Anspruch auf Entgeltfortzahlung bei Krankheit für die Dauer von sechs Wochen.

Diese Regelung gilt unabhängig von der wöchentlichen Arbeitszeit für alle Arbeitnehmergruppen, egal ob Auszubildende, geringfügig Entlohnte oder kurzfristig Beschäftigte, Arbeiter oder Angestellte.

Ausgenommen davon bleiben in Heimarbeit beschäftigte Personen. Heimarbeiter haben keinen Anspruch auf Entgeltfortzahlung bei Krankheit. Für diesen Personenkreis gewährt die Krankenkasse ab dem ersten Krankheitstag Krankengeld.

8.1.1 Dauer der Entgeltfortzahlung

Ein Anspruch auf Entgeltfortzahlung im Krankheitsfall besteht für die Zeit der Arbeitsunfähigkeit, längstens für die Dauer von **sechs Wochen** (42 Kalendertage). Dieser Anspruch kann durch Tarifverträge, Betriebsvereinbarungen oder Einzelarbeitsverträge verlängert, jedoch keinesfalls verkürzt werden.

Für die Berechnung ist Folgendes zu beachten:

- Tritt die Arbeitsunfähigkeit **während oder im Anschluss** an die Arbeitszeit ein, dann wird dieser Tag **nicht mitgerechnet**.
- Tritt die Arbeitsunfähigkeit **vor Arbeitsbeginn** ein, wird dieser Tag **mitgerechnet**.
- **Ruht das Arbeitsverhältnis** zu Beginn der Arbeitsunfähigkeit (z. B. unbezahlter Urlaub), wird die Frist **nicht** in Gang gesetzt.

Beispiel

Ein Arbeitnehmer hat vom 02.08. bis zum 22.08. unbezahlten Urlaub. Am 15.08. wird er arbeitsunfähig krank. Die Sechs-Wochen-Frist beginnt erst am 23.08. und endet am 03.10.

Für die Dauer des unbezahlten Urlaubs hat der Arbeitnehmer keinen Anspruch auf Entgeltfortzahlung.

8.1.2 Entgeltfortzahlung bei mehreren Erkrankungen

Bei Mehrfacherkrankungen eines Arbeitnehmers bestimmt sich die Dauer der Entgeltfortzahlung danach, ob es sich um eine Erkrankung mit gleicher Ursache oder um eine neue Krankheit handelt.

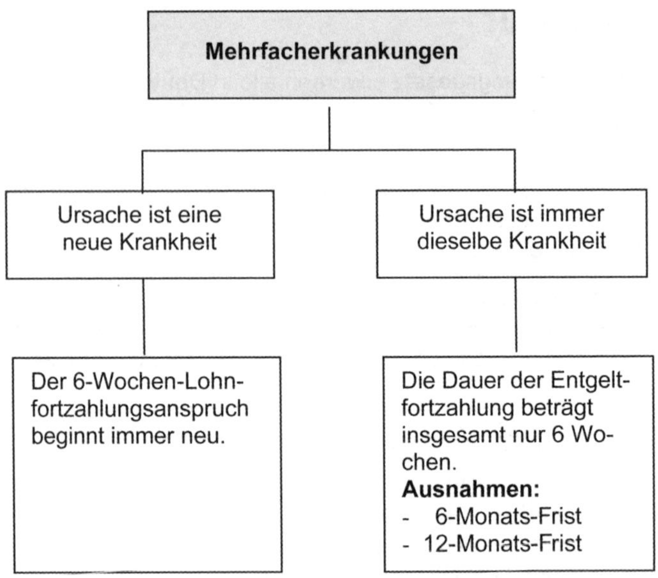

Abbildung 8.1: Mehrfacherkrankungen

8.1.2.1 Arbeitsunfähigkeit infolge derselben Krankheit

Wird ein Arbeitnehmer infolge derselben Krankheit mehrmals arbeitsunfähig, besteht grundsätzlich nur für die Dauer von insgesamt sechs Wochen Anspruch auf Entgeltfortzahlung. Eine Fortsetzungserkrankung (Mehrfacherkrankung) liegt vor, wenn der Arbeitnehmer wiederholt an derselben Krankheit erkrankt. Dies ist nach BAG-Urteil dann der Fall, wenn die Erkrankung auf demselben Grundleiden beruht, das Grundleiden somit nicht ausgeheilt ist.

War allerdings der Arbeitnehmer vor erneuter Arbeitsunfähigkeit mindestens **sechs Monate** nicht infolge derselben Krankheit arbeitsunfähig, beginnt der Anspruch für die Dauer von sechs Wochen wieder neu.

Daran ändert sich auch nichts, wenn in den Zwischenzeitraum von sechs Monaten eine Krankheit fällt, die eine andere Ursache hat als die ursprüngliche. Sind also z. B. zwischen zwei Krankheiten aufgrund desselben Rückenleidens sechs Monate vergangen, so entsteht auch dann ein neuer Entgeltfortzahlungsanspruch, wenn der Arbeitnehmer zwischendurch wegen einer Erkältung arbeitsunfähig war.

Außerdem erwirbt der Arbeitnehmer auch dann einen neuen Anspruch auf sechs Wochen Entgeltfortzahlung, wenn zwar der Abstand von sechs Monaten nicht erfüllt ist, aber seit Beginn der ersten Erkrankung eine Frist von **12 Monaten** abgelaufen ist.

Beispiel 1

Arbeitsunfähig seit: 03.08.

Ende der Sechs-Wochen-Frist: 13.09.

Arbeitsunfähigkeit wegen derselben Erkrankung: 05.11.

Prüfung:

1. Sind seit der letzten Krankheit (13.09. bis 05.11.) mindestens sechs Monate vergangen? Dies ist nicht der Fall.
2. Sind seit dem Auftreten der ersten Krankheit (03.08. bis 05.11.) mindestens 12 Monate vergangen? Auch dies ist nicht der Fall.

Ergebnis:

Da weder ein Zeitraum von sechs Monaten seit der letzten Erkrankung vergangen und auch kein 12-Monats-Zeitraum erfüllt ist, entsteht mit Beginn derselben Krankheit am 05.11. kein erneuter Anspruch auf Entgeltfortzahlung.

Beispiel 2

Ein Arbeitnehmer war wegen derselben Krankheit in den folgenden Zeiträumen erkrankt:

vom 10.10. bis zum 27.11.	= 49 Kalendertage
Entgeltfortzahlung bis zum 20.11.	= 42 Kalendertage

Ab dem 08.06. im Folgejahr erneute Arbeitsunfähigkeit wegen derselben Krankheit.

Prüfung:

Sind seit der letzten Krankheit (27.11. bis 08.06.) mindestens sechs Monate vergangen? Dies ist der Fall.

Ergebnis:

Da seit Ende der letzten Erkrankung mindestens sechs Monate vergangen sind, entsteht mit Beginn der neuen Arbeitsunfähigkeit aufgrund derselben Krankheit der Entgeltfortzahlungsanspruch für die Dauer von sechs Wochen erneut.

Beispiel 3

Ein Arbeitnehmer war wegen derselben Krankheit in den folgenden Zeiträumen arbeitsunfähig:

vom 07.02. bis zum 27.02.	= 21 Kalendertage
Entgeltfortzahlung bis zum 27.02.	= 21 Kalendertage
vom 07.07. bis zum 10.08.	= 35 Kalendertage
Entgeltfortzahlung bis zum 27.07.	= 21 Kalendertage
	= 42 Kalendertage
vom 03.11. bis zum 21.11.	= 19 Kalendertage
keine Entgeltfortzahlung	

ab 15.03. des Folgejahres erneut krank

Ergebnis:

Bei der zweiten Erkrankung ab 07.07. sind keine sechs Monate seit Ende der letzten Arbeitsunfähigkeit (27.02.) vergangen. Deshalb läuft die Entgeltfortzahlung nur bis 27.07., weil dann die 42 Kalendertage erreicht sind.

Bei dritter Erkrankung ab dem 03.11. sind weder sechs Monate seit der letzten Erkrankung noch 12 Monate seit der ersten Erkrankung vergangen. Daher entsteht kein neuer Anspruch auf Lohnfortzahlung. Die sechs Wochen waren bereits am 27.07. abgelaufen.

Bei der vierten Arbeitsunfähigkeit, die am 15.03. des Folgejahres beginnt, sind seit der vorhergehenden Krankheit (Ende am 21.11.) auch noch keine sechs Monate vergangen, aber seit Beginn der ersten Erkrankung (07.02.) liegen mindestens 12 Monate dazwischen. Daher entsteht ein neuer Anspruch auf Entgeltfortzahlung für die Dauer von sechs Wochen.

8.1.2.2 Nachweispflicht

Nach der Rechtsprechung des BAG haben Arbeitgeber zu prüfen, ob eventuell eine Fortsetzungserkrankung vorliegt. Der Arbeitgeber kann beantragen, dass die Leistungsträger ihm die Zeiten mitteilen, die auf den Anspruch eines Beschäftigten auf die Entgeltfortzahlung anzurechnen sind (§ 23c Abs. 3 SGB IV). Allerdings dürfen dabei aus datenschutzrechtlichen Gründen keine Diagnosedaten mitgeteilt werden.

8.1.2.3 Arbeitsunfähigkeit aufgrund neuer Krankheit

Wenn der Arbeitnehmer infolge einer neuen Krankheit erkrankt, ist Folgendes zu beachten:

- Jede neue Erkrankung begründet generell einen neuen Entgeltfortzahlungsanspruch für die Dauer von sechs Wochen.
- Wenn während einer Arbeitsunfähigkeit eine weitere neue Erkrankung auftritt, verlängert sich dadurch die Entgeltfortzahlung von insgesamt sechs Wochen nicht.

8.1.2.4 Arbeitgeberwechsel

Ein Arbeitgeberwechsel führt zu einer neuen Frist von sechs Wochen und einem neuen 12-Monats-Zeitraum. Krankheitszeiten bei einem früheren Arbeitgeber werden **nicht** angerechnet.

Wichtig

Beim Arbeitgeberwechsel werden Krankheitszeiten bei früheren Arbeitgebern nicht angerechnet.

8.1.3 Höhe der Entgeltfortzahlung

Die Höhe der Entgeltfortzahlung bemisst sich nach dem **Lohnausfallprinzip**. Der Arbeitnehmer ist so zu vergüten, als ob er gearbeitet hätte.

Zu dieser Vergütung gehören:

- der Monats-, Wochen-, Tages- und Stundenlohn,
- Provisionen, die ohne Erkrankung erzielt worden wären,
- vermögenswirksame Leistungen,
- Sachbezüge,
- eine Tariferhöhung, die während der Arbeitsunfähigkeit stattfindet, muss auch bei der Entgeltfortzahlung berücksichtigt werden,
- Zuschläge für Sonntags-, Feiertags- und Nachtarbeit, wenn in der Vergangenheit solche Arbeit geleistet wurde und ohne Krankheit hätte geleistet werden müssen,
- Gefahren und Erschwerniszuschläge,

- bei Akkordlohn besteht Anspruch auf den in der maßgebenden regelmäßigen Arbeitszeit erzielbaren Durchschnittsverdienst (i. d. R. Rückgriff auf die letzten **drei Monate**).

Nicht in die Entgeltfortzahlungshöhe einfließende Beträge:

- Auslösungen,
- Überstundenvergütungen,
- Essenszuschüsse,
- Fahrkostenzuschüsse,
- Schmutzzulagen.

Hinweis

In Tarifverträgen kann von diesen gesetzlichen Bestimmungen abgewichen werden. So wird z. B. in der Praxis die Höhe der Entgeltfortzahlung häufig auch nach dem **Durchschnittsverdienst** der letzten drei oder sechs Monate berechnet, wobei normalerweise der Tarifvertrag bestimmt, wie die Bemessungsgrundlage für die Entgeltfortzahlung zu ermitteln ist.

8.1.4 Wartezeit

Neu eingestellte Arbeitnehmer erlangen erst dann einen Anspruch auf Entgeltfortzahlung, wenn das Arbeitsverhältnis **mindestens vier Wochen** (= 28 Kalendertage) ununterbrochen bestanden hat.

Wichtig

Die Wartezeit für den Anspruch auf Entgeltfortzahlung beträgt vier Wochen.

Wird ein Arbeitnehmer in dieser Zeit krank, bezieht er Krankengeld von der Krankenkasse bzw. Verletztengeld von der Berufsgenossenschaft. Unerheblich ist dabei, ob die Erkrankung vor oder nach Antritt des Arbeitsverhältnisses beginnt.

Dauert die Krankheit länger als vier Wochen, beginnt danach der Entgeltfortzahlungsanspruch für die Dauer von sechs Wochen. Eine Anrechnung der Wartezeit auf die sechswöchige Anspruchsdauer findet also nicht statt.

8.1.5 Krankengeld und Aufzeichnungspflichten

Nach Ablauf der Entgeltfortzahlungsfrist von sechs Wochen erhält der Arbeitnehmer Krankengeld von der Krankenkasse. Dieses ist steuer- und sozialversicherungsfrei. Es unterliegt jedoch dem sogenannten **Progressionsvorbehalt**. Daher muss der Arbeitnehmer seinem Wohnsitzfinanzamt die Höhe des Krankengeldes mit der Einkommensteuererklärung mitteilen.

Eine Unterbrechungsdauer von mindestens **fünf aufeinanderfolgenden Arbeitstagen** ist auf der Lohnsteuerbescheinigung und im Lohnkonto auszuweisen. Die Kennzeichnung erfolgt mit dem **Großbuchstaben U** in **Zeile 2** der Lohnsteuerbescheinigung.

Wichtig

Beim Bezug von Krankengeld für mindestens fünf aufeinanderfolgende Arbeitstage den Großbuchstaben „U" in der Lohnsteuerbescheinigung ausweisen.

8.1.6 Unterbrechungsmeldung

Dauert eine Unterbrechung eines Arbeitsverhältnisses mindestens einen **vollen Kalendermonat an**, ist vom Arbeitgeber eine **Unterbrechungsmeldung** an die zuständige Krankenkasse abzugeben.

8.2 Entgeltfortzahlung an Feiertagen

8.2.1 Anspruch auf Feiertagslohn

Grundsätzlich haben nach § 2 des Entgeltfortzahlungsgesetzes (EFZG) alle Arbeitnehmer (Angestellte, Arbeiter, Auszubildende sowie Aushilfs- und Teilzeitkräfte) Anspruch auf Weiterzahlung ihres Entgelts (Feiertagslohn) an gesetzlichen Feiertagen.

Es gelten folgende gesetzliche Feiertage:

- 1. Januar,
- Karfreitag,
- Ostermontag,
- 1. Mai,
- Christi Himmelfahrt,
- Pfingstmontag,
- 3. Oktober,
- Buß- und Bettag (nur in Sachsen),
- 1. Weihnachtsfeiertag,
- 2. Weihnachtsfeiertag.

Außerdem können in Landesgesetzen noch weitere gesetzliche Feiertage festgelegt werden. Entscheidend ist das Recht des Landes, in dem der Arbeitnehmer seine Arbeit verrichtet. Wenn der Feiertag auf einen Samstag oder Sonntag fällt, besteht nur Anspruch auf Feiertagslohn, sofern der Arbeitnehmer auch an diesen Tagen gearbeitet hätte.

Bleiben Arbeitnehmer am letzten Arbeitstag vor oder am ersten Arbeitstag nach Feiertagen ohne Entschuldigung der Arbeit fern, können sie nach § 2 Abs. 3 EFZG keinen Anspruch auf Vergütung dieser Feiertage geltend machen. Gleiches gilt, wenn zwischen Weihnachten und Neujahr Betriebsruhe besteht und der Arbeitnehmer am letzten Tag vor oder am ersten Tag nach der Betriebsruhe unentschuldigt fehlt.

Beachtet werden müssen Sonderregelungen am Ostersonntag und Pfingstsonntag. Dies sind keine gesetzlichen Feiertage, sie werden aber u. U. als solche behandelt, z. B. bei der Berechnung der Steuerfreiheit bei SFN-Zuschlägen.

Vorsicht

Ostersonntag und Pfingstsonntag sind keine gesetzlichen Feiertage (außer im Bundesland Brandenburg).

Eine Übersicht der gesetzlichen Feiertage finden Sie in den Anlagen unter Punkt 15.9.

8.2.2 Höhe des Feiertagslohns

Die Höhe des Feiertagslohns richtet sich wie bei der Entgeltfortzahlung bei Krankheit nach dem Lohnausfallprinzip. Der Arbeitnehmer ist so zu vergüten, als ob er gearbeitet hätte (§ 2 Abs. 1 EFZG).

Von gesetzlicher Feiertagsbezahlung kann nach § 12 EFZG nicht zu Ungunsten des Arbeitnehmers abgewichen werden. Diese Regelung hat in der Praxis für Angestellte kaum Bedeutung, da sie üblicherweise ihr normales Monatsgehalt beziehen, unabhängig davon, ob bzw. wie viele Feiertage in den Abrechnungsmonat fallen.

Die Anwendung des Lohnausfallprinzips wirkt sich hauptsächlich bei gewerblichen Arbeitnehmern aus. In der Konsequenz bedeutet es nämlich, dass der Betreffende den Vergütungsanspruch hat, der ihm aufgrund zuletzt geleisteter Tätigkeit gezahlt wurde, zuzüglich eventueller Zuschläge und anderer von Schichtarbeit abhängiger Zahlungen.

Nicht eindeutig geklärt ist die Frage, ob und in welchem Ausmaß sich Überstunden auswirken, die vor einem Feiertag geleistet wurden. Nach allgemeiner Rechtsprechung kann man allerdings davon ausgehen, dass regelmäßig angefallene Überstunden in der Vergangenheit (von Regelmäßigkeit geht man in der Regel bei einem Zeitraum von drei Monaten aus) auch bei der Feiertagsvergütung entsprechend berücksichtigt werden müssen.

Feiertagslohn wird in vielen Betrieben nicht nach dem Lohnausfallprinzip, sondern nach dem sogenannten **Durchschnittsprinzip** vergütet. So wird z. B. oft der Feiertagslohn mit dem durchschnittlichen Stundenlohn der letzten drei Monate bezahlt. Häufig regeln Betriebsvereinbarungen oder Tarifverträge die genaue Berechnungsweise.

Für die Berechnung der Stundenzahl sind die Stunden zugrunde zu legen, die der Arbeitnehmer sonst ohne den Feiertag gearbeitet hätte. Beträgt z. B. die Wochenarbeitszeit nur 37,5 Stunden (bei 5 Arbeitstagen also 7,5 Stunden täglich), im Betrieb werden aber 8 Stunden täglich gearbeitet, weil die Verlängerung der Arbeitszeit durch Freischichten ausgeglichen wird, hat der Arbeitnehmer Anspruch auf Feiertagslohn für 8 Stunden, wenn die Arbeit aufgrund eines Feiertags ausfällt.

Feiertagslohn ist steuer- und sozialversicherungspflichtig. Es handelt sich hier um die Weiterzahlung des Entgelts an gesetzlichen Feiertagen, an denen der Arbeitnehmer normalerweise ohne den Feiertag gearbeitet hätte. Etwas anderes ist es, wenn der Arbeitnehmer an diesen gesetzlichen Feiertagen tatsächlich Arbeitsleistung erbracht hat und er dafür einen bestimmten Feiertagszuschlag von seinem Arbeitgeber erhält. Dieser zusätzlich gezahlte Zuschlag ist aufgrund von § 3b EStG teilweise steuerfrei. Siehe hierzu auch Kap. 9.2.3.

> **Wichtig**
>
> Falls bei der Berechnung von Feiertagslohn steuerfreie Sonntags- und Nachtzuschläge berücksichtigt wurden, sind diese steuerpflichtig, weil sie nicht für tatsächlich geleistete Sonntags- und Nachtarbeit gezahlt wurden.

8.2.3 Zusammentreffen von Feiertagen mit anderen Tagen

Fällt ein Feiertag in den Urlaub des Arbeitnehmers, so darf ihm dafür kein Urlaubstag angerechnet werden. Er hat in diesem Fall Anspruch auf Feiertagslohn. Fällt der Feiertag jedoch in die Zeit eines unbezahlten Urlaubs, entfällt der Anspruch auf Feiertagslohn.

> **Wichtig**
>
> Fällt ein Feiertag in den Urlaub des Arbeitnehmers, wird dafür kein Urlaubstag angerechnet.

Wenn ein Arbeitnehmer nach Dienstplan an einem bestimmten Wochentag regelmäßig arbeitsfrei hat und ein Feiertag auf diesen Tag fällt, besteht kein Anspruch auf Bezahlung des Feiertags. Fällt ein Feiertag in eine Zeit der krankheitsbedingten Arbeitsunfähigkeit, besteht Anspruch auf Entgeltfortzahlung in Höhe der Feiertagsvergütung.

Nach höchstrichterlicher Rechtsprechung ist für einen Feiertag, der in den Zeitraum von angeordneter Kurzarbeit fällt, Feiertagslohn in Höhe von Kurzarbeitergeld zu zahlen, welches der Arbeitnehmer ohne den Feiertag bezogen hätte. Das Arbeitsamt erstattet für diese Tage kein Kurzarbeitergeld.

8.2.4 Feiertag und Pflegeversicherung

Grundsätzlich teilen sich Arbeitgeber und Arbeitnehmer die Beiträge zur gesetzlichen Pflegeversicherung je zur Hälfte. Zum Ausgleich der Arbeitgeberaufwendungen wurde in fast allen Ländern der Buß- und Bettag als gesetzlicher Feiertag gestrichen, wobei folgende Besonderheiten zu beachten sind:

- In Bayern und Baden-Württemberg wird der Buß- und Bettag als sogenannter geschützter Feiertag fortgeführt. Dies bedeutet, dass der Arbeitnehmer zwar arbeitsfrei nehmen kann, die ausgefallene Arbeitszeit dann aber durch Verzicht auf einen Urlaubstag bzw. Vor- oder Nacharbeit ausgleichen muss.
- In Sachsen wurde der Buß- und Bettag beibehalten. Daher müssen die Arbeitnehmer den Beitrag zur Pflegeversicherung in Höhe von 1 % allein tragen, den Rest teilen sich Arbeitgeber und Arbeitnehmer.

8.3 Urlaub

8.3.1 Allgemeines

Nach § 1 BUrlG hat jeder Arbeitnehmer Anspruch auf bezahlten Erholungsurlaub. Der gesetzliche Mindesturlaubsanspruch beträgt im Kalenderjahr bei einer 5-Tage-Woche 20 Werktage bzw. 24 Werktage bei einer 6-Tage-Woche, wobei sich aus vertraglichen Vereinbarungen im Normalfall höhere Ansprüche ergeben.

Das Bundesurlaubsgesetz schreibt vor, dass der volle Urlaubsanspruch im Eintrittsjahr des Arbeitnehmers erst nach einer sechsmonatigen Wartezeit erworben wird.

Wichtig

Voller Urlaubsanspruch beim Eintritt des Arbeitnehmers nach einer Wartezeit von sechs Monaten.

Bereits durch den Vorarbeitgeber im laufenden Kalenderjahr gewährter Urlaub ist dem neuen Arbeitgeber durch eine Urlaubsbescheinigung nachzuweisen.

Hinweis

Nach einem Urteil des BAG vom 16.12.2014 (Aktenzeichen 9 AZR 295/13) ist der Arbeitgeber nach § 6 Abs. 2 BUrlG verpflichtet, dem Arbeitnehmer bei Beendigung des Arbeitsverhältnisses eine Bescheinigung über den im laufenden Kalenderjahr gewährten oder abgegoltenen Urlaub auszuhändigen.

Der jeweilige Urlaubsanspruch bezieht sich auf das Kalenderjahr, nicht auf eine Beschäftigung. Bereits gewährter Urlaub wird im neuen Beschäftigungsverhältnis angerechnet.

In bestehenden Arbeitsverhältnissen beginnt der Urlaubsanspruch stets zu Beginn des neuen Kalenderjahres. Nicht genommene Urlaubstage verfallen mit Ablauf des Kalenderjahres. Eine Übertragung auf das nächste Jahr darf nach § 7 Abs. 3 BUrlG nur stattfinden, wenn dringende betriebliche oder persönliche Gründe dies rechtfertigen.

Beim Austritt eines Arbeitnehmers kann eventuell in der ersten Hälfte des Kalenderjahres erhaltenes Urlaubsentgelt für bereits genommenen Urlaub nicht zurückgefordert werden. Tritt der Arbeitnehmer nach erfüllter Wartezeit in der zweiten Hälfte des Kalenderjahres aus, erwirbt er sich den vollen Urlaubsanspruch.

In der Praxis fallen verschiedene Vergütungen im Zusammenhang mit Urlaub an:

- Urlaubslohn (Urlaubsentgelt),
- (zusätzliches) Urlaubsgeld,
- Urlaubsabgeltung.

8.3.2 Urlaubsentgelt/Urlaubslohn

Unter Urlaubsentgelt, häufig auch Urlaubslohn genannt, versteht man die gesetzlich vorgeschriebene Weiterzahlung des Arbeitsentgelts für Urlaubstage.

Die Berechnung erfolgt entsprechend dem Bundesurlaubsgesetz nach dem durchschnittlichen Arbeitsverdienst, den der Arbeitnehmer in den letzten **13 Wochen** vor Beginn des Urlaubs erhalten hat (§ 11 BUrlG).

Zu berücksichtigen sind dabei beispielsweise:

- Grundlohn,
- Erschwerniszulagen,
- Provisionen,
- Sachbezüge,
- Prämien,
- SFN-Zuschläge.

Nicht zu berücksichtigen sind:

- einmalige Zuwendungen (Weihnachtsgeld, Urlaubsgeld usw.),
- Reisekostenersatz,
- Auslösungen,
- Überstunden und Überstundenzuschläge.

Tarifvertraglich wird oft anstelle der 13 Wochen eine Frist von **drei Monaten** vereinbart, da dies praktikabler ist. Gehaltsempfänger oder Festlohnempfänger erhalten im Urlaub ihre fixe Entlohnung weiterbezahlt.

Die Durchschnittsberechnung findet ihren Einsatz vorwiegend bei variablen Stundenlohnempfängern. Verdiensterhöhungen, die während des Urlaubs stattfinden, sind zur Berechnung des Urlaubsentgelts zu berücksichtigen.

8.3.3 Steuer- und beitragsrechtliche Behandlung

Das Urlaubsentgelt wird als laufender Bezug über die Monatstabelle versteuert. In der Sozialversicherung sind die monatlichen Beitragsbemessungsgrenzen zu beachten.

Fließen zur Berechnung des Urlaubsentgelts ansonsten steuerfreie Sonntags-, Feiertags- und Nachtzuschläge mit ein, sind diese in dem Fall steuer- und beitragspflichtig, da sie nicht für tatsächlich erbrachte Arbeitsleistung gezahlt werden.

Entstehen durch Teillohnzahlungszeiträume anteilige Steuer- bzw. Sozialversicherungstage, muss die Versteuerung über die Tagestabelle erfolgen. In der Sozialversicherung kürzen die anteiligen Sozialversicherungstage die monatlichen Beitragsbemessungsgrenzen. In diesen Monaten werden Beiträge nur bis zu den anteilig errechneten Beitragsbemessungsgrenzen erhoben.

8.3.4 Urlaubsgeld

Viele Firmen zahlen aufgrund tarifvertraglicher oder einzelvertraglicher Vorschriften ein zusätzliches Urlaubsgeld. Der Auszahlungszeitpunkt und die Höhe dieser zusätzlichen Urlaubsgelder sind innerbetrieblich unterschiedlich geregelt.

Das zusätzliche Urlaubsgeld ist steuerrechtlich ein **sonstiger Bezug** und sozialversicherungsrechtlich eine **einmalige Zuwendung**. Deshalb erfolgt eine gesonderte Behandlung im Steuer- und Sozialversicherungsrecht.

8.3.5 Urlaubsabgeltung

Bei Beendigung des Arbeitsverhältnisses kann der Resturlaub oft nicht mehr vollständig gewährt werden. In diesen Fällen ist der Urlaub vom Arbeitgeber abzugelten. Die Urlaubsabgeltung wird steuer- und sozialversicherungsrechtlich als Einmalbezug behandelt.

Eine Abgeltung des Urlaubsanspruchs bei einem bestehenden Arbeitsverhältnis ist nicht möglich.

Hinweis

Der Europäische Gerichtshof (EuGH) hat mit seinen Urteilen vom 06.11.2018 (C-596/16, C-570/16, C-619/16 und C-684/16) Stellung zu europarechtlichen Regelungen genommen:

Der Anspruch auf bezahlten (gesetzlichen) Jahresurlaub darf nicht automatisch deshalb (am 31.03. des Folgejahres) verfallen, weil der Arbeitnehmer keinen Urlaub beantragt hat. Das darf nach EU-Recht nur dann geschehen, wenn der Arbeitgeber nachweisen kann, dass er seine Arbeitnehmer angemessen aufgeklärt und in die Lage versetzt habe, den Urlaub zu nehmen.

Der Arbeitnehmer ist im Verhältnis zum Chef die schwächere Partei. Deshalb könnte er davon abgeschreckt werden, auf seinem Urlaub zu bestehen. Kann der Arbeitgeber beweisen, dass der Arbeitnehmer aus freien Stücken auf den Urlaub verzichtet hat, kann der (gesetzliche) Urlaubsanspruch oder eine entsprechende Ausgleichszahlung verfallen.

Außerdem können Erben eines verstorbenen Arbeitnehmers von dessen ehemaligem Arbeitgeber eine finanzielle Vergütung für den nicht genommenen bezahlten (gesetzlichen) Jahresurlaub verlangen. Beide Sachverhalte gelten sowohl für öffentliche als auch für private Arbeitgeber.

Das Bundesarbeitsgericht (BAG) hat mit Urteilen vom 22.01.2019 (9 AZR 10/17, 45/16, 149/17 und 328/16) entschieden, dass beim Tod des Arbeitnehmers der Anspruch auf die Abgeltung des Resturlaubs auf die Erben übergeht. Neben dem gesetzlichen Urlaubsanspruch aus dem Bundesurlaubsgesetz ist auch der Zusatzurlaub nach dem Schwerbehindertenrecht und ggf. tariflicher Mehrurlaub abzugelten, wenn im Tarifvertrag kein vom Bundesurlaubsgesetz abweichender, eigenständiger Urlaubsbegriff geregelt ist (beachten Sie dazu die folgenden Ausführungen).

Aufgrund des Zuflusses im Steuerrecht muss die Urlaubsabgeltung beim Tod des Arbeitnehmers im Monat der Zahlung beim Erben mit dessen Lohnsteuerabzugsmerkmalen gemäß ELStAM abgerechnet werden.

Die Sozialversicherung hat zur Abgeltung des Urlaubs bei Tod des Arbeitnehmers ein Besprechungsergebnis vom 20.11.2019 veröffentlicht. Danach ist die Urlaubsabgeltung als Einmalbezug beim verstorbenen Arbeitnehmer abzurechnen, sofern die Abgeltung im Einzelfall tatsächlich gezahlt wird (§ 22 Abs. 1 Satz 2 SGB IV). Die meisten Lohnprogramme werden dies nicht automatisch umsetzen können, so dass dieser Sachverhalt manuell abgerechnet werden muss. Die Abrechnung erfolgt in drei Schritten:

1. Schritt: Abrechnung der Urlaubsabgeltung beim verstorbenen Arbeitnehmer:	**2. Schritt: Abrechnung der Urlaubsabgeltung beim Erben:**	**3. Schritt: Rückstellung bilden (wenn sich kein Erbe meldet)**
Abrechnung im Sterbemonat	Abrechnung zum Zeitpunkt der Auszahlung an den Erben	
Einmalbezug (wie ein geldwerter Vorteil, der dem sozialversicherungspflichtigen Brutto zugerechnet, aber als Nettoabzug wieder abgezogen wird)	sonstiger Bezug	
steuerfrei	steuerpflichtig	

1. Schritt: Abrechnung der Urlaubsabgeltung beim verstorbenen Arbeitnehmer:	2. Schritt: Abrechnung der Urlaubsabgeltung beim Erben:	3. Schritt: Rückstellung bilden (wenn sich kein Erbe meldet)
sozialversicherungspflichtig, sofern die Abgeltung im Einzelfall tatsächlich gezahlt wird (§ 22 Abs. 1 Satz 2 SGB IV)	sozialversicherungsfrei	
Sondermeldung 54 (für die beim Verstorbenen berechneten Beiträgen)	kein Meldegrund	
Urlaubsabgeltung als Nettoabzug (weil nur geldwerter Vorteil)	Sozialversicherungsbeiträge als Nettoabzug beim Erben	Sozialversicherungsbeiträge als Abzugsbetrag von der Rückstellungssumme
keine Auszahlung an den Verstorbenen	Auszahlung an den Erben	Gewinnmindernde Rückstellung in Höhe der Urlaubsabgeltung

8.4 Mutterschutz

Nach § 14 Abs. 1 MuSchG soll die werdende Mutter dem Arbeitgeber ihre Schwangerschaft und den voraussichtlichen Tag der Entbindung mitteilen, sobald sie davon Kenntnis erlangt hat. Aufgrund dieser Mitteilung werden die gesetzlichen Beschäftigungsverbote wirksam.

Hinweis

Das Mutterschutzgesetz wurde bei den Personengruppen, die unter den Anwendungsbereich des Gesetzes fallen, erweitert. Nach § 1 des MuSchG fallen auch unter den Anwendungsbereich des Gesetzes:

- Auszubildende,
- Praktikantinnen,
- behinderte Frauen, die in Werkstätten für behinderte Menschen beschäftigt sind,
- Entwicklungshelferinnen,
- Frauen im Rahmen eines freiwilligen sozialen Jahres,
- Frauen im Bundesfreiwilligendienst,
- Angehörige einer geistlichen Genossenschaft,

- Schülerinnen und Studentinnen, soweit der Ort der Ausbildung, Zeit und Ablauf verpflichtend vorgegeben ist.

Bereits immer erfasst vom Gesetz waren:

- arbeitnehmerähnliche Frauen,
- Heimarbeiterinnen.

Mit Beginn bzw. Bekanntgabe der Schwangerschaft können unmittelbare Beschäftigungsverbote verbunden sein. Es ist zwischen individuellen und generellen Beschäftigungsverboten zu unterscheiden.

8.4.1 Individuelle Beschäftigungsverbote

- Bei Gefährdung von Leben oder Gesundheit von Mutter oder Kind entsprechend ärztlichem Zeugnis.
- Verbot von schwerer körperlicher Arbeit und des Umgangs mit gesundheitsgefährdenden Stoffen, ebenso für stillende Mütter.
- Bei eingeschränkter Leistungsfähigkeit entsprechend ärztlichem Zeugnis nach Entbindung und Schutzfrist.
- Verbot von Mehrarbeit (§ 4 MuSchG), Nacht- und Sonntagsarbeit (§§ 5 und 6 MuSchG), sowohl für werdende als auch für stillende Mütter.

Arbeitgeber sind verpflichtet, vor einem betriebsbedingten individuellen Beschäftigungsverbot die Möglichkeiten einer Weiterbeschäftigung zu prüfen (§§ 9 bis 15 MuSchG).

Bereits mit dem bisherigen Mutterschutzgesetz bestand für Arbeitgeber die Verpflichtung, für jede Tätigkeit, bei der die Gesundheit von Schwangeren oder Stillenden gefährdet werden kann, eine Gefährdungsbeurteilung durchzuführen. Gefährdungsbeurteilungen für alle Tätigkeiten im Betrieb gehören zu den allgemeinen arbeitsschutzrechtlichen Pflichten des Arbeitgebers (§§ 5 ff. Arbeitsschutzgesetz (ArbSchG)). Die Ergebnisse einer solchen Gefährdungsbeurteilung sind zu dokumentieren. Bislang waren die besonderen Schutzpflichten des Arbeitgebers gegenüber Schwangeren und Stillenden an eine mögliche konkrete Gefährdung dieser Personen gebunden. Der Arbeitgeber musste somit rechtzeitig handeln, um eine Gefährdung von werdenden oder stillenden Müttern auszuschließen. Seit dem 01.01.2018 besteht die Pflicht zu einer generellen „mutterschutzsensiblen" Gefährdungsbeurteilung der Tätigkeiten (§§ 9 ff. MuSchG). Es findet also eine Gefährdungsbeurteilung in zwei Schritten statt.

1. Schritt: **Abstrakte Gefährdungsbeurteilung**: Seit dem 01.01.2018 muss bei allen Gefährdungsbeurteilungen mögliche Gefährdungen von Schwangeren (§§ 9 bis 12 MuSchG) geprüft werden. Das Ergebnis ist sowohl hinsichtlich der möglichen Gefährdungen als auch hinsichtlich der erforderlichen Schutzmaßnahmen zu dokumentieren (§ 14 MuSchG).

2. Schritt: **Individuelle Gefährdungsbeurteilung**: Erhält der Arbeitgeber Kenntnis davon, dass eine Beschäftigte schwanger ist oder stillt, hat er die ermittelten Erkenntnisse aus dem 1. Schritt unverzüglich zu konkretisieren und die erforderlichen Schutzmaßnahmen festzulegen.

Über das Ergebnis dieser Gefährdungsbeurteilung (abstrakt und individuell), einschließlich der daraus erforderlichen Schutzmaßnahmen, muss der Arbeitgeber die betroffenen schwangeren oder stillenden Arbeitnehmerin informieren (§ 14 Abs. 3 MuSchG).

8.4.2 Generelle Beschäftigungsverbote

Werdende Mütter dürfen in den letzten **sechs Wochen vor der Entbindung** generell nicht mehr beschäftigt werden, es sei denn, sie haben sich ausdrücklich dazu bereit erklärt. Für die Berechnung der Frist ist die Aussage des Arztes oder der Hebamme maßgebend.

Bis zum Ablauf von **acht Wochen nach der Entbindung** bzw. **12 Wochen bei Früh- oder Mehrlingsgeburten und der Geburt eines behinderten Kindes** dürfen Frauen auf keinen Fall beschäftigt werden. Um eine Frühgeburt im medizinischen Sinne handelt es sich dann, wenn das Kind bei der Geburt weniger als 2.500 Gramm wiegt. Wird vor Ablauf von acht Wochen nach der Entbindung bei dem Kind eine Behinderung im Sinne des § 2 Abs. 1 Satz 1 SGB IX festgestellt, verlängert sich die Schutzfrist nach der Geburt des behinderten Kindes auf 12 Wochen (wie bei Früh- oder Mehrlingsgeburten).

Nach dem Mutterschutzgesetz können jedoch alle Mütter mindestens eine Mutterschutzfrist von insgesamt **14 Wochen** in Anspruch nehmen, auch wenn das Kind vor dem errechneten Geburtstermin zur Welt kommt (§ 3 Abs. 1 MuSchG).

Früher sind die nicht beanspruchten Tage vor der Geburt verfallen, wenn es sich nicht um eine Frühgeburt im medizinischen Sinne handelte. Inzwischen ist geregelt, dass sich bei frühzeitigen Geburten generell (also nicht nur bei Frühgeburten im medizinischen Sinne), die 8- bzw. 12-Wochen-Frist um die Tage verlängert, um die sich die 6-Wochen-Frist vor der Entbindung verkürzt hat.

Beispiel

Der Arzt bescheinigt als voraussichtlichen Entbindungstermin den 29.10.

Mutterschutzbeginn (6 Wochen vor Geburt = 42 Kalendertage): 17.09.

Mutterschutzende (8 Wochen nach Geburt = 56 Kalendertage): 24.12.

Wird das Kind bereits am 24.10. geboren, also fünf Tage früher als geplant, verlängert sich die Schutzfrist nach der Geburt um genau diese fünf Tage. Das Ende der Schutzfrist wäre dann am 24.12. Es bleibt also bei dem bisherigen Endtermin.

8.4.3 Mutterschutzlohn

Falls **individuelle Beschäftigungsverbote** eine Fortsetzung der üblichen Arbeitstätigkeit verbieten, kann die Arbeitnehmerin auch mit anderen zumutbaren Arbeiten beschäftigt werden.

Dies darf allerdings nicht zu einer Verdienstminderung führen. Der Arbeitgeber muss deshalb mindestens den Durchschnittsverdienst der letzten **13 Wochen oder drei Monaten** vor Beginn des Monats, in dem die Schwangerschaft eingetreten ist, weiterbezahlen (§ 18 MuSchG).

Es liegt frei in der Entscheidung des Arbeitgebers, ob er 13 Wochen oder drei Monate zur Berechnung zugrunde legt. Dabei ist von dem letzten Tag des Kalendermonats vor dem ersten Schwangerschaftsmonat um drei Monate oder 13 Wochen zurückzurechnen.

Beispiel

Eine Arbeitnehmerin darf ihre bisherige Tätigkeit aufgrund eines individuellen Beschäftigungsverbots nicht mehr ausüben. Deshalb wird sie an einen anderen Arbeitsplatz versetzt. Ihr Bruttoverdienst auf diesem Arbeitsplatz beträgt 500 €.

Die Arbeitnehmerin bezog in den letzten drei Monaten vor Beginn des Monats, in dem die Schwangerschaft eingetreten ist, für ihre bisherige Tätigkeit folgende Bruttoverdienste:

- im ersten Monat des Berechnungszeitraums 650 €
- im zweiten Monat des Berechnungszeitraums 590 €
- im dritten Monat des Berechnungszeitraums 610 €

Sie verdiente somit in den letzten drei Monaten insgesamt 1.850 €. Dies ergibt einen monatlichen Mutterschutzlohn in Höhe von 616,67 €. Da sie auf dem neuen Arbeitsplatz nur 500 € erhält, muss der Arbeitgeber ihr die Differenz von 116,67 € als Mutterschutzlohn bezahlen.

Der Mutterschutzlohn ist als laufendes Arbeitsentgelt steuer- und sozialversicherungspflichtig. Die Entgeltbestandteile, die zur Berechnung des Mutterschutzlohns maßgebend sind, können nachfolgender Tabelle entnommen werden.

Lohn/Gehalt	Maßgebend ist die im Berechnungszeitraum tatsächlich erzielte Arbeitsvergütung inklusive laufender Prämien und Akkordlohn.
Provisionen	Zählen zum Arbeitsentgelt, wenn sie im Berechnungszeitraum fällig geworden sind, unabhängig vom Auszahlungszeitpunkt.

Sachbezüge	Sind Arbeitsverdienst und deshalb mit einzubeziehen (freie Wohnung, Unterhalt, Pkw-Nutzung usw.). Nicht mit einzubeziehen sind aber unentgeltliche oder verbilligte Mahlzeiten.
Überstunden, Sonntags-, Feiertags- und Nachtarbeit	Sofern sie für einen 3-Monats-Zeitraum anfallen, sind sie unabhängig vom Zeitpunkt der Auszahlung und ohne Rücksicht auf die Regelmäßigkeit, mit der sie anfielen, mit einzurechnen.
Zulagen	Zulagen, die im Berechnungszeitraum angefallen sind, sind ohne Rücksicht auf ihre Regelmäßigkeit dazuzurechnen.
Verdiensterhöhung	Verdiensterhöhungen nicht nur vorübergehender Art, die während oder nach dem Berechnungszeitraum eintreten, müssen berücksichtigt werden.
Verdienstkürzung	Verdienstkürzungen, die im Berechnungszeitraum infolge von Kurzarbeit, Arbeitsausfällen oder unverschuldeter Arbeitsversäumnis eintreten, bleiben für die Berechnung außer Betracht. Andere dauerhafte Verdienstkürzungen, die während oder nach Ablauf des Berechnungszeitraums eintreten und nicht auf einem mutterschutzrechtlichen Beschäftigungsverbot beruhen, sind künftig jedoch zu berücksichtigen.

Wichtig

Einmalzahlungen sind nicht in die Durchschnittsberechnung mit einzubeziehen.

8.4.4 Mutterschaftsgeld

Für den Zeitraum der Mutterschutzfrist (sechs Wochen vor und acht bzw. 12 Wochen nach der Entbindung) wird von der gesetzlichen Krankenkasse Mutterschaftsgeld bezahlt (§ 19 MuSchG). Mutterschaftsgeld erhalten allerdings nur Frauen, die bei Beginn der Schutzfrist in einem Arbeitsverhältnis stehen oder deren Arbeitsverhältnis während ihrer Schwangerschaft vom Arbeitgeber zulässig aufgelöst wurde.

Weitere Voraussetzung ist, dass in der Zeit zwischen dem 10. und vierten Monat vor der Entbindung, inklusive dieser Monate, für mindestens 12 Wochen Versicherungspflicht oder ein Arbeitsverhältnis bestanden hat.

Die Höhe des Mutterschaftsgeldes berechnet sich nach dem um die gesetzlichen Abzüge verminderten, durchschnittlichen kalendertäglichen Arbeitsentgelt der letzten drei abgerechneten Kalendermonate.

Die Höhe des Mutterschaftsgeldes, welches die Krankenkasse bezahlt, beträgt maximal **13 € pro Kalendertag** für Arbeitnehmerinnen (§ 19 Abs. 1 MuSchG), die in der gesetzlichen Krankenkasse versichert sind.

Privat krankenversicherte Arbeitnehmerinnen erhalten auf Antrag vom Bundesversicherungsamt ein Mutterschaftsgeld von 13 € pro Kalendertag, höchstens jedoch **210 €** (§ 19 Abs. 2 MuSchG).

Wichtig

Das Mutterschaftsgeld ist steuer- und sozialversicherungsfrei, unterliegt jedoch dem Progressionsvorbehalt.

8.4.5 Zuschuss zum Mutterschaftsgeld

Der Arbeitgeber muss einen Zuschuss zum Mutterschaftsgeld bezahlen (§ 20 MuSchG), wenn das um die gesetzlichen Abzüge verminderte durchschnittliche kalendertägliche Arbeitsentgelt den Höchstbetrag des Mutterschaftsgeldes (13 € kalendertäglich) übersteigt. Als Zuschuss ist die Differenz zwischen dem Nettoarbeitsentgelt pro Kalendertag und 13 € zu zahlen.

Ist eine Frau für mehrere Arbeitgeber tätig, sind für die Berechnung des o. g. Arbeitgeberzuschusses die durchschnittlichen kalendertäglichen Arbeitsentgelte aus diesen Beschäftigungsverhältnissen zusammenzurechnen. Den sich daraus ergebenden Betrag zahlen die Arbeitgeber anteilig im Verhältnis der von ihnen gezahlten durchschnittlichen kalendertäglichen Arbeitsentgelte.

Bei einer Verdiensterhöhung gilt Folgendes:

- Tritt die Verdiensterhöhung innerhalb des Berechnungszeitraums ein, so ist die Erhöhung vom Zeitpunkt ihrer Gewährung an zu berücksichtigen.
- Verdiensterhöhungen, die während der Schutzfristen eintreten, sind ab diesem Zeitpunkt einzubeziehen.
- Die Grundsätze über eine Verdienstkürzung beim Zuschuss zum Mutterschaftsgeld sind identisch mit denen des Mutterschutzlohns.

Der Zuschuss zum Mutterschaftsgeld ist steuer- und sozialversicherungsfrei. Er unterliegt jedoch dem Progressionsvorbehalt. Deshalb ist der Betrag im Lohnkonto und auf der Lohnsteuerbescheinigung extra auszuweisen.

Beispiel

Eine Angestellte mit der Steuerklasse IV/0/rk bezieht ein Gehalt von 2.700 €. Der Entbindungstermin wird auf den 26.06. festgesetzt. Ihr Nettoarbeitsentgelt der letzten drei abgerechneten Kalendermonate beträgt 4.670 €.

Die sechswöchige Schutzfrist beginnt am 15.05.

Gehaltsabrechnung Mai

Der Gehaltsanspruch der Arbeitnehmerin endet am 14.05. mit der Folge, dass ihr Gehalt für den Mai anteilig umzurechnen ist. Bei Anwendung der Dreißigstel-Bezugsmethode würde sich z. B. folgendes Teilgehalt ergeben:

$$\frac{2.700{,}00\ € \times 14\ \text{Kalendertage}}{30}\ 1.260\ €\ \text{(Teilgehalt)}$$

Zuschuss zum Mutterschaftsgeld:

Der Zuschuss zum Mutterschaftsgeld errechnet sich aus dem Netto der letzten drei Kalendermonate (Februar, März und April)

4.670 € geteilt durch 90 SV-Tage =	51,89 €
kalendertägliches Mutterschaftsgeld =	51,89 €
abzgl. Betrag von der Krankenkasse =	–13,00 €
Zuschuss Mutterschaftsgeld pro Kalendertag =	38,89 €
17 Kalendertage (15.05. bis 31.05.) x 38,89 € =	**661,13 €**
661,13 € bleiben steuer- und sozialversicherungsfrei.	
Die Abrechnung Mai sieht wie folgt aus:	
Teilgehalt	1.260,00 €
Zuschuss Mutterschaftsgeld (steuer- und SV-frei)	661,13 €
Gesamtbrutto	1.921,13 €
Steuerbrutto	1.260,00 €
Sozialversicherungsbrutto	1.260,00 €
Steuertage	30
Sozialversicherungstage	14
Lohnsteuer aus Monatstabelle (IV/0)	– 0,00 €
SolZ 5,5 %	– 0,00 €
Kirchensteuer 9 %	– 0,00 €
SV-Beiträge AN	– 244,76 €
(KV* 7,3 %, RV 9,3 %, PV 1,525 %, AV 1,3 % = 19,425 %)	
Auszahlungsbetrag	**1.676,37 €**
* kein kassenindividueller Zusatzbeitrag berücksichtigt	

Bei einer erneuten Schwangerschaft ist im Fall der Beendigung der Elternzeit nach dem BEEG mit dem Beginn der neuen Schutzfrist das Arbeitsentgelt aus einer möglichen Teilzeitbeschäftigung, das vor der Beendigung der Elternzeit während der Elternzeit erzielt wurde, für die Berechnung des Zuschusses zum Mutterschaftsgeld **nicht** zu berücksichtigen, soweit das durchschnittliche Arbeitsentgelt ohne die Berücksichtigung der Zeiten, in denen dieses Arbeitsentgelt erzielt wurde, höher ist.

Während der Elternzeit sind Ansprüche auf Leistungen nach den §§ 18 und 20 MuSchG aus dem wegen der Elternzeit ruhenden Arbeitsverhältnis ausgeschlossen. Übt die Schwangere während der Elternzeit eine Teilzeitarbeit aus, ist für die Ermittlung des durchschnittlichen Arbeitsentgelts nur das Arbeitsentgelt aus dieser Teilzeitarbeit zugrunde zu legen.

8.4.6 Freibeträge und Steuerklassenwechsel

Der Zuschuss zum Mutterschaftsgeld hängt vom Nettoarbeitsentgelt der letzten drei abgerechneten Kalendermonate ab. Entscheidend für das Nettoarbeitsentgelt sind die gemeldeten ELStAM (Steuerklasse, Freibeträge, Konfession). Es stellt sich somit die Frage, wie sich ein Steuerklassenwechsel oder die Eintragung eines Freibetrags auf den Arbeitgeberzuschuss auswirkt.

Der beträchtliche Einkommensvorteil könnte dazu verleiten, für den Berechnungszeitraum des Arbeitgeberzuschusses die ELStAM ändern zu lassen.

Auch ein beim Ehemann eventuell eingetragener Freibetrag kann von der Ehefrau übernommen werden. Nach steuerlichen Vorschriften sind solche Änderungen bis zum 30.11. des laufenden Jahres zulässig.

Das Mutterschutzgesetz verbietet eine solche Beeinflussung des Nettoarbeitsentgelts nicht ausdrücklich. Gleichwohl hat das Bundesarbeitsgericht entschieden, dass der Arbeitgeber bei der Berechnung des Zuschusses zum Mutterschaftsgeld einem Steuerklassentausch nicht zu folgen braucht, wenn die Änderung der Steuermerkmale ohne sachlichen Grund nur deshalb erfolgt ist, um den Nettoverdienst im Berechnungszeitraum zu erhöhen.

Erfolgt die Änderung der Steuerklassen aber in Anpassung an die tatsächlichen Verhältnisse, stellt dies keine missbräuchliche Anwendung dar.

8.5 Elternzeit

8.5.1 Dauer der Elternzeit

Nach § 15 des Bundeserziehungsgeld- und Elternzeitgesetzes (BEEG) haben Arbeitnehmerinnen und Arbeitnehmer bis zur Vollendung des dritten Lebensjahres eines Kindes Anspruch auf Elternzeit. Die 8- oder 12-wöchige Schutzfrist nach der Geburt wird dabei angerechnet. Allerdings erfolgt die Anrechnung nur auf die Elternzeit der Mutter und somit nicht auf die Elternzeit des Vaters.

Wichtig

Neuregelung zum 01.07.2015 (Elternzeit).

Mit Wirkung zum 01.07.2015 traten Änderungen im Bundeserziehungsgeld- und Elternzeitgesetz in Kraft. Diese neuen Regelungen sollen Eltern die Inanspruchnahme der Elternzeit künftig mit mehr Flexibilität ermöglichen. Die Elternzeit wird danach 24 statt wie bisher 12 Monate zwischen dem dritten und achten Lebensjahr eines Kindes betragen können. Dazu ist es nicht mehr notwendig, die Zustimmung des Arbeitgebers einzuholen. Dies ist auch beim Arbeitgeberwechsel möglich.

Tipp

Neue Arbeitgeber können vom Arbeitnehmer eine Bescheinigung über bereits in Anspruch genommene Elternzeit verlangen.

Die folgenden Ausführungen beziehen sich auf das Bundeserziehungsgeld- und Elternzeitgesetz **seit dem 01.01.2015**. Das Gesetz ist für **Geburten ab dem 01.07.2015 anwendbar**.

- Die Elternzeit kann von jedem Elternteil auf drei Zeitabschnitte aufgeteilt werden.

Beispiel

Ein Jahr Elternzeit direkt nach der Geburt des Kindes. Ein weiteres Jahr Elternzeit während des ersten Kindergartenjahres des Kindes und das dritte Jahr Elternzeit während des ersten Schuljahres des Kindes.

- Die Frist für den Antrag auf Reduzierung der Arbeitszeit während der Elternzeit wurde angepasst an die Frist für den Antrag auf Elternzeit, also
  - sieben Wochen vor Beginn, wenn die Elternzeit bzw. die Teilzeitbeschäftigung vor dem dritten Geburtstag des Kindes genommen wird,
  - 13 Wochen vor Beginn der Elternzeit bzw. der Teilzeitbeschäftigung, die zwischen dem dritten und achten Lebensjahr des Kindes genommen wird.
  - Ein Teil der Elternzeit kann auf einen späteren Zeitpunkt (bis zum vollendeten 8. Lebensjahr des Kindes) verschoben werden. Eine Zustimmung des Arbeitgebers ist dazu nicht mehr notwendig.

Die Elternzeitregelungen gelten jetzt jeweils für das einzelne Arbeitsverhältnis der Elternteile. Bei sich überschneidenden Elternzeiten von zwei Kindern verfällt die Elternzeit für ein Kind nicht.

Wichtig

Für Eltern, deren Kind vor dem 01.07.2015 geboren wird, besteht keine Möglichkeit, die Neuregelungen zur Elternzeit zu nutzen. Diese Eltern benötigen nach wie vor die Zustimmung des Arbeitgebers, wenn Elternzeit (höchstens 12 Monate) zwischen dem dritten bis zum achten Lebensjahr übertragen werden soll.

Ab dem Zeitraum der Anmeldung der Elternzeit bis zum Ende der Elternzeit besteht Kündigungsschutz:

- frühestens acht Wochen vor dem Beginn der Elternzeit bis zum dritten Lebensjahr des Kindes,
- frühestens 14 Wochen vor dem Beginn der Elternzeit zwischen dem dritten und achten Lebensjahr des Kindes.

8.5.2 Anspruchsvoraussetzungen

Ihren Anspruch auf Elternzeit können Arbeitnehmerinnen und Arbeitnehmer nur verlangen, wenn ihnen für das Kind die Personenfürsorge zusteht und sie es im eigenen Haushalt selbst betreuen und erziehen.

Dies gilt auch für Kinder des Ehepartners bzw. angenommene Kinder und Kinder in Adoptionspflege (vgl. hierzu im Einzelnen § 15 BEEG).

8.5.3 Elternzeit für Großeltern

Zur Unterstützung ihrer minderjährigen Kinder können auch Großeltern Elternzeit in Anspruch nehmen, um ihre Enkel betreuen zu können. Mit dieser Regelung soll vor allem erreicht werden, dass sich die minderjährigen Eltern auf ihre Ausbildung konzentrieren können und diese abschließen.

Der Anspruch der Großeltern auf Elternzeit setzt wie bei allen anderen Elternzeitberechtigten nach § 15 Abs. 1 BEEG voraus, dass die oder der Anspruchsberechtigte mit dem Kind in einem Haushalt lebt und das Kind selbst betreut und erzieht. Es wird nicht vorausgesetzt, dass der anspruchsvermittelnde Elternteil ebenfalls mit im Haushalt der Großeltern lebt.

8.5.4 Antragsfristen

Die Arbeitnehmerinnen und Arbeitnehmer müssen die Elternzeit bis zum dritten Lebensjahr des Kindes schriftlich **sieben Wochen vor Beginn** anmelden. Soll sie nicht unmittelbar nach der Geburt des Kindes oder nach Ablauf der Mutterschutzfrist beginnen, verlängert sich die Frist auf 13 Wochen zwischen dem dritten und achten Lebensjahr des Kindes.

Schöpfen Eltern ihre Elternzeit vor dem dritten Geburtstag des Kindes nicht voll aus, können sie maximal 24 Monate auf die Zeit bis zum vollendeten achten Lebensjahr übertragen. Um Eltern bei der Inanspruchnahme der Elternzeit eine größere Flexibilität einzuräumen, wurde die Übertragung im Gesetz geändert und sieht seitdem vor, dass Eltern für Geburten ab dem 01.07.2015 24 statt 12 Monate zwischen dem dritten bis achten Lebensjahr des Kindes in Anspruch nehmen können, ohne dass es dazu der Zustimmung des Arbeitgebers bedarf.

8.5.5 Auswirkungen auf das Arbeitsverhältnis

Für die Dauer der Elternzeit ruht das Beschäftigungsverhältnis. Die Mitgliedschaft in der Sozialversicherung bleibt erhalten. Bei fehlendem Arbeitsentgelt fallen keine Sozialversicherungsbeiträge an.

Sozialversicherungspflicht besteht auch nicht, wenn es sich um eine geringfügig entlohnte Beschäftigung handelt, das monatliche Arbeitsentgelt also nicht höher als 520 € ist. Dagegen führt eine kurzfristige, auf längstens drei Monate begrenzte Beschäftigung zur Sozialversicherungspflicht, weil die Teilzeitbeschäftigung während der Elternzeit als berufsmäßig ausgeübte Tätigkeit gilt.

8.5.6 Abbruch der Elternzeit

Die Elternzeit kann vorzeitig beendet werden, wenn der Arbeitgeber zustimmt. Die vorzeitige Beendigung wegen der Geburt eines weiteren Kindes oder in Fällen besonderer Härte, insbesondere beim Eintritt einer schweren Krankheit, Schwerbehinderung oder Tod eines Elternteils oder eines Kindes der berechtigten Person oder bei erheblich gefährdeter wirtschaftlicher Existenz der Eltern nach Inanspruchnahme der Elternzeit, kann der Arbeitgeber nur innerhalb von vier Wochen aus dringenden betrieblichen Gründen schriftlich ablehnen.

Die Elternzeit kann zur Inanspruchnahme der Schutzfristen des § 3 Abs. 2 und des § 6 Abs. 1 des Mutterschutzgesetzes auch ohne Zustimmung des Arbeitgebers vorzeitig beendet werden; in diesen Fällen soll die Arbeitnehmerin dem Arbeitgeber die Beendigung der Elternzeit rechtzeitig mitteilen. Eine Verlängerung der Elternzeit kann verlangt werden, wenn ein vorgesehener Wechsel der Anspruchsberechtigten aus einem wichtigen Grund nicht erfolgen kann.

8.6 Elterngeld

Das Elterngeld wird für maximal 14 Monate an Vater und Mutter gezahlt, beide können den Zeitraum frei untereinander aufteilen. Ein Elternteil kann höchstens 12 Monate allein nehmen, zwei weitere Monate sind als Option für den anderen Partner reserviert.

Der Bezugszeitraum beginnt mit der Geburt und dauert bis zur Vollendung des 12. bzw. 14. Lebensmonats. Erfolgt die Antragstellung später, kann für max. drei Monate eine Nachzahlung erfolgen. Bei Antragstellung müssen beide Elternteile die persönliche Zeitdauer der Inanspruchnahme festlegen.

8.6.1 Höhe des Elterngeldes

Kernelement des **Elterngeldes** ist die dynamische Leistung in Anknüpfung an das Erwerbseinkommen. Die Elterngeldleistung beträgt prozentual mindestens 65 % bzw. 67 % des entfallenden Nettoeinkommens, absolut mindestens 300 € und höchstens 1.800 € (67 % von maximal 2.700 €, die als Einkommen berücksichtigt werden) für mindestens die ersten 12 Lebensmonate des Kindes.

Hinweis

Seit dem 01.01.2011 wird die Elterngeldleistung bei einem anzurechnenden Nettoeinkommen ab 1.240 € auf 65 % begrenzt.

Für **Geringverdiener** gibt es ein erhöhtes Elterngeld, um den Arbeitsanreiz zu erhalten: Ist das Nettoeinkommen vor der Geburt geringer als 1.000 € monatlich, wird die Ersatzrate von 67 % auf bis zu 100 % angehoben. Für je 2 €, die das Nettoeinkommen unter 1.000 € liegt, steigt die Ersatzrate um 0,1 %.

z. B. Nettoverdienst 800 € = 200 € weniger = 10 %
67 % plus 10 % = 77 % von 800 € = 616 € Elterngeld
(80 € mehr als normal)

Bei einer **Teilzeittätigkeit** während der Elternzeit von durchschnittlich 32 Wochenstunden erhält die Betreuungsperson 65 % bzw. 67 % des entfallenden Teileinkommens. Als Nettoeinkommen vor der Geburt werden dabei höchstens 2.700 € berücksichtigt.

z. B. vorher 2.700 €;
Teilzeitentgelt 1.750 € = 2.700 € – 1.750 € = 950 €,
davon 67 % = 636,50 € Elterngeld

Betrug das Nettoeinkommen mehr als 2.700 €, wird diese Obergrenze für die Berechnung genommen.

z. B. vorher 3.100 €;
Teilzeitentgelt 2.100 € = 2.700 € (Basiswert) – 2.100 € = 600 €, davon 67 % = 402 € Elterngeld

Mehrkindfamilien erhalten einen **Geschwisterbonus**. Das zustehende Elterngeld wird um 10 %, mindestens aber 75 € im Monat erhöht. Der Anspruch besteht so lange, wie zumindest ein älteres Geschwisterkind unter drei Jahren mit im Haushalt lebt. Bei zwei oder mehr älteren Geschwisterkindern genügt es, wenn mindestens zwei das sechste Lebensjahr noch nicht vollendet haben. Der Geburtenabstand zu dem Kind, für das jetzt Elterngeld beantragt wird, kann dann also sogar größer als drei Jahre sein. Mit dem Ende des Monats, in dem das ältere Geschwisterkind seinen dritten bzw. sechsten Geburtstag vollendet, entfällt der Erhöhungsbetrag. Der Grundbetrag des Elterngeldes läuft bis zum Ende des Bezugszeitraums von 12 oder 14 Monaten weiter.

Alle berechtigten Eltern erhalten einen **Mindestbetrag** von 300 €. Dieser wird für 12 Lebensmonate des Kindes unabhängig davon gezahlt, ob sie vor der Geburt erwerbstätig waren oder nicht, also auch für Hausfrauen und -männer, Studierende, Kleinstverdiener.

Den besonderen Belastungen einer **Mehrlingsgeburt** wird durch die Erhöhung des sonst zustehenden Elterngeldes um 300 € für das zweite und jedes weitere Kind Rechnung getragen.

Das Elterngeld ist abgabenfrei. Es werden keine **Beiträge für Sozialversicherungen** auf das Elterngeld erhoben. Privat Versicherte zahlen ihre Beiträge selbst weiter.

Das Elterngeld selbst ist steuerfrei, unterliegt aber dem **Progressionsvorbehalt**. Es wird für die Ermittlung des auf das steuerpflichtige Einkommen anzuwendenden Steuersatzes zum Einkommen hinzugerechnet.

8.6.2 Ermittlung des Elterngeldes

Seit 2013 wird bei der Berechnung des Elterngeldes der Bruttolohn der letzten 12 Monate vor der Geburt zugrunde gelegt. Hiervon werden im Rahmen eines gesetzlich vorgegebenen Programmablaufplans pauschale Abgaben für Steuer und Sozialversicherung abgezogen. Für Kranken-, Pflege-, Renten- und Arbeitslosenversicherung werden pauschal 21 Prozent berechnet.

Für die Berechnung der Lohnsteuer wird die Lohnsteuerklasse verwendet, die der Arbeitnehmer in den vorangegangenen 12 Monaten am längsten hatte, wobei die persönlichen Freibeträge nicht angewendet werden.

8.6.3 Konsequenzen für Arbeitgeber und die Personalpraxis

Teilzeitarbeit bis zu durchschnittlich 30 Wochenstunden ist zulässig; entsprechenden Teilzeitwünschen muss in der Regel entsprochen werden.

Den Arbeitgeber treffen künftig auch **bußgeldbewährte Auskunfts- und Nachweispflichten** über das Arbeitsentgelt der Beschäftigten, die abgezogene Lohnsteuer und den Arbeitnehmeranteil der Sozialversicherungsbeiträge sowie die Arbeitszeit.

Elterngeld und Elternzeit sind rechtlich voneinander unabhängig. Arbeitnehmer und Arbeitnehmerinnen müssen jedoch regelmäßig ihren Anspruch auf Elternzeit geltend machen, um ihre Arbeitszeit reduzieren und das Elterngeld nutzen zu können. Dabei ist zu berücksichtigen, dass die Anmeldung der Elternzeit spätestens **sieben Wochen** vor ihrem geplanten Beginn erfolgen muss, während der mit der Anmeldung ausgelöste besondere Kündigungsschutz frühestens acht Wochen vor Beginn der Elternzeit gilt.

8.7 Elterngeld Plus

Für Geburten seit dem 01.07.2015 ist das Elterngeld Plus eingeführt. Bislang konnten Eltern für maximal 14 Monate Elterngeld beziehen, seit dem 01.07.2015 können Eltern für maximal 28 Monate Elterngeld Plus beziehen (inkl. Partnerschaftsbonus). Der Gesetzgeber schließt mit dieser Neuregelung eine Gesetzeslücke. Eltern, die bisher schneller in das Berufsleben zurückkehren, sind nach der Elterngeld-

Regelung schlechtergestellt, da die betroffenen Eltern auf einen Teil des Elterngeldes verzichten.

Beispiel

Eine Mutter kehrt acht Monate nach der Geburt ihres Kindes im Rahmen einer Teilzeitbeschäftigung an ihren Arbeitsplatz zurück. Eigentlich hat sie noch Anspruch auf vier Monate Elterngeld. Dieses wird allerdings mit ihrem Einkommen aus der Teilzeitbeschäftigung verrechnet. Die Folge ist ein geringes Elterngeld.

Seit dem 01.07.2015 wird dies durch einen längeren Bezug ausgeglichen. Die Mutter erhält das Elterngeld Plus länger (24 Monate), allerdings nur noch zur Hälfte.

Mit dem Elterngeld Plus sollen Eltern die Möglichkeit erhalten, die Betreuung ihres Kindes flexibel mit ihrem Beruf zu vereinbaren.

8.7.1 Höhe des Elterngeld Plus

Das Elterngeld Plus beträgt höchstens die Hälfte des regulären Elterngeldes ohne Erwerbstätigkeit. Bei der Berechnung des Elterngeld Plus ist nicht die Höhe des entgangenen Arbeitslohns maßgebend, sondern das für den vollen Arbeitslohn berechnete Elterngeld (65 % vom vorherigen Nettoverdienst).

Wichtig

Neuregelung zum 01.07.2015 (Elterngeld Plus).

Die Berechnungsgrundlage für das Elterngeld Plus bleibt zum Elterngeld unverändert. Eltern können für Geburten nach dem 01.07.2015 zwischen dem bisherigen Elterngeld und dem neuen Elterngeld Plus wählen.

Beispiel

Nettogehalt vor der Geburt: 1.400 €

Teilzeitgehalt nach der Geburt: 600 €

1. Elterngeld ohne Erwerbstätigkeit nach der Geburt:
   1.400 € x 65 % = 910 € für 12 Monate = **10.920 €**
2. Elterngeld mit Teilzeitbeschäftigung (600 €) nach der Geburt:
   1.400 € – 600 € = 800 € x 65 % = 520 € für 12 Monate = 6.240 €
3. **Elterngeld Plus** mit Teilzeitbeschäftigung nach der Geburt:
   910 : 2 = 455 € für 24 Monate = **10.920 €**

Im o. g. Beispiel ersetzt das Elterngeld Plus das weggefallene Einkommen bis zur Hälfte des Elterngeldes, das ein Elternteil ohne Teilzeitbeschäftigung nach der Geburt des Kindes bekommen hätte. Für Eltern, die während des Elterngeldbezugs nicht erwerbstätig sind, ändert sich nichts. Auch sie können mit dem Elterngeld Plus die Bezugsdauer verdoppeln und in dieser Zeit den halben Elterngeldbetrag beziehen.

Wichtig

1 Monat Elterngeld = 2 Monate Elterngeld Plus

8.7.2 Partnerschaftsbonus

Mit dem Elterngeld Plus wird zusätzlich der Partnerschaftsbonus eingeführt. Dieser soll die Eltern unterstützen, Familie und Beruf besser miteinander zu vereinbaren. Um den Partnerschaftsbonus zu erhalten, arbeiten beide Eltern zwischen 25 und 30 Wochenstunden im Monatsdurchschnitt. Dabei ist die Höhe des Elterngeldes in einem Monat des Partnerschaftsbonus mit der eines Monats mit Elterngeld Plus identisch. Der zusätzliche Partnerschaftsbonus von vier Monaten wird zusätzlich zum Elterngeld Plus von 24 Monaten gewährt (gesamt 28 Monate).

Hinweis

Auch Alleinerziehende profitieren vom Partnerschaftsbonus. Alleinerziehende erhalten eine zusätzliche Förderung, die mit dem Partnerschaftsbonus vergleichbar ist. Wie Elternpaare können sie für vier weitere Monate Elterngeld Plus beziehen, wenn sie in mindestens vier aufeinanderfolgenden Monaten zwischen 25 und 30 Wochenstunden arbeiten.

8.7.3 Vorteile für den Arbeitgeber

Durch das Elterngeld Plus und die Einführung des Partnerschaftsbonus profitieren auch Arbeitgeber: Dadurch, dass die Elternpaare schneller in das Berufsleben zurückkehren, bleiben die Mitarbeiter dem Unternehmen erhalten (Qualifikation und Fachkräfte).

8.8 Pflegezeitgesetz

8.8.1 Allgemeines

Die Bevölkerung Deutschlands wird immer älter und in den letzten Lebensjahren bedürfen sie immer mehr der Pflege. Mit dem Pflegezeitgesetz (PflegeZG) möchte der Gesetzgeber die häusliche Pflege durch die Angehörigen stärken.

Arbeitnehmer haben durch dieses Gesetz einen Anspruch auf eine Freistellung von bis zu sechs Monaten. Die Rückkehr zu ihrem Arbeitgeber bleibt garantiert. Sie bleiben für diese Zeit in aller Regel über die Pflegekasse rentenversichert. Der Anspruch aus der Arbeitslosenversicherung bleibt erhalten. Falls erforderlich werden die Beiträge zur Kranken- und Pflegeversicherung bis zur Höhe des Mindestbeitrags von der Pflegekasse des Gepflegten übernommen.

Seit dem 01.01.2012 können Beschäftigte in Abstimmung mit ihrem Arbeitgeber auch eine „Familienpflegezeit" in Anspruch nehmen. Die entsprechenden Regelungen werden im nächsten Kapitel dargestellt.

Tritt ein Pflegefall plötzlich auf, können Beschäftigte kurzfristig für bis zu zehn Tage der Arbeit fernbleiben, um die Pflege in dieser Zeit sicherzustellen oder eine bedarfsgerechte Pflege zu organisieren.

8.8.2 Angehörige

Nahe Angehörige im Sinne dieses Gesetzes sind

- Großeltern, Eltern, Schwiegereltern, Stiefeltern,
- Ehegatten, Lebenspartner, Partner einer eheähnlichen Gemeinschaft, Geschwister,
- Kinder, Adoptiv- oder Pflegekinder,
- die Kinder, Adoptiv- oder Pflegekinder des Ehegatten oder Lebenspartners,
- Schwiegerkinder und Enkelkinder,
- Schwägerin und Schwager.

8.8.3 Kurzzeitige Arbeitsverhinderung

Durch § 2 des Pflegezeitgesetzes wird es dem Arbeitnehmer ermöglicht, sofort und ohne Einhaltung einer Frist von der Arbeit fernzubleiben.

8.8.3.1 Anspruchsvoraussetzungen

Der Anspruch auf die kurzzeitige Arbeitsverhinderung ist nur dann gegeben, wenn es sich um einen „akuten" Fall handelt. Auf Verlangen des Arbeitgebers ist eine ärztliche Bescheinigung vorzulegen. Dabei muss auch die Notwendigkeit der Arbeitsverhinderung bescheinigt werden, d. h., es sind konkrete Maßnahmen nachzuweisen.

Allerdings kann die Akutpflegezeit auch dann genommen werden, wenn kein Pflegefall im Sinne des Pflegegesetzes vorliegt. Dies wird durch § 7 Abs. 4 PflegeZG bestimmt.

Der Arbeitnehmer muss den Arbeitgeber über die Inanspruchnahme informieren. Dies kann schriftlich oder mündlich vorgenommen werden. Das Gesetz sieht keine formelle Regelung vor.

8.8.3.2 Dauer

Der Arbeitnehmer hat einen Anspruch auf eine Freistellung von zehn Arbeitstagen (Corona-bedingt beträgt der Anspruch bis zum 31.03.2022 20 Arbeitstage). Es gibt keine Vorgabe, dass die Arbeitstage am Stück zu nehmen sind. Je Akutfall können die Tage verteilt werden, wobei allerdings immer die gesetzliche Intention zu beachten ist. Beispielsweise können in drei aufeinanderfolgenden Wochen je drei Tage genommen werden, weil dies für die Organisation und die Behördengänge notwendig ist. Eine Verwendung für die Pflege ist nicht möglich, da hier das Akutereignis nicht gegeben ist, z. B. fünf Kinder einer Pflegeperson lösen sich in der Pflege ab und der Arbeitnehmer nimmt immer montags frei. Dies wäre eine Pflege und müsste wie Pflegezeit behandelt werden.

Für jeden neuen Akutfall kann die Freistellung genommen werden, auch wenn es sich um die gleiche Pflegeperson handelt.

8.8.3.3 Entgeltfortzahlung und Pflegeunterstützungsgeld

Aufgrund des Gesetzes besteht kein Anspruch auf Entgeltfortzahlung. Allerdings kann ein Anspruch aufgrund einer anderen Regelung vorliegen, z. B. aufgrund eines Tarifvertrags oder einer Betriebsvereinbarung. Auch muss § 616 BGB beachtet werden, allerdings kann der sich hieraus ergebende Anspruch auf Entgeltzahlung durch einen Tarifvertrag bzw. Betriebsvereinbarung ausgeschlossen werden.

Wichtig

Seit dem 01.01.2015 (Pflegeunterstützungsgeld).

Besteht kein Anspruch auf Entgeltfortzahlung gegenüber dem Arbeitgeber, hat der Arbeitnehmer einen Anspruch auf das Pflegeunterstützungsgeld. Seit dem 01.01.2015 ist das Pflegeunterstützungsgeld für die Fälle der kurzzeitigen Pflegefreistellung nach dem Pflegezeitgesetz (§ 44a Abs. 3 SGB XI) eingeführt.

Basis für die Berechnung des Pflegeunterstützungsgeldes ist das sich aus dem ausgefallenen laufenden Bruttoarbeitsentgelt ergebende pauschalierte Netto.

Das Pflegeunterstützungsgeld wird nicht von der Krankenkasse des pflegenden Arbeitnehmers gezahlt, sondern von der Pflegekasse bzw. Pflegeversicherung des gepflegten Angehörigen.

Hinweis

Das Pflegeunterstützungsgeld wird bis zum 31.03.2022 auch dann gewährt, wenn eine Versorgungslücke für eine bereits bestehende häusliche Pflege entsteht. Dies kann z. B. dann der Fall sein, wenn eine Pflegekraft (wegen Corona) ausfällt oder der ambulante Pflegedienst seine Dienstleistung einstellen musste.

8.8.3.4 Sozialversicherung

Während der kurzzeitigen Arbeitsverhinderung besteht das SV-pflichtige Beschäftigungsverhältnis weiter. Aufgrund der zehn Tage kann es nicht zu einer Abmeldung oder Unterbrechungsmeldung kommen. Allerdings kann es in dem Fall zu Meldungen kommen, wenn der kurzzeitigen Arbeitsverhinderung ein unbezahlter Urlaub lückenlos vorangeht oder folgt.

Die Beiträge werden nur aus dem tatsächlich gezahlten Arbeitsentgelt berechnet. Dies hat Auswirkungen bei der Zahlung des Arbeitgeberzuschusses zur freiwilligen bzw. privaten Krankenversicherung.

Erhält der Arbeitnehmer während der kurzzeitigen Arbeitsverhinderung kein Entgelt vom Arbeitgeber fortgezahlt und zahlt die Pflegekasse der zu pflegenden Person Pflegeunterstützungsgeld, ist dies eine Lohnersatzleistung, die zur Kürzung der SV-Tage beim Arbeitnehmer führt.

8.8.4 Pflegezeit

8.8.4.1 Anspruchsvoraussetzungen

Im Gegensatz zur kurzfristigen Arbeitsverhinderung haben nur Arbeitnehmer einen Anspruch auf eine Pflegezeit, deren Betrieb mindestens 16 Beschäftigte hat.

Der Anspruch muss dem Arbeitgeber mindestens zehn Arbeitstage vor Inanspruchnahme mitgeteilt werden und die Notwendigkeit muss durch die Pflegekasse oder den medizinischen Dienst der Krankenkasse nachgewiesen werden. Aufgrund dieser Vorgabe kann nur dann Pflegezeit beantragt werden, wenn der Angehörige mindestens einen anerkannten Pflegegrad 1 hat.

Die Pflegezeit kann nur für die häusliche Betreuung von nahen Angehörigen genutzt werden. Ist der Angehörige in einem Pflegeheim untergebracht, ist eine Pflegezeit ausgeschlossen. Seit dem 01.01.2015 kann die Betreuung eines pflegebedürftigen minderjährigen Kindes auch außerhäuslich sein.

Wichtig

Rechtsanspruch auf Sterbebegleitung.

Nach den neuen Regelungen haben Angehörige seit dem 01.01.2015 einen Rechtsanspruch, einen pflegebedürftigen Angehörigen in der letzten Lebensphase, bis zu drei Monate, zu begleiten. In dieser Zeit kann der Arbeitnehmer ganz freigestellt werden oder aber auch bei verringerter Arbeitszeit arbeiten. Für den entgangenen Arbeitslohn kann der Arbeitnehmer ein zinsloses Darlehen durch das Bundesamt für Familie und zivilgesellschaftliche Aufgaben (BAFzA) in Anspruch nehmen.

Im Gegensatz zur Akutpflegezeit entsteht der Anspruch nur einmal pro Angehörigem. Allerdings kann für weitere Angehörige wieder eine Pflegezeit genommen werden. Da jedoch keine Meldepflicht für den Arbeitgeber besteht, kann theoretisch die Pflegezeit für den gleichen Angehörigen bei einem neuen Arbeitgeber nochmals genommen werden.

8.8.4.2 Dauer

Die Pflegezeit beträgt je Pflegefall einmalig bis sechs Monate. Bei der Mitteilung an den Arbeitgeber muss der Arbeitnehmer die Dauer der Pflegezeit festlegen. Dies ist für den Arbeitnehmer eine durchaus schwere Entscheidung, da der Arbeitgeber nicht verpflichtet ist, einer Verkürzung oder Verlängerung zuzustimmen.

Zu beachten ist, dass die Pflegezeit auch durch teilweise Freistellung von der Arbeit genommen werden kann. In diesem Fall ist die Verteilung der Arbeitszeit mitzuteilen. Der Arbeitgeber kann dies nur ablehnen, wenn dringende betriebliche Bedürfnisse bestehen.

Obwohl die Pflegezeit an die Elternzeit angelehnt ist und viele Aspekte übernommen wurden, gibt es für die Teilzeit in Pflegezeit keine Mindest- oder Höchstgrenzen.

8.8.4.3 Vorzeitige Beendigung bzw. Verlängerung der Pflegezeit

Die Pflegezeit beträgt max. sechs Monate und muss bei Antragstellung zeitlich definiert werden. Eine vorzeitige Beendigung ist grundsätzlich nicht möglich bzw. bedarf der Zustimmung des Arbeitgebers. Allerdings kann bei Wegfall der Pflegevoraussetzung die Pflegezeit mit einer vierwöchigen Ankündigung beendet werden.

Mit der eingeschränkten Möglichkeit der vorzeitigen Beendigung soll der Arbeitgeber geschützt werden. Ausschlaggebend für den 4-Wochen-Zeitraum ist der Eintritt der veränderten Umstände. Da der Arbeitnehmer aber verpflichtet ist, den Arbeitgeber sofort zu informieren, darf zwischen diesen beiden Ereignissen kein allzu großer Zeitraum liegen. Eine gesetzliche Vorgabe für die Form der Meldung gibt es nicht.

Hat der Arbeitnehmer einen zu kurzen Zeitraum gewählt, kann eine Verlängerung nur dann erfolgen, wenn der Arbeitgeber zustimmt.

8.8.4.4 Entgeltfortzahlung

Im Gegensatz zur kurzzeitigen Arbeitsverhinderung gibt es keine Bestimmungen, die eine Pflicht zur Entgeltfortzahlung vorsehen.

Allerdings sind die tarifvertraglichen und betrieblichen Regelungen zur Weiterzahlung von Arbeitgeberleistungen zu beachten. Dies gilt besonders in den Fällen der Weitergewährung von Sachbezügen, wie z. B. Dienstwagen, Dienstwohnung, Versicherung etc.

Nach Aussage der Spitzenverbände stellen diese Zahlungen keinen beitragspflichten Bezug dar. Die Spitzenverbände sind sich einig, dass auch kein Fall nach § 23c SGB IV entstehen kann.

Seit dem 01.01.2015 können Arbeitnehmer ein zinsloses Darlehen beantragen um ihren Lebensunterhalt während der Pflegezeit abzusichern. Das Darlehen wird in Raten an den Arbeitnehmer ausgezahlt und über das Bundesamt für Familie und zivilgesellschaftliche Aufgaben (BAFzA) beantragt.

8.8.4.5 SV- und steuerrechtliche Behandlung

Bei Nutzung der Pflegezeit mit voller Freistellung haben die Spitzenverbände festgelegt, dass bei Beginn der Pflegezeit eine Abmeldung mit Grund 30 vorzunehmen ist. Hierbei darf die Monatsfrist wie z. B. bei unbezahltem Urlaub nicht angewandt werden. Nach dem Ende der Pflegezeit ist eine Anmeldung mit Grund 10 vorzunehmen. Während der Pflegezeit entstehen keine SV-Tage.

Hat der Arbeitnehmer allerdings eine Teilzeitarbeit vereinbart, dann gilt das tatsächlich erzielte Einkommen und es entstehen in diesen Fällen auch SV-Tage.

8.8.4.6 Kündigungsschutz

Ab dem Zeitpunkt der Ankündigung einer Pflegezeit besteht ein Sonderkündigungsschutz. Dieser ist allumfassend und kann nicht ausgehebelt werden. Der Kündigungsschutz gilt bis zum Ende der Pflegezeit. In besonderen Fällen kann die für den Arbeitsschutz zuständige oberste Landesbehörde eine Kündigung genehmigen. Zu beachten ist auch, dass es keine Wartefrist gibt.

8.8.4.7 Auswirkungen auf befristete Arbeitsverhältnisse

Befristete Arbeitnehmer haben auch einen Anspruch auf Pflegezeit. Bei diesen Arbeitsverhältnissen endet aber die Befristung gemäß Vereinbarung. Es gibt auch keinen erweiterten Kündigungsschutz.

Wenn Auszubildende Pflegezeit in Anspruch nehmen, verlängert sich die Ausbildungszeit entsprechend.

8.8.4.8 Befristete Arbeitsverhältnisse

Um den Ausfall des Arbeitnehmers zu kompensieren, kann der Arbeitgeber einen befristeten Arbeitsvertrag mit Sachgrund abschließen. Sollte der Arbeitnehmer vorzeitig aus der Pflegezeit zurückkommen, kann das befristete Arbeitsverhältnis mit einer Frist von zwei Wochen gekündigt werden.

8.8.5 Soziale Absicherung

8.8.5.1 Volle Pflegezeit

Die SV-Pflicht endet zum Tag vor Beginn der Pflegezeit, da während dieser Zeit keine Beschäftigung gegen Entgelt ausgeübt wird, d. h., es ist eine Abmeldung mit Grund 30 vorzunehmen und nach Ende der Pflegezeit eine Anmeldung mit Grund 10. Zu beachten ist hier eine evtl. Kumulation mit unbezahltem Urlaub.

Während der Pflegezeit ist der Arbeitnehmer in der gesetzlichen Sozialversicherung weiterversichert.

- Arbeitslosenversicherung: Pflegezeit wie Versicherungszeit, Beitragszahlung durch die Pflegekasse der gepflegten Person; wenn keine AV-Pflicht besteht, ist eine freiwillige Versicherung möglich.
- Rentenversicherung: Da der Pflegebedürftige eine Pflegestufe gemäß SGB XI haben muss, werden Zeiten der häuslichen Pflege als Pflichtbeitragszeiten behandelt.
- Kranken- und Pflegeversicherung: Voller Versicherungsschutz, Zuschusszahlung durch die Pflegekasse der gepflegten Person.

8.8.5.2 Teilweise Pflegezeit

Bei einer teilweisen Freistellung bleibt das SV-pflichtige Arbeitsverhältnis bestehen. Dabei sind allerdings folgende Besonderheiten zu beachten:

- Sinkt das Arbeitsentgelt unter 520 €, entsteht eine SV-Freiheit aufgrund der Geringfügigkeit. Damit ist zu prüfen, ob ein weiteres geringfügiges Arbeitsverhältnis besteht und dadurch evtl. wieder SV-Pflicht entsteht.
- Sinkt das Arbeitsentgelt unter 2.000 €, aber mehr als 520 €, muss der Übergangsbereich angewandt werden.
- Durch die Reduzierung des Arbeitsentgelts kann eine SV-Pflicht entstehen. Eine Befreiung von der KV-Pflicht für die Dauer der Pflegezeit ist möglich.
- Bei der Prüfung auf JAEG-Überschreitung wird Pflegezeit wie Elternzeit behandelt.
- Bei der teilweisen Pflegezeit gibt es keine Ober- bzw. Untergrenze für die Arbeitszeit (abweichende Behandlung gegenüber Elternzeit).

8.8.6 Familienpflegezeit

Mit der Familienpflegezeit sollen pflegende Angehörige dabei unterstützt werden, in einem Zeitraum von zwei Jahren mit reduzierter Stundenzahl im Beruf weiterzuarbeiten, dabei ihre Kenntnisse und Fähigkeiten im Beruf zu erhalten und parallel dazu dem Wunsch nach Sorge für pflegebedürftige Angehörige nachzukommen.

Das Familienpflegezeitgesetz (FPfZG) basiert auf folgenden Vorgaben:

- geförderter Personenkreis,
- Reduzierung der Arbeitszeit,
- Aufstockung der Entgeltansprüche,
- finanzielle Unterstützung durch den Staat,
- Absicherung des Arbeitgebers.

Von den gesetzlichen Regelungen zur Familienpflegezeit sind Kleinbetriebe mit 25 oder weniger Arbeitnehmern ausgenommen, ausschließlich der zur Berufsausbildung beschäftigten Arbeitnehmer.

Wichtig

Familienpflegezeitgesetz nur für Arbeitgeber mit 26 oder mehr Arbeitnehmern.

8.8.6.1 Grundausrichtung des Gesetzes

Das Gesetz regelt vorrangig die Förderung durch spezifische staatliche Maßnahmen. Es handelt sich somit nicht grundsätzlich um ein Gesetz, welches die Modalitäten einer Familienpflegezeit regelt, sondern um ein Finanzierungsgesetz. § 3 FPfZG regelt die Förderung durch das Bundesamt für Familie und zivilgesellschaftliche Aufgaben und definiert im Einzelnen, welche Voraussetzungen hierfür erfüllt sein müssen.

8.8.6.2 Geförderter Personenkreis

Die Familienpflegezeit können alle Beschäftigten in Anspruch nehmen, die einen pflegebedürftigen nahen Angehörigen in häuslicher Umgebung pflegen wollen. Bei der Definition der pflegebedürftigen Personen verweist das Gesetz auf § 7 des Pflegezeitgesetzes.

Nahe Angehörige im Sinne dieses Gesetzes sind:

- Großeltern, Eltern, Schwiegereltern, Stiefeltern,
- Ehegatten, Lebenspartner, Partner einer eheähnlichen Gemeinschaft, Geschwister,
- Kinder, Adoptiv- oder Pflegekinder,
- die Kinder, Adoptiv- oder Pflegekinder des Ehegatten oder Lebenspartners,
- Schwiegerkinder und Enkelkinder,
- Schwägerin und Schwager.

8.8.6.3 Dauer der Familienpflegezeit

Die Familienpflegezeit kann für längstens 24 Monate in Anspruch genommen werden.

Grundsätzlich endet die Familienpflegezeit mit einer Frist von vier Wochen, wenn die Voraussetzung wegfällt, d. h., wenn der zu pflegende Angehörige verstirbt oder in eine stationäre Pflege überführt wird. Der Arbeitgeber ist unverzüglich zu informieren, wenn die Voraussetzungen nicht mehr vorliegen und die Familienpflegezeit endet. Die Familienpflegezeit kann nur vorzeitig beendet werden, wenn der Arbeitgeber der vorzeitigen Beendigung zustimmt.[1]

Von der Ankündigung bis zum Ende der Familienpflegezeit besteht Kündigungsschutz.

8.8.6.4 Reduzierung der Arbeitszeit

Während der Familienpflegezeit kann die wöchentliche Arbeitszeit bis zu einem Mindestumfang von 15 Stunden reduziert werden. Durch diese Regelung, die der Untergrenze bei der Teilzeitbeschäftigung in Elternzeit entspricht, wird gewährleistet, dass der Arbeitnehmer Anspruch auf Leistungen der Arbeitsförderung durch die Agentur für Arbeit behält.

Bei unterschiedlichen wöchentlichen Arbeitszeiten oder einer unterschiedlichen Verteilung der wöchentlichen Arbeitszeit darf die wöchentliche Arbeitszeit im Durchschnitt eines Zeitraums von bis zu einem Jahr 15 Stunden nicht unterschreiten.

---

1 § 2a Abs. 5 FPfZG

8.8.6.5 Schriftliche Ankündigung durch den Arbeitnehmer

Der Arbeitnehmer muss seinen Arbeitgeber spätestens acht Wochen vor dem gewünschten Beginn der Familienpflegezeit schriftlich informieren. Gleichzeitig muss der Arbeitnehmer darin erklären, für welchen Zeitraum und in welchem Umfang die Freistellung von der Arbeitsleistung in Anspruch genommen werden soll. Dabei ist auch die gewünschte Verteilung der Arbeitszeit anzugeben.

Enthält die Ankündigung keine eindeutige Festlegung, ob die oder der Beschäftigte Pflegezeit nach § 3 des Pflegezeitgesetzes oder Familienpflegezeit in Anspruch nehmen will, und liegen die Voraussetzungen beider Freistellungsansprüche vor, gilt die Erklärung als Ankündigung von Pflegezeit.[1]

8.8.6.6 Darlehen für entstandenen Verdienstausfall

Für die Dauer der Familienpflegezeit gewährt das Bundesamt für Familie und zivilgesellschaftliche Aufgaben dem Arbeitnehmer ein zinsloses Darlehen. Das in monatlichen Raten ausgezahlte Darlehen soll den Verdienstausfall des Arbeitnehmers auffangen. Das Darlehen wird in Höhe der Hälfte der Differenz zwischen den pauschalierten monatlichen Nettoentgelten vor und während der Freistellung gewährt.

Wichtig

Die gesetzliche Regelung stellt dem Arbeitnehmer ein Darlehen für den ausgefallen Verdienst zur Verfügung.

Das pauschalierte monatliche Nettoentgelt vor der Freistellung ist das nach der im jeweiligen Kalenderjahr geltenden Verordnung über die pauschalierten Nettoentgelte für das Kurzarbeitergeld maßgebliche Entgelt, bezogen auf das auf den nächsten durch zwanzig teilbaren Betrag zugrunde gelegte regelmäßige durchschnittliche monatliche Bruttoentgelt ausschließlich der Sachbezüge der letzten 12 Kalendermonate nach Beginn der Freistellung.[2]

8.8.6.7 Mitwirkungspflicht des Arbeitgebers

Der Arbeitgeber hat dem Bundesamt für Familie und zivilgesellschaftliche Aufgaben für die bei ihm beschäftigten Arbeitnehmer den Arbeitsumfang sowie das Arbeitsentgelt vor der Freistellung nach § 3 Abs. 1 FPfZG zu bescheinigen.[3]

8.8.6.8 Informationspflichten

Mit dem Gesetz wurden für die Arbeitgeber Informationspflichten eingeführt:

- schriftliche Vereinbarung zwischen Arbeitgeber und der oder dem Beschäftigten über die Inanspruchnahme von Familienpflegezeit (§ 3 Abs. 1 Nr. 1 FPfZG),

1 § 2a Abs. 1 FPfZG
2 § 3 Abs. 3 FPfZG
3 § 4 FPfZG

- Bescheinigung über den Arbeitsumfang sowie das Arbeitsentgelt vor der Freistellung (§ 4 FPfZG).

8.8.6.9 Kombination von Pflegezeit und Familienpflegezeit

Pflegezeit und Familienpflegezeit können miteinander kombiniert werden und auch ineinander übergehen. Die Gesamtdauer der Freistellung beträgt höchstens 24 Monate.

8.9 Beitragspflicht von Arbeitgeberleistungen während des Bezugs von Sozialleistungen (§ 23c SGB IV)

Mit dem Gesetz zur Vereinfachung der Verwaltungsverfahren im Sozialrecht (Verwaltungsvereinfachungsgesetz) vom 21.03.2005 ist mit Wirkung vom 30.03.2005 die Vorschrift des § 23c SGB IV eingefügt worden.

In § 23c Satz 1 SGB IV ist geregelt, dass arbeitgeberseitige Leistungen, die für die Zeit des Bezugs von Sozialleistungen gezahlt werden, **nicht** als beitragspflichtiges Arbeitsentgelt (beitragspflichtige Einnahme) gelten, soweit die Einnahmen zusammen mit den Sozialleistungen das Nettoarbeitsentgelt (§ 47 SGB V) nicht übersteigen (SV-Freibetrag).

Alle darüber hinausgehenden Beträge sind hingegen als beitragspflichtige Einnahmen zu berücksichtigen. Hiervon werden auch geringe Beträge erfasst. Seit dem 01.01.2008 gilt allerdings eine Freigrenze von 50 €. Erst wenn diese überschritten wird, sind alle den SV-Freibetrag übersteigenden Zahlungen beitragspflichtig.

Für die Beurteilung, ob § 23c SGB IV angewendet werden muss, sind mehrere Schritte durchzuführen:

1. Bestimmung der arbeitgeberseitigen Leistungen
2. Ermittlung der Sozialleistungen
3. Ermittlung des Nettoarbeitsentgelts
4. Ermittlung des SV-Freibetrags

8.9.1 Arbeitgeberseitige Leistungen

Zu den laufend gezahlten arbeitgeberseitigen Leistungen zählen insbesondere:

- Zuschüsse zum Krankengeld, Verletztengeld, Übergangsgeld,
- Zuschüsse zum Mutterschaftsgeld,
- Zuschüsse zum Krankentagegeld privat Versicherter,
- Sachbezüge (z. B. Kost, Wohnung und private Nutzung von Geschäftsfahrzeugen),
- Firmen- und Belegschaftsrabatte,
- vermögenswirksame Leistungen,

- Kontoführungsgebühren,
- Zinsersparnisse aus verbilligten Arbeitgeberdarlehen,
- Telefonzuschüsse und
- Beiträge und Zuwendungen zur betrieblichen Altersvorsorge.

8.9.2 Sozialleistungen

Das Gesetz erfasst folgende Sozialleistungen, neben denen laufend gezahlte arbeitgeberseitige Leistungen unter den genannten Voraussetzungen nicht als beitragspflichtige Einnahmen gelten:

- Krankengeld und Krankengeld bei Erkrankung des Kindes (Krankenkassen),
- Verletztengeld und Verletztengeld bei Verletzung des Kindes (Unfallversicherungsträger),
- Übergangsgeld (Rentenversicherungsträger/Bundesagentur für Arbeit/Unfallversicherungsträger/Kriegsopferfürsorge),
- Versorgungskrankengeld (Träger der Kriegsopferversorgung),
- Mutterschaftsgeld (Krankenkassen/Bund),
- Krankentagegeld (private Krankenversicherungsunternehmen),
- Pflegeunterstützungsgeld.

Obwohl keine Sozialleistung im eigentlichen Sinne, wird von § 23c SGB IV auch die Elternzeit erfasst.

8.9.3 Nettoarbeitsentgelt (Vergleichsnetto)

Zur Feststellung des Sozialversicherungsfreibetrags wird ein zu vergleichendes Nettoarbeitsentgelt (Vergleichsnetto) benötigt. Der höchstmögliche Sozialversicherungsfreibetrag ist die Differenz zwischen dem Vergleichsnetto und der Netto-Sozialleistung.

Das Vergleichsnetto entspricht dem Nettoarbeitsentgelt, das der Arbeitgeber den gesetzlichen Sozialleistungsträgern zur Berechnung der Sozialleistung in einer Entgeltbescheinigung mitteilen muss.

Für privat Krankenversicherte hat der Arbeitgeber das Vergleichs-Nettoarbeitsentgelt in gleicher Weise zu ermitteln. Der so ermittelte Betrag bleibt für die Dauer des Bezugs von Sozialleistungen unverändert.

Sehen arbeitsrechtliche bzw. tarifrechtliche Regelungen für die Berechnung des Zuschusses des Arbeitgebers zur Sozialleistung ein anderes Nettoarbeitsentgelt vor als das der Berechnung der Sozialleistung zugrunde liegende, bestehen keine Bedenken, dieses vereinbarte Nettoarbeitsentgelt als Vergleichs-Nettoarbeitsentgelt zu verwenden.

Es bestehen ebenfalls keine Bedenken, wenn der Arbeitgeber monatlich das Nettoarbeitsentgelt als Vergleichs-Nettoarbeitsentgelt berücksichtigt, das im Falle der tatsächlichen Ausübung der Beschäftigung zu ermitteln wäre.

Bildung des Vergleichsnettos:

Das maßgebliche Vergleichsnetto wird wie folgt ermittelt:

Bruttolohn
abzgl. gesetzlicher Abzüge
abzgl. des tatsächlichen Gesamtbeitrags zur freiwilligen oder privaten KV und PV
zuzügl. Arbeitgeberzuschuss zur freiwilligen oder privaten KV und PV. Bei Privatversicherten ist maximal der nach § 257 SGB V zuschussfähige Höchstbetrag zu berücksichtigen (= 403,99 €).

8.9.4 Ermittlung der beitragspflichtigen Einnahmen

Der zusammen mit der jeweiligen Sozialleistung das Vergleichsnetto übersteigende Teil der laufend gezahlten arbeitgeberseitigen Leistungen wird in der Sozialversicherung beitragspflichtig. Hierfür sind jeweils die Netto-Sozialleistung und die Bruttozahlungen des Arbeitgebers zu berücksichtigen.

Die Netto-Sozialleistung ist bei gesetzlichen Leistungsträgern die Brutto-Sozialleistung abzüglich der daraus zur Sozialversicherung vom Versicherten zu tragenden Beitragsanteile.

Kürzungen von Sozialleistungen wirken sich weder auf die Brutto- noch auf die Netto-Sozialleistung, sondern nur auf den Auszahlungsbetrag der Sozialleistung aus. Die Netto-Sozialleistung bleibt deshalb für den gesamten Zeitraum des Bezugs von Sozialleistungen für die Ermittlung des SV-Freibetrags unverändert. Bei privaten Leistungsträgern sind Brutto- und Netto-Sozialleistung gleich.

Beitragspflichtige Einnahmen aufgrund von arbeitgeberseitigen Leistungen fallen – auch in Monaten mit nur teilweisem Sozialleistungsbezug – nur an, wenn unter Berücksichtigung eines vollen Abrechnungsmonats mit Bezug von Sozialleistungen die dem Grunde nach beitragspflichtigen laufend gezahlten arbeitgeberseitigen Leistungen zusammen mit der Sozialleistung das Vergleichs-Nettoarbeitsentgelt übersteigen.

Die Regelung hat folgende Auswirkungen:

- Für Unterbrechungszeiten, in denen SV-pflichtiges Brutto anfällt, entstehen normale SV-Tage (30 SV-Tage pro Monat). Dies führt zu einer Erhöhung der SV-Luft bei der Ermittlung der SV-Beiträge für Einmalbezüge.
- Durch die Zahlung von beitragspflichtigem Entgelt entfällt die Grundlage für eine Unterbrechungsmeldung. Eine solche ist nicht durchzuführen, wenn der SV-Freibetrag durch Arbeitgeberleistungen überschritten wird.
- Bei einem privat krankenversicherten Arbeitnehmer entscheidet die Höhe des Krankentagegeldes, ob zusätzliche Leistungen des Arbeitgebers (z. B. Sachbezüge) in der Renten- und Arbeitslosenversicherung pflichtig sind.

8.9.5 Bezug von Mutterschaftsgeld

Nach § 19 Abs. 1 MuSchG erhalten Frauen, die Anspruch auf Mutterschaftsgeld haben, während ihres bestehenden Arbeitsverhältnisses für die Zeit der Schutzfristen (§ 3 Abs. 1 und § 7 Abs. 1 MuSchG) sowie für den Entbindungstag von ihrem Arbeitgeber einen Zuschuss in Höhe des Unterschiedsbetrags zwischen 13 € und dem um die gesetzlichen Abzüge verminderten kalendertäglichen Arbeitsentgelt (Nettoarbeitsentgelt).

Bei einem kalendertäglichen Nettoarbeitsentgelt von bis zu 13 € besteht somit kein Anspruch auf einen Arbeitgeberzuschuss nach § 20 Abs. 1 MuSchG. In diesem Fall stellt jede arbeitgeberseitige Leistung eine beitragspflichtige Einnahme dar. Sonstige nicht beitragspflichtige Einnahmen im Sinne des § 23c SGB IV können nicht vorliegen.

Bei einem kalendertäglichen Nettoarbeitsentgelt von über 13 € übersteigt der Arbeitgeberzuschuss nach § 20 Abs. 1 MuSchG zusammen mit dem Mutterschaftsgeld nicht das Nettoarbeitsentgelt. Es liegt somit ausschließlich eine nicht beitragspflichtige Einnahme im Sinne des § 23c SGB IV vor.

Ein Überschreiten des SV-Freibetrags kann in diesem Fall nur eintreten, wenn der Arbeitgeber neben dem Zuschuss nach § 20 Abs. 1 MuSchG weitere arbeitgeberseitige Leistungen erbringt.

Beispiel Mutterschaftsgeldzuschuss

Eine Arbeitnehmerin bezieht während der Mutterschutzfrist je Kalendertag 13 € von ihrer gesetzlichen Krankenkasse. Außerdem erhält sie als Zuschuss vom Arbeitgeber die Differenz zu ihrem durchschnittlichen Nettoentgelt der letzten drei Monate vor Beginn der Mutterschutzfrist. Somit erhält sie also bereits 100 % ihres bisherigen Nettoverdienstes. Zusätzlich erhält die Arbeitnehmerin eine Kontoführungsgebühr von 1,50 €.

Die Freigrenze von 50 € wird nicht überschritten und somit ist die Arbeitgeberleistung nicht beitragspflichtig.

Beispiel Krankengeld

Bruttoarbeitsentgelt	3.000,00 €
Abzgl. der gesetzlichen Abzüge ergibt sich ein Vergleichs-Nettoarbeitsentgelt	2.100,00 €
Nettokrankengeld monatlich	– 1.628,10 €
SV-Freibetrag	471,90 €
Bruttozahlungen des Arbeitgebers	600,00 €

Die Bruttozahlungen des Arbeitgebers überschreiten den SV-Freibetrag monatlich um 128,10 €. Dieser Betrag ist sozialversicherungspflichtig.

8.9.6 Elternzeit

Werden während der Elternzeit Arbeitgeberleistungen weiter gewährt (z. B. Dienstwohnung, Kontoführungsgebühr usw.), sind diese bis zum Vergleichsnetto SV-frei. Für eine Teilzeitbeschäftigung während der Elternzeit gelten die allgemeinen Regelungen der Sozialversicherung.

8.9.7 Freigrenze

Seit dem 01.01.2008 gilt eine Freigrenze von 50 € im Monat. Wird der SV-Freibetrag überschritten, kommt es bis zu einem Betrag von 50 € nicht zu einem Fall nach § 23c SGB IV. Werden die 50 € überschritten, ist der gesamte Betrag SV-pflichtig. Die Freigrenze ist ein monatlicher Wert und darf nicht kumuliert werden. Liegen in einem Monat mehrere Sozialleistungen vor, ist die Freigrenze jeweils getrennt zu berechnen.

Wichtig

§ 23c SGB IV: Freigrenze von 50 € im Monat

8.10 Freistellung von Arbeitnehmern

8.10.1 Entgeltanspruch des dienstbereiten Arbeitnehmers

Das Schutzrecht der Sozialversicherung sieht vor, dass das SV-rechtliche Arbeitsverhältnis weiter besteht, wenn der Arbeitnehmer noch seine Dienste zur Verfügung stellt und es zur Weiterzahlung von Entgelt kommt. Notfalls ist über eine solche strittige Frage die Entscheidung des Gerichts abzuwarten. Die eventuelle Fortdauer der SV-Pflicht ist nämlich von dem Urteil des Arbeitsgerichts abhängig.

Nach § 8 Abs. 1 Entgeltfortzahlungsgesetz (EFZG) wird der Anspruch auf Fortzahlung des Arbeitsentgelts nicht dadurch berührt, dass der Arbeitgeber oder der Arbeitnehmer aus einem dort bezeichneten Anlass das Arbeitsverhältnis kündigt. In diesen Fällen ist trotz der Beendigung des Arbeitsverhältnisses der Krankenlohn weiterzuzahlen. Nach Sinn und Zweck des EFZG ist davon auszugehen, dass in solchen Fällen Versicherungs- und Beitragspflicht bis zum Wegfall des Anspruchs auf Krankenlohn besteht.

8.10.2 Wirkung einer arbeitsgerichtlichen Entscheidung

Wird durch Urteil des Arbeitsgerichts oder arbeitsgerichtlichen Vergleich (z. B. Umwandlung einer fristlosen in eine fristgemäße Kündigung) das Arbeitsverhältnis nachträglich „verlängert", so besteht das versicherungspflichtige Beschäftigungsverhältnis so lange weiter, bis zum festgelegten Ende die Vergütung bezahlt wird.

Hinweis

Diese Regelungen gelten allerdings nur dann, wenn der Arbeitnehmer seine Bereitwilligkeit zur Arbeitsleistung zu erkennen gegeben hat (BSG vom 25.09.1981, Aktenzeichen 12 RK 58/80).

8.10.3 Freistellung des Arbeitnehmers vor Ende des Arbeitsverhältnisses

Immer wieder kommt es vor, dass Arbeitnehmer von ihrer Arbeit freigestellt werden, obwohl das (arbeits-)rechtliche Ende des Arbeitsverhältnisses noch gar nicht erreicht ist. Die Auswirkungen auf die Versicherungspflicht in der Sozialversicherung sind dabei – je nach Vereinbarung und Sachverhalt – sehr unterschiedlich.

Die Spitzenverbände der Sozialversicherung haben in ihrer Besprechung am 05./06.07.2005 über die versicherungsrechtlichen Auswirkungen – insbesondere über den Zeitpunkt der Beendigung des sozialversicherungspflichtigen Beschäftigungsverhältnisses – beraten. Dabei wurde auch die Rechtsprechung des Bundessozialgerichts vom 18.12.2003 – ergangen zu den Sperrzeiten beim Arbeitslosengeld – einbezogen. Für die betriebliche Praxis ergeben sich folgende Sachverhalte:

8.10.4 Einvernehmliche unwiderrufliche Freistellung

Ein versicherungspflichtiges Arbeitsverhältnis liegt vor, wenn der Arbeitnehmer seine Arbeitskraft anbietet und der Arbeitgeber sein Weisungsrecht ausübt sowie die vereinbarte Vergütung leistet.

Wenn beide Parteien einvernehmlich und unwiderruflich auf diese gegenseitigen Beziehungen verzichten, endet das versicherungspflichtige Beschäftigungsverhältnis mit dem letzten arbeitsrechtlichen Arbeitstag. Diese Regelung wurde 2009 nach einem Urteil des BSG (B 12 KR 22/07 R) möglich. Die Spitzenverbände haben dies in ihrem Besprechungsergebnis vom 30./31.03.09 ebenfalls bestätigt.

8.10.5 Einseitige unwiderrufliche Freistellung

Ein einseitiger Verzicht des Arbeitgebers auf die Arbeitskraft des Arbeitnehmers versetzt den Arbeitgeber in den sogenannten Annahmeverzug. Da der Arbeitnehmer weiterhin seine Arbeitskraft anbietet, besteht das SV-pflichtige Arbeitsverhältnis weiter. Es endet nicht vorzeitig. Weitergezahlte Vergütungen sind beitragspflichtig.

8.10.6 Einvernehmliche widerrufliche Freistellung

Sind sich zwar beide Parteien einig, das Arbeitsverhältnis zu beenden, so besteht das SV-pflichtige Beschäftigungsverhältnis dennoch fort, wenn der Arbeitgeber sich vorbehält, jederzeit auf die Arbeitskraft und das Wissen des Arbeitnehmers zurückgreifen zu können. Weitergezahltes Arbeitsentgelt ist beitragspflichtig.

8.10.7 Aufhebungsvertrag

Durch einen Aufhebungsvertrag wird das Arbeitsverhältnis zwischen beiden Parteien einvernehmlich zu einem festgelegten Zeitpunkt, und zwar i. d. R. unabhängig von Kündigungsfristen, beendet. Mit dem Ende des Arbeitsverhältnisses zu diesem Stichtag endet auch die SV-Pflicht.

Abfindungszahlungen, die in diesem Zusammenhang häufiger bezahlt werden, gehören nicht zum Arbeitsentgelt im Sinne der Sozialversicherung und sind somit beitragsfrei.

9 Besondere Entgeltarten

9.1 Vermögenswirksame Leistungen

9.1.1 Allgemeines

Unter vermögenswirksamen Leistungen (VL) versteht man Geldleistungen, die der Arbeitgeber für den Arbeitnehmer in bestimmten Anlageformen anlegt (5. Vermögensbildungsgesetz (VermBG)). Diese Leistungen können vom Arbeitnehmer selbst oder auch als zusätzliche Arbeitgeberleistungen erbracht werden.

Die staatliche Förderung für vermögenswirksame Leistungen hat sich bereits ab 01.01.2004 geändert. Es gelten niedrigere Sparzulagen. Die Tabelle zeigt die Größen:

Förderart	**Wohnungsbau**	**Vermögensbeteiligungen**
	• Bausparkassenbeiträge, Entschuldung von Wohnungseigentum • Kapitalversicherungen	• Aktien • Aktienfonds • stille Beteiligungen • Darlehen
Sparzulage	9 %	20 %
Höchstbetrag jährlich	470 €	400 €

Hinweis

Beide Förderarten können nebeneinander in Anspruch genommen werden.

Die Sparzulage wird nicht vom Arbeitgeber ausbezahlt und somit auch nicht auf der Lohnsteuerbescheinigung ausgewiesen. Auf Antrag gewährt das Finanzamt die Sparzulage nach Ablauf der Festlegungsfrist. Außer der Abführung der Gesamtrate zur Vermögensbildung hat der Arbeitgeber in diesem Zusammenhang keine weiteren Pflichten zu erfüllen.

Um für vermögenswirksame Leistungen die Arbeitnehmer-Sparzulage mit der Steuererklärung beantragen zu können, stellte das Anlageinstitut bisher dem Anleger jährlich die „Anlage VL" aus. Diese Bescheinigung war der Steuererklärung beizufügen.

Für nach dem 31.12.2016 angelegte vermögenswirksame Leistungen sind keine Papierbescheinigungen (Anlage VL) mehr auszustellen.

Mit dem BMF-Schreiben vom 16.12.2016 wurde die erstmalige Übermittlung für die im Jahr 2017 angelegten vermögenswirksamen Leistungen festgelegt. Diese hatte spätestens bis zum 28.02.2018 zu erfolgen. Mit dem BMF-Schreiben vom 17.04.2018 wurde, vor dem Hintergrund der aufgetretenen Umsetzungsprobleme, die Frist für die elektronische Übermittlung der elektronischen Vermögensbildungsbescheinigung einmalig für das Anlagejahr 2017 um sechs Monate verlängert. Die elektronischen Vermögensbildungsbescheinigungen für die im Jahr 2017 angelegten vermögenswirksamen Leistungen waren danach spätestens bis zum 31.08.2018 zu übermitteln. Dies gilt für alle mitteilungspflichtigen Stellen.

9.1.2 Steuer- und beitragsrechtliche Behandlung

Der Arbeitgeberanteil zur Vermögensbildung ist steuer- und sozialversicherungspflichtiger Arbeitslohn.

9.1.3 Angaben des Arbeitnehmers zur Vermögensbildung

Der Arbeitnehmer muss dem Arbeitgeber entsprechende Informationen mitteilen, damit die Vermögensbildung im Zuge der Abrechnung abgewickelt werden kann.

Im Einzelnen sind dies:

- die Höhe der einmaligen oder laufenden Beträge, die angelegt werden sollen,
- der Zeitpunkt, ab wann die Anlage erfolgen soll,
- die Art der Anlage, das Institut, Bankverbindung und Vertragsnummer.

Von den Anlageinstituten werden entsprechende Vordrucke für die Vorlage beim Arbeitgeber zur Verfügung gestellt, aus denen diese Angaben hervorgehen.

9.2 Arbeitszeitbezogene Zuschläge

9.2.1 Allgemeines

In der Praxis werden oft Zuschläge für Überstunden und Sonntags-, Feiertags- und Nachtarbeit gezahlt. Dabei handelt es sich um Leistungen, die zusätzlich zum normalen Entgelt aufgrund besonderer Leistungen des Arbeitnehmers gewährt werden. Neben Zuschlägen kommt es zur Zahlung diverser Zulagen, wie z. B. Erschwerniszulagen, Schmutzzulagen und außertarifliche Leistungszulagen.

Hinweis

Der Europäische Gerichtshof (EuGH) hat mit einem Urteil[1] die Anforderung an die nationalen Staaten formuliert, Systeme einzurichten, mit denen die tägliche Arbeitszeit gemessen werden kann. Ohne ein solches System kann weder die Zahl

1 Urteil vom 14.05.2018 (C-55/18)

der geleisteten Arbeitszeit und ihre zeitliche Verteilung noch die Zahl der Überstunden objektiv und verlässlich ermittelt werden. Zum Zeitpunkt der Drucklegung war keine nationale Gesetzgebung geplant.

9.2.2 Überstunden

Es gibt keine gesetzliche Regelung für die genaue Vergütung von erbrachten Überstunden. In § 612 BGB billigt das Gesetz wenigstens die Grundvergütung für Mehrarbeit zu, wenn ein Freizeitausgleich nicht möglich ist. Üblicherweise finden sich jedoch in Tarifverträgen, Betriebsvereinbarungen oder Arbeitsverträgen genaue Hinweise, auf welche Art und Weise geleistete Überstunden als Arbeit, die über die vereinbarte Arbeitszeit hinausging, zu vergüten sind.

Sowohl der Grundlohn (Stundenlohn) als auch die eigentlichen Zuschläge für die Überstunden gehören zum laufenden steuerpflichtigen Arbeitslohn bzw. Arbeitsentgelt.

Normalerweise sind Überstunden beitragsrechtlich dem Monat zuzuordnen, für den sie gezahlt werden. Aus Vereinfachungsgründen (Besprechungsergebnis der Spitzenverbände der Krankenkassen, des Verbands deutscher Rentenversicherungsträger (VDR) und der Bundesanstalt für Arbeit (BA) vom 16./17.01.1979) dürfen geleistete Überstunden aber auch späteren Lohnzahlungszeiträumen zugeordnet werden.

Dies darf jedoch nur dann erfolgen, wenn sie regelmäßig im nächsten oder übernächsten Monat versetzt ausgezahlt werden. Erfolgt die Abrechnung der Überstunden nicht regelmäßig, zeitlich versetzt, im nächsten oder übernächsten Monat, sondern nur von Zeit zu Zeit in größeren Abständen, müssen die Abrechnungsmonate, in denen Überstunden angefallen waren, abrechnungstechnisch neu aufgerollt werden. Dabei hat die Lohnsteuer- und Beitragsberechnung unter Beachtung der in dem betreffenden Monat angefallenen Überstunden zu erfolgen.

9.2.3 SFN-Zuschläge

Die Höhe der Sonntags-, Feiertags- und Nachtzuschläge (SFN-Zuschläge) richtet sich meistens nach tarifvertraglichen oder arbeitsrechtlichen Bestimmungen.

9.2.3.1 Steuer- und SV-Freiheit der SFN-Zuschläge

Die Steuerfreiheit der SFN-Zuschläge ist in § 3b EStG geregelt. Danach sind die Zuschläge in ganz bestimmtem Umfang steuerfrei, wobei die Steuerfreiheit Sozialversicherungsfreiheit nach sich zieht.

Allerdings wurde sowohl die Steuer- als auch die SV-Freiheit in der Höhe begrenzt. In beiden Fällen ist der Grundlohn ausschlaggebend. Beträgt dieser mehr als 25 €, ist der übersteigende Wert SV-pflichtig. Bei der Lohnsteuerberechnung beträgt die Grenze 50 €.

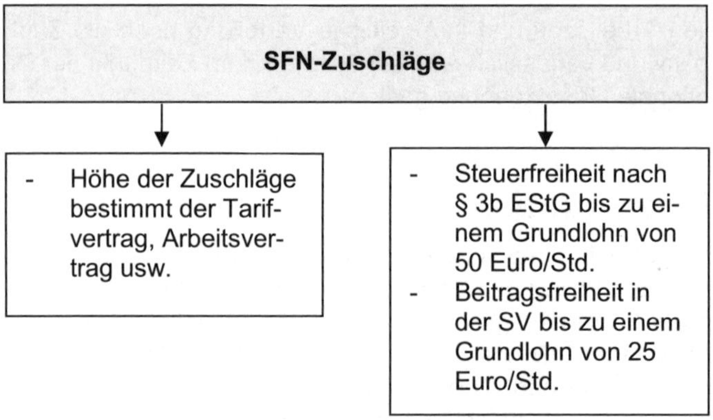

Abbildung 9.1: Schaubild SFN-Zuschläge

in Prozent vom Grundlohn	**Art der Zuschläge**
25 %	für Nachtarbeit von 20 Uhr bis 6 Uhr
40 %	für Nachtarbeit von 0 Uhr bis 4 Uhr, wenn die Nachtarbeit vor 0 Uhr aufgenommen worden ist
50 %	für Sonntagsarbeit von 0 Uhr bis 24 Uhr
125 %	für Arbeit an gesetzlichen Feiertagen (inklusive Oster- und Pfingstsonntag) von 0 Uhr bis 24 Uhr sowie für Arbeit am 31. Dezember ab 14 Uhr
150 %	für Arbeit am 24. Dezember ab 14 Uhr, am 25. und 26. Dezember sowie am 01. Mai von 0 Uhr bis 24 Uhr

Tabelle 9.1: Steuerfreie SFN-Zuschläge

Wurde die Arbeit an einem Sonn- oder Feiertag begonnen, gilt die steuerfreie Zeitzone bis 4 Uhr des folgenden Tages.

Beispiel 1

Der Arbeitnehmer beginnt die Arbeit am Sonntag um 21 Uhr und beendet sie am Montag um 5 Uhr. In diesem Fall sind folgende steuerfreie Zuschläge möglich:

Sonntag 21 bis 24 Uhr = 50 % + 25 %

Montag 0 bis 4 Uhr = 50 % + 40 %

Montag 4 bis 5 Uhr = 25 %

Die Steuerfreiheit setzt voraus, dass SFN-Zuschläge zusätzlich zum normalen Lohn oder Gehalt bezahlt werden. Eine Herausrechnung aus einem einheitlich geschuldeten Arbeitslohn ist unzulässig.

Beispiel 2

Ein Angestellter bezieht ein Gehalt von 5.000 €. Er arbeitet auch ab und zu sonntags. Eine Arbeitszeitregelung ist nicht festgelegt. Hier darf nicht ein Teil seines Gehalts für die Sonntagsarbeit abgespalten und steuerfrei ausbezahlt werden. Das Gehalt ist in voller Höhe steuer- und sozialversicherungspflichtig. Eine Abgeltung von geleisteten SFN-Stunden in Form von Freizeit oder Geld ist nicht nach § 3b EStG steuerfrei.

Beispiel 3

Arbeitet ein Arbeitnehmer an einem Feiertag und nimmt er sich dafür die entsprechenden Stunden an einem normalen Werktag frei, so sind damit keine steuer- und sozialversicherungsfreien Zuschläge entstanden. Der Arbeitslohn ist in voller Höhe steuerpflichtig.

9.2.3.2 Berechnung des Grundlohns

Die Steuerfreiheit der Zuschläge bemisst sich nach dem **Grundlohn**. Unter dem Grundlohn versteht man den laufenden Arbeitslohn, der auf eine Arbeitsstunde entfällt.

Zum Grundlohn gehören:

- laufender Arbeitslohn,
- vermögenswirksame Leistungen,
- laufende Sachbezüge, sofern sie steuerpflichtig sind (z. B. Firmenwagen zur privaten Nutzung),
- steuerpflichtige Fahrtkostenzuschüsse, die nicht pauschal versteuert werden,
- laufende Beiträge zu einer Direktversicherung, auch wenn sie pauschal versteuert werden,
- laufende Beiträge, die steuerfrei in eine Pensionskasse oder einen Pensionsfonds abgeführt werden,
- laufende Zuschläge und Zulagen, die aufgrund besonderer Tätigkeit während der normalen Arbeitszeit gezahlt werden (z. B. Erschwerniszuschläge, Schmutzzulage usw.).

Nicht zum Grundlohn gehören:

- sonstige Bezüge, unabhängig von ihrer Höhe,
- Mehrarbeitslohn und Mehrarbeitszuschläge,

- Nachzahlungen von Arbeitslohn als sonstiger Bezug,
- steuerfreier Arbeitslohn (steuerfreier Aushilfslohn ist jedoch Grundlohn),
- pauschal nach § 40 EStG versteuerte Bezüge (z. B. Fahrkostenzuschüsse),
- Zuschläge für SFN, die innerhalb der nach § 3b EStG geförderten Zeit geleistet werden.

Der Grundlohn wird für eine Arbeitsstunde unter Berücksichtigung der vereinbarten Arbeitszeit errechnet. Es spielt dabei keine Rolle, aus welchem Grund Stunden ausgefallen sind. Die durchschnittliche regelmäßige monatliche Arbeitszeit ergibt sich aus der wöchentlichen Arbeitszeit multipliziert mit 4,35.

Der Grundlohn unterteilt sich in einen **Basisgrundlohn** und **Grundlohnzusätze**.

9.2.3.3 Basisgrundlohn

Der Basisgrundlohn ist mit dem vereinbarten normalen laufenden Arbeitslohn identisch. Der Basisgrundlohn entspricht dem Festbezug oder Stundenlohn eines Arbeitnehmers. Er ändert sich somit nicht jeden Monat.

Bei einem Arbeitnehmer, der aufgrund einer Altersteilzeitregelung einen niedrigen Grundlohn hat, ist der Grundlohn der Vollzeitbeschäftigung zu berücksichtigen.

Bei der Berechnung muss immer der gesamte Monat betrachtet werden, und zwar so, als ob der Arbeitnehmer voll gearbeitet hätte.

Die Berechnung eines Monatslohns erfolgt unter Berücksichtigung der im Gesetz vorgegebenen Arbeitszeit-Berechnungsformel:

wöchentliche Arbeitszeit x 4,35 = monatliche Arbeitszeit

Der Monatslohn muss dann auf einen Stundenlohn umgerechnet werden. Gesetzliche Formel:

Monatslohn / (wöchentliche Arbeitszeit x 4,35) = Std.-Lohn

9.2.3.4 Grundlohnzusätze

Grundlohnzusätze setzen sich aus Bestandteilen des Grundlohns zusammen, die im Voraus nicht exakt bestimmbar sind (z. B. Schmutzzulagen, Erschwerniszulagen). Sie sind mit den Beträgen in den Grundlohn mit einzurechnen, die dem Arbeitnehmer für den entsprechenden Lohnzahlungszeitraum tatsächlich zustehen. Hier werden nur die tatsächlich gearbeiteten Stunden bewertet.

9.2.3.5 Beispiel für die Berechnung des steuerlichen Grundlohns (aus LStH § 3b)

1. **Schritt – Ermittlung der Basisdaten**
   Für die Berechnung des steuerlichen Stundensatzes ist nach den Vorschriften des § 3b EStG vorzugehen. Aus diesem Grund sind viel mehr Lohnarten zu be-

rücksichtigen als bei der Berechnung des arbeitsrechtlichen Stundensatzes, mit dem die Stunden bezahlt werden.

Beispiel:

– Stundenlohn	8,50 €/Std.*)
– Schichtzuschlag	0,25 €/Std.*)
– Zuschlag für Samstagsarbeit	0,50 €/Std.**)
– Spätarbeitszuschlag zwischen 18 und 20 Uhr	0,85 €/Std.**)
– Überstundenzuschlag fix	2,50 €/Std.
– Gefahrenzulage	1,50 €/Std.**)
– Fahrtkostenzuschuss	3,00 €/Tag**)
– AG-Zuschuss zu VL	40,00 €/Monat*)
– AG-Beitrag zur Direktversicherung	50,00 €/Monat*)

*) Basisgrundlohn
**) Grundlohnzusätze

2. **Schritt – Analyse des Bezugsmonats**
Es muss immer der Monat herangezogen werden, der für die Ermittlung des Std.-Satzes für die Bezahlung verwendet wird, insbesondere bei zeitversetzten Zahlungen. Im Juni hat der Arbeitnehmer infolge Urlaubs nur an zehn Tagen insgesamt 80 Stunden gearbeitet. In diesen 80 Stunden sind enthalten:

– Regelmäßige Arbeitsstunden	76
– Überstunden insgesamt	4 *)
– Samstagsstunden insgesamt	12
– Überstunden an Samstagen	2 *)
– Spätarbeitsstunden insgesamt	16
– Überstunden mit Spätarbeit	2 *)
– Stunden mit gefährlichen Arbeiten insgesamt	5
– Überstunden mit gefährlichen Arbeiten	1 *)

*) Überstunden werden nicht bewertet

3. **Schritt – Ermittlung der zu berücksichtigenden Zeiten**
Die Überstunden sind herauszurechnen, somit ergeben sich an geleisteten Arbeitsstunden:

– Regelmäßige Arbeitsstunden	72 *)
– Samstagsstunden insgesamt	10 **)
– Spätarbeitsstunden insgesamt	14 **)
– Stunden mit gefährlichen Arbeiten insgesamt	4 **)

*) = Basisgrundlohn
**) = Grundlohnzusätze

4. **Schritt – Berechnung des Basisgrundlohn**

Stundenlohn	38 Std. x 4,35 x 8,50 €	1.405,05 €
Schichtzuschlag	38 Std. x 4,35 x 0,25 €	41,33 €
AG-Zuschuss zu VL		40,00 €
AG-Beitrag zur Direktversicherung		50,00 €
Summe Basisgrundlohn		**1.536,38 €**

Wichtig

Der Basisgrundlohn muss immer auf einer Monatsbasis berechnet werden.

5. **Schritt – Berechnung der Grundlohnzuschläge**

Samstagsarbeit	10 Std. x 0,50 €	5,00 €
Spätarbeitszuschlag	14 Std. x 0,85 €	11,90 €
Gefahrenzulage	4 Std. x 1,50 €	6,00 €
Fahrtkostenzuschuss	10 Tage x 3,00 €	30,00 €
Summe der Grundlohnzuschläge		**52,90 €**

Wichtig

Die Grundlohnzuschläge werden immer anhand des Basismonats berechnet. Basismonat ist der Monat, welcher für den tariflichen Stundensatz verwendet wird.

6. **Schritt – Berechnung des Grundlohn-Stundensatzes**

Summe Basisgrundlohn	1.536,38 €
Summe der Grundlohnzuschläge	52,90 €
Grundlohn	1.589,28 €/Monat
Stundensatz = 1.589,28 : (38 x 4,35)	9,61 €

Wichtig

Dieser Stundensatz ist jetzt für die Berechnung des maximal steuerfreien Betrags zu verwenden.

9.2.3.6 Kombinationen von steuerfreien Zuschlägen

Wenn an Sonn- und Feiertagen zusätzlich Nachtarbeit geleistet wird, können für die Berechnung des steuerfreien Betrags die Zuschlagssätze kumuliert werden.

1. Nachtarbeit am Sonntag	
– von 0 Uhr bis 4 Uhr, wenn die Nachtarbeit vor 0 Uhr begonnen wurde	50 % + 40 % = 90 %
– von 20 Uhr bis 24 Uhr	50 % + 25 % = 75 %
– von 0 Uhr bis 4 Uhr des folgenden Tages, wenn die Nachtarbeit vor 0 Uhr aufgenommen wurde	50 % + 40 % = 90 %
2. Nachtarbeit am Feiertag	
– von 0 Uhr bis 4 Uhr, wenn die Nachtarbeit vor 0 Uhr begonnen wurde	125 % + 40 % = 165 % 150 % + 40 % = 190 %
– von 20 Uhr bis 24 Uhr	125 % + 25 % = 150 % 150 % + 25 % = 175 %
– von 0 Uhr bis 4 Uhr des folgenden Tages, wenn die Nachtarbeit vor 0 Uhr aufgenommen wurde	125 % + 40 % = 165 % 150 % + 40 % = 190 %
3. Arbeit an einem Sonntag, der auf einen Feiertag fällt	125 % bzw. 150 %

9.2.3.7 SV-Pflicht bei SFN-Zuschlägen

Seit dem 01.07.2006 muss der SV-pflichtige Teil gesondert ausgerechnet werden. Gesetzliche Grundlage ist § 1 Abs. 1 Nr. 1 SvEV. Übersteigt der Grundlohn gemäß § 3b EStG 25 €, ist der übersteigende Betrag SV-pflichtig. Die Sozialversicherung erkennt als Grundlage für die Berechnung den § 3b EStG in vollem Umfang an. Der SV-pflichtige Betrag muss gemäß Beitragsverfahrensverordnung (BVV) in der Beitragsabrechnung ausgewiesen werden.

Dem Arbeitsentgelt hinzuzurechnen und damit beitragspflichtig ist nur der Teil der SFN-Zuschläge, der auf einem den Grundlohn von 25 € übersteigenden Betrag beruht, jedoch nicht der vollständige SFN-Zuschlag.

Bei der Ermittlung des regelmäßigen Jahresarbeitsentgelts im Sinne von § 6 Abs. 1 Nr. 1 i. V. m. Abs. 6 oder Abs. 7 SGB V sind die (bei einem Grundlohn von mehr als 25 €) dem Grunde nach gemäß § 1 Satz 2 SvEV beitragspflichtigen SFN-Zuschläge aber zu berücksichtigen, wenn die Sonntags-, Feiertags- oder Nachtarbeit regelmäßig geleistet wird.

Durch diese Anbindung an den Grundlohn/Stundengrundlohn nach § 3b EStG wird deutlich, dass für die beitragsrechtliche Beurteilung auf die steuerlichen Tatbestände abzustellen ist.

Für die Berechnung des beitragspflichtigen Anteils der SFN-Zuschläge bei Überschreiten des Stundengrundlohns von 25 € ist folgende Berechnungsweise anzuwenden:

1. Umrechnung der regelmäßigen wöchentlichen Arbeitszeit,
2. Ermittlung des Stundengrundlohns,
3. Ermittlung des beitragsfreien Anteils des Zuschlags, hierbei wird auf pauschale Stundensätze Bezug genommen,
4. Ermittlung des beitragspflichtigen Arbeitsentgelts, hierbei wird der insgesamt zu zahlende Betrag ermittelt und das Ergebnis aus Pkt. 3 abgezogen.

Bei der Umsetzung ist zu beachten, dass es viele unterschiedliche Konstellationen geben kann. Vielfach werden abweichende Prozentsätze gezahlt oder der tarifliche Stundensatz für die Bezahlung weicht vom Stundensatz ab, der in § 3b EStG genannt ist.

Die folgenden Beispiele sollen dies verdeutlichen:[1]

Grunddaten:

Lohnarten:

Gehalt	3.000,00 €
Zulage	1.000,00 €
VL	26,59 €
Summe	4.026,59 €

Stundensatz

Bezahlung	26,27 €	4.000,00 € : 152,25 Std.
§ 3b – Steuer	26,45 €	4.026,59 € : 152,25 Std.
§ 3b – SV	25,00 €	

Beispiel 1

Gleichheit der Prozentsätze für die Bezahlung und des Prozentsatzes aus § 3b EStG. Sonntag mit Nachtarbeit = bezahlt werden 75 % Zuschlag, steuerfrei sind 75 %.

Bezahlung	10 Std.	75 %	10 Std. x 26,27 € x 75 %	197,03 €
§ 3b – Steuer	10 Std.	75 %	10 Std. x 26,45 € x 75 %	198,38 € keine Steuerpflicht
§ 3b – SV	10 Std.	75 %	10 Std. x 25,00 € x 75 %	187,50 €

Ergebnis: Der SV-pflichtige Betrag beträgt 9,53 €:

Dies entspricht 10 Std x 1,27 € x 75 %.

1 Basis ist eine 35-Std.-Woche, ergibt eine monatliche Arbeitszeit von 152,25 Std (35 x 4,35).

Beispiel 2

Prozentsatz für die Bezahlung ist geringer als der Satz in § 3b EStG. Sonntag mit Nachtzuschlag = bezahlt werden 70 % Zuschlag, steuerfrei sind 75 %.

Bezahlung	10 Std.	70 %	10 Std. x 26,27 € x 70 %	183,89 €
§ 3b – Steuer	10 Std.	75 %	10 Std. x 26,45 € x 75 %	198,38 € keine Steuerpflicht
§ 3b – SV	10 Std.	75 %	10 Std. x 25,00 € x 75 %	187,50 €

Ergebnis: Der SV-freie Betrag ist höher als der gezahlte, deshalb entsteht kein SV-pflichtiges Entgelt.

9.3 Einmalbezüge

9.3.1 Allgemeines

Einmalbezüge sind als Gegenstück zu den laufenden Bezügen zu verstehen. Nach R 39b.2 Lohnsteuerrichtlinien versteht man unter laufendem Arbeitslohn eine regelmäßige Vergütung für Arbeitsleistung während der üblichen Lohnzahlungszeiträume. Darunter können auch schwankende Bezüge fallen.

Einmalbezüge sind alle Vergütungen, die nicht zum laufenden Arbeitslohn gehören. Sie werden aus besonderem Anlass oder zu einem bestimmten Zweck gezahlt.

Typische Einmalbezüge sind:

- Urlaubsgelder,
- Tantiemen, Gratifikationen, Prämien,
- Weihnachtszuwendungen,
- Urlaubsabgeltungen für nicht genommenen Urlaub,
- 13. oder 14. Gehalt,
- Abfindungen,
- Jubiläumszuwendungen,
- Erholungsbeihilfen,
- Heirats- und Geburtsbeihilfen,
- steuerpflichtige Sachzuwendungen aus besonderen Anlässen.

Einmalbezüge unterliegen einer anderen steuer- und sozialversicherungsrechtlichen Behandlung als laufende Bezüge.

9.3.2 Steuerrechtliche Behandlung

Das Steuerrecht verwendet den Begriff **sonstiger Bezug**. Sonstige Bezüge sind unter Berücksichtigung des voraussichtlichen Jahresarbeitslohns nach der Jahreslohnsteuertabelle zu versteuern (§ 39b Abs. 3 Satz 1 EStG).

9.3.2.1 Ermittlung der Lohnsteuer

Sinn und Zweck des besonderen Besteuerungsverfahrens für sonstige Bezüge ist es, den sonstigen Bezug nicht in dem Lohnzahlungszeitraum zu versteuern, in dem die Auszahlung stattfindet, sondern ihn gleichmäßig auf das Kalenderjahr zu verteilen.

Durch die Anwendung der Jahreslohnsteuertabelle wird eine hohe steuerliche Progression vermieden. Der sonstige Bezug wird somit gleichmäßig mit jeweils 1/12 auf das gesamte Kalenderjahr verteilt. Zur Ermittlung der Lohnsteuer für den sonstigen Bezug wird der voraussichtliche Jahresarbeitslohn gebildet.

Die Ermittlung des voraussichtlichen Jahresarbeitslohns erfolgt in drei Schritten (LStRL 39b.6 Abs. 3 Satz 3):

1. Ermittlung des **laufenden Arbeitslohns**, der im laufenden Jahr bereits bezahlt wurde.
2. Ermittlung der **sonstigen Bezüge**, die bereits im Kalenderjahr gezahlt wurden.
3. Ermittlung des laufenden Arbeitslohns, der bis Ende des Kalenderjahres **voraussichtlich** noch zufließen wird.

Der voraussichtlich noch zufließende laufende Arbeitslohn kann auch durch Umrechnung des bisher bereits zugeflossenen laufenden Arbeitslohns (Durchschnittsbildung) auf die Restzeit des Kalenderjahres errechnet werden.

Künftige andere sonstige Bezüge, die zum Zeitpunkt der Berechnung noch nicht gewährt wurden, bleiben stets unberücksichtigt, auch wenn mit ihrer Zahlung sicher zu rechnen ist.

Tipp

Zukünftig zu erwartende Gehaltserhöhungen können aus Vereinfachungsgründen außer Ansatz bleiben. Zur genaueren Ermittlung der Lohnsteuer kann jedoch auch eine Miteinberechnung erfolgen.

Wichtig

Die Frei- bzw. Hinzurechnungsbeträge dürfen nicht von dem zu versteuernden Einkommen abgezogen werden, sondern müssen dem Steuerberechnungsprogramm zusätzlich vorgegeben werden. Bei der Nutzung von Softwareprodukten ist dies ohne Weiteres möglich. Sollten nur Papiertabellen vorliegen, ist eine genaue Steuerermittlung nicht möglich.

Berechnungsschema sonstige Bezüge

Bereits gezahlter laufender und einmaliger Arbeitslohn, einschließlich eventueller Vorarbeitgeberwerte

+ zu erwartender Arbeitslohn im Restjahr

– Altersentlastungsbetrag, falls Voraussetzungen vorliegen

– Versorgungsfreibetrag, wenn Versorgungsbezüge vorliegen

= **Bemessungsgrundlage 1 für LSt *(ohne sonstigen Bezug)***

(hieraus Ermittlung der Jahreslohnsteuer unter Berücksichtigung von Frei- bzw. Hinzurechnungsbeträgen)

+ sonstiger Bezug, der versteuert werden muss

= **Bemessungsgrundlage 2 für LSt *(mit sonstigem Bezug)***

(hieraus Ermittlung der Jahreslohnsteuer unter Berücksichtigung von Frei- bzw. Hinzurechnungsbeträgen)

Die Differenz zwischen den beiden ermittelten Lohnsteuerbeträgen ergibt genau die Lohnsteuer für den sonstigen Bezug.

Die auf diese Art ermittelte Lohnsteuer wird dann mit dem jeweiligen Kirchensteuersatz (8 % bzw. 9 %) multipliziert und ergibt die Kirchensteuer für den sonstigen Bezug. Analog dazu wird der Solidaritätszuschlag mit 5,5 % auf die Lohnsteuer erhoben.

Wichtig

Eventuelle Kinderfreibeträge wirken sich bei der Kirchensteuerberechnung eines sonstigen Bezugs **nicht mindernd** aus. Ebenso verhält es sich mit dem Solidaritätszuschlag. Auch die Freigrenzen innerhalb des Solidaritätszuschlags und der gemilderte Solidaritätszuschlag finden bei der Versteuerung eines sonstigen Bezugs keine Anwendung.

Beispiel

Ein Arbeitnehmer beginnt am 01.04. eine Beschäftigung. Auf seiner Lohnsteuerbescheinigung, die er dem neuen Arbeitgeber vorlegt, ist für den Zeitraum 01.01. bis 31.03. ein Vorverdienst von 9.325 € eingetragen.

Als Gehalt wurden 3.000 € vereinbart. Nach Ablauf der dreimonatigen Probezeit, d. h. ab 01.07., findet eine Erhöhung auf 3.300 € statt. Im November wird ein anteiliges Weihnachtsgeld in Höhe von 2.000 € gezahlt.

Der Arbeitnehmer hat die Steuerklasse III/2,0 und einen Jahresfreibetrag von 2.400 € bzw. einen Monatsfreibetrag von 200 € ab dem 01.01. Bei der Steuerberechnung wird der gesetzliche durchschnittliche Zusatzbeitrag der Krankenkasse unterstellt.

Ermittlung des voraussichtlichen Jahresarbeitslohns

Vorarbeitgeberwerte lt. LSt-Bescheinigung	**9.325,00 €**
+ Gehalt April bis Juni je 3.000 €	9.000,00 €
+ Gehalt Juli bis November je 3.300 €	16.500,00 €
= bereits gezahlter laufender Arbeitslohn:	**34.825,00 €**
+ zukünftiger Arbeitslohn des Jahres (das aktuelle Gehalt wird mit den restlichen Monaten – in dem Fall nur Dezember – multipliziert)	3.300,00 €
= geschätzter Jahresarbeitslohn (JAL) im Kalenderjahr	**38.125,00 €**
= Bemessungsgrundlage JAL 1 für Lohnsteuer	**38.125,00 €**
+ Weihnachtsgeld	2.000,00 €
= Bemessungsgrundlage JAL 2 für Lohnsteuer	**40.125,00 €**

Jetzt wird die Jahreslohnsteuer für beide Beträge ermittelt. Die Differenz zwischen der beim Jahresarbeitslohn 1 und Jahresarbeitslohn 2 abgelesenen Lohnsteuer ergibt die Steuer für den sonstigen Bezug.

Wichtig

Die Kirchensteuer und der Solidaritätszuschlag werden prozentual davon berechnet. **Sie dürfen nicht aus der Tabelle abgelesen werden.**

Jahreslohnsteuer (1) aus 38.125 € – LSt-Freibetrag von 2.400 € (St-Kl. III/KFB 2.0)	932,00 €
Jahreslohnsteuer (2) aus 40.125 € – LSt-Freibetrag von 2.400 € (St-Kl. III/KFB 2.0)	1.260,00 €
Differenz = Lohnsteuer für Weihnachtsgeld	**328,00 €**
380 € x 5,5 % Solidaritätszuschlag (Freigrenze) =	0,00 €
380 € x 9,0 % Kirchensteuer (angenommen) =	29,52 €
Gesamte steuerliche Abzüge für Weihnachtsgeld	**357,52 €**

9.3.3 Berücksichtigung von Vorarbeitgeberwerten

Auf der Lohnsteuerbescheinigung ausgewiesene Vorarbeitgeberwerte sind zur Ermittlung des voraussichtlichen Jahresverdienstes zu berücksichtigen.

Im Zuge der seit 01.01.2004 neu eingeführten elektronischen Lohnsteuerbescheinigung sind Arbeitnehmer beim Neueintritt nicht mehr verpflichtet, Angaben über ihre Vorarbeitgeberverdienste zu machen.

Teilt ein Arbeitnehmer seinen Vorverdienst nicht mit, hat der neue Arbeitgeber die Vorarbeitgeberwerte auf Basis des von ihm gezahlten Gehalts zu schätzen. Zeiten, in denen kein Arbeitsentgelt erworben wurde, bleiben außer Betracht (§ 39b Abs. 3 Satz 2 EStG i. V. m. BMF-Schreiben vom 27.01.2004).

Beispiel

Bei der Firma Müller KG tritt zum 01.08. ein neuer Arbeitnehmer ein. Er teilt mit, dass er vom 01.03. bis zum 31.07. dieses Jahres bereits als Arbeitnehmer beschäftigt war. Vom 01.01. bis zum 28.02. war er arbeitslos. Die Firma Müller zahlt ein Gehalt von 3.000 €.

Da der neue Arbeitgeber keine Vorarbeitgeberwerte kennt, wird der voraussichtliche Jahresverdienst auf der Basis des Gehalts von 3.000 € geschätzt. Unter Berücksichtigung des früheren Beschäftigungszeitraums (März bis Juli = fünf Monate) und des Beschäftigungszeitraums bei der neuen Firma (August bis Dezember = fünf Monate), ergibt sich ein voraussichtlicher Jahresverdienst in Höhe von 30.000 € (zehn Monate x 3.000 €).

9.3.3.1 Ausweispflicht Großbuchstabe S

Wird ein Jahresverdienst ohne Bekanntgabe der Vorarbeitgeberwerte auf diese Weise ermittelt, ist dies durch den **Großbuchstaben S** in der Lohnsteuerbescheinigung auszuweisen. In diesen Fällen wird der Arbeitnehmer zur Einkommensteuererklärung verpflichtet. Ein Lohnsteuerjahresausgleich durch den Arbeitgeber darf nicht stattfinden (§ 41b Abs. 1 i. V. m. § 46 Abs. 2 Nr. 5a EStG).

9.3.4 Sozialversicherungsrechtliche Behandlung

9.3.4.1 Einmalige Zuwendung

Der sozialversicherungsrechtliche Begriff eines Einmalbezugs heißt **einmalige Zuwendung**. Er entspricht im Grunde dem lohnsteuerlichen Begriff **sonstiger Bezug.**

9.3.4.2 Beitragsbemessungsgrenzen

Überschreitet die einmalige Zuwendung zusammen mit dem laufenden Entgelt die monatlichen Beitragsbemessungsgrenzen (BBG), werden diese außer Kraft gesetzt und eine gesonderte Beitragsberechnung wird für die einmalige Zuwendung durchgeführt.

Anstelle der monatlichen BBG gelten die **anteiligen jährlichen BBG** in den Sozialversicherungszweigen. Diesen anteiligen BBG wird das bereits sozialversicherungspflichtig abgerechnete Arbeitsentgelt gegenübergestellt.

Die Differenz, die noch nicht mit Beiträgen belegt ist, trägt auch die Bezeichnung **Sozialversicherungs-Luft (SV-Luft)**. Die einmalige Zuwendung ist bis zu der Höhe der entstandenen SV-Luft sozialversicherungspflichtig.

Diese Regelung basiert auf der Überlegung, dass ein Einmalbezug zwar in einem bestimmten Monat bezahlt wird, aber eigentlich nicht nur für den Auszahlungsmonat bestimmt ist, sondern sich in der Regel auf einen längeren Zeitraum bezieht.

Beispiel 1

Ein Arbeitnehmer bezieht im Juli ein Urlaubsgeld in Höhe von 1.000 €. Sein Gehalt beträgt 2.300 €. Die Addition von Gehalt und einmaliger Zuwendung ergibt 3.300 €.

Diese Summe liegt unterhalb der monatlichen BBG in der KV/PV (4.987,50 €) und unterhalb der BBG der RV/AV (7.300 €). Daher ist in keinem Zweig der Sozialversicherung eine gesonderte Berechnung erforderlich.

Der Gesamtbetrag von 3.300 € kann noch unter Beachtung der monatlichen BBG in voller Höhe in allen Zweigen der Sozialversicherung der Beitragspflicht unterworfen werden. Eine Ermittlung der sogenannten SV-Luft ist erst dann erforderlich, wenn die Summe von laufenden Bezügen und Einmalbezug die BBG übersteigt.

Beispiel 2

Ein Arbeitnehmer mit einem Gehalt von 3.800 € bezieht im Juli ein zusätzliches Urlaubsgeld in Höhe von 2.000 €. Der Arbeitnehmer ist bereits seit Januar des Jahres beim Arbeitgeber beschäftigt und bezog jeden Monat das gleiche Gehalt. Zusätzliche Leistungen erhielt er nicht.

Hier ergibt die Summe von laufendem Entgelt und einmaliger Zuwendung den Betrag von 5.800 €. Damit wird die BBG in der KV/PV (4.987,50 €) in diesem Monat überschritten. Jetzt tritt die gesonderte Berechnungsvorschrift in der KV/PV ein.

Die monatliche BBG wird aufgehoben. An ihre Stelle tritt die anteilige jährliche Beitragsbemessungsgrenze. Durch Vergleich mit dem bis Juli bereits versicherungspflichtigen Entgelt in der KV/PV bildet sich die sogenannte SV-Luft.

Das Urlaubsgeld ist bis zur Höhe der entstandenen SV-Luft versicherungspflichtig in der KV/PV.

In der Renten- und Arbeitslosenversicherung ist keine gesonderte Berechnung notwendig, da die Addition von Gehalt und einmaliger Zuwendung immer noch unter der BBG RV/AV (7.300 €) liegt und somit in voller Höhe beitragspflichtig ist.

Bildung SV-Luft KV/PV	
anteilige jährliche Beitragsbemessungsgrenze von Januar bis Juli (7 Monate je 4.987,50 €) =	34.912,50 €
abzüglich des bereits beitragspflichtigen Arbeitsentgelts von Januar bis Juli (7 Monate je 3.800 €) =	– 26.600,00 €

SV-Luft KV/PV im Juli =	***8.312,50 €***
RV/AV	
In der RV und AV ist die Ermittlung der SV-Luft nicht notwendig, da das komplette Arbeitsentgelt von 5.800 € unterhalb der monatlichen BBG (7.300 €) liegt und somit voll beitragspflichtig in der RV und AV ist.	

Die anteilige BBG, die in der KV/PV von Januar bis Juli 34.912,50 € beträgt, wurde nur bis zu 26.600 € ausgeschöpft. Theoretisch hätte der Arbeitnehmer (bei höherem Verdienst) insgesamt 34.912,50 € innerhalb dieses Zeitraums der Beitragspflicht unterwerfen können.

Da er nur 26.600 € versicherungspflichtiges Arbeitsentgelt bezogen hat, wurden bis Juli 8.312,50 € weniger zur KV/PV-Pflicht herangezogen, als maximal möglich gewesen wäre. Somit ist eine SV-Luft in der KV/PV in Höhe von 8.312,50 € entstanden.

Eine einmalige Zuwendung im Juli muss nun genau bis zur Höhe dieses Betrags versicherungspflichtig abgerechnet werden. Anders ausgedrückt, die SV-Luft, d. h. die entstandene Differenz, kann mit Beiträgen „aufgefüllt" werden.

Weil das Urlaubsgeld nur 2.000 € beträgt, wird das gesamte Urlaubsgeld zusätzlich zum laufenden Gehalt pflichtig in der KV und PV. Für den nächsten Monat bleibt somit sogar noch eine SV-Luft in Höhe von 6.312,50 € übrig, die zu der im August neu entstehenden SV-Luft von 1.187,50 € (BBG: 4.987,50 € – Gehalt: 3.800 €) addiert wird.

Im August hätte dieser Arbeitnehmer eine SV-Luft in Höhe von 7.500 €. Diese erhöht sich jeden Monat (bei gleichbleibendem Gehalt) um weitere 1.187,50 €.

In der Renten- und Arbeitslosenversicherung ist bei diesem Beispiel keine gesonderte Berechnung notwendig, da die BBG in der RV/AV (7.300 €) die Summe von laufendem Entgelt und einmaliger Zuwendung (5.800 €) überschreitet. Daher sind die kompletten 5.800 € bereits unter Berücksichtigung der monatlichen BBG voll versicherungspflichtig in der RV/AV. Die Gehaltsabrechnung dieses Arbeitnehmers weist im Juli ein KV-Brutto und ein RV-Brutto von jeweils insgesamt 5.800 € aus.

Beispiel 3

Der gleiche Arbeitnehmer wie zuvor bezieht im November ein Weihnachtsgeld in Höhe von 3.800 €, bei einem gleichbleibenden Gehalt von monatlich 3.800 € und keinen weiteren sonstigen versicherungspflichtigen Zahlungen.

anteilige jährliche BBG KV/PV von Jan. bis Nov. (11 Monate je 4.987,50 €) =	54.862,50 €
abzgl. des bereits beitragspflichtigen Arbeitsentgelts von Jan. bis Nov. (11 Monate je 3.800 €) =	– 41.800,00 €
abzgl. des bereits beitragspflichtigen Urlaubsgeldes im Juli	– 2.000,00 €

SV-Luft KV/PV im November	**11.062,50 €**

Das Weihnachtsgeld ist in voller Höhe sozialversicherungspflichtig.

Da im November die Addition von laufendem Gehalt (3.800 € und Weihnachtsgeld 3.800 €) die BBG in der RV/AV (7.300 €) übersteigt, ist nun auch in diesen Zweigen eine gesonderte Berechnung erforderlich.

anteilige jährliche BBG RV/AV von Jan. bis Nov. (11 Monate je 7.300 €) =	80.300,00 €
abzgl. des bereits beitragspflichtigen Arbeitsentgelts von Jan. bis Nov. (11 Monate je 3.800 €) =	– 41.800,00 €
abzgl. des bereits beitragspflichtigen Urlaubsgeldes im Juli	– 2.000,00 €
SV-Luft RV/AV im November	**36.500,00 €**

Bei dieser hohen SV-Luft in der RV/AV ist das gesamte Weihnachtsgeld neben dem Gehalt versicherungspflichtig. Im November fällt ein KV-Brutto sowie ein RV-Brutto von jeweils 7.600 € an (Gehalt 3.800 € + Weihnachtsgeld 3.800 €). Die SV-Luft baut sich in jedem Jahr wieder neu auf, d. h., aus dem alten Jahr werden keine Werte übernommen.

9.3.4.3 Ermittlung der Beschäftigungszeiten

Für die Bildung der anteiligen jährlichen Beitragsbemessungsgrenzen sind nur solche Beschäftigungszeiten heranzuziehen, die beim selben Arbeitgeber im Laufe des Kalenderjahres stattgefunden haben. Beitragslose Beschäftigungszeiten, wie sie z. B. bei Krankengeld oder Mutterschaftsgeld anfallen, bleiben außer Acht. Unbezahlter Urlaub bis zu einem Monat wird als normaler Monat behandelt. Teilmonate werden mit ihren entsprechenden angefallenen Sozialversicherungstagen (SV-Tage) berücksichtigt.

Beispiel

Ein Arbeitnehmer tritt am 15.04. neu in die Firma ein. Vorher war er bei einem anderen Arbeitgeber beschäftigt. Vom 10.08 bis zum 31.08. wird Krankengeld bezahlt. Im Oktober nimmt er eine Woche unbezahlten Urlaub. Im November erfolgt die Auszahlung des Weihnachtsgeldes in Höhe von 2.000 €. Sein monatliches Gehalt beträgt 3.000 €.

a) Kranken- und Pflegeversicherung

Die tägliche BBG KV/PV beträgt 166,25 € (4.987,50 € geteilt durch 30 SV-Tage bzw. 59.850,00 € geteilt durch 360 SV-Tage). Um Differenzen in der Beitragsberechnung zu vermeiden, ist stets mit dem ungerundeten Wert zu rechnen.

Januar bis 14. April (Vorarbeitgeber)	keine Berücksichtigung
15. April bis 30. April: 16 SV-Tage x 166,25 € =	2.660,00 €
Mai bis Juli: 3 Monate x 4.987,50 € =	14.962,50 €
1. August bis 9. August: 9 SV-Tage x 166,25 € =	1.496,25 €
10. August bis 31. August (Krankengeld) (Entgeltfortzahlungszeiten werden dagegen wie gearbeitete Zeiten behandelt.)	keine Berücksichtigung
September bis November: 3 Monate x 4.987,50 € =	14.962,50 €

Summe	**34.081,25 €**

Die anteilige Jahresbeitragsbemessungsgrenze in der Kranken- und Pflegeversicherung beträgt im November 34.081,25 €.

b) Renten- und Arbeitslosenversicherung

Die tägliche BBG RV/AV-West beträgt 243,33 € bzw. BBG RV/AV-Ost beträgt 236,67 € (7.300 € bzw. 7.100 € geteilt durch 30 SV-Tage). Die Beitragsbemessungsgrenzen werden als Jahreswert festgelegt, so dass auch hier grundsätzlich die Berechnung von der BBG RV/AV-West (87.600,00 € geteilt durch 360 SV-Tage) bzw. von der BBG RV/AV-Ost 85.200,00 €) erfolgt. Um Differenzen in der Beitragsberechnung zu vermeiden, ist stets mit dem ungerundeten Wert zu rechnen.

Januar bis 14. April (Vorarbeitgeber)	keine Berücksichtigung
15. April bis 30. April: 16 SV-Tage x 243,33 € =	3.893,28 €
Mai bis Juli: 3 Monate x 7.300 € =	21.900,00 €
1. August bis 9. August: 9 SV-Tage x 243,33 €	2.189,97 €
10. August bis 31. August (Krankengeld)	keine Berücksichtigung
September bis November: 3 Monate x 7.300 € =	21.900,00 €

Summe	**49.883,25 €**

Die Höhe der anteiligen Jahres-BBG in der Renten- und Arbeitslosenversicherung liegt im November bei 49.883,25 €.

9.3.4.4 Zeitliche Zuordnung

Einmalige Zuwendungen sind grundsätzlich dem Abrechnungsmonat zuzuordnen, in dem sie ausgezahlt werden. Ruht das Beschäftigungsverhältnis zum Zeitpunkt einer Einmalzahlung oder wurde es bereits beendet, ist die Einmalzahlung dem letzten Lohnabrechnungszeitraum im laufenden Kalenderjahr zuzuordnen. Dies gilt auch dann, wenn in diesem Monat kein Arbeitsentgelt vorhanden war.

Beispiel

Ein Arbeitnehmer, der bereits im September ausgeschieden ist, bezieht im November ein Weihnachtsgeld. Das Weihnachtsgeld ist dem Austrittsmonat September zuzuordnen.

9.3.4.5 Märzklausel

Da die anteiligen Jahresbeitragsbemessungsgrenzen in den ersten Monaten des Kalenderjahres noch relativ niedrig sind, könnte man auf die Idee kommen, z. B. Weihnachtsgelder erst im Januar des nächsten Jahres auszubezahlen, um dadurch möglichst niedrige Beiträge zu erreichen.

Vorsicht

Bei Einmalbezügen in den ersten drei Monaten eines Jahres muss die Märzklausel beachtet werden.

Um dies zu vermeiden, wurde die sogenannte **Märzklausel** eingeführt. Danach müssen Einmalbezüge, die im ersten Quartal des Jahres ausbezahlt werden und nicht voll beitragspflichtig in der jeweils zu prüfenden Sozialversicherung abgerechnet werden können, dem Dezember des Vorjahres zugeordnet werden.

Für die richtige Zuordnung zu der zu prüfenden Sozialversicherung (KV oder RV) ist zuerst der Krankenversicherungsstatus des Arbeitnehmers zu ermitteln.

Bei krankenversicherungspflichtigen Arbeitnehmern wird geprüft, ob der Einmalbezug komplett in die vorhandene SV-Luft der Krankenversicherung passt.

Bei freiwillig und privat krankenversicherten Arbeitnehmern wird geprüft, ob der Einmalbezug komplett in die vorhandene SV-Luft der Rentenversicherung passt.

Beispiel

Ein Arbeitnehmer mit einem monatlichen Gehalt von 3.800 € erhält im Februar eine Umsatzprovision in Höhe von 3.000 €. Da die Summe von Gehalt und Provision die monatliche Beitragsbemessungsgrenze in der KV/PV überschreitet, ist eine gesonderte Berechnung, nämlich die Bildung der anteiligen jährlichen Beitragsbemessungsgrenze, in diesen Zweigen vorzunehmen.

anteilige Jahres-BBG KV/PV Januar bis Februar (2 Monate x 4.987,50 €) =	9.975,00 €
abzgl. des bereits beitragspflichtigen Arbeitsentgelts Januar bis Februar (2 Monate x 3.800 €) =	– 7.600,00 €

SV-Luft KV/PV im Februar =	**2.375,00 €**

Die Differenz (SV-Luft) beträgt im Februar 2.375 €. Somit könnte der Einmalbezug nicht in voller Höhe beitragspflichtig abgerechnet werden.

In diesem Fall greift nun die Märzklausel: Der **gesamte Betrag** wird dem Dezember des Vorjahres zugerechnet, d. h., die im Dezember des Vorjahres eventuell bestehende SV-Luft ist entscheidend dafür, in welcher Höhe die Umsatzprovision beitragspflichtig in der KV und PV wird. Die Zurechnung erfolgt bei Eintreten der Märzklausel immer zum Vorjahr, auch wenn die SV-Luft des Vorjahres kleiner sein sollte als die SV-Luft des noch jungen laufenden Jahres, und selbst dann, wenn im Vorjahr gar keine SV-Luft mehr besteht. Die Märzklausel muss sich also nicht immer negativ auswirken, sondern kann auch zu niedrigeren Beiträgen führen, als sich ohne ihre Anwendung ergeben würden.

Auch in der RV und AV gilt diese Vorgehensweise, obwohl in diesem Beispiel die Umsatzprovision auch ohne Anwendung der Märzklausel voll beitragspflichtig wäre. Kommt die Märzklausel in der KV und PV zur Anwendung, dann immer in **allen Zweigen der Sozialversicherung**.

Bei Anwendung der Märzklausel sind für die Beitragsberechnung die Bedingungen des Vorjahres zu beachten. Es gelten die Beitragssätze und Beitragsgruppen zum Zeitpunkt Dezember des Vorjahres. Durch Anwendung der Märzklausel kann sich das RV-Brutto des Vorjahres nachträglich verändern. Seit 01.01.2014 gilt eine verkürzte Abgabefrist für DEÜV-Jahresmeldungen, die in der Folge zu vermehrten Sondermeldungen führte, denn diese muss seitdem spätestens am 15.02. des Folgejahres übermittelt werden. Einmalzahlungen, die in der Zeit vom 01.01 bis zum 31.03. gezahlt werden und durch die Märzklausel dem Vorjahr zuzuordnen sind, können deshalb oft nicht mehr der Jahresmeldung zugeschlagen werden, sondern sind daher gesondert zu melden. Das führte aber insbesondere bei rückwirkenden Korrekturen bereits gemeldeter Jahres- bzw. Sondermeldungen zu vermehrten Fragen und Irritationen bei den Arbeitgebern.

Mit dem 5. SGB IV-Änderungsgesetz hat der Gesetzgeber jetzt eine Klarstellung herbeigeführt. Seit dem 01.01.2016 ist es ohne Bedeutung, ob die Jahresmeldung bereits gemeldet wurde oder nicht. Sofern einmalig gezahltes Arbeitsentgelt durch Anwendung der Märzklausel dem letzten Entgeltabrechnungszeitraum des Vorjahres zuzuordnen ist, muss immer eine Sondermeldung (Grund der Abgabe 54) erstattet werden.

Die Märzklausel gilt auch dann, wenn im ersten Quartal des Kalenderjahres noch überhaupt kein laufendes Arbeitsentgelt angefallen ist. Dies kann beispielsweise bei Bezug von Krankengeld vorkommen. Wird in einem solchen Fall die einmalige Zuwendung nach dem 31.03. ausgezahlt, erfolgt die Zuordnung der Einmalzahlung zum letzten Abrechnungszeitraum. Fehlt ein solcher Abrechnungszeitraum, z. B. wegen Krankengeldbezug, fallen keine Beiträge in der Sozialversicherung an.

Beispiel

Ein Arbeitnehmer bezieht ab 03.12. des Vorjahres Krankengeld. Im April wird eine Tantieme von 3.000 € ausbezahlt. Die Tantieme bleibt in allen Zweigen der Sozialversicherung versicherungsfrei, da im laufenden Kalenderjahr noch kein beitragspflichtiges Entgelt abgerechnet wurde und somit keine anteilige Jahresbeitragsbemessungsgrenze gebildet werden kann. Die Märzklausel greift nicht, da der Einmalbezug erst im April zur Auszahlung kommt.

9.3.4.6 Berücksichtigung von Vorverdiensten

Vorverdienste, die bei einem anderen oder demselben Arbeitgeber im laufenden Kalenderjahr angefallen sind, sind steuer- und sozialversicherungsrechtlich unterschiedlich zu berücksichtigen.

9.3.4.6.1 Steuerrechtliche Betrachtung

Für die Ermittlung des voraussichtlichen Jahresarbeitsverdienstes werden alle Vorverdienste des laufenden Kalenderjahres dazugerechnet:

- Bezüge, die bei anderen Arbeitgebern erworben wurden.
- Bezüge, die bei demselben Arbeitgeber erworben wurden.

9.3.4.6.2 Sozialversicherungsrechtliche Betrachtung

Für die Bildung der anteiligen Jahresbeitragsbemessungsgrenzen des laufenden Kalenderjahres ist zu beachten:

- Vorverdienste, die bereits im gleichen Kalenderjahr bei demselben Arbeitgeber angefallen sind, finden Berücksichtigung.
- Vorverdienste, die bei einem anderen Arbeitgeber erworben wurden, werden **nicht** berücksichtigt.

9.4 Vergütungen für mehrjährige Tätigkeiten

Vergütungen für mehrjährige Tätigkeiten fallen nach § 39b EStG unter die **außerordentlichen Einkünfte.** Sie müssen nach der **Fünftelregelung** versteuert werden, wenn sie dem Arbeitnehmer **„zusammengeballt“** zufließen.

Die Fünftelregelung bedeutet, dass der sonstige Bezug zum Zwecke der Steuerberechnung mit einem **Fünftel** anzusetzen ist. Die Steuer, die sich aus diesem Fünftel nach der Jahrestabelle ergibt, wird wiederum mit dem Fünffachen multipliziert. Diese Methode wirkt sich im Regelfall steuermindernd aus. In Ausnahmefällen kann sich jedoch durch die Fünftelregelung eine höhere Lohnsteuer ergeben.

Daher ist der Arbeitgeber verpflichtet, eine sogenannte **Günstigerprüfung** durchzuführen, d. h., die Fünftelregelung ist nur dann anzuwenden, wenn sie sich steuerlich günstiger auswirkt als die normale Vorgehensweise.

Zu den mehrjährigen Vergütungen zählen u. a.:

- Lohnnachzahlungen für mehr als 12 Monate,
- Nachzahlungen oder Vorauszahlungen von Versicherungsprämien für mehrere Kalenderjahre,
- Jubiläumszuwendungen aufgrund eines Arbeitnehmerjubiläums.

Mehrjährige Vergütungen müssen für mehr als 12 Monate gezahlt werden und sich über mindestens zwei Veranlagungszeiträume erstrecken (§ 34 Abs. 2 Nr. 4 EStG).

Beispiel

Ein Arbeitnehmer mit einem Monatsgehalt von 2.500 € erhält im August eine Lohnnachzahlung für mehrere Kalenderjahre über 10.000 €. Der Arbeitnehmer hat die Steuerklasse I ohne Kinderfreibeträge. Bei der Steuerberechnung wird der gesetzliche durchschnittliche Zusatzbeitrag der Krankenkasse unterstellt.

Die Lohnnachzahlung für mehrere Kalenderjahre ist ein sonstiger Bezug, der nach der Fünftelregelung zu versteuern ist. Dazu wird die Lohnnachzahlung mit einem Fünftel angesetzt. Die daraus errechnete Lohnsteuer wird wieder mit fünf multipliziert und ergibt somit die Lohnsteuer für die Nachzahlung.

Gehalt Januar bis August je 2.500 € (bereits gezahlter laufender Arbeitslohn)	20.000 €
+ zukünftiger Arbeitslohn (September bis Dezember je 2.500 €)	+ 10.000 €

= voraussichtlicher Jahresarbeitslohn 1	**30.000 €**
+ sonstiger Bezug (1/5 von 10.000 €)	+ 2.000 €
= voraussichtlicher Jahresarbeitslohn 2	**32.000 €**
Lohnsteuer aus Jahresarbeitslohn 1	2.128 €
Lohnsteuer aus Jahresarbeitslohn 2	2.551 €
Differenz (2.551 € – 2.128 €) =	423 €
423 € x 5 = Lohnsteuer:	**2.115 €**

Nach der Fünftelregelung fallen 2.115 € Lohnsteuer für die Lohnnachzahlung an. Die Fünftelregelung kommt nur dann in Betracht, wenn die Vergleichsrechnung (Günstigerprüfung) eine höhere Lohnsteuer ergibt. Für diese Vergleichsrechnung wird die Lohnnachzahlung in voller Höhe angesetzt.

Vergleichsrechnung (Günstigerprüfung)

Gehalt Januar bis August je 2.500 € (bereits gezahlter laufender Arbeitslohn)	20.000 €
+ zukünftiger Arbeitslohn (September bis Dezember je 2.500 €)	+ 10.000 €

= **voraussichtlicher Jahresarbeitslohn 1**	**30.000 €**
+ sonstiger Bezug	10.000 €
= **voraussichtlicher Jahresarbeitslohn 2**	**40.000 €**
Lohnsteuer aus Jahresarbeitslohn 1	2.128 €
Lohnsteuer aus Jahresarbeitslohn 2	4.343 €
Differenz (4.343 € – 2.128 €) =	**2.215 €**

Da die normale Versteuerung eine höhere Lohnsteuer ergibt, beträgt die abzuführende Lohnsteuer entsprechend der Fünftelregelung 2.215 €.

9.5 Abfindungen

Wenn sich Arbeitgeber von ihren Mitarbeitern trennen wollen, sind Abfindungszahlungen eine durchaus übliche Maßnahme. Mit dem Angebot einer Entschädigungszahlung soll dem Arbeitnehmer die Entscheidung für eine Einigung schmackhaft gemacht werden. Dabei spielt es keine Rolle, aus welchen Gründen der Arbeitsvertrag beendet werden soll. Dies kann eine Reduzierung der Anzahl der Arbeitnehmer im Unternehmen sein, aber auch die Trennung von einem bestimmten Arbeitnehmer aufgrund von persönlichen Gründen. Auch die Höhe der Abfindung ist nicht wichtig, sie reicht von Kleinstbeträgen bis zu dem im Topmanagement bekannten „goldenen Handschlag".

9.5.1 Gibt es einen Anspruch auf Abfindungen?

Im deutschen Arbeitsrecht wird die Abfindung als eine Leistung des Arbeitgebers, die er dem Arbeitnehmer als Ausgleich für den Verlust des Arbeitsplatzes im Zusammenhang mit der Auflösung des Arbeitsverhältnisses zahlt, definiert. Einen Rechtsanspruch auf eine Abfindung gibt es im deutschen Rechtswesen nicht. Die Zahlung ist immer eine freiwillige Leistung des Arbeitgebers, wird aber sehr oft durch Tarifverträge oder Betriebsvereinbarungen geregelt. Auch kann ein Anspruch auf Abfindung durch einen gerichtlichen Vergleich erfolgen.

Eine Besonderheit bildet § 1a des Kündigungsschutzgesetzes (KSchG). Seit dem 01.01.2004 sieht § 1a KSchG einen Abfindungsanspruch des Arbeitnehmers vor, wenn der Arbeitgeber eine ordentliche betriebsbedingte Kündigung ausgesprochen hat. Die Höhe dieser Abfindung beträgt 0,5 Monatsverdienste für jedes Jahr des Bestehens des Arbeitsverhältnisses. In diesem Fall bietet der Arbeitgeber eine Abfindung an und der Arbeitnehmer verzichtet im Gegenzug auf sein Recht der Kündigungsschutzklage. Es handelt sich also faktisch nicht um einen gesetzlichen Anspruch, sondern weiterhin um eine freiwillige Leistung des Arbeitgebers.

9.5.2 Auswirkungen auf das Arbeitslosengeld

Im Allgemeinen hat die Zahlung einer Abfindung keine nachteiligen Auswirkungen auf den Anspruch auf Arbeitslosengeld. Voraussetzung ist allerdings die Einhaltung der Kündigungsfrist. Wird der Arbeitsvertrag vorzeitig durch einen Aufhebungsvertrag oder einen Abwicklungsvertrag beendet, müssen die Arbeitnehmer mit einer Sperrfrist beim Bezug von Arbeitslosengeld rechnen. Die Sperrfrist beträgt i. d. R. 12 Wochen.

Allerdings wird von einer Sperrzeit abgesehen, wenn dem Arbeitnehmer eine Kündigung gedroht hätte und er dieser durch den Aufhebungsvertrag zuvorgekommen ist. Die Abfindung sollte in diesen Fällen zwischen 0,25 und 0,5 Gehältern pro Monatsverdiensten für jedes Jahr des Bestehens des Arbeitsverhältnisses liegen.

9.5.3 Steuerliche Behandlung von Abfindungen

Besonders aus steuer- und sozialversicherungsrechtlicher Sicht ist es wichtig, dass eine Abfindung wegen des Verlustes des Arbeitsplatzes gezahlt wird und es sich dementsprechend um eine finanzielle Entschädigung für die Zeit nach Beendigung des Arbeitsverhältnisses handelt. Somit sind alle Zahlungen, mit denen Ansprüche aus dem Arbeitsverhältnis abgegolten werden, keine Abfindungen im Sinne der zutreffenden Gesetze, z. B. Abgeltung von Mehrarbeitsstunden, Urlaubstagen etc.

Bei der Zahlung einer Abfindung kommt es nicht darauf an, ob sie in Form eines Einmalbetrags, in Teilbeträgen oder in fortlaufenden Beträgen gewährt wird.

Die Zahlung einer Abfindung erfordert einen unmittelbaren sachlichen Zusammenhang mit der Auflösung des Dienstverhältnisses, wie dies z. B. bei einer betriebsbedingten Kündigung der Fall ist. Ein zeitlicher Zusammenhang zwischen der Auflösung des Arbeitsverhältnisses und der Zahlung der Abfindung muss grundsätzlich nicht bestehen. Eine zu große Zeitspanne zwischen der Beendigung des Dienstverhältnisses und der Gewährung der Abfindung stellt jedoch den Zusammenhang an sich infrage. Im Allgemeinen wird ein zeitlicher Abstand von fünf Jahren zwischen Zahlung der Abfindung und dem Ende des Arbeitsverhältnisses akzeptiert. Dies entsteht vielfach bei Altersteilzeitverträgen, wenn eine Abfindung vereinbart wurde, die mit Beginn der ATZ oder mit Beginn der Freistellungsphase gezahlt wird. Im Zweifelsfall sollte eine Anrufungsauskunft beim Betriebsstättenfinanzamt eingeholt werden.

Nicht zur steuerbegünstigten Abfindung zählen:	Zur steuerbegünstigten Abfindung zählen:
• Gehälter bis zum festgelegten Auflösungstermin • Sonderzuwendungen (z. B. ein 13. Gehalt), wenn eine zeitanteilige Gewährung bei Ausscheiden vereinbart wurde • Abgeltungsbeträge für noch nicht genommenen Urlaub • Abgeltungen unverfallbarer Rentenansprüche • Zahlungen an von der Arbeit freigestellte Arbeitnehmer	• Weiterzahlungen von Gehältern für die Zeit vom tatsächlichen Auflösungszeitpunkt bis zum Ablauf der Kündigungsfrist • Sonderzahlungen, auf die der Anspruch erst nach dem Auflösungszeitpunkt entstehen würde

Grundsätzlich unterliegt die Abfindung der Lohnsteuer und ist als einmalige Zahlung nach dem System des „sonstigen Bezugs“ zu versteuern. Allerdings kann unter bestimmten Voraussetzungen die Versteuerung mit der sogenannten „Fünftelregelung“ erfolgen. Hierbei wird die Abfindung durch 5 geteilt und mit dem somit verringerten Betrag die Steuer nach dem System des sonstigen Bezugs ermittelt. Die sich hieraus ergebende Lohnsteuer wird mit 5 multipliziert. Vorteil dieser Methode ist die geringere Auswirkung in der Progression. In besonderen Fällen kann sich aber die Fünftelregelung für den Arbeitnehmer negativ auswirken und sich durch die Besteuerung als sonstiger Bezug eine geringere Lohnsteuer ergeben. Aus diesem Grund muss der Arbeitgeber immer eine Vergleichsberechnung vornehmen und die für den Arbeitnehmer günstigere Methode anwenden (siehe Kap. 9.4).

Abfindungen müssen in einer Summe in einem Kalenderjahr zufließen, wobei dies in der Regel das Jahr ist, in dem das Arbeitsverhältnis aufgelöst wurde. Dies geht aus den BFH-Urteilen vom 02.09.1992 (BStBl. 1993 Teil II S. 831) und vom 21.03.1998 (BStBl. 1998 Teil II S. 416) hervor.

Es ist möglich, eine Fünftelregelung anzuwenden, wenn die Abfindung aus steuerlichen oder anderen Gründen in einem anderen Jahr gezahlt wird. Es kommt aber hierbei auch auf die Zahlung der Gesamtsumme in einem Veranlagungszeitraum an. Aufgrund des BMF-Schreibens vom 04.03.2016 ist eine geringe Abschlagszahlung von max. 10 % für die Fünftelregelung unschädlich.

9.5.4 Zusammenballung

Außerdem muss die Abfindung die anlässlich der Beendigung des Dienstverhältnisses entgehenden Einnahmen übersteigen. Hierfür wird die Gehaltssumme ermittelt, auf die der Arbeitnehmer bei Fortbestehen des Arbeitsverhältnisses bis zum Jahresende Anspruch gehabt hätte. Diese „Zusammenballung der Einkünfte“ wird in einem Vergleichsverfahren ermittelt.

Beispiel:

- monatliches Gehalt 6.000 €
- 13. Gehalt im Dezember 6.000 €
- Gesamteinkommen pro Jahr = 78.000 €
- Aufhebungsvertrag zum 31.07.
- Abfindung 36.000 €

Der Arbeitnehmer hat bisher 7 x 6.000 € (= 42.000 €) verdient. Die Differenz zum Jahreseinkommen beträgt somit 36.000 €. Die Abfindung ist nicht höher und somit darf die Fünftelregelung nicht angewandt werden.

Hätte die Abfindung 36.001 € betragen, wäre der Wert höher und die Fünftelregelung wäre rechtens.

9.5.5 Zuordnung zum Steuerjahr

Da es bei einer Abfindungszahlung meistens zu einer höheren Einstufung in der Steuerprogression kommt, kann es für den Arbeitnehmer günstiger sein, wenn die Zahlung später erfolgt.

Wird das Arbeitsverhältnis z. B. zum Jahresende aufgelöst und ist der Arbeitnehmer anschließend arbeitslos, wäre die Zahlung und somit die Versteuerung im Folgejahr günstiger.

Hinweis

Gemäß dem BMF-Schreiben vom 04.03.2016 (IV C 4 – S 2290/07/10007) darf eine Abfindung aus rein steuerlichen Gründen ins Folgejahr verschoben werden. Im laufenden Jahr darf eine Abschlagzahlung in Höhe von max. 10 % der Hauptforderung erfolgen.

9.5.6 Sozialversicherung

Sozialversicherungsbeiträge fallen nur für solche Arbeitsentgelte an, die aus einer aktiven Beschäftigung resultieren. Nach einem Urteil des Bundessozialgerichts vom 21.02.1990 (12 RK 20/88) gehören Entlassungsentschädigungen nicht zum sozialversicherungspflichtigen Arbeitsentgelt. Es fallen keine Beiträge an.

Wichtig

Dies gilt für den gesamten Abfindungsbetrag.

9.5.7 Abfindung und Lohnpfändung

Abfindungen sind nach herrschender rechtlicher Ansicht grundsätzlich als Geldleistungen voll pfändbar, denn sie sind im Sinne des § 850 ZPO Arbeitseinkommen, da sie zumindest teilweise die Funktion haben, den Lebensunterhalt sicherzustellen. Um zumindest einen Teil der Abfindung für den eigenen Lebensunterhalt und den der unterhaltsberechtigten Angehörigen vor der Pfändung zu retten, kann der Pfändungsschutz des § 850i ZPO in Anspruch genommen werden.

Dem Schuldner kann auf Antrag von der Abfindung so viel belassen werden, damit er für einen angemessenen Zeitraum seinen notwendigen Unterhalt bestreiten kann. Dabei kommt es jeweils auf den Einzelfall an, mehr als der eigentliche Arbeitslohn darf dem Schuldner jedoch nicht verbleiben. Der Gesetzgeber hat bewusst dem Gericht die Möglichkeit gegeben, unter Berücksichtigung der wirtschaftlichen und persönlichen Verhältnisse des Schuldners diese frei zu würdigen, und keine festen Freibeträge wie in der Pfändungstabelle angesetzt.

9.6 Sachbezüge

9.6.1 Allgemeines

Einnahmen sind alle Güter, die in Geld oder Geldeswert erstattet werden. Somit gehören auch **Sachbezüge**, mit Ausnahme von steuerfreien Sachbezügen, zum steuerpflichtigen Arbeitslohn und sozialversicherungspflichtigen Arbeitsentgelt.

Wichtig

Unter einem Sachbezug versteht man alle möglichen Vermögensvorteile, die einem Arbeitnehmer im Rahmen seiner Arbeitsleistung zufließen und nicht in Geldzuwendungen bestehen.

Es kann sich dabei nicht nur um Gegenstände, wie z. B. die Überlassung eines Dienstfahrzeugs zur privaten Nutzung, sondern auch um sogenannte **geldwerte Vorteile** handeln.

Typische geldwerte Vorteile sind beispielsweise:

- Überlassung von Betriebseinrichtungen zur privaten Nutzung,
- Dienstleistungen des Arbeitgebers an seine Arbeitnehmer (Betriebskindergarten usw.),
- verbilligter Belegschaftseinkauf, Belegschaftsrabatte,
- verbilligtes oder kostenloses Mittagessen.

Ideelle Vorteile, wie z. B. Stellung im Beruf, Büroausstattung, Fortbildungsmaßnahmen, gehören nicht zu den Sachbezügen.

Der Gesetzgeber hat mit dem Gesetz zur weiteren steuerlichen Förderung der Elektromobilität und zur Änderung weiterer steuerlicher Vorschriften[1] eine neue Definition für Sachbezüge eingeführt. Danach heißt es in § 8 Abs. 1 EStG:

„Einnahmen sind alle Güter, die in Geld oder Geldeswert bestehen und dem Steuerpflichtigen im Rahmen einer der Einkunftsarten des § 2 Abs. 1 Satz 1 Nr. 4 bis 7 EStG zufließen. Zu den Einnahmen in Geld gehören auch zweckgebundene Geldleistungen, nachträgliche Kostenerstattungen, Geldsurrogate und andere Vorteile, die auf einen Geldbetrag lauten. Satz 2 gilt nicht bei Gutscheinen und Geldkarten, die ausschließlich zum Bezug von Waren oder Dienstleistungen berechtigen und die Kriterien des § 2 Absatz 1 Nummer 10 des Zahlungsdiensteaufsichtsgesetzes (ZAG) erfüllen."

Die Ergänzung nach dem 1. Satz ist seit 01.01.2020 in Kraft und maßgeblich für die Anwendung der Sachbezugs-Freigrenze bzw. der Pauschalversteuerung nach § 37b EStG.

Nach der neuen Definition sind **Geldleistungen** z. B.

- zweckgebundene Geldzahlungen,
- nachträgliche Kostenerstattungen,
- Geldsurrogate und andere Vorteile, die auf einen Geldbetrag lauten,
- Prepaidkarten, die uneingeschränkt an allen Akzeptanzstellen zur Bezahlung eingesetzt werden können und einen Bargeldersatz darstellen.

Sachbezüge sind z. B.

- Gutscheine oder Geldkarten, die ausschließlich zum Bezug von Waren oder Dienstleistungen berechtigen und die Kriterien des § 2 Abs. 1 Nr. 10 ZAG erfüllen. Somit verfügen diese nicht über eine Auszahl-. Barzahlungs- oder Wandungsfunktion.
- Prepaidkarten, die nur an bestimmten Akzeptanzstellen, in einem bestimmten Einkaufszentrum oder in den Geschäften des Ausstellers der Karte verwendet werden können.

Hinweis

Das Bundesfinanzministerium hat zur Ergänzung des § 8 Abs. 1 EStG am 15.03.2022 ein aktualisiertes BMF-Schreiben veröffentlicht.

9.6.2 Bewertung von Sachbezügen

Die steuer- und sozialversicherungsrechtliche Behandlung der einzelnen Sachbezüge entscheidet sich nach dem jeweiligen Einzelfall. So wird beispielsweise der Wert eines Firmenfahrzeugs anders ermittelt als die unentgeltliche Gewährung von Mahlzeiten in einer Betriebskantine. Auf den folgenden Seiten werden die wichtigs-

1 Gesetz zur weiteren steuerlichen Förderung der Elektromobilität und zur Änderung weiter steuerlicher Vorschriften vom 12.12.2019 (BGBl 2019 Teil I vom 17.12.2019, Seite 2451)

ten Sachbezüge und ihre jeweilige steuer- und sozialversicherungsrechtliche Behandlung vorgestellt.

9.6.3 Aufmerksamkeiten

Die Lohnsteuerrichtlinien definieren **Aufmerksamkeiten** als Sachleistungen des Arbeitgebers, die im gesellschaftlichen Verkehr üblicherweise ausgetauscht werden und zu keiner ins Gewicht fallenden Bereicherung der Arbeitnehmer führen. Sie gehören nicht zum steuerpflichtigen Arbeitslohn.

Zu den Aufmerksamkeiten zählen Sachzuwendungen bis zu einem Wert von **60 €** (inklusive Mehrwertsteuer), die der Arbeitgeber dem Arbeitnehmer oder seinen Angehörigen aus Anlass eines besonderen persönlichen Ereignisses zuwendet.

Vorsicht

Aufmerksamkeiten bis zu einem Wert von 60 €.

Darunter fallen typischerweise Blumen, Genussmittel, Bücher oder ein Geschenkgutschein. Geldzuwendungen gehören dagegen stets zum steuerpflichtigen Arbeitslohn, auch wenn der Wert gering ist.

Zu den Aufmerksamkeiten gehören auch Getränke oder Genussmittel im Wert von bis zu 60 €, die den Arbeitnehmern zum kostenlosen Verzehr im Betrieb überlassen werden. Gleiches gilt für Speisen, die der Arbeitgeber den Arbeitnehmern anlässlich oder während eines außergewöhnlichen Arbeitseinsatzes, z. B. während einer außergewöhnlichen betrieblichen Besprechung oder Sitzung, im ganz überwiegend betrieblichen Interesse kostenlos oder verbilligt überlässt und deren Wert 60 € nicht überschreitet.

9.6.4 Auslagenersatz

Die Erstattung von Ausgaben, die der Arbeitnehmer im eigenen Namen oder im Namen des Arbeitgebers vorgenommen hat, verursacht weder steuerpflichtigen Arbeitslohn noch sozialversicherungspflichtiges Arbeitsentgelt.

Geschenke für Geschäftsfreunde, Erstattungen für dienstlich veranlasste Telefongespräche oder Bewirtungskosten für die Bewirtung von Geschäftspartnern sind als typische Beispiele zu nennen. Die Erstattung von Kontoführungsgebühren gehört jedoch nicht dazu, weil hier die betriebliche Veranlassung fehlt.

9.6.5 Berufskleidung

Die Überlassung typischer Berufskleidung, wie z. B. spezieller Schutzkleidung, Sicherheitsschuhe usw., stellt keinen steuerpflichtigen Arbeitslohn dar. Voraussetzung ist jedoch, dass es sich um keine „normale“ Kleidung handelt, sondern dass diese einen objektiv beruflichen Zweck erfüllt und nicht im „normalen“ Leben getragen werden kann.

9.6.6 Betriebsveranstaltungen

Die Aufwendungen, die im Rahmen einer herkömmlichen Betriebsveranstaltung (Betriebsausflug, Weihnachtsfeier usw.) auftreten, gehören nicht zum steuerpflichtigen Arbeitslohn, sofern die Kosten pro Teilnehmer den Betrag von **110 €** (inklusive Mehrwertsteuer) nicht übersteigen. Nach BMF-Schreiben vom 14.10.2015 sind Veranstaltungen auch dann als Betriebsveranstaltung anzuerkennen, wenn sie:

- jeweils nur für eine Organisationseinheit des Betriebs, z. B. Abteilung, durchgeführt werden, wenn alle Arbeitnehmer dieser Organisationseinheit an der Veranstaltung teilnehmen können,
- nur für alle im Ruhestand befindlichen früheren Arbeitnehmer des Unternehmens veranstaltet werden (Pensionärstreffen),
- nur für solche Arbeitnehmer durchgeführt werden, die bereits im Unternehmen ein rundes (10-, 20-, 25-, 30-, 40-, 50-, 60-jähriges) Arbeitnehmerjubiläum gefeiert haben oder i. V. m. der Betriebsveranstaltung feiern (Jubilarfeiern). Dabei ist es unschädlich, wenn neben den Jubilaren auch ein begrenzter Kreis anderer Arbeitnehmer, wie z. B. die engeren Mitarbeiter und Abteilungsleiter des Jubilars, Betriebsrats-/Personalratsvertreter, oder auch die Familienangehörigen des Jubilars eingeladen werden. Der Annahme eines 40-, 50- oder 60-jährigen Arbeitnehmerjubiläums steht nicht entgegen, wenn die Jubilarfeier zu einem Zeitpunkt stattfindet, der höchstens fünf Jahre vor den bezeichneten Jubiläumsdienstzeiten liegt.

Vorsicht

Gesetzliche Neuregelungen (Zollkodexanpassungsgesetz) bei Betriebsveranstaltungen seit dem 01.01.2015, ergänzt durch ein BMF-Schreiben vom 14.10.2015 (IV C 5 – S 2332/15/10001).

Der Betrag von 110 € ist ein **Freibetrag**, d. h., bei einer Überschreitung wird nur die Differenz steuerpflichtig.

Wichtig

Max. zwei Betriebsveranstaltungen im Jahr, bis zu einem **Freibetrag von 110 €** pro Veranstaltung.

Zuwendungen anlässlich einer Betriebsveranstaltung sind alle Aufwendungen des Arbeitgebers (einschl. Umsatzsteuer), unabhängig davon, ob sie einzelnen Arbeitnehmern individuell zurechenbar sind oder ob es sich um einen rechnerischen Anteil an den Kosten der Betriebsveranstaltung handelt, die der Arbeitgeber gegenüber Dritten für den äußeren Rahmen der Betriebsveranstaltung aufwendet.

Aufwendungen sind z. B.:

- Speisen, Getränke, Tabakwaren und Süßigkeiten,
- die Übernahme von Übernachtungs- und Fahrtkosten,

- Musik, künstlerische Darbietungen sowie Eintrittskarten für kulturelle und sportliche Veranstaltungen, wenn sich die Veranstaltung nicht im Besuch der kulturellen oder sportlichen Veranstaltung erschöpft,
- Geschenke. Dies gilt auch für die nachträgliche Überreichung der Geschenke an solche Arbeitnehmer, die aus betrieblichen oder persönlichen Gründen nicht an der Betriebsveranstaltung teilnehmen konnten, nicht aber für eine deswegen gewährte Barzuwendung,
- Zuwendungen an Begleitpersonen des Arbeitnehmers,
- Barzuwendungen, die statt der in a) bis c) genannten Sachzuwendungen gewährt werden, wenn ihre zweckentsprechende Verwendung sichergestellt ist,
- Aufwendungen für den äußeren Rahmen, z. B. für Räume, Beleuchtung oder Eventmanager.

Gemäß dem Zollkodexanpassungsgesetz sind die Betriebsveranstaltungen neu in § 19 EStG geregelt. Danach sind alle Aufwendungen einschließlich Umsatzsteuer, die der Arbeitgeber gegenüber Dritten für den äußeren Rahmen einer Betriebsveranstaltung aufwendet, in die Berechnung mit einzubeziehen. Das BMF-Schreiben erläutert nun, was im eigentlichen Sinne unter einer Betriebsveranstaltung zu verstehen ist. Demnach sind Betriebsveranstaltungen Veranstaltungen auf betrieblicher Ebene mit gesellschaftlichem Charakter. Dazu gehören Betriebsausflüge, Weihnachtsfeiern und Jubiläumsfeiern. Ob diese Veranstaltung vom Arbeitgeber selbst oder vom Betriebs- oder Personalrat durchgeführt wird, ist dabei unerheblich. Die Teilnehmer müssen überwiegend Betriebsangehörige und deren Begleitpersonen oder Arbeitnehmer aus anderen Unternehmen innerhalb des Konzernverbundes sein. Leiharbeitnehmer sind ebenfalls zu berücksichtigen.

Wird ein einzelner Jubilar geehrt oder können nur einzelne Arbeitnehmer an der Veranstaltung teilnehmen, handelt es sich nicht um eine Betriebsveranstaltung. Ein Arbeitsessen erfüllt ebenfalls nicht die Voraussetzung der Betriebsveranstaltung. In diesen Fällen ist von Arbeitslohn für den einzelnen Arbeitnehmer auszugehen.

Bis zu zwei Betriebsveranstaltungen pro Kalenderjahr sind im Rahmen des **Freibetrags** von 110 € möglich. Bei der dritten Veranstaltung werden alle damit verbundenen Zuwendungen an die Arbeitnehmer steuerpflichtig.

Steuerfreie Leistungen für Reisekosten im Rahmen einer Betriebsveranstaltung sind nicht in die Zuwendungen an die Arbeitnehmer mit einzubeziehen

Der Arbeitgeber kann selbst wählen, welche zwei von mehreren Betriebsveranstaltungen er steuerfrei abrechnen möchte.

Folgende Aufwendungen dürfen vom Arbeitgeber wahlweise mit **25 %** in der Lohnsteuer pauschaliert werden:

- Aufwendungen für nicht herkömmliche Betriebsveranstaltungen (z. B. für die dritte Veranstaltung im Jahr),
- für übliche Zuwendungen bei herkömmlichen Betriebsveranstaltungen, welche den Freibetrag von 110 € übersteigen.

Zusätzlich zur pauschalen Lohnsteuer fallen 5,5 % Solidaritätszuschlag und eventuell Kirchensteuer an. Die Pauschalversteuerung zieht Beitragsfreiheit in der Sozialversicherung nach sich.

Beispiel

Ein Arbeitgeber veranstaltet einen Betriebsausflug für Mitarbeiter und Angehörige. Es haben 75 Arbeitnehmer teilgenommen, davon 15 Arbeitnehmer, die von je einem Angehörigen begleitet wurden, insgesamt also 90 Personen.

Folgende Kosten sind angefallen:	
Fahrt mit dem Zug	1.100 €
tatsächlicher Wert von Speisen und Getränken	2.500 €
Musikkapelle	600 €
Gesamtkosten:	4.200 €
Kosten pro TN 4.200 € : 90 TN =	**46,67 €**

Der Freibetrag von 110 € wird nicht überschritten. Somit sind die kompletten Zuwendungen steuerfrei. Dies gilt für alle Arbeitnehmer, und zwar auch für diejenigen, die Familienangehörige mitgebracht haben.

Würden die Zuwendungen den Betrag von 110 € übersteigen, könnte der Arbeitgeber eine Pauschalversteuerung in Höhe von 25 % für den übersteigenden Betrag wählen (§ 40 Abs. 2 Nr. 1 EStG). Bei dieser Berechnung werden die 75 Arbeitnehmer berücksichtigt und die 15 Familienangehörigen.

Beispiel 1

Beispiel bei Kosten von 140 € pro Person (Grenze von max. zwei Veranstaltungen im Jahr ist eingehalten).

steuerpflichtige Zuwendungen:	
140 € x 90 TN =	12.600,00 €
110 € x 75 AN =	8.250,00 €
= über dem Freibetrag	4.350,00 €
pauschale Lohnsteuer: 25 % von 4.350 € =	1.087,50 €
Solidaritätszuschlag: 5,5 % aus 1.087,50 € =	59,81 €
Kirchensteuer: z. B. 7 % aus 1.087,50 € =	76,13 €

Beispiel 2

Beispiel bei Kosten von 130 € pro Person. Es handelt sich hierbei um die dritte Betriebsveranstaltung in diesem Jahr.

steuerpflichtige Zuwendungen: 130 € x 90 TN =	11.700,00 €
pauschale Lohnsteuer: 25 % von 11.700 € =	2.925,00 €
Solidaritätszuschlag: 5,5 % aus 2.925 € =	160,88 €
Kirchensteuer: z. B. 7 % aus 2.925 € =	204,75 €

Werden anlässlich solcher Betriebsveranstaltungen Sachgeschenke verteilt, sind sie in den Freibetrag von 110 € mit einzurechnen.

Klargestellt wurde im BMF-Schreiben vom 14.10.2015 zudem, dass auch unübliche Zuwendungen, z. B. Geschenke, deren Wert die Grenze von 60 € je Arbeitnehmer übersteigt, oder Zuwendungen an einzelne Arbeitnehmer aus Anlass einer Betriebsveranstaltung (nicht nur bei Gelegenheit), unter die Regelungen des § 19 Abs. 1 Satz 1 Nr. 1a EStG fallen und somit mit den Aufwendungen der Betriebsveranstaltung zu bewerten sind.

Der BFH hat mit seinem Urteil vom 23.04.2021 (Aktenzeichen VI R 31/18) die Verwaltungsanweisung bestätigt, dass die Gesamtkosten einer Betriebsveranstaltung auf die tatsächlich anwesenden Teilnehmer aufzuteilen sind. Es kommt nicht auf die angemeldeten Personen an.

9.6.7 Bewirtungskosten

In der Praxis kommen vielfältige Formen von Bewirtung vor, die einzeln zu betrachten sind:

- **Bewirtung in der Wohnung des Arbeitnehmers:** Eine Bewirtung von Geschäftspartnern oder Kollegen in der eigenen Wohnung wird regelmäßig als Kosten der privaten Lebensführung angesehen. Ein Ersatz des Arbeitgebers verursacht steuerpflichtigen Arbeitslohn.
- **Bewirtung außerhalb der Wohnung des Arbeitnehmers:** Die Kosten, die für eine Bewirtung von Geschäftspartnern außerhalb der eigenen Wohnung entstehen, stellen Auslagenersatz dar und können vom Arbeitgeber steuerfrei ersetzt werden. Dies gilt auch für den Anteil des Arbeitnehmers selbst. Die Bewirtungskosten können nur in Höhe von 70 % vom Arbeitgeber als Betriebsausgaben angesetzt werden (allerdings voller Vorsteuerabzug).

- **Bewirtung anlässlich einer Dienstreise:** Bewirtet ein Arbeitnehmer Geschäftspartner während einer Dienstreise, gelten die gleichen Grundsätze wie oben (Bewirtung außerhalb der Wohnung des Arbeitnehmers).
- **Gewährung kostenloser Mahlzeiten durch den Arbeitgeber bei Dienstreisen:** Unternimmt ein Arbeitnehmer zusammen mit seinem Arbeitgeber eine Dienstreise, so handelt es sich bei kostenlos gewährten Mahlzeiten nicht um eine Bewirtung, sondern um eine „übliche Beköstigung". Solche Beköstigungen müssen mit den amtlichen Sachbezugswerten für Mahlzeiten angesetzt werden. Für eine kostenlos abgegebene Mahlzeit beträgt der Sachbezugswert für 2022 3,57 € pro Mittag- und Abendessen bzw. 1,87 € pro Frühstück.
- **Ehrung eines Arbeitnehmers:** Aufwendungen anlässlich Pensionärsfeiern, Ende der Beschäftigung usw. sind steuerfrei, wenn der Wert 110 € pro Gast nicht übersteigt.
- **Belohnungsessen:** Darunter versteht man die Gewährung von Mahlzeiten des Arbeitgebers bei besonderen Leistungen seiner Arbeitnehmer. Diese Mahlzeiten sind mit ihrem tatsächlichen Wert als steuerpflichtiger Arbeitslohn anzusetzen.
- **Mahlzeiten bei außergewöhnlichem Arbeitseinsatz:** Werden die Mahlzeiten im ganz überwiegenden betrieblichen Interesse im Rahmen eines außergewöhnlichen Arbeitseinsatzes gewährt, entsteht keine Steuerpflicht, sofern der Wert pro Arbeitnehmer 60 € nicht übersteigt. Besprechungen und Sitzungen können als außergewöhnlicher Arbeitseinsatz angesehen werden.
- **Mahlzeitenabgabe durch den Arbeitgeber bei Dienstreisen:** Gibt der Arbeitgeber an seine Arbeitnehmer, die sich auf Dienstreise befinden, kostenlose oder verbilligte Mahlzeiten ab, entsteht steuerpflichtiger Arbeitslohn für den Arbeitnehmer. Die Bewertung erfolgt nach den amtlichen Sachbezugswerten. Mahlzeiten, die anlässlich einer Fortbildungsveranstaltung als übliche Beköstigung an den Arbeitnehmer durch Vereinbarung von einem Dritten kostenlos gewährt werden, müssen ebenso mit dem amtlichen Sachbezugswert angesetzt werden. Der Wert der Mahlzeit darf 60 € nicht überschreiten.

9.6.8 Fortbildungskosten

Fortbildungskosten sind solche Aufwendungen, die Fachkenntnisse im ausgeübten Beruf erweitern. Bildet sich ein Arbeitnehmer in seinem ausgeübten Beruf fort, um den wachsenden Anforderungen an seinen Beruf gerecht zu werden und seine Arbeitsleistung an die stetig steigenden Ansprüche anzupassen, so sind die Voraussetzungen einer beruflichen Fortbildung erfüllt. Neben Fortbildungskosten gehören aber auch Weiterbildungskosten des Arbeitnehmers nicht zum steuerpflichtigen Arbeitslohn, wenn die Weiterbildung der Verbesserung der Beschäftigungsfähigkeit des Arbeitnehmers dient und die Weiterbildung keinen überwiegenden Belohnungscharakter hat (§ 3 Nr. 19 EStG).

Davon betroffen sind auch Maßnahmen, die nicht nur ausschließlich auf die berufliche Tätigkeit des Arbeitnehmers bezogen sind.

Erstattet der Arbeitgeber **Aufwendungen für die Fort- oder Weiterbildung** eines Arbeitnehmers, ist dies kein steuer- und beitragspflichtiger Arbeitslohn, wenn die Maßnahme im ganz überwiegenden betrieblichen Interesse erfolgt. Davon ist auch dann auszugehen, wenn ein fremdes Unternehmen die Fort- oder Weiterbildung durchführt und dem Arbeitgeber die Leistung in Rechnung stellt (R 19.7 Abs. 1 Satz 3 LStR). Seit dem 01.01.2020 ist § 3 Nr. 19 EStG neu gefasst. Danach sind Weiterbildungsleistungen des Arbeitgebers für Maßnahmen nach § 82 Abs. 1 und 2 SGB III sowie für solche Weiterbildungsleistungen, die der Verbesserung der Beschäftigungsfähigkeit des Arbeitnehmers dienen, steuerfrei. Die Weiterbildung darf jedoch keinen überwiegenden Belohnungscharakter haben.

Unter mit § 82 Abs. 1 und 2 SGB III vergleichbaren Weiterbildungsleistungen sind solche Maßnahmen zu verstehen, die eine Anpassung und Fortentwicklung der beruflichen Kompetenzen des Arbeitnehmers ermöglichen und somit zur besseren Begegnung der beruflichen Herausforderungen beitragen.

Bei Bildungsmaßnahmen im Sinne des § 82 SGB III wird bei der Finanzierung dieser Maßnahmen durch den Arbeitgeber von einem ganz überwiegend eigenbetrieblichen Interesse auszugehen sein. Die neue Steuerbefreiungsvorschrift § 3 Nr. 19 EStG sorgt für Rechtssicherheit, dass die Weiterbildungsleistungen des Arbeitgebers für Maßnahmen nach § 82 Abs. 1 und 2 SGB III nicht der Besteuerung unterliegen. Dies gilt auch für Weiterbildungsleistungen des Arbeitgebers, die der Verbesserung der Beschäftigungsfähigkeit des Arbeitnehmers dienen (z. B. Sprachkurse oder Computerkurse, die nicht arbeitsplatzbezogen sind).

Wichtig

Zur Übernahme von Kosten der beruflichen Weiterbildung siehe auch R 19.7 LStR.

Für Unterkunft und Verpflegungskosten gelten die allgemeinen Regelungen zu Dienstreisen.

9.6.9 Freie Verpflegung und Unterkunft

Gewährt ein Arbeitgeber seinen Arbeitnehmern freie Unterkunft und Verpflegung, ist der Wert anhand der amtlichen Sachbezugsverordnung anzusetzen.

Vorsicht

Neue Sachbezugswerte bei Verpflegung (288 €) und Unterkunft (265 €). Diese setzen sich wie folgt zusammen:

Sachbezugsart	monatlich	kalendertäglich
Unterkunft	**265 €**	**8,83 €**
Wohnung	ortsübliche Miete	ortsübliche Miete
Frühstück	60 €	2,00 €
Mittagessen	114 €	3,80 €
Abendessen	114 €	3,80 €
Verpflegung Gesamt	**288 €**	**9,60 €**

Umfasst die freie Verpflegung auch Familienangehörige, erhöhen sich die Werte entsprechend für:

- Familienangehörige, die das 18. Lebensjahr vollendet haben, um 80 %,
- Familienangehörige, die das 14. Lebensjahr vollendet haben, um 60 %,
- Familienangehörige, die das 7. Lebensjahr vollendet haben, um 40 %,
- Familienangehörige, die das 7. Lebensjahr noch nicht vollendet haben, um 30 %.

9.6.10 Unterkunft

Unter einer Unterkunft versteht man im steuerrechtlichen Sinne eine nicht in sich geschlossene Wohnung, d. h. mehrere Räume, in denen ein vollständiger Haushalt geführt werden kann. Typisch ist beispielsweise die Mitbenutzung einer Gemeinschaftsküche oder gemeinsamer Toiletten und Duschen.

9.6.11 Wohnung

Eine Wohnung ist eine in sich abgeschlossene Einheit. Dafür spricht beispielsweise das Vorhandensein einer eigenen Wasserversorgung, von Küche, Bad und Toilette. Für eine Wohnung ist stets die ortsübliche Miete heranzuziehen, also nicht der amtliche Sachbezugswert.

Bei der Vermietung von Wohnungen durch Arbeitgeber an Arbeitnehmer wird seit dem 01.01.2020 deren finanzieller Mietvorteil geringer besteuert. Für den als Vergleichsmaßstab dienenden ortsüblichen Mietpreis ist ein Bewertungsabschlag in Höhe von 1/3 vorzunehmen (§ 8 Abs. 2 Satz 12 EStG). Der Bewertungsabschlag beträgt 1/3 der ortsüblichen Miete (z. B. der niedrigste Mietpreis der Mietpreisspanne des Mietspiegels für vergleichbare Wohnungen zuzüglich der nach der Betriebskostenverordnung (BetrKV) umlagefähigen Kosten, die konkret auf die überlassene Wohnung entfallen) und wirkt letztendlich wie ein Freibetrag.

Die nach Anwendung des Bewertungsabschlags ermittelte Vergleichsmiete ist Bemessungsgrundlage für die Bewertung des geldwerten Vorteils. Die vom Arbeitnehmer tatsächlich gezahlte Miete und die tatsächlich abgerechneten Nebenkosten für die Wohnung sind auf die Vergleichsmiete anzurechnen.[1]

Beträgt die ortsübliche Kaltmiete mehr als 25 € pro qm, ist der Bewertungsabschlag nicht anzuwenden. Die feste Mietobergrenze von 25 € pro qm bezieht sich auf den ortsüblichen Mietwert ohne die nach der BetrKV umlagefähigen Kosten und dient der Gewährleistung sozialer Ausgewogenheit und Vermeidung der steuerbegünstigten Vermietung von Luxuswohnungen.

Beispiel 1

Ein Arbeitnehmer wohnt kostenfrei in der Wohnung seines Arbeitgebers. Die ortsübliche ermittelte Miete beträgt 680,00 €.

Lösung:

Die Bewertung mit den amtlichen Sachbezugswerten ist nicht zulässig. Anzusetzen ist der ortsübliche Mietpreis abzüglich des Bewertungsabschlags in Höhe von 1/3 der ortsüblichen Miete.

Ortsübliche Miete	480,00 €
- Abschlag von 1/3	160,00 €
= geldwerter Vorteil	320,00 €

Der geldwerte Vorteil beträgt für den Arbeitnehmer 320,00 €.

Wichtig

Der im Steuerrecht ab 2020 geltende Bewertungsabschlag bei verbilligter Wohnungsüberlassung an Arbeitnehmer findet in der Sozialversicherung ab 01.01.2021 ebenfalls Berücksichtigung.[2] Die Regelungen der SvEV enthalten losgelöst vom Steuerrecht eigenständige Bewertungen von unentgeltlich oder verbilligt überlassenen Sachbezügen durch den Arbeitgeber. Danach ist der Vorteilswert, den der Arbeitgeber dem Arbeitnehmer in Form einer unentgeltlichen oder verbilligten Überlassung von Wohnraum gewährt, unter Berücksichtigung der Bewertungsregelungen des § 2 Abs. 4 und 5 SvEV zu ermitteln. Eine darüber hinausgehende Berücksichtigung steuerrechtlicher Vorschriften kam bis 31.12.2020 nicht in Betracht, es sei denn, sie werden (so wie in § 3 Abs. 1 SvEV vorgesehen) für entsprechend anwendbar erklärt. Da die Neuregelung des § 8 Abs. 2 Satz 12 EStG nun auch seit dem 01.01.2021 in der SvEV enthalten ist, scheidet eine Berücksichtigung des Bewertungsabschlags bei der Feststellung des Sachbezugswerts in der Sozialversicherung nur für das Jahr 2020 aus.

1 BFH, Urteil vom 11.05.2011 (BStBl II S. 946)

2 Niederschrift über die Sitzung zu „Fragen des gemeinsamen Beitragseinzugs“ vom 20.11.2019

9.6.12 Geringfügige Sachbezüge

Für geringfügige Sachbezüge gibt es eine monatliche Freigrenze von **50 €**. Gemäß § 8 Abs. 2 Satz 11 EStG gehören Sachbezüge unterhalb dieser Grenze nicht zum steuerpflichtigen Arbeitslohn, wenn diese zusätzlich zum ohnehin geschuldeten Arbeitslohn gewährt werden.

Vorsicht

Bagatellgrenze von 50 € bei Sachbezügen (§ 8 Abs. 2 EStG). Die Grenze wurde mit dem Jahressteuergesetz 2020 zum 01.01.2022 von 44 € auf 50 € pro Monat erhöht.

Diese Freigrenze ist allerdings nicht für alle Arten von Sachbezügen anwendbar. So gilt sie grundsätzlich nicht für solche Sachbezüge, für die ein amtlicher Sachbezugswert festgelegt wurde. Für die Bewertung eines Dienstfahrzeugs ist die Freigrenze nicht zu berücksichtigen.

Typische Anwendungsfälle für diese Freigrenze sind beispielsweise:

- Vorteile aus Wohnungsüberlassung,
- von Dritten eingeräumte Preisnachlässe.

Wenn der Wert 50 € übersteigt, entsteht Steuer- und Sozialversicherungspflicht für den kompletten Betrag. Die Freigrenze bezieht sich auf den Monat. Monatlich nicht ausgeschöpfte Beträge können nicht aufs Jahr hochgerechnet werden.

Beispiel

Ein Arbeitnehmer wohnt verbilligt in einer Betriebswohnung. Die Miete beträgt 50 € weniger, als ortsüblich für eine ähnliche Wohnung verlangt wird.

Hier greift die Sachbezugsfreigrenze. Dem Arbeitnehmer entsteht durch die verbilligte Mietwohnung kein geldwerter Vorteil.

9.6.13 Warengutscheine

Für die steuerliche Behandlung von Warengutscheinen, die Arbeitgeber an Arbeitnehmer für den Kauf von bestimmten Waren aushändigen, ist zu unterscheiden, ob die Gutscheine bei demselben Arbeitgeber oder bei einem Dritten einlösbar sind.

Gutscheine, die zum Bezug von Waren beim eigenen Arbeitgeber berechtigen, sind ohne Zweifel Sachbezüge. Auf diese findet der Rabattfreibetrag von **1.080 € jährlich** Anwendung.

Warengutscheine, die bei einem Dritten einlösbar sind, werden nur dann als Sachbezug betrachtet, wenn entweder eine Ware angegeben ist oder wenn der Geldbetrag des Gutscheins ausschließlich für den Erwerb von Waren eingesetzt werden kann.

Dies bedeutet, dass ein Gutschein, dessen Wert in Bargeld ausgezahlt werden kann, ein steuerpflichtiger Barlohn ist.

Beispiel 1

Ein Mitarbeiter eines Steuerbüros erhält einen Gutschein für 30 Liter Benzin, der bei allen Aral-Tankstellen einzulösen ist.

Solange 30 Liter Benzin den Wert von 50 € nicht übersteigen, wird der Gutschein als Sachbezug anerkannt, so dass die Freigrenze zum Tragen kommt.

Beispiel 2

Ein Mitarbeiter erhält einen Tankgutschein im Wert von 50 €, einlösbar bei einer Esso-Tankstelle.

In diesem Fall ist ein Geldwert auf dem Gutschein ausgewiesen. Da der Geldbetrag nur gegen Waren bei der Tankstelle eingelöst werden kann, liegt ein Sachbezug vor.

Der Gesetzgeber hat mit dem Gesetz zur weiteren steuerlichen Förderung der Elektromobilität und zur Änderung weiterer steuerlicher Vorschriften[1] eine neue Definition für Sachbezüge eingeführt. Danach heißt es in § 8 Abs. 1 EStG:

„Einnahmen sind alle Güter, die in Geld oder Geldeswert bestehen und dem Steuerpflichtigen im Rahmen einer der Einkunftsarten des § 2 Abs. 1 Satz 1 Nr. 4 bis 7 EStG zufließen. Zu den Einnahmen in Geld gehören auch zweckgebundene Geldleistungen, nachträgliche Kostenerstattungen, Geldsurrogate und andere Vorteile, die auf einen Geldbetrag lauten. Satz 2 gilt nicht bei Gutscheinen und Geldkarten, die ausschließlich zum Bezug von Waren oder Dienstleistungen berechtigen und die Kriterien des § 2 Absatz 1 Nummer 10 des Zahlungsdiensteaufsichtsgesetzes (ZAG) erfüllen."

Die Ergänzung nach dem 1. Satz ist seit dem 01.01.2020 in Kraft und maßgeblich für die Anwendung der Sachbezugsfreigrenze bzw. der Pauschalversteuerung nach § 37b EStG.

Nach der neuen Definition sind **Geldleistungen** z. B.

- zweckgebundene Geldzahlungen,
- nachträgliche Kostenerstattungen,
- Geldsurrogate, andere Vorteile, die auf einen Geldbetrag lauten,
- Prepaidkarten, die uneingeschränkt an allen Akzeptanzstellen zur Bezahlung eingesetzt werden können und einen Bargeldersatz darstellen.

1 Gesetz zur weiteren steuerlichen Förderung der Elektromobilität und zur Änderung weiterer steuerlicher Vorschriften vom 12.12.2019 (BGBl 2019 Teil I vom 17.12.2019, Seite 2451)

Sachbezüge z. B.

- Gutscheine oder Geldkarten, die ausschließlich zum Bezug von Waren oder Dienstleistungen berechtigen und die Kriterien des § 2 Abs. 1 Nr. 10 ZAG erfüllen. Somit verfügen diese nicht über eine Auszahl-. Barzahlungs- oder Wandungsfunktion.
- Prepaidkarten, die nur an bestimmten Akzeptanzstellen, in einem bestimmten Einkaufszentrum oder in den Geschäften des Ausstellers der Karte verwendet werden können.

Hinweis

Das Bundesfinanzministerium hat zu der Ergänzung des § 8 Abs. 1 EStG am 15.03.2022 ein aktualisiertes BMF-Schreiben veröffentlicht.

In § 8 Abs. 1 EStG wird verwiesen auf § 2 Abs. 1 Nr. 10 ZAG mit folgenden Definitionen:

„Als Zahlungsdienste gelten **nicht**:

Dienste, die auf Zahlungsinstrumenten beruhen, die

a. für den Erwerb von Waren oder Dienstleistungen in den Geschäftsräumen des Emittenten oder innerhalb eines begrenzten Netzes von Dienstleistern im Rahmen einer Geschäftsvereinbarung mit einem professionellen Emittenten eingesetzt werden können,
b. für den Erwerb eines sehr begrenzten Waren- oder Dienstleistungsspektrums eingesetzt werden können, oder
c. beschränkt sind auf den Einsatz im Inland und auf Ersuchen eines Unternehmens oder einer öffentlichen Stelle für bestimmte soziale oder steuerliche Zwecke nach Maßgabe öffentlich-rechtlicher Bestimmungen für den Erwerb der darin bestimmten Waren oder Dienstleistungen von Anbietern, die eine gewerbliche Vereinbarung mit dem Emittenten geschlossen haben, bereitgestellt werden“

Die Regeln des ZAG werden spätestens ab 01.01.2022 auf Gutscheine und Geldkarten angewendet. Dieser Nichtbeanstandungsregel bis zum 31.12.2021 schließt sich die Sozialversicherung an.

Als **Sachbezug** gelten ab 01.01.2022

a. Gutscheine, Prepaidkarten oder Geldkarten, die ausschließlich zum Bezug von Waren oder Dienstleistungen berechtigen und die Kriterien des § 2 Abs. 1 Nr. 10 Buchstabe a ZAG erfüllen, d. h. z. B.
   – keine Auszahl-, Barzahlungs- oder Wandlungsfunktion haben, also
   – beim Aussteller des Gutscheins unabhängig von einer Betragsangabe berechtigen, ausschließlich Waren oder Dienstleistungen zu beziehen
     - nur aus dessen Produktpalette; das ist nicht auf das Inland beschränkt (Hinweis: Das gilt nicht für Marketplaces.),
     - aufgrund von Akzeptanzverträgen bei einem begrenzten Kreis von Akzeptanzstellen im Inland.

Als Akzeptanzstellen im Inland gelten

- Einkaufs- und Dienstleistungsverbünde, die sich auf eine Stadt oder mehrere benachbarte Städte und Gemeinden in einer Region erstrecken,
- Ladenketten im Inland oder Internetshops mit einheitlichem Marktauftritt.

Beispiele für Gutscheine oder Geldkarten nach § 2 Abs. 1 Nr. 10 a ZAG:

- wiederaufladbare Karten für den Einzelhandel,
- Hauskarte für Shop-in-Shop-Lösungen,
- Tankkarten einer Tankstellenkette oder eines Tankstellenbetreibers zum Bezug von Waren oder Dienstleistungen,
- vom Arbeitgeber selbst ausgestellte Gutscheine, wenn die Akzeptanzstelle unmittelbar mit dem Arbeitgeber abrechnet,
- Karten eines Online-Händlers für dessen eigene Produktpalette, jedoch nicht für Produkte von Fremdanbietern (Marketplace),
- Karten für ein Shopping-Center, eine Mall oder ein Outlet-Village,
- City-Cards (Stadtgutscheine).

b. Gutscheine, Prepaidkarten oder Geldkarten, die ausschließlich zum Bezug von Waren oder Dienstleistungen berechtigen und die Kriterien des § 2 Abs. 1 Nr. 10 Buchstabe b ZAG erfüllen, d. h. z. B. für

- den Personennah- und Fernverkehr, z. B. Fahrkarten, Verwendung im Zugrestaurant, Park-&-Ride-Bezahlung,
- Mobilitätsdienstleistungen, z. B. die Nutzung von Fahrrädern, E-Bikes, E-Scootern, Carsharing,
- alles, was das Auto bewegt, also Kraftstoff, Ladestrom,
- den Besuch von Trainingsstätten und Bezug der dort angebotenen Waren und Dienstleistungen,
- den Bezug von Zeitungen, Zeitschriften, Büchern, Filmen, Musik; auch als Download oder Streamingdienst,
- Beautykarten für Hautpflege, Makeup, Friseur und ähnliche Pflege der Person,
- Bekleidung, Schuhe, Taschen, Schmuck, Kosmetika, Düfte, Accessoires.

c. Gutscheine, Prepaidkarten oder Geldkarten, die ausschließlich zum Bezug von Waren oder Dienstleistungen berechtigen und die Kriterien des § 2 Abs. 1 Nr. 10 Buchstabe c ZAG erfüllen, d. h.

- unabhängig von einer Betragsangabe,
- aufgrund von Akzeptanzverträgen zwischen Aussteller und Akzeptanzstellen (auf die Anzahl der Akzeptanzstellen kommt es nicht an),
- im Inland,
- Waren oder Dienstleistungen,
- ausschließlich für soziale oder steuerliche Zwecke.

Der Zufluss des Sachbezugs erfolgt

- bei Einlösung **bei einem Dritten** zum Zeitpunkt der Übergabe des Gutscheins durch den Arbeitgeber an den Arbeitnehmer bzw. bei Geldkarten zum Zeitpunkt des Aufladens, unabhängig vom Termin der Nutzung durch den Arbeitnehmer,
- bei Einlösung **beim Arbeitgeber** zum Zeitpunkt der Einlösung.

9.6.14 Umwandlung von Barlohn

Häufig wird in den Betrieben überlegt, durch Umwandlung von Barlohn in Warengutscheine oder auch andere Sachbezüge steuerliche und sozialversicherungsrechtliche Vorteile zu erlangen. Dabei ist jedoch zu beachten, dass eine solche Umwandlung von Barlohn zugunsten steuerfreier Sachbezüge (z. B. Warengutscheine) i. d. R. nur dann anerkannt wird, wenn es sich um zusätzliche freiwillige Zahlungen des Arbeitgebers handelt, also nicht um bereits verdienten oder vertraglichen Lohn bzw. Tariflohn.

Schon in einem BFH-Urteil aus dem Jahr 1997 wird die Möglichkeit der Umwandlung von Barlohn in einen Sachlohn zugelassen. Als Folge dieser Rechtsprechung hat die Finanzverwaltung in R 8.1 Abs. 7 Nr. 4 Buchstabe c LStR die Umwandlung von Barlohn in Essensmarken oder Restaurantschecks zugelassen. Gleiches ist anzunehmen, wenn ein Arbeitnehmer Barlohn zugunsten der Überlassung eines Firmenwagens umwandelt. Die Finanzverwaltung hat aufgrund der Rechtsprechung unter R 8.1 Abs. 7 LStR ausgeführt, dass eine Gehaltsumwandlung von Barlohn in einen Sachlohn mit steuerlicher Wirkung nur akzeptiert werden kann, wenn diese durch Änderung des Arbeitsvertrags vereinbart wurde.

Unter Berücksichtigung dieser Rechtsaufassung ergeben sich folgende Möglichkeiten einer Gehaltsumwandlung:

- Barlohn wird in einen Sachlohn umgewandelt.
- Barlohn wird in einen später zufließenden Versorgungslohn umgewandelt.
- Steuerpflichtiger Barlohn wird in einen steuerfreien oder pauschal versteuerten Sachlohn umgewandelt.

Hinweis

Die Gehaltsumwandlung des Arbeitnehmers zugunsten von Leistungen, die ganz überwiegend im eigenbetrieblichen Interesse des Arbeitgebers erfolgen, erkennt die Finanzverwaltung nicht an.

Zusätzlich hat die Finanzverwaltung aufgrund aktueller BFH-Rechtsprechung (vom 01.08.2019) in § 8 Abs. 2 Satz 11 EStG ergänzt, dass die Anwendung der Freigrenze von 50 € für Sachbezüge nur in Betracht kommt, wenn der Sachbezug zusätzlich zum ohnehin geschuldeten Arbeitslohn gewährt wird.

Im-Rahmen des Jahressteuergesetzes (JStG) 2020[1] wurde § 8 Abs. 4 EStG neu eingeführt und definiert die Zusätzlichkeitserfordernisse zur Anwendung entsprechender Regelungen für die Steuerfreiheit (z. B. Bagatellgrenze für Sachbezüge) bzw. Pauschalversteuerung. Danach sind Leistungen des Arbeitgebers oder auf seine Veranlassung eines Dritten (Sachbezüge oder Zuschüsse) für einen Beschäftigten nur dann zusätzlich zum ohnehin geschuldeten Arbeitslohn, wenn

- die Leistung nicht auf den Anspruch auf Arbeitslohn angerechnet,
- der Anspruch auf Arbeitslohn nicht zugunsten der Leistung herabgesetzt,
- die verwendungs- oder zweckgebundene Leistung nicht anstelle einer bereits vereinbarten künftigen Erhöhung des Arbeitslohns gewährt und
- und bei Wegfall der Leistung der Arbeitslohn nicht erhöht wird.

So auch das BMF-Schreiben vom 05.02.2020 als Nichtanwendungserlass zu den anderslautenden BFH-Urteilen vom 01.08.2019, der bis zur gesetzlichen Regelung gültig ist. Betroffen sind folgende Regelungen:

- § 3 Nr. 11a EStG = steuerfreie Corona-Beihilfe,
- § 3 Nr. 15 EStG = steuerfreies Jobticket,
- § 3 Nr. 33 EStG = steuerfreie Kindergartengebühr,
- § 3 Nr. 34 EStG = steuerfreie Gesundheitsförderung (maximal 600 € je Arbeitnehmer und je Kalenderjahr),
- § 3 Nr. 34a EStG = steuerfreie Dienstleistung zur Vermittlung von Kinderbetreuung sowie Kosten einer betrieblich veranlassten kurzfristigen Kinderbetreuung bis 600 € jährlich,
- § 3 Nr. 37 EStG = steuerfreie private Nutzung eines betrieblichen Fahrrads,
- § 3 Nr. 46 EStG = steuerfreies Aufladen von Elektrofahrzeugen im Betrieb sowie Überlassen einer Ladevorrichtung,
- § 8 Abs. 2 Satz 11 EStG = Anwendung der 50-€-Freigrenze für Sachbezüge,
- § 37b EStG = Pauschalversteuerung mit 30 % für Sachbezüge,
- § 40 Abs. 2 Satz 1 Nr. 5 EStG = 25 % pauschale Lohnsteuer für die Übereignung von Datenverarbeitungsgeräten,
- § 40 Abs. 2 Satz 1 Nr. 6 = 25 % pauschale Lohnsteuer für die Übereignung einer Ladevorrichtung für Elektro- bzw. Hybridfahrzeuge,
- § 40 Abs. 2 Satz 1 Nr. 7 = 25 % pauschale Lohnsteuer für die Übereignung eines betrieblichen Fahrrads bzw. Pedelecs,
- § 40 Abs. 2 Satz 2 EStG = 15 % pauschale Lohnsteuer für Zuschüsse zu Fahrten zwischen Wohnung und erster Tätigkeitsstätte,
- § 100 EStG = bis zu 480,00 € steuerfreie zusätzliche betriebliche Altersvorsorge des Arbeitgebers i. V. m. dem Zuschuss von 30 %.

---

1 Jahressteuergesetz 2020 vom 21.12.2020 (BGBl Teil I Nr. 65 vom 28.12.2020, Seite 3096)

Verzichtet ein Arbeitnehmer durch Änderung seines Arbeitsvertrags auf Barlohn zugunsten eines Sachlohns, wird diese Änderung aus Sicht der Sozialversicherung anerkannt. Hat der Arbeitnehmer weiterhin einen Anspruch auf Barlohn, kann er somit zwischen Barlohn und Sachlohn wählen, wird eine solche Änderung als Barlohnminderung nicht anerkannt.

Das Bundesozialgericht[1] hat festgelegt, dass eine Entgeltumwandlung allein danach zu beurteilen ist, ob diese arbeitsrechtlich zulässig ist. Das Sozialversicherungsrecht darf keine weiteren Erfordernisse zur beitragsrechtlichen Beurteilung aufstellen. Mit diesem Urteil macht das Bundessozialgericht deutlich, dass derartige Entgeltumwandlungen ohne besondere Schriftformerfordernisse beitragsrechtlich wirksam werden. Es ist somit auch möglich, eine mündliche Vereinbarung heranzuziehen. Für die Wirksamkeit der Entgeltumwandlung ist allein entscheidend, dass die Umwandlung auf künftig fällig werdende Arbeitsentgeltbestandteile gerichtet und arbeitsrechtlich zulässig ist.

Hinweis

Durch Verzicht oder Umwandlung darf der gesetzliche oder tarifliche Mindestlohn nicht unterschritten werden.

Die Spitzenverbände der Sozialversicherung haben in diesem Zusammenhang als Voraussetzung für die Zulässigkeit einer Gehaltsumwandlung die Grundsätze des Steuerrechts übernommen. Dieses Zusätzlichkeitserfordernis wird nicht durch Gehaltsumwandlungen erfüllt. Somit kommt eine beitragsfreie Gehaltsumwandlung nicht in Betracht, wenn die Umwandlung aus einer Arbeitgeberleistung resultiert.

In der am 11.11.2021 veröffentlichten Niederschrift zu Fragen des gemeinsamen Beitragseinzugs wird klargestellt, dass in der Regel für die Frage, ob die Zusätzlichkeitsvoraussetzungen für steuerfreie bzw. pauschal versteuerte Sachzuwendungen erfüllt sind, die Regelungen des Steuerrechts anzuwenden sind.

Daraus kann man Folgendes ableiten:

Bis zum 31.12.2021 führt eine Entgeltumwandlung bzw. ein Entgeltverzicht in der Sozialversicherung unter den Voraussetzungen, dass der Verzicht

- nicht nur vorübergehend,
- für künftig fällige Entgelte
- und arbeitsrechtlich zulässig

erfolgt, zur Beitragsfreiheit der daraus resultierenden Arbeitgeberleistung, da in diesen Fällen eine Zusätzlichkeit angenommen wurde. Im Steuerrecht kann das Zusätzlichkeitserfordernis grundsätzlich nicht durch Entgeltumwandlungen erfüllt werden.

Sieht das Beitragsrecht, im Gegensatz zum Steuerrecht, für bestimmte Sachverhalte ein Zusätzlichkeitserfordernis vor, ist der Gehaltsverzicht auf die Arbeitgeberleistung

1 BSG, Urteil vom 02.03.2010 – B 12 R 5/09 R, CAAAD-49229

beitragsfrei, wenn der Verzicht ernsthaft gewollt, nicht nur vorübergehend und auch arbeitsrechtlich zulässig ist. Dazu gehören u. a.:

- Erstattung von Kosten im Rahmen der doppelten Haushaltsführung (§ 3 Nr. 16 EStG),
- steuerfreie Weiterbildungsleistungen (§ 3 Nr. 19 EStG),
- Aufstockungsbeträge und zusätzliche Rentenversicherungsbeiträge nach dem Altersteilzeitgesetz (§ 3 Nr. 28 EStG),
- Entschädigungen für die betriebliche Nutzung privater Werkzeuge (§ 3 Nr. 30 EStG),
- unentgeltliche oder verbilligte Überlassung von Berufsbekleidung (§ 3 Nr. 31 EStG),
- unentgeltliche oder verbilligte Sammelbeförderung (§ 3 Nr. 32 EStG),
- unentgeltliche oder verbilligte Überlassung betrieblicher Fahrräder zur privaten Nutzung (§ 3 Nr. 37 EStG),
- Mitarbeiterkapitalbeteiligung (§ 3 Nr. 39 EStG),
- private Nutzung betrieblicher Computer und Telekommunikationsgeräte und von deren Zubehör und Software (§ 3 Nr. 45 EStG),
- unentgeltliches oder verbilligtes Aufladen von Elektro- oder Hybridfahrzeugen im Betrieb des Arbeitgebers (§ 3 Nr. 46 EStG),
- Auslagenersatz und durchlaufende Gelder (§ 3 Nr. 50 EStG),
- Zukunftssicherungsleistungen (§ 3 Nr. 62 EStG),
- Kaufkraftausgleich (§ 3 Nr. 64 EStG),
- Beiträge zur kapitalgedeckten betrieblichen Altersversorgung (§ 40b EStG a. F.),
- Beiträge zur umlagefinanzierten betrieblichen Altersversorgung (§ 3 Nr. 56 bzw. § 40b EStG).

In einigen Fällen sieht weder das Steuer- noch das Sozialversicherungsrecht ein Zusätzlichkeitserfordernis vor. Ein Gehaltsverzicht bzw. eine Gehaltsumwandlung führt in diesen Fällen zu einer steuerfreien bzw. pauschal besteuerten Arbeitgeberleistung und im Rahmen der Sozialversicherungsentgeltverordnung (SvEV) zur Beitragsfreiheit in der Sozialversicherung. Dazu gehören u. a.:

- sonstige Bezüge für mehrere Arbeitnehmer (§ 40 Abs. 1 Satz 1 Nr. 1 EStG i. V. m. § 1 Abs. 1 Satz 1 Nr. 2 SvEV (allerdings nur dann, wenn kein einmalig gezahltes Arbeitsentgelt),
- Arbeitslohn aus Anlass einer Betriebsveranstaltung (§ 40 Abs. 2 Satz 1 Nr. 2 EStG i. V. m. § 1 Abs. 1 Satz 1 Nr. 3 SvEV),
- Erholungsbeihilfen (§ 40 Abs. 2 Satz 1 Nr. 3 EStG i. V. m. § 1 Abs. 1 Satz 1 Nr. 3 SvEV),
- Verpflegungsmehraufwendungen (§ 40 Abs. 2 Satz 1 Nr. 4 EStG i. V. m. § 1 Abs. 1 Satz 1 Nr. 3 SvEV),
- Sachbezüge in Form unentgeltlicher oder verbilligter Beförderung (§ 40 Abs. 2 Satz 2 1. Hs. EStG i. V. m. § 1 Abs. 1 Satz 1 Nr. 3 SvEV),
- Beiträge zur kapitalgedeckten betrieblichen Altersversorgung (§ 3 Nr. 63 EStG i. V. m. § 1 Abs. 1 Satz 1 Nr. 9 SvEV),

- Sachprämien aus Kundenbindungsprogrammen (§ 3 Nr. 38 EStG nach § 37a EStG i. V. m. § 1 Abs. 1 Satz 1 Nr. 13 SvEV),
- Geschenke an Arbeitnehmer nicht verbundener Unternehmen (§ 37b Abs. 1 EStG i. V. m. § 1 Abs. 1 Satz 1 Nr. 14 SvEV).

Ab 01.01.2023 gelten neue Anforderungen an das Zusätzlichkeitserfordernis im Beitragsrecht.[1] Arbeitgeberleistungen werden nicht zusätzlich gewährt, wenn sie ein teilweises Surrogat für den vorherigen Entgeltverzicht bilden. Das Beitragsrecht orientiert sich an den Kriterien des steuerrechtlichen Zusätzlichkeitserfordernis in § 8 Abs. 4 EStG:

- Die Leistung wird nicht auf den Anspruch auf Arbeitslohn angerechnet und
- der Anspruch auf Arbeitslohn wird nicht zugunsten der Leistung herabgesetzt und
- die verwendungs- oder zweckgebundene Leistung wird nicht anstelle einer bereits vereinbarten künftigen Erhöhung des Arbeitslohns gewährt und
- bei Wegfall der Leistung wird der Arbeitslohn nicht erhöht.

Unter diesen Voraussetzungen ist von einer zusätzlichen Leistung auch dann auszugehen, wenn der Arbeitnehmer arbeitsvertraglich (Gesetz, Tarifvertrag, Betriebsvereinbarung, Arbeitsvertrag) einen Anspruch darauf hat.

Beitragsrechtlich ist eine Entgeltumwandlung zulässig, wenn

- das Unternehmen nicht tarifgebunden ist oder
- ein bindender oder allgemein verbindlich erklärter Tarifvertrag TV vorliegt, nur dann, wenn
  - eine Öffnungsklausel besteht,
  - der Verzicht schriftlich festgehalten wird und
  - sich die Entgeltumwandlung auf zukünftig fällig werdende Entgelte bezieht.

Steuerfreie Entgeltbestandteile sind nur dann nach § 1 Abs. 1 Satz 1 Nr. 1 SvEV beitragsfrei, wenn sie zusätzlich zum Arbeitsentgelt gewährt werden. Entscheidend ist, ob im Steuer- und/oder Beitragsrecht das Zusätzlichkeitserfordernis besteht. Wenn nicht, führt eine Entgeltumwandlung zur Steuer- bzw. Beitragsfreiheit. Bei Entgeltumwandlungen durch vorherigen Entgeltverzicht ist die Zusätzlichkeit nicht erfüllt.

9.6.15 Zufluss des Arbeitslohns

Bei der Ausstellung von Warengutscheinen stellt sich die Frage, wann der lohnsteuerrechtliche Zufluss erfolgt. Dies ist besonders dann interessant, wenn es sich um Waren handelt, deren Preise sehr starken Schwankungen unterliegen (z. B. Benzingutscheine). Hierzu gilt:

- Bei Warengutscheinen, die bei einem fremden Dritten einzulösen sind (z. B. Tankstelle), findet der Zufluss mit der Ausgabe (Weiterreichung) an den Arbeitnehmer statt.

1 Niederschrift zu Fragen des gemeinsamen Beitragseinzugs vom 11.11.2021

- Bei Warengutscheinen, die beim eigenen Arbeitnehmer einzulösen sind, findet der Zufluss zum Zeitpunkt der Einlösung des Gutscheins statt.

9.6.16 Arbeitslohn durch Dritte

Nach § 38 Abs. 1 Satz 3 EStG unterliegt auch der im Rahmen des Dienstverhältnisses von einem Dritten gewährte Arbeitslohn der Lohnsteuer, wenn der Arbeitgeber **Kenntnis davon hat oder erkennen kann**, dass solche Vergütungen erbracht werden.

Hinweis

Siehe auch: BMF-Schreiben vom 20.01.2015 (IV C 5 – S 2360/12/10002).

Dabei spielt es keine Rolle, ob es sich um Barlohnvergütungen oder Sachleistungen in Form von Rabatten und Vorteilsgewährungen handelt, wobei in der Praxis überwiegend die Vorteilsgewährung durch Rabatte eine Rolle spielt.

Diese Verpflichtung trifft den Arbeitgeber grundsätzlich nur dann, wenn er an der Verschaffung von unentgeltlichen oder verbilligten Sachbezügen oder geldwerten Vorteilen selbst mitgewirkt bzw. davon Kenntnis erlangt hat.

Eine Kenntnis und somit Mitwirkung des Arbeitgebers wird man in der Praxis im Regelfall immer dann unterstellen, wenn z. B. die Rabattgewährung auf bestimmte Waren oder Dienstleistungen durch konzernverbundene Unternehmen im Sinne des § 15 des Aktiengesetzes stattfindet.

Außerdem unterstellt man eine Mitwirkung des Arbeitgebers, wenn aus seinem Handeln ein Anspruch des Arbeitnehmers auf den Preisvorteil entstanden ist. Ein typisches Beispiel dafür ist der Abschluss eines Rahmenvertrags mit einem Lieferanten. Vereinbart dagegen der Betriebsrat oder die Personalvertretung solche Rabattregelungen mit Dritten, entsteht kein steuerpflichtiger Arbeitslohn.

Eine weitere Annahme für eine Mitwirkung liegt vor, wenn der Arbeitgeber für den Dritten bestimmte Verpflichtungen übernommen hat, wie z. B. Inkassotätigkeit oder Haftung. Arbeitnehmer, die entsprechende Vergünstigungen von einem Dritten beziehen, sind nach § 38 Abs. 4 Satz 3 EStG verpflichtet, diese Lohnzahlungen ihrem Arbeitgeber für jeden Lohnzahlungszeitraum mitzuteilen.

Machen die Arbeitnehmer keine Angaben und der Arbeitgeber weiß bzw. kann erkennen, dass seine Arbeitnehmer Arbeitslohn von Dritten bezogen haben, ist der Arbeitgeber verpflichtet, dies dem Betriebsstättenfinanzamt unverzüglich anzuzeigen (§ 38 Abs. 4 Satz 3 EStG).

Nach LStR 38.4 hat der Arbeitgeber seine Arbeitnehmer auf die Verpflichtung zur Mitteilung des von einem Dritten bezogenen Arbeitslohns hinzuweisen. Dieser Informationspflicht sollte der Arbeitgeber auf jeden Fall nachkommen, um sich von eventuellen Haftungsansprüchen freizustellen (LStR 42d.1).

Bei Einräumung von Drittrabatten steht dem Arbeitnehmer der Rabattfreibetrag (1.080 €) nicht zu. Allerdings darf ein pauschaler Wertabschlag von 4 % auf den üblichen Endpreis der Ware vorgenommen werden.

9.6.17 Private Nutzung eines Firmenwagens

9.6.17.1 Allgemeines

Eine **betrieblich veranlasste Überlassung** eines Firmenfahrzeugs an den Arbeitnehmer (z. B. für eine Dienstreise) ist **kein** steuerpflichtiger Arbeitslohn. Wenn der Arbeitnehmer allerdings in den Genuss der privaten Nutzung eines Firmenfahrzeugs kommt, entsteht steuer- und sozialversicherungspflichtiger Arbeitslohn. Der entsprechende Sachbezug wird vom Arbeitgeber im Zuge der Lohnabrechnung ermittelt.

Es gibt zwei verschiedene Ansatzmethoden:

- Aufteilung der Gesamtkosten entsprechend den mittels Fahrtenbuch nachgewiesenen dienstlich und privat zurückgelegten Fahrtstrecken (Einzelnachweis),
- pauschale Schätzung des Privatanteils nach der 1-%-Regelung.

Die einmal gewählte Methode darf erst nach Ablauf eines Jahres gewechselt werden (Ausnahme bei Fahrzeugwechsel innerhalb des Jahres).

9.6.17.2 Pauschale Ermittlung

Als geldwerter Vorteil wird monatlich 1 % des auf volle 100 € abgerundeten Fahrzeugpreises angesetzt. Darunter versteht man den Listenpreis zuzüglich Sonderausstattungen und Mehrwertsteuer.

Diese Regelung gilt ebenso für Gebrauchtwagen (gültiger Listenpreis zum Zeitpunkt der Neuanschaffung) und Leasingfahrzeuge. Kosten für ein **Autotelefon** und eine **Freisprechanlage** wirken sich genauso wenig auf die Berechnungsbasis aus wie Überführungskosten. Dagegen erhöhen **Sonderausstattungen** und **Diebstahlsicherungen** sowie **Autoradios** den geldwerten Vorteil.

Sonderausstattungen	Einzubeziehen in die 1-%-Versteuerung	Nicht einzubeziehen
Autoradio	x	
Autotelefon		x
Diebstahlsicherung	x	
Freisprecheinrichtung		x
Klimaanlage	x	
Navigationsgerät	x	
Standheizung	x	
Zusätzlicher Reifensatz		x
Überführungskosten		x

Nach LStR 8.1 Abs. 9 fließt ein zusätzlicher Satz Reifen einschließlich Felgen nicht in die Bemessungsgrundlage für die 1-%-Regelung mit ein. Damit soll klargestellt werden, dass der 1-%-Betrag nur auf der Basis des Listenpreises inklusive eines Satzes Reifen (Sommer- oder Winterreifen) zu berechnen ist. Mit der Versteuerung des 1-%-Wertes ist auch der geldwerte Vorteil aus der Überlassung eines weiteren

Satzes Reifen abgegolten. Ein fest eingebautes Navigationsgerät ist dem Listenpreis hinzuzurechnen, erhöht also den geldwerten Vorteil.

Pauschale und kilometerbezogene Eigenbeteiligungen des Arbeitnehmers mindern den geldwerten Vorteil. Gleiches gilt, wenn der Arbeitnehmer einen Teil der Anschaffungskosten übernimmt.

Beispiel 1

Ein Arbeitnehmer nutzt sein Dienstfahrzeug privat. Der Listenpreis des Wagens beträgt 25.000 €. Das Fahrzeug ist geleast. Die monatliche Leasingrate beträgt 500 €. Daran beteiligt sich der Arbeitnehmer mit einer Zuzahlung von monatlich 100 €.

Listenpreis Fahrzeug	**25.000,00 €**
monatliche Leasingrate	500,00 €
mtl. Zuzahlung Arbeitnehmer	100,00 €
Daraus ergibt sich folgende Berechnung:	
1 % von 25.000 € =	250,00 €
abzüglich Zuzahlung Arbeitnehmer mtl.	– 100,00 €
anzusetzender Wert	**150,00 €**

Der geldwerte Vorteil für die private Nutzung des Fahrzeugs aus der 1-%-Regelung beträgt somit 150 €.

Beispiel 2

Ein Arbeitnehmer erhält ab 01.09. ein Dienstfahrzeug, welches er auch privat nutzen kann. Der monatliche Sachbezugswert nach der 1-%-Methode beträgt insgesamt 400 €. Der Arbeitnehmer übernimmt eine einmalige Eigenleistung für Sonderausstattungen in Höhe von 2.500 €.

monatlicher Sachbezugswert:	**400,00 €**
September bis Dezember: 4 x 400 € =	1.600,00 €
abzüglich Eigenanteil des AN	– 2.500,00 €
verbleiben	**900,00 €**

Gemäß dem BMF-Schreiben vom 04.04.2018 können die verbleibenden 900 € im Folgejahr verrechnet werden.

In einem Urteil des BFH[1] wird abweichend von den Ausführungen im BMF-Schreiben vom 04.04.2018 dargestellt, dass eine Zuzahlung des Arbeitnehmers zu den Anschaffungskosten des privat genutzten Fahrzeuges auf den Zeitraum der Nutzung zu verteilen ist. Somit erfolgt keine Verrechnung der Zuzahlung des Arbeitnehmers zu Beginn der Nutzung, sondern eine anteilige Verteilung auf den Zeitraum der Nutzung.

Beispiel 3

Ein Arbeitnehmer nutzt einen Firmenwagen mit einem Bruttolistenpreis von 50.000 € privat. Der Arbeitnehmer zahlt eine Zuzahlung zu den Anschaffungskosten in Höhe von 10.000 €. Die vereinbarte Nutzungsdauer beträgt drei Jahre.

Regelung nach dem BMF-Schreiben vom 04.04.2018:

Sachbezugswert für die private Nutzung:	**500,00 €**
Zuzahlung 10.000 € : 500 € = 20 Monate	
Sachbezugswert 1. bis 20. Monat	**0,00 €**
Sachbezugswert ab 21. Monat	**500,00 €**

Regelung nach BFH-Rechtsprechung (anzuwenden ab 01.07.2021):

Sachbezugswert für die private Nutzung:	**500,00 €**
Zuzahlung 10.000 € : 36 Monate Nutzungsdauer	**277,78 €**
Sachbezugswert monatlich	222,22 €

Maßgeblich ist die Nutzungsdauer, die mit dem Arbeitnehmer vereinbart ist, unabhängig von der Anschaffungsdauer beim Kauf oder der Dauer des Leasingvertrags, den der Arbeitgeber mit dem Leasingunternehmen abgeschlossen hat.

Das Sozialversicherungsrecht folgt dem Steuerrecht.

9.6.17.3 Fahrten zwischen Wohnung und erster Tätigkeitsstätte

Wenn der Arbeitnehmer den Firmenwagen auch für Fahrten zwischen Wohnung und erster Arbeitsstätte benutzt, so ist dieser ihm daraus entstehende Vorteil zusätzlich zur 1-%-Methode steuerlich anzusetzen.

Für Fahrten zwischen Wohnung und erster Arbeitsstätte beträgt der geldwerte Vorteil monatlich 0,03 % vom Listenpreis mal Entfernungskilometer. Unter Entfernungs-

1 BFH, Urteil vom 16.12.2020 (Aktenzeichen VI R 19/18, veröffentlicht im Juni 2021)

kilometer wird die einfache Wegstrecke verstanden. Ein Arbeitnehmer, der morgens 20 km zur Arbeit zurücklegt und abends wiederum 20 km zurückfährt, hat pro Tag 20 Entfernungskilometer zurückgelegt.

Die tatsächliche Anzahl der Fahrten spielt dabei keine Rolle. Ein eventueller Nutzungsausfall durch Urlaub oder Krankheit ist in den gesetzlichen Pauschalsätzen von 1 % bzw. 0,03 % berücksichtigt. Nach Auffassung des BMF in Absprache mit den Ländern ist die 0,03-%-Regelung auch dann anzusetzen, wenn der Arbeitnehmer sich nur vorübergehend zu Hause auffällt (z. B. Kurzarbeit und Homeoffice).

Dieser so errechnete geldwerte Vorteil kann vom Arbeitgeber mit 15 % pauschal versteuert werden (1. bis 20. Entfernungskilometer 0,30 € bzw. ab dem 21. Entfernungskilometer 0,35 € und pauschale Anrechnung von 180 Tagen im Jahr). Können mehr als 180 Fahrten pro Jahr zwischen Wohnung und Arbeitsstätte nachgewiesen werden, ist auch ein höherer Ansatz möglich.

Beispiel

Ein Arbeitnehmer erhält ein Dienstfahrzeug zur privaten Nutzung. Der Anschaffungswert beträgt 28.000 €. Zusätzlich kommen Sonderausstattungen in Höhe von 2.000 € hinzu. Die einfache Entfernung (Entfernungskilometer) von der Wohnung zur ersten Tätigkeitsstätte beträgt 30 km. Der Arbeitgeber pauschaliert die Fahrten Wohnung – erste Tätigkeitsstätte im Rahmen der gesetzlichen Möglichkeiten. Ohne genaue Prüfung kann der Arbeitgeber davon ausgehen, dass 180 Fahrten im Jahr bzw. 15 Fahrten pro Monat von der Wohnung zur Arbeitsstätte stattgefunden haben.

Listenpreis bei Erstzulassung inklusive MwSt.	28.000,00 €
Sonderausstattung inklusive MwSt.	2.000,00 €
maßgeblicher Fahrzeugpreis	30.000,00 €
monatlich 1 % privater Nutzungsanteil = (geldwerter Vorteil für private Nutzung)	300,00 €
0,03 % von 30.000 € = 9,00 €	
30 km x 9,00 € = (geldwerter Vorteil für Fahrten von der Wohnung zur Arbeitsstätte) davon können **pauschal versteuert** werden:	270,00 €
0,30 € x 20 km = 6,00 € (Entfernungspauschale x Entfernungskilometer)	
0,35 € x 10 km = 3,50 € (Entfernungspauschale x Entfernungskilometer)	
9,50 € x 15 Tage (pauschale Annahme) =	**142,50 €**

Somit muss der Arbeitnehmer für Fahrten von der Wohnung zur ersten Tätigkeitsstätte noch individuell versteuern: 127,50 € (270,00 € minus 142,50 €)	
Vom Arbeitnehmer insgesamt zu versteuernder geldwerter Vorteil (private Nutzung und individuell zu versteuernder Anteil für Fahrten von der Wohnung zur Arbeitsstätte): 300,00 € + 127,50 € =	427,50 €
Zusätzlich versteuert der Arbeitgeber den Restbetrag von 142,50 € pauschal mit 15 %: 15 % von 142,50 € = 21,38 € p. LSt. 5,5 % von 21,38 € = 1,18 € p. SolZ 6 % von 21,38 € = 1,28 € p. KiSt. (z. B. in Niedersachsen)	

Gemäß BMF-Schreiben vom 18.11.2021 mindert sich ab dem 01.01.2022 die Anzahl der pauschalierten 15 Tage pro Monat bzw. 180 Tage im Jahr *„verhältnismäßig, wenn der Arbeitnehmer bei einer in die Zukunft gerichteten Prognose an der ersten Tätigkeitsstätte typischerweise an weniger als 5 Arbeitstagen in der Kalenderwoche nach den dienst- oder arbeitsrechtlichen Festlegungen beruflich tätig werden soll (z. B. bei Teilzeitmodellen, Homeoffice, Telearbeit, mobilem Arbeiten). So kann z. B. bei einer 3-Tage-Woche aus Vereinfachungsgründen davon ausgegangen werden, dass monatlich an 9 Arbeitstagen (3/5 von 15 Tagen) Fahrten zwischen Wohnung und erster Tätigkeitsstätte oder Fahrten nach § 9 Absatz 1 Satz 3 Nummer 4a Satz 3 EStG erfolgen.“*

Der Arbeitgeber soll nur eine in die Zukunft gerichtete Prognose anwenden. Eine rückwirkende Änderung bei Abweichungen von dieser Prognose ist nicht vorgeschrieben. Abweichungen zwischen der vorausschauenden Prognose durch den Arbeitgeber und den durch den Arbeitnehmer als Werbungskosten geltend gemachten Fahrten zwischen Wohnung und erster Tätigkeitsstätte werden wie bisher aufgrund der Eintragung in Zeile 18 der Lohnsteuerbescheinigung im Rahmen der Einkommensteuerveranlagung korrigiert. Das geschieht durch eine Kürzung der Werbungskosten um den pauschal versteuerten Betrag, bei einem negativen Ergebnis durch eine Erhöhung des steuerpflichtigen Bruttolohns.

Hinweis

Werden Fahrzeuge Arbeitnehmern nur von Fall zu Fall, d. h. nur gelegentlich im Monat überlassen, ist der geldwerte Vorteil für die gelegentliche Überlassung abweichend von den v. g. Regelungen zu berechnen. Es ist dann je Kilometer 0,001 % vom Anschaffungswert des Fahrzeugs anzusetzen.

Bei der Ermittlung mit der 0,03-%-Methode handelt es sich um das **Monatsprinzip**. Der geldwerte Vorteil wird wie bei der 1-%-Methode für einen gesamten Kalendermonat ermittelt.

Bei der privaten Nutzung eines Firmenwagens durch den Arbeitgeber ist dies **unstrittig**.

Bei den **Fahrten zwischen Wohnung und erster Tätigkeitsstätte** hat der BFH mit zwei Urteilen von 2008 (BFH, Urteil v. 28.08.2008 – VI R 52/07, BStBl 2009 II S. 280) und von 2010 (BFH, Urteil v. 22.09.2010 – VI R 54/09, BStBl 2011 II S. 354) **anders** entschieden. In ihrer Begründung führen die Richter aus, dass die 0,03-%-Methode einen Korrekturposten zum persönlichen Werbungskostenabzug des Arbeitnehmers darstellt, da die Berechnung anhand der Entfernungskilometer erfolgt. Somit komme der geldwerte Vorteil auch nur dann zum Ansatz, wenn der Arbeitnehmer den Firmenwagen auch tatsächlich für Fahrten zwischen Wohnung und erster Tätigkeitsstätte nutzt. Die Finanzverwaltung folgt der Auffassung der Richter und lässt deshalb auch eine Einzelbewertung nach tatsächlichen Kalendertagen zu.

Bei dieser Art der Einzelbewertung werden **0,002 % des Bruttolistenpreises** zzgl. Sonderausstattung, zum Zeitpunkt der Erstzulassung, je Entfernungskilometer für die tatsächlich gefahrenen Kalendertage eines Monats als geldwerter Vorteil angesetzt.

Listenpreis bei Erstzulassung inklusive MwSt. Sonderausstattung inklusive MwSt. maßgeblicher Fahrzeugpreis monatlich 1 % privater Nutzungsanteil = (geldwerter Vorteil für private Nutzung)	28.000,00 € 2.000,00 € 30.000,00 € 300,00 €
0,002 % von 30.000 € = 0,60 € 30 km x 0,60 € x 12 Tage = (geldwerter Vorteil für Fahrten von der Wohnung zur Arbeitsstätte)	 216,00 €
Vom Arbeitnehmer insgesamt zu versteuernder geldwerter Vorteil (private Nutzung und Anteil für Fahrten von der Wohnung zur ersten Tätigkeitsstätte): 300,00 € + 216,00 € =	516,00 €

Die Finanzverwaltung sieht für die Anwendung der abweichenden Bewertung eine jahresbezogene Begrenzung auf insgesamt 180 Tage vor. Eine Begrenzung auf 15 Fahrten pro Monat lehnt die Finanzverwaltung ausdrücklich ab. Die gewählte Bewertungsmethode ist für jedes Kalenderjahr einheitlich für alle dem Arbeitnehmer zur Verfügung gestellten Firmenfahrzeuge anzuwenden. Selbst der Wechsel eines Fahrzeugs innerhalb des Kalenderjahres ändert die Bewertungsmethode nicht.

Der Arbeitgeber ist verpflichtet, auf Verlangen des Arbeitnehmers die Einzelbewertung der Fahrten mit 0,002 % für jede tatsächliche Fahrt für Fahrten zwischen Wohnung und erster Tätigkeitsstätte anstelle des Ansatzes der Monatspauschale mit 0,03 % je Entfernungskilometer durchzuführen. Die Verpflichtung zur Anwendung dieser Regelung entfällt nur dann, wenn der Arbeitgeber dies arbeits- oder dienstrechtlich ausschließt (BMF-Schreiben vom 04.04.2018, Rz. 10 Buchstabe e).

9.6.17.4 Einzelnachweis der Privatfahrten

Die dienstlich und privat gefahrenen Kilometer sowie die Fahrten zwischen Wohnung und Arbeitsstätte müssen einzeln aufgezeichnet werden. In diesem Zusammenhang ist ein ständiges Fahrtenbuch zu führen.

Ein Fahrtenbuch muss folgende Mindestangaben enthalten:

- Datum und Kilometerstand zu Beginn und am Ende jeder einzelnen Geschäftsfahrt,
- genaue Adresse des Reiseziels,
- Reisezweck und aufgesuchte Gesprächspartner,
- Kilometerangaben für Privatfahrten und Fahrten von der Wohnung zur Arbeitsstätte.

Die tatsächlichen Gesamtkosten des Fahrzeugs sind durch Belege nachzuweisen. Die Kosten sind im Verhältnis zwischen privaten und betrieblich gefahrenen Kilometern aufzuteilen.

Beispiel

Der Listenpreis eines Fahrzeugs beträgt 42.000 €. Der Arbeitgeber ermittelt den geldwerten Vorteil nach der Fahrtenbuchmethode. Die Abschreibungsdauer des Fahrzeugs beträgt sechs Jahre. Die Gesamtkosten des Fahrzeugs sind bekannt. Der Arbeitnehmer führt ein Fahrtenbuch und zeichnet seine Geschäfts- und Privatfahrten getrennt auf.

Listenpreis Erstzulassung inklusive MwSt.	**42.000,00 €**
Nutzungsdauer 6 Jahre	7.000,00 €
Steuer und Versicherung	2.000,00 €
Betriebskosten (Benzin, Wartung usw.)	6.000,00 €
jährliche Gesamtkosten des Fahrzeugs	**15.000,00 €**
Aufzeichnungen laut Fahrtenbuch:	
Dienstkilometer	20.000 km
Privatfahrten insgesamt	10.000 km
210 Fahrten Wohnung – Arbeitsstätte je 20 km = **4.200 km**	
sonstige Privatfahrten = **5.800 km**	

Gesamtfahrleistung	**30.000 km**
von den Gesamtkosten entfallen auf die sonstigen Privatfahrten:	
$\frac{15.000,00\ € \times 5.800\ km}{30.000\ km} = 2.900,00\ €$	
davon monatlich 1/12 =	**241,67 €**
von den Gesamtkosten entfallen auf die Fahrten Wohnung/Arbeitsstätte:	
$\frac{15.000,00\ € \times 4.200\ km}{30.000\ km} = 2.100,00\ €$	
davon monatlich 1/12 =	**175,00 €**
Die 175,00 € können pauschal versteuert werden.	

9.6.17.5 Elektrofahrzeuge zur privaten Nutzung

Bei in der Zeit vom 01.01.2019 bis zum 31.12.2030 angeschafften Elektrofahrzeugen ist für die Berechnung des geldwerten Vorteils für die private Nutzung der Listenpreis zur Hälfte anzusetzen. Dies wirkt sich auf die v. g. geldwerten Vorteile für

- Privatfahren nach der 1-%-Methode,
- Fahrten zwischen Wohnung und erster Tätigkeitsstätte nach der 0,03-%-Methode

aus. Die Änderung hat allerdings auch Auswirkungen auf

- die Fahrten im Rahmen der doppelten Haushaltsführung,
- gelegentliche Fahrten,
- Fahrtenbuchmethode.

Beispiel

Einem Arbeitnehmer wird am 02.01.2019 ein betriebliches Elektrofahrzeug zur privaten Nutzung überlassen. Der Bruttolistenpreis des Fahrzeugs beträgt 50.000 €. Die Entfernung zwischen Wohnung und erster Tätigkeitsstätte beträgt 20 Kilometer. Der lohnsteuerpflichtige geldwerte Vorteil wird nach der 1-%-Methode berechnet.

- Der geldwerte Vorteil ist somit für jeden Kalendermonat mit der Hälfte des inländischen Listenpreises im Zeitpunkt der Erstzulassung zzgl. der Kosten für Sonderausstattung und einschließlich USt. anzusetzen: **25.000 € x 1,0 % = 250 €.**
- Kann das Fahrzeug auch für Fahrten zwischen Wohnung und erster Tätigkeitsstätte genutzt werden, so erhöht sich der geldwerte Vorteil für jeden Kalendermonat um einen Zuschlag in Höhe von 0,03 % des Bruttolistenpreises je Entfernungskilometer, der ebenfalls nur mit der Hälfte des inländischen Listenpreises und einschließlich USt. angesetzt wird: **25.000 € x 0,03 % x 20 = 150 €.**

Der gesamte geldwerte Vorteil beträgt somit 250 € + 150 € = 400 €.

Mit dem Gesetz zur weiteren steuerlichen Förderung der Elektromobilität und zur Änderung weiterer steuerlicher Vorschriften[1] wurde die Regelung zur Halbierung des Bruttolistenpreises statt bis zum 31.12.2021 bis zum 31.12.2030 verlängert. Allerdings wurden an die Halbierung des Bruttolistenpreises zur Berechnung des geldwerten Vorteils für Elektro- und extern aufladbare Hybridfahrzeuge neue Voraussetzungen geknüpft. Der Bruttolistenpreis zur Berechnung des geldwerten Vorteils wird zur Hälfte angesetzt bei Anschaffungen bzw. erstmaliger Überlassung an einen Arbeitnehmer zur privaten Nutzung in der Zeit

- vom 01.01.2019 bis zum 31.12.2021, wenn das Fahrzeug höchstens 50 g CO2 je Kilometer ausstößt oder die Reichweite des elektrischen Antriebs mindestens 40 km beträgt,
- vom 01.01.2022 bis zum 31.12.2024, wenn das Fahrzeug höchstens 50 g CO2 je Kilometer ausstößt oder die Reichweite des elektrischen Antriebs mindestens 60 km beträgt,
- ab 01.01.2025 bis zum 31.12.2030, wenn das Fahrzeug höchstens 50 g CO2 je Kilometer ausstößt oder die Reichweite des elektrischen Antriebs mindestens 80 km beträgt.

Zusätzlich wurde im § 6 Abs. 1 Nr. 4 Satz 2 Nr. 3 EStG ergänzt, dass bei Elektrofahrzeugen für die Berechnung des Sachbezugs für die private Nutzung der Bruttolistenpreis mit 25 % anzusetzen ist, wenn das Fahrzeug in der Zeit vom 01.01.2019 bis zum 31.12.2030 angeschafft bzw. erstmals einem Arbeitnehmer zur privaten Nutzung überlassen wurde und die Bemessungsgrundlage (Bruttolistenpreis zum Zeitpunkt der Erstzulassung inkl. Sonderausstattung) nicht über 60.000 € (bis 2019 nicht über 40.000 €) liegt und das Fahrzeug 0 g CO2 ausstößt.

Hinweis

Die v. g. Regelung gilt bereits für Fahrzeuge, die ab 01.01.2019 angeschafft oder erstmals überlassen wurden, allerdings erst ab 01.01.2020.

Der Ansatz mit 25 % bzw. der Hälfte vom Bruttolistenpreis kommt nicht nur bei Elektroautos zur Anwendung. Auch E-Bikes (Elektrofahrräder mit einer Motorunterstützung von mehr als 25 km/h), Pedelecs (Elektrofahrräder mit einer Motorleistung von max. 25 km/h) und E-Scooter (nach der Elektrokraftfahrzeugverordnung ein Fahrzeug) fallen unter diese Regelung.

9.6.17.6 Garagengeld bei Firmenwagenüberlassung

Häufig kommt es vor, dass Arbeitgeber eine Unterstellung der Firmenfahrzeuge in einer Garage verlangen und Arbeitnehmern die Miete für die eigenen oder bei Dritten angemieteten Garagen erstatten. Nach neuester Rechtsprechung verursachen diese

1 Gesetz zur weiteren steuerlichen Förderung der Elektromobilität und zur Änderung weiterer steuerlicher Vorschriften vom 12.12.2019 (BGBl 2019 Teil I vom 17.12.2019, Seite 2451)

Erstattungsleistungen keinen zusätzlichen steuerpflichtigen Arbeitslohn, sondern sind bereits mit dem pauschalen 1-%-Ansatz abgegolten.

9.6.17.7 Mehrere überlassene Fahrzeuge

Stehen einem Arbeitnehmer gleichzeitig mehrere Kraftfahrzeuge zur Verfügung, so ist für jedes Kraftfahrzeug der pauschale Nutzungswert für Privatfahrten mit monatlich 1 % des Listenpreises anzusetzen. Dies gilt auch beim Einsatz eines Wechselkennzeichens. Dem pauschalen Nutzungswert für Privatfahrten kann der Listenpreis des überwiegend genutzten Kraftfahrzeugs zugrunde gelegt werden, wenn die Nutzung der Kraftfahrzeuge durch andere zur Privatsphäre des Arbeitnehmers gehörende Personen so gut wie ausgeschlossen ist.

Bei Anwendung der 0,03-%-Regelung ist dem pauschalen Nutzungswert für Fahrten zwischen Wohnung und erster Tätigkeitsstätte stets der Listenpreis des überwiegend für diese Fahrten genutzten Kraftfahrzeugs zugrunde zu legen (BMF-Schreiben vom 04.04.2018, Rz. 22).

9.6.17.8 Elektronisches Fahrtenbuch

Ein elektronisches Fahrtenbuch ist nach Aussage des BMF anzuerkennen, wenn sich daraus dieselben Erkenntnisse wie aus einem manuell geführten Fahrtenbuch gewinnen lassen. Beim Ausdrucken von elektronischen Aufzeichnungen müssen nachträgliche Veränderungen der aufgezeichneten Angaben technisch ausgeschlossen, zumindest aber dokumentiert werden (vgl. BFH-Urteil vom 16.11.2005, BStBl 2006 II Seite 410).

Es bestehen keine Bedenken, ein elektronisches Fahrtenbuch, in dem alle Fahrten automatisch bei Beendigung jeder Fahrt mit Datum, Kilometerstand und Fahrtziel erfasst werden, jedenfalls dann als zeitnah geführt anzusehen, wenn der Fahrer den dienstlichen Fahrtanlass (Reisezweck und aufgesuchte Geschäftspartner) innerhalb eines Zeitraums von bis zu sieben Kalendertagen nach Abschluss der jeweiligen Fahrt in einem Webportal einträgt und die übrigen Fahrten dem privaten Bereich zugeordnet werden (BMF-Schreiben vom 04.04.2018, Rz. 25 und 26).

9.6.18 Förderung der Elektromobilität

Befristet für die Zeit vom 01.01.2017 bis zum 31.12.2030 können Arbeitgeber zusätzlich zum ohnehin geschuldeten Arbeitslohn gewährte geldwerte Vorteile für das kostenfreie oder verbilligte Aufladen eine Elektro- oder Hybridfahrzeugs nach § 3 Nr. 46 EStG steuerfrei behandeln.

Auch die Überlassung einer betrieblichen Ladevorrichtung, die der Arbeitgeber seinem Arbeitnehmer kostenfrei oder verbilligt für das Aufladen z. B. eines Firmenwagens zur privaten Nutzung überlässt, ist steuerfrei.

Hinweis

Das BMF hat ein Schreiben vom 14.12.2016 zum Thema steuerliche Förderung der Elektromobilität veröffentlicht (IV C 5 – S 2334/14/10002-03).

Mit Datum vom 05.11.2021 wurde ein weiteres Schreiben zur Nutzung von Elektro- und Hybridfahrzeugen veröffentlicht (IV C 5 – S 2177/19/10004 :008).

Mit BMF-Schreiben vom 26.10.2017 hat der Gesetzgeber aus Billigkeitsgründen das Aufladen eines privaten E-Bikes (Geschwindigkeit bis 25 km/h) beim Arbeitgeber steuerfrei gestellt.

Neben der Möglichkeit des kostenfreien oder verbilligten Aufladens von Elektrofährrädern, können Arbeitgeber ihren Arbeitnehmern nach § 3 Nr. 37 EStG zusätzlich zum ohnehin geschuldeten Arbeitslohn ein betriebliches Fahrrad oder Elektrofahrrad (bis 25 km/h Motorunterstützung) steuerfrei überlassen. Diese Regelung gilt für die Zeit vom 01.01.2019 bis zum 31.12.2030. Wird ein solches Fahrrad an den Arbeitnehmer übereignet, kann der geldwerte Vorteil aus der kostenfreien oder verbilligten Übereignung von betrieblichen Fahrrädern nach § 40 Abs. 2 Satz 1 Nr. 7 EStG seit dem 01.01.2020 pauschal mit 25 % versteuert werden.

Gemäß BMF-Schreiben vom 29.09.2020 ist es als Auslagenersatz nach § 3 Nr. 50 EStG steuerfrei, wenn der Arbeitgeber dem Arbeitnehmer die privat entstandenen Stromkosten für das Aufladen eines Elektro-Firmenfahrzeugs erstattet.

Dafür können bis zum 31.12.2030 ohne Einzelnachweis der tatsächlichen Kosten folgende monatlichen Pauschalen steuerfrei gezahlt werden:

ohne zusätzliche Lademöglichkeit beim Arbeitgeber

- für Elektrofahrzeuge ab 2021 = 70,00 € (2017 bis 2020 = 50,00 €),
- für Hybrid-Elektrofahrzeuge ab 2021 = 35,00 € (2017 bis 2020 = 25,00 €).

mit zusätzlicher Lademöglichkeit beim Arbeitgeber

- für Elektrofahrzeuge ab 2021 = 30,00 € (2017 bis 2020 = 20,00 €),
- für Hybrid-Elektrofahrzeuge ab 2021 = 15,00 € (2017 bis 2020 = 10,00 €).

Ob und wie viel der Arbeitgeber dem Arbeitnehmer für die privaten Stromkosten zum Aufladen des Firmenfahrzeugs bezahlt, ist arbeitsrechtlich zu regeln.

9.6.19 Mahlzeiten

9.6.19.1 Allgemeines

Bei der Ausgabe von kostenlosen oder verbilligten Mahlzeiten in der betriebseigenen Kantine durch den Arbeitgeber entsteht steuerpflichtiger Arbeitslohn, wenn die Arbeitnehmer für die Mahlzeit nicht mindestens den Betrag bezahlen, der in der amtlichen Sachbezugsordnung als Sachbezugswert für Verpflegungsleistungen festgesetzt ist.

9.6.19.2 Sachbezugswerte

Die Sozialversicherungsentgeltverordnung 2023 enthält folgende Werte:

- Mittagessen/Abendessen **3,80 €,**
- Frühstück **2,00 €.**

Erhält ein Arbeitnehmer das Mittagessen kostenlos, muss er pro Mahlzeit 3,80 € versteuern. Bei einem Preis von beispielsweise 2,00 € entsteht steuerpflichtiger Arbeitslohn von 1,80 € pro Essen.

Kostet eine Mahlzeit mindestens 3,80 €, unterbleibt ein steuerlicher Ansatz, da die Aufwendungen des Arbeitnehmers mindestens dem Wert entsprechen, der vom Gesetzgeber im Jahre 2023 für eine Mahlzeit pauschal veranschlagt wird. Der tatsächliche Wert der Mahlzeit ist dabei unerheblich.

Eine individuelle Versteuerung löst Beitragspflicht in der Sozialversicherung aus. Pauschaliert der Arbeitgeber, fallen dagegen keine Beiträge zur Sozialversicherung an.

9.6.19.3 Durchschnittsberechnung

In der Praxis kommt es häufig vor, dass Arbeitnehmer verschiedene Mahlzeiten zu unterschiedlichen Preisen erwerben können. Ist der Arbeitgeber bereit, den eventuell entstehenden Sachbezug mit 25 % in der Lohnsteuer zu pauschalieren, kann der Wert der Mahlzeiten anhand einer Durchschnittsberechnung ermittelt werden.

Diese Vorgehensweise ist nur bei Mahlzeiten erlaubt, die allen Mitarbeitern offenstehen, wie es beispielsweise bei in Vorstandskasinos abgegebenen Speisen nicht der Fall ist. Getränke können in die Berechnung mit einbezogen werden.

Beispiel

Laut Aufzeichnungen wurden im Monat März in einer Betriebskantine folgende Speisen und Getränke verbilligt ausgegeben:

Menü I 600 Portionen je 2,70 € =	1.620,00 €
Menü II 200 Portionen je 3,20 € =	640,00 €
Menü III 200 Portionen je 3,90 € =	780,00 €
Gesamtbetrag Mahlzeiten:	3.040,00 €
Gesamtbetrag der Getränke zu den Mahlzeiten:	1.000,00 €
Gesamtzahlung für Speisen und Getränke:	4.040,00 €
Durchschnittliche Aufzahlung pro AN:	
4.040,00 € : 1.000 Mahlzeiten =	**4,04 €**

Da der Durchschnittsbetrag über dem amtlichen Sachbezugswert von 3,80 € liegt, entsteht kein steuerpflichtiger geldwerter Vorteil.

9.6.19.4 Essensmarken zur Einlösung bei Dritten

Die amtlichen Sachbezugswerte gelten auch für Mahlzeiten, die der Arbeitnehmer in Gaststätten für Essensmarken beziehen kann. Sofern der Preis für die Essensmarke bzw. der Eigenanteil des Arbeitnehmers mindestens 3,80 € pro Mahlzeit beträgt, entsteht kein geldwerter Vorteil.

Andernfalls kann unter Umständen der günstige Sachbezugswert angesetzt werden, wenn folgende Voraussetzungen vorliegen:

- Es muss mit der Gaststätte die Annahme von maximal einer Essensmarke pro Tag vereinbart worden sein.
- Arbeitnehmer, die sich auf Dienstreisen, Einsatzwechseltätigkeiten oder Fahrtätigkeiten befinden, dürfen keine Essensmarken erhalten.
- Der Arbeitgeber muss nachweisen können, dass für Arbeitnehmer, die sich auf Dienstreisen, Urlaub usw. befinden, keine Essensmarken ausgegeben wurden bzw. keine Essensmarken bei dem Restaurant eingelöst wurden. Diese aufwendige Feststellung kann sich der Arbeitgeber für die Arbeitnehmer ersparen, die im Jahresdurchschnitt nicht mehr als drei Arbeitstage pro Monat Dienstreisen ausüben. Allerdings darf er diesen Arbeitnehmern maximal 15 Essensmarken pro Monat aushändigen.
- Der tatsächliche Wert der Essensmarke darf den Sachbezugswert für ein Mittagessen um höchstens 3,10 € übersteigen.

Beispiel

Arbeitnehmer können Essensmarken zum Preis von 3,90 € pro Stück einkaufen. Der Verrechnungswert der Marken in einer Gaststätte beträgt 6,40 €.

Die Ausgabe ist steuerfrei, da der Arbeitnehmer mehr als den Sachbezugswert pro Mahlzeit (3,80 €) aufwendet und der Verrechnungswert der Essenmarken nicht höher als 6,90 € ist.

9.6.19.5 Pauschalversteuerung durch den Arbeitgeber

Beträgt die Aufzahlung des Arbeitnehmers pro Mittagessen weniger als 3,80 €, entsteht ein steuerpflichtiger Vorteil, der entweder individuell durch den Arbeitnehmer oder pauschal mit 25 % durch den Arbeitgeber zu versteuern ist. Im Falle der Pauschalierung entsteht Beitragsfreiheit in der Sozialversicherung.

Beispiel

Ein Arbeitgeber gibt pro Monat 15 Essensmarken mit einem Verrechnungswert von 5,00 € pro Marke kostenlos an seine Mitarbeiter ab. Der Betrieb beschäftigt 1.000 Mitarbeiter.

Da der Verrechnungswert der Essensmarke nicht höher als 6,90 € ist, darf der Sachbezugswert von 3,80 € angesetzt werden. 1.000 Mahlzeiten x 3,80 € x 15 Marken mtl. = 57.000 €.

Der Wert der Mahlzeiten beträgt somit monatlich 57.000 €.

Diesen Betrag kann der Arbeitgeber mit 25 % in der Lohnsteuer pauschalieren. Von der so errechneten pauschalen Lohnsteuer sind noch zusätzlich Solidaritätszuschlag und Kirchensteuer zu berechnen.

9.6.20 Personalrabatte

9.6.20.1 Allgemeines

Erhalten Arbeitnehmer kostenlose oder verbilligte Waren und Dienstleistungen, handelt es sich grundsätzlich um steuerpflichtigen Arbeitslohn. Geht es dabei um Waren oder Dienstleistungen, mit denen der Arbeitgeber Handel betreibt, die er also auch an fremde Dritte verkauft, kommt der sogenannte **Rabattfreibetrag** von jährlich **1.080 €** zur Anwendung.

Vorsicht

Rabattfreibetrag in Höhe von 1.080 € (§ 8 Abs. 3 EStG).

9.6.20.2 Anwendung Rabattfreibetrag

Bei Inanspruchnahme des Rabattfreibetrags darf die Sachbezugsfreigrenze von 50 € nicht berücksichtigt werden. Darüber hinaus schließt die Geltendmachung des Rabattfreibetrags eine Pauschalierung des Sachbezugs durch den Arbeitgeber aus.

Die Bewertung des jeweiligen Sachbezugs erfolgt mit dem Endpreis des Letztverbrauchers nach Abzug eines pauschalen Bewertungsabschlags von 4 %.

Unter dem Letztverbraucher-Endpreis ist dabei der Angebotspreis inklusive Mehrwertsteuer zu verstehen. Im Einzelhandel ist das der ausgezeichnete Preis oder Listenpreis. Für die Preisfeststellung ist der Abgabezeitpunkt der Ware oder der Dienstleistung maßgebend.

Der Rabattfreibetrag bezieht sich auf ein Dienstverhältnis, d. h., der Arbeitnehmer erhält den Rabattfreibetrag für **jedes Dienstverhältnis** in voller Höhe, unabhängig von dessen Dauer. Bei mehreren Dienstverhältnissen im Kalenderjahr, die neben- oder hintereinander stattfinden, kann der Rabattfreibetrag somit mehrfach gewährt werden.

Beispiel 1

Die verbilligt in der Betriebskantine abgegebenen Mahlzeiten an die Arbeitnehmer werden nur für diese hergestellt. Hier darf der Rabattfreibetrag nicht angesetzt werden.

Beispiel 2

Arbeitnehmer eines Kaufhauses können die Waren mit 30 % Rabatt einkaufen. Ein Arbeitnehmer hat im Kalenderjahr für 5.000 € Waren eingekauft und somit einen Rabatt von 1.500 € erhalten.

Bruttopreis	**5.000,00 €**
Rabatt	1.500,00 €
abzgl. pauschaler Bewertungsabschlag (4 % von 5.000 €) =	– 200,00 €
verbleiben als geldwerter Vorteil	1.300,00 €
abzgl. Rabattfreibetrag	**– 1.080,00 €**
zu versteuern	**220,00 €**

9.6.20.3 Aufzeichnungspflichten

Sachbezüge sind grundsätzlich gesondert im Lohnkonto auszuweisen. Ist nach den allgemeinen Umständen nahezu ausgeschlossen, dass der Arbeitnehmer den Rabattfreibetrag überschreitet, kann auf Antrag beim Betriebsstättenfinanzamt auf die gesonderte Aufzeichnungspflicht im Lohnkonto verzichtet werden.

Eine Aufzeichnungspflicht im Lohnkonto kann auch unterbleiben, wenn aus anderen internen Aufzeichnungen des Arbeitgebers hervorgeht, wie hoch die von den einzelnen Arbeitnehmern getätigten Warenkäufe sind.

9.6.21 Telefon-, Internet- und Computernutzung

9.6.21.1 Allgemeines

Die private Nutzung von Arbeitgebern überlassenen (nicht übereigneten) betrieblichen Datenverarbeitungsgeräten, Telefonen und Internetanschlüssen verursacht keinen steuerpflichtigen Arbeitslohn (§ 3 Nr. 45 EStG).

Dabei ist es unerheblich, wo die Einrichtungen stehen. Auch die Nutzung von Geräten, die in der Privatwohnung des Arbeitnehmers stehen (z. B. bei Heimarbeit), ist steuerfrei. Weiterhin trifft dies auf die private Nutzung von Autotelefonen oder von Handys zu, die Arbeitgeber ihren Arbeitnehmern überlassen haben.

Die Steuerbefreiung erstreckt sich auch auf Verbindungsentgelte der Geräte, und zwar unabhängig davon, ob es sich dabei um Grundgebühren oder Einzelgebühren handelt.

9.6.21.2 Steuerfreier Ersatz von Telefonkosten für private Geräte

Der Arbeitgeber kann die beruflich veranlassten Gebühren für Telefon und Internetnutzung auf einem privaten Gerät steuerfrei ersetzen. Voraussetzung dafür ist, dass die beruflich veranlassten Kosten (Grundgebühren und Einzelkosten) entsprechend nachgewiesen werden können.

Dieser beruflich veranlasste Teil der Kosten muss nicht jeden Monat nachgewiesen werden. Es reicht aus, wenn der Arbeitnehmer den beruflichen Anteil über einen repräsentativen Zeitraum von drei Monaten aufzeichnet. Der so ermittelte Betrag kann dann für die folgende Zeit beibehalten werden, solange sich die Verhältnisse nicht wesentlich ändern.

Ersetzt der Arbeitgeber monatlich **20 % des Rechnungsbetrags**, maximal **20 €** steuerfrei, darf auf die Nachweisführung ganz verzichtet werden. Auch in diesem Fall ist es möglich, für einen Zeitraum von drei Monaten einen repräsentativen Durchschnittswertwert als Rechnungsbetrag zugrunde zu legen.

9.6.22 Arbeitgeberdarlehen

9.6.22.1 Allgemeines

Stellen Arbeitgeber ihren Arbeitnehmern zinsverbilligte Darlehen zur Verfügung, ist zu prüfen, ob in diesem Zusammenhang steuerpflichtiger Arbeitslohn anfällt.

Zur Anwendung hat das BMF am 19.05.2015 ein Schreiben herausgegeben, welches als Ausführungsbestimmung dienen kann. Das letzte BMF-Schreiben zu diesem Thema wurde am 01.10.2008 veröffentlicht. Im neuen BMF-Schreiben wird ein Arbeitgeberdarlehen folgend definiert: *„Ein Arbeitgeberdarlehen liegt vor, wenn durch den Arbeitgeber oder aufgrund des Dienstverhältnisses durch einen Dritten an den Arbeitnehmer Geld überlassen wird und diese Geldüberlassung auf einem Darlehensvertrag beruht. Erhält der Arbeitnehmer durch solch ein Arbeitgeberdarlehen Zinsvorteile, sind sie zu versteuern."* Somit liegt ein Arbeitgeberdarlehen vor, wenn der Arbeitgeber seinem Arbeitnehmer einen Betrag zur Verfügung stellt, der über seinen eigentliche Entgeltzahlung hinausgeht.

Hinweis

Das BMF hat ein Schreiben vom 19.05.2015 zum Thema Arbeitgeberdarlehen veröffentlicht (IV C 5 – S 2334/07/0009).

Ein Arbeitgeberdarlehen liegt demnach nicht vor, wenn der Arbeitgeber seinem Arbeitnehmer Vorschüsse zu Reisekosten, Auslagenersatz, Lohnabschläge oder Lohnvorschüsse zahlt, die als Arbeitslohn zufließen. Eine Abschlagszahlung wird als Leistung des Arbeitgebers auf das bereits verdiente, aber noch nicht in der Entgeltabrechnung abgerechnete Entgelt gezahlt, während ein Vorschuss eine Leistung des Arbeitgebers auf noch nicht verdientes Entgelt darstellt.

9.6.22.2 Geldwerter Vorteil beim Arbeitgeberdarlehen

Mit dem Schreiben wird eine Freigrenze von 2.600 € bestimmt. Ist das Restdarlehen geringer als diese Summe, dann entsteht kein geldwerter Vorteil. Weiterhin werden die Fälle beschrieben, in denen eine Vorauszahlung des Arbeitgebers kein Darlehen darstellt. Dies ist u. a. bei einem Reisekostenvorschuss oder einem Abschlag der Fall.

Die Hingabe eines Arbeitgeberdarlehens an seinen Arbeitnehmer stellt noch keinen geldwerten Vorteil dar. Allerdings ist bei einem zinslosen oder zinsverbilligten Arbeitgeberdarlehen die Zinsersparnis als geldwerter Vorteil in der Entgeltabrechnung zur berücksichtigen. Der geldwerte Vorteil bemisst sich aus der Differenz zwischen dem Maßstabszinssatz und dem tatsächlichen vom Arbeitnehmer gezahlten effektiven Zinssatz. Als Maßstabszinssatz kann zur Anwendung herangezogen werden:

- Der günstigste Preis am Markt **ohne** einen Abschlag von 4 % (z. B. Internetbanken oder sog. Direktbanken),
- Der übliche Endpreis am Abgabeort **mit** einem Abschlag von 4 % (örtliche Kreditinstitute oder Sparkassen),
- aus Vereinfachungsgründen der zuletzt veröffentliche Effektivzinssatz der Deutschen Bundesbank **mit** einem Abschlag von 4 %.

Aus Vereinfachungsgründen wird es nicht beanstandet, wenn bei einer Bewertung nach § 8 Abs. 2 EStG für die Feststellung des Maßstabszinssatzes die bei Vertragsabschluss von der Deutschen Bundesbank zuletzt veröffentlichten Effektivzinssätze – also die gewichteten Durchschnittszinssätze – herangezogen werden, die unter *http://www.bundesbank.de* zu finden sind.

Beispiel 1

Ein Arbeitgeber gewährt seinem Arbeitnehmer ein Arbeitgeberdarlehen in Höhe von 25.000 €. Der vereinbarte Effektivzinssatz beträgt 1,5 % jährlich. Bei Vertragsabschluss im Mai 2018 beträgt der günstigste vergleichbare Zinssatz 5,48 % für ähnliche Darlehen am Abgabeort.

Lösung:

Marktüblicher Zinssatz	5,48 %
Abschlag von 4 %	0,22 %
Maßstabszinssatz	5,26 %
Effektivzinssatz AN	1,50 %
Zinsvergünstigung	3,76 %

Die Zinsvergünstigung in Höhe von 3,76 % führt zu einem Zinsvorsteil von 940 € jährlich und 78,33 € monatlich.

Beispiel 2

Ein Arbeitgeber gewährt seinem Arbeitnehmer ein Arbeitgeberdarlehen in Höhe von 25.000 €. Der vereinbarte Effektivzinssatz beträgt 1,5 % jährlich. Bei Vertragsabschluss im Mai 2018 beträgt der günstigste vergleichbare Zinssatz 5,48 % für vergleichbare Darlehen von allgemein zugänglichen Internetangeboten und Direktbanken.

Lösung:

Marktüblicher Zinssatz	5,48 %
Effektivzinssatz AN	1,50 %
Zinsvergünstigung	3,98 %

Die Zinsvergünstigung in Höhe von 3,98 % führt zu einem Zinsvorteil von 995 € jährlich und 82,92 € monatlich.

Beispiel 3

Ein Arbeitgeber gewährt seinem Arbeitnehmer ein Arbeitgeberdarlehen in Höhe von 25.000 €. Der vereinbarte Effektivzinssatz beträgt 1,5 % jährlich. Bei Vertragsabschluss im Mai 2018 beträgt der durch die Deutsche Bundesbank veröffentlichte Effektivzinssatz 4,85 %.

Lösung:

Marktüblicher Zinssatz	4,85 %
Abschlag von 4 %	0,19 %
Maßstabszinssatz	4,66 %
Effektivzinssatz AN	1,50 %
Zinsvergünstigung	3,16 %

Die Zinsvergünstigung in Höhe von 3,16 % führt zu einem Zinsvorteil von 790 € jährlich und 65,83 € monatlich.

Auch bei Zinsersparnissen ist die Freigrenze in Höhe von 50 € anwendbar. Danach sind Zinsvorteile die sich aufgrund eines zinslosen oder zinsverbilligten Arbeitgeberdarlehens nach § 8 Abs. 2 EStG ergeben, steuer- und sozialversicherungsfrei, wenn sie die Freigrenze von 50 € im Monat nicht übersteigen.

Wichtig

Wird die 50-€-Freigrenze angewendet, ist zu prüfen, ob der Arbeitnehmer nicht bereits andere Sachbezüge (z. B. einen Tankgutschein) erhält, der die Freigrenze ganz oder teilweise ausschöpft. Ist die 50-€-Freigrenze bereits überschritten, kann die Besteuerung des Arbeitgeberdarlehens auch nach § 37b EStG erfolgen.

Beispiel 4

Ein Arbeitgeber gewährt seinem Arbeitnehmer ein Arbeitgeberdarlehen in Höhe von 10.000 €. Der vereinbarte Effektivzinssatz beträgt 2 % jährlich. Bei Vertragsabschluss im Mai 2018 beträgt der günstigste vergleichbare Zinssatz 5,48 % für vergleichbare Darlehen am Abgabeort.

Lösung:

Marktüblicher Zinssatz	5,48 %
Abschlag von 4 %	0,22 %
Maßstabszinssatz	5,26 %
Effektivzinssatz AN	2,00 %
Zinsvergünstigung	3,26 %

Die Zinsvergünstigung in Höhe von 3,76 % führt zu einem Zinsvorteil von 326 € jährlich und 27,17 € monatlich. Dieser geldwerte Vorteil liegt unterhalb der Freigrenze von 50 € und ist daher steuer- und beitragsfrei.

Gehört die Darlehensgewährung zum Geschäftszweck des Arbeitgebers (z. B. bei Banken), richtet sich die Ermittlung des Sachbezugs nach den Grundsätzen der Personalrabattregelung (Rabattfreibetrag 1.080 €).

Beispiel

Ein Kreditinstitut gewährt seinem Arbeitnehmer ein Arbeitgeberdarlehen. Der Arbeitnehmer erhält im Mai 2018 ein Wohnbaudarlehen in Höhe von 110.000 € zu einem Zinssatz von 2 %. Ein vergleichbares Darlehen bietet die Bank ihren Kunden im allgemeinen Geschäftsverkehr zu einem Effektivzinssatz von 4,66 % an.

Lösung:

Marktüblicher Zinssatz	4,66 %
Abschlag von 4 %	0,19 %
Maßstabszinssatz	4,47 %
Effektivzinssatz AN	2,00 %
Zinsvergünstigung	2,47 %

110.000 € x Maßstabszinssatz 4,47 %	4.917 €
110.000 € x Effektivzinssatz des AN 2,00 %	2.200 €
Zinsvorteil	2.717 €
Rabattfreibetrag § 8 Abs. 3 Satz 2 EStG	1.080 €
Geldwerter Vorteil jährlich	1.637 €

Bei einer monatlichen Zinszahlung ergibt sich somit ein steuer- und beitragspflichtiger geldwerter Vorteil von monatlich 136,42 €.

Die Spitzenverbände der Sozialversicherungsträger gehen bei Zinsersparnissen von einer Beitragsfreiheit aus, soweit die Finanzverwaltung diese lohnsteuerfrei behandelt.

9.6.23 Jobtickets

Ein vom Arbeitgeber **zusätzlich zum ohnehin geschuldeten Arbeitslohn** gewährtes bzw. unentgeltlich oder bezuschusstes bzw. vergünstigtes Jobticket für **öffentliche Verkehrsmittel im Linienverkehr** ist seit dem 01.01.2019 steuerfrei. Bis zum 31.12.2018 konnte für Jobtickets die Pauschalierung nach § 40 Abs. 2 EStG oder die 44-€-Freigrenze angewandt werden. Zu den Verkehrsmitteln des öffentlichen Linienverkehrs gehören neben

- U-Bahnen,
- S-Bahnen,
- Straßenbahnen,
- Bussen

auch Züge wie

- Regiobahnen,
- Regionalbahnen,
- IC-Züge,
- EC-Züge,
- ICE-Züge.

Das Jobticket bleibt auch dann steuerfrei, wenn der Arbeitnehmer es für private Fahrten im **öffentlichen Personennahverkehr** nutzen darf. Dabei ist zu beachten, dass IC-, EC- und ICE-Züge nicht zum Personennahverkehr gehören.

Der steuerfreie Betrag des Jobtickets ist in Zeile 17 der Lohnsteuerbescheinigung einzutragen.

Den Arbeitgebern steht es frei, weiterhin die Möglichkeit der Pauschalierung der Lohnsteuer mit 15 % nach § 40 Abs. 2 Nr. 1 EStG zu nutzen. Seit dem 01.01.2020[1] besteht zusätzlich die Möglichkeit, die Beträge für Jobtickets pauschal mit 25 % nach § 40 Abs. 2 Nr. 2 EStG zu versteuern. Pauschaliert werden können Beträge, die der Arbeitgeber (inklusive Umsatzsteuer) aufwendet für ein von ihm seinem Arbeitnehmer gewährtes bzw. bezahltes oder bezuschusstes bzw. verbilligtes Jobticket **für öffentliche Verkehrsmittel im Linienverkehr** (d. h. auch EC, IC, ICE), das für private Fahrten **im öffentlichen Personennahverkehr** (d. h. nicht EC, IC, ICE) genutzt werden kann bzw. nur für solche Fahrten genutzt wird (z. B. Tickets für Rentner).

Die 25 % pauschale Lohnsteuer ist zu rechnen vom tatsächlichen Aufwand des Arbeitgebers (z. B. vom rabattierten Preis inkl. Umsatzsteuer). Mit dieser neuen Pauschalversteuerung kann ersetzt werden

1 Gesetz zur weiteren steuerlichen Förderung der Elektromobilität und zur Änderung weiterer steuerlicher Vorschriften vom 12.12.2019 (BGBl 2019 Teil I vom 17.12.2019, Seite 2451)

- eine ggf. bisher durchgeführte Individual-Versteuerung
- bzw. die Pauschalversteuerung mit 15 % nach § 40 Abs. 2 Nr. 1 EStG und die damit verbundene Anrechnung bei den Werbungskosten (Zeile 18 der Lohnsteuerbescheinigung),
- die Steuerfreiheit nach § 3 Nr. 15 EStG und die damit verbundene Anrechnung bei den Werbungskosten (Zeile 17 der Lohnsteuerbescheinigung).

Der nach § 40 Abs. 2 Nr. 2 EStG mit 25 % pauschal versteuerte Betrag für ein Jobticket wird beim Werbungskostenabzug für Fahrten zwischen Wohnung und erster Tätigkeitsstätte **nicht angerechnet**. Deshalb ist der pauschal versteuerte Betrag in der Lohnsteuerbescheinigung **nicht anzugeben**, auch wenn das Jobticket überwiegend privat genutzt wird.

Eine Entgeltumwandlung ist für die Nutzung der Pauschalierung möglich. Die pauschale Lohnsteuer kann arbeitsrechtlich ganz oder teilweise auf den Arbeitnehmer abgewälzt werden.

Werden Bezüge, auf die § 3 Nr. 15 EStG zutrifft, nach § 40 Abs. 2 Nr. 2 EStG mit 25 % pauschal versteuert, gilt das für alle solche Zuwendungen eines Kalenderjahres. Ein unterjähriger Wechsel der steuerlichen Behandlung ist nicht möglich. Arbeitsrechtlich ist eine je Arbeitnehmer unterschiedliche Behandlung i. d. R. nicht möglich.

9.6.24 Gesundheitsförderung

Ziel der betrieblichen Gesundheitsförderung ist es, die Belastung der Arbeitnehmer zu verringern und somit die persönlichen Ressourcen der Arbeitnehmer zur stärken.

Auch der Gesetzgeber hat die Vorteile der betrieblichen Gesundheitsförderung erkannt und mit dem Jahressteuergesetz 2009 eine Steuerbegünstigung geschaffen mit dem Ziel der Verbesserung des allgemeinen Gesundheitszustandes und der Stärkung der Gesundheitsförderung. Mit der steuerlichen Begünstigung soll die Bereitschaft der Arbeitgeber erhöht werden, Dienstleistungen den Arbeitnehmern anzubieten oder auch Barzuschüsse für die Durchführung von Maßnahmen zuzuwenden, um den allgemeinen Gesundheitszustand der Arbeitnehmer zu verbessern.

Bei der steuerlichen Begünstigung ist wichtig, dass diese zusätzlich zum ohnehin geschuldeten Arbeitslohn erbracht und nicht durch Entgeltumwandlung finanziert wird.

Leistungen des Arbeitgebers an seine Arbeitnehmer, die dieser zusätzlich zum ohnehin geschuldeten Arbeitslohn zur Verbesserung des allgemeinen Gesundheitszustandes und zur betrieblichen Gesundheitsförderung erbringt, sind steuerfrei, wenn pro Arbeitnehmer der Freibetrag von 600 € jährlich nicht überschritten wird (§ 3 Nr. 34 EStG). Werden hingegen Leistungen unter Anrechnung von arbeitsrechtlich geschuldetem Arbeitslohn oder durch Entgeltumwandlung erbracht, sind diese grundsätzlich steuerpflichtig.

Vom Freibetrag in Höhe von 600 € pro Arbeitnehmer und Jahr sind nur Leistungen erfasst, die hinsichtlich Qualität, Zweck und Ziel den Anforderungen der §§ 20 und 20b SGB V genügen. Der GKV-Spitzenverband hat zur Umsetzung den Leitfaden Prävention veröffentlicht.

Hinweis

Die Zertifizierung von bisher nicht zertifizierten Maßnahmen wird vom Bundesministerium der Finanzen ab 2020 gefordert. Davon bleiben die Voraussetzungen der §§ 20 und 20b SGB V unberührt.

Der nach § 3 Nr. 34 EStG steuerfreie Arbeitslohn bis zu 600 € pro Arbeitnehmer und Jahr ist auch beitragsfrei in der Sozialversicherung. Sind die Voraussetzungen der Steuerfreiheit nicht erfüllt, sind die Leistungen des Arbeitgebers beitragspflichtig in der Sozialversicherung.

10 Besondere Arbeitnehmerformen

10.1 Minijobs

10.1.1 Allgemeines

Der Begriff „Minijobs“ wird in der Praxis hauptsächlich für sogenannte **„geringfügig entlohnte Beschäftigte“** verwendet. Darunter versteht man Arbeitnehmer, deren regelmäßiges Entgelt 520 € monatlich nicht überschreitet. Davon zu unterscheiden ist die **„kurzfristige Beschäftigung“**. Für kurzfristig beschäftigte Arbeitnehmer ist zwar die Verdiensthöhe nicht begrenzt, dafür darf aber die Beschäftigung einen Zeitraum von **drei Monaten** bzw. **70 Arbeitstagen** im Kalenderjahr nicht überschreiten.

Hinweis

Zum 01.10.2022 ist die gesetzliche Neuregelung für die Grenze für geringfügig entlohnte Beschäftigte in Kraft getreten. Die Grenze für geringfügig entlohnte Beschäftigte ist an der Höhe des gesetzlichen Mindestlohns dynamisiert.

Um bei Betriebsprüfungen die entsprechende sozialversicherungsrechtliche Beurteilung und Behandlung der Arbeitnehmer nachweisen zu können, hat der Arbeitgeber nach der Beitragsverfahrensverordnung (BVV) auch für geringfügig Beschäftigte entsprechende Aufzeichnungen zu führen bzw. bestimmte Nachweise aufzubewahren.

Im Einzelnen handelt es sich um:

- Aufzeichnung der regelmäßigen wöchentlichen Arbeitszeiten und der tatsächlich geleisteten Arbeitsstunden,
- Aufzeichnungen der monatlichen Arbeitsentgelte,
- Aufzeichnungen eventueller weiterer Beschäftigungen,
- Dokumentation der Beschäftigungsdauer,
- Erklärung der Beschäftigten zur Befreiung von der Versicherungspflicht,
- Feststellungen der Knappschaft-Bahn-See oder des Rentenversicherungsträgers über das Vorliegen von Sozialversicherungspflicht,
- eventuelle Erklärungen der Arbeitnehmer über den Verzicht auf Versicherungsfreiheit in der Rentenversicherung.

Bei kurzfristig Beschäftigten als Ergänzung:

- eventuelle weitere kurzfristige Beschäftigungen im Kalenderjahr,
- den Status der Beschäftigten (z. B. Student, Hausfrau, Rentner usw.).

Eine entscheidende Neuregelung wurde beim Einzugs- und Meldeverfahren zum 01.04.2003 eingeführt. Seitdem dient die Deutsche Rentenversicherung Knappschaft-Bahn-See (Minijobzentrale) als zentrale Melde- und Einzugsstelle für geringfügig Beschäftigte.

Nach den Bestimmungen des Sozialgesetzbuches sind geringfügig Beschäftigte sozialversicherungsfrei. Die Versicherungsfreiheit trifft jedoch nicht auf Personen zu, die sich in bestimmten Arbeitsverhältnissen befinden, nämlich:

- innerhalb einer betrieblichen Ausbildung (z. B. Auszubildende und Praktikanten),
- im Rahmen des Gesetzes zur Förderung eines freiwilligen sozialen Jahres,
- im Rahmen des Gesetzes zur Förderung eines freiwilligen ökologischen Jahres,
- im Rahmen des Gesetzes zum Bundesfreiwilligendienst,
- als behinderte Menschen in geschützten Einrichtungen,
- in Einrichtungen der Jugendhilfe oder in Berufsbildungswerken oder ähnlichen Einrichtungen für behinderte Menschen,
- aufgrund stufenweiser Wiedereingliederung in das Erwerbsleben nach § 74 SGB V bzw. § 28 SGB IX, wegen Kurzarbeit oder witterungsbedingten Arbeitsausfalls.

10.1.2 Formen der geringfügigen Beschäftigung

Nach § 7 SGB V, § 5 Abs. 2 SGB VI und § 27 Abs. 2 SGB III sind geringfügig Beschäftigte in allen Sozialversicherungszweigen versicherungsfrei.

Hinweis

Bei einer geringfügigen Beschäftigung kann es sich sowohl um eine **geringfügig entlohnte** Beschäftigung als auch um eine **kurzfristige Beschäftigung** handeln.

10.1.2.1 Geringfügig entlohnte Beschäftigung

Nach § 8 Abs. 1 Nr. 1 SGB IV liegt eine geringfügig entlohnte Beschäftigung dann vor, wenn das regelmäßige Arbeitsentgelt die Geringfügigkeitsgrenze nicht übersteigt.

Beispiel 1

Die familienversicherte Raumpflegerin Berta Saubermann arbeitet an 17 Stunden in der Woche gegen ein monatliches Arbeitsentgelt von 520 €.

Die Raumpflegerin ist versicherungsfrei, da das Arbeitsentgelt 520 € nicht überschreitet. Auf die Wochenstundenzahl kommt es nicht mehr an.

Beginnt oder endet eine auf Dauer angelegte bzw. regelmäßig wiederkehrende geringfügige Beschäftigung im Laufe eines Kalendermonats, gilt für diesen Kalendermonat ebenfalls die Geringfügigkeitsgrenze für den Monat. Das Arbeitsentgelt aus einer im selben Kalendermonat zuvor beendeten bzw. danach beginnenden geringfügig entlohnten Beschäftigung bei einem anderen Arbeitgeber bleibt beim neuen Arbeitgeber unberücksichtigt.

Ist die Beschäftigung auf weniger als einen Kalendermonat befristet, ist von keinem anteiligen Monatswert auszugehen. Die Geringfügigkeitsgrenze ist ein Monatswert, der auch dann gilt, wenn die Beschäftigung nicht während des gesamten Kalendermonats besteht. Die Geringfügigkeitsrichtlinie vom 16.08.2022 wurde diesbezüglich unter Punkt 2.2 an die BSG-Rechtsprechung vom 05.12.2017 (B 12 R 10/15) angepasst.

Beispiel 2

Ein Arbeitnehmer nimmt am 10.04. eine befristete geringfügige Beschäftigung bis zum 08.05. auf. Sein Arbeitsentgelt für April beträgt 350 €.

Keine anteilige Umrechnung der Geringfügigkeitsgrenze. Obwohl die Beschäftigung im Laufe des Monats April beginnt, gilt die Geringfügigkeitsgrenze von 520 € auch in diesem Monat. Der Arbeitnehmer ist im April geringfügig entlohnt beschäftigt.

Wichtig

Mit der Einführung des gesetzlichen Mindestlohns hat der Gesetzgeber auch gesonderte Aufzeichnungspflichten für geringfügig entlohnte Beschäftigte eingeführt. Bei geringfügig Beschäftigten sind seit dem 01.01.2015 der Beginn, das Ende und die Summe der täglichen Arbeitszeit zu erfassen. Die Aufzeichnungen sind täglich, spätestens am siebten Tag zu führen und müssen zwei Jahre aufbewahrt werden.

Die Geringfügigkeitsgrenze ist dynamisch und orientiert sich am Mindestlohn. Sie soll eine geringfügig entlohnte Beschäftigung mit einer Wochenarbeitszeit von bis zu zehn Stunden zum Mindestlohn auch dann unverändert ermöglichen, wenn der Mindestlohn steigt. Die Formel zur Berechnung der Geringfügigkeitsgrenze lautet:

Mindestlohn x 130 : 3 (auf volle € aufgerundet)

Die Zahl 130 entspricht dabei der Arbeitszeit in 13 Wochen (= drei Monate) mit einer Wochenarbeitszeit von zehn Stunden. Die Geringfügigkeitsgrenze wird jeweils vom Bundesministerium für Arbeit und Soziales im Bundesanzeiger bekannt gegeben.

Seit dem 01.10.2022 beträgt sie 520 €:

€ Mindestlohn je Zeitstunde x 130 : 3 = 520 €

10.1.2.2 Ermittlung des regelmäßigen Arbeitsentgelts

Zur Feststellung, ob die Geringfügigkeitsgrenze eingehalten wird, ist auf das **regelmäßige Arbeitsentgelt** abzustellen. Dabei sind Einmalzahlungen, die mit hinreichender Sicherheit bezahlt werden, z. B. weil der Tarifvertrag dies so vorschreibt, mit zu berücksichtigen.

Durch die Einführung des **Zuflussprinzips** für Einmalbezüge in der Sozialversicherung seit dem 01.01.2003 findet eine Berücksichtigung allerdings nur dann statt, wenn die Einmalbezüge (z. B. Weihnachtsgeld) auch tatsächlich dem Arbeitnehmer ausbezahlt werden. Verzichtet ein Arbeitnehmer auf einen ihm zustehenden Einmalbezug, ist dieser für die Ermittlung des regelmäßigen Arbeitsentgelts nicht mehr maßgeblich. Dies gilt ungeachtet der arbeitsrechtlichen Zulässigkeit der Verzichtserklärung.

Für laufende Bezüge gilt jedoch in der Sozialversicherung weiterhin das sogenannte **Entstehungsprinzip**. Aufgrund dessen werden Beiträge bereits dann fällig, wenn der Arbeitnehmer einen Anspruch (z. B. durch Tarifvertrag) auf Gewährung eines laufenden Bezugs hat. Beiträge werden daher auf das geschuldete Arbeitsentgelt erhoben. Der tatsächliche Zufluss, d. h., ob der Arbeitnehmer die Bezüge überhaupt erhalten hat, spielt keine Rolle.

Diese Regelung führt in der Praxis bei Betriebsprüfungen immer wieder zu Problemen, insbesondere dann, wenn ein allgemein verbindlich erklärter Tarifvertrag bestimmte Leistungen vorsieht, die dem geringfügig Beschäftigten nicht vergütet werden. In diesem Zusammenhang kommt es häufig zur Beitragserhebung auf sogenannte **Phantomlöhne**.

Tipp

Verzichtet der Arbeitnehmer auf Leistungen, auf die er einen grundsätzlichen Anspruch hat, wird dies von den Sozialversicherungsträgern nur anerkannt, wenn die Verzichtsvereinbarung schriftlich verfasst wurde. Außerdem muss es sich um einen arbeitsrechtlich zulässigen Verzicht handeln. Der Verzicht kann nur für künftig fällig werdende Entgeltansprüche gelten. Ein rückwirkender Verzicht wirkt sich sozialversicherungspflichtig nicht aus.

Beispiel – Einmalzahlung

Eine Raumpflegerin erhält ein tarifliches monatliches Entgelt von 520 €. Laut Tarifvertrag steht ihr ein Weihnachtsgeld in Höhe von 200 € zu. Darauf verzichtet sie jedoch schriftlich bei Unterzeichnung des Arbeitsvertrags.

Durch den Verzicht auf das Weihnachtsgeld handelt es sich um eine geringfügige Beschäftigung. Die arbeitsrechtliche Zulässigkeit des Verzichts spielt bei Einmalbezügen keine Rolle, wohl aber bei laufenden Bezügen.

Beispiel – laufender Bezug

Eine Angestellte arbeitet monatlich 25 Stunden. Der Arbeitsplatz hat die Zuordnung zu einem Tarifentgelt von 20 €/Stunde. Dies entspricht einem monatlichen Verdienst von 500 €.

Der Tarifabschluss von 5 % ergibt ein neues Tarifentgelt von 21 €/Std. Wenn die Angestellte weiter 25 Stunden arbeitet, wird die Sozialversicherung folgende Berechnung vornehmen:

25 x 21 € = 525 €/Monat und damit nicht mehr geringfügig. Das Arbeitsverhältnis müsste in ein voll SV-pflichtiges umgewandelt werden, mit allen finanziellen Belastungen.

Der Arbeitgeber muss daher die Arbeitszeit reduzieren:

520 € (Monat) : 21 € (Std.) = 24,76 Stunden/Monat.

10.1.2.3 Gelegentliches Überschreiten der Grenze

Überschreitet das Arbeitsentgelt nicht regelmäßig, sondern nur ausnahmsweise und unvorhersehbar in einzelnen Kalendermonaten die Geringfügigkeitsgrenze, ohne dauerhaft beabsichtigt zu sein, wirkt sich das unter bestimmten Voraussetzungen nicht auf die geringfügig entlohnte Beschäftigung aus. Überschreitungen der Geringfügigkeitsgrenze in einzelnen Kalendermonaten sind generell unschädlich, solange dadurch die Jahresentgeltgrenze von 6.240 Euro (12 x 520 €) in dem vom Arbeitgeber für die Ermittlung des regelmäßigen monatlichen Arbeitsentgelts gewählten Jahreszeitraum nicht überschritten wird. Dies gilt nur dann nicht, wenn eine regelmäßige geringfügig entlohnte Beschäftigung auszuschließen ist, weil deren Umfang erheblichen Schwankungen unterliegt.

Als unvorhersehbar gilt die Zahlung eines Arbeitsentgelts, dass der Arbeitgeber im Rahmen seiner vorausschauenden Jahresbetrachtung zur Ermittlung des regelmäßigen Arbeitsentgelts nicht mit hinreichender Sicherheit berücksichtigen konnte, weil es zu diesem Zeitpunkt nicht bekannt war. Darunter fallen beispielsweise Mehrarbeit aus unvorhersehbarem Anlass (z. B. Krankheitsvertretung) sowie Einmalzahlungen, die dem Grunde und der Höhe nach vom Geschäftsergebnis oder einer individuellen Arbeitsleistung des Vorjahres abhängen.

Wichtig

Bis zum 30.09.2022 galt nach der Geringfügigkeits-Richtlinie aus dem Jahr 2021 im Rahmen der Auslegung in Anlehnung an die kurzfristige Beschäftigung ein dreimaliges nicht vorhersehbares Überschreiten der monatlichen Entgeltgrenze innerhalb eines Zeitjahres, unabhängig von der Höhe des Arbeitsentgelts, als zulässig.

Beispiel – gelegentliches unvorhersehbares Überschreiten

Die familienversicherte Raumpflegerin Susanne Reinlich ist geringfügig entlohnt beschäftigt und verdient seit dem 01.01.2023 ein monatliches Arbeitsentgelt von 520 €. Sie hat sich von der Rentenversicherungspflicht befreien lassen. Ende Juli 2023 bittet der Arbeitgeber sie wider Erwarten, vom 01.08. bis zum 30.09.2023 zusätzlich eine Krankheitsvertretung zu übernehmen. Dadurch erhöht sich das Arbeitsentgelt in den Monaten August und September 2023 auf monatlich 1.040 €.

Lösung:

Aufgrund der Krankheitsvertretung übersteigt das regelmäßige monatliche Arbeitsentgelt im Durchschnitt der Jahresbetrachtung (01.01.2023 bis 31.12.2023) die für die Annahme einer geringfügig entlohnten Beschäftigung maßgebende Geringfügigkeitsgrenze von 520 €. Die Raumpflegerin bleibt dennoch auch für die Zeit vom 01.08. bis 30.09.2023 weiterhin geringfügig entlohnt beschäftigt, da es sich innerhalb des jeweils maßgebenden Zeitjahres (01.09.2022 bis 31.08.2023 bzw. 01.10.2022 bis 30.09.2023) nur um ein gelegentliches (maximal zweimaliges) und unvorhersehbares Überschreiten der Geringfügigkeitsgrenze handelt. Das vereinbarte monatliche Arbeitsentgelt von 520 € hat sich in dem jeweiligen Kalendermonat des Überschreitens maximal auf das Doppelte der Geringfügigkeitsgrenze (1.040 €) erhöht. Der Arbeitgeber hat (auch in der Zeit vom 01.08. bis zum 30.09.2023) weiterhin Pauschalbeiträge zur Kranken- und Rentenversicherung aufgrund der durchgehend geringfügig entlohnten Beschäftigung zu zahlen.

- Personengruppenschlüssel: 109
- Beitragsgruppenschlüssel: 6-5-0-0

Beispiel – Kombination Arbeitsentgelt ohne Überschreiten der Jahresentgeltgrenze in Verbindung mit gelegentlichem unvorhersehbarem Überschreiten

Der gesetzlich krankenversicherte Student Peter Lernfix arbeitet seit dem 01.01.2023 gegen ein Arbeitsentgelt von 490 € in der Werkstatt eines Fahrrad-Geschäfts. Er hat sich von der Rentenversicherungspflicht befreien lassen. Es kommt immer mal wieder vor, dass unvorhersehbare Mehrarbeit in einzelnen Kalendermonaten wie folgt zu einem höheren Arbeitsentgelt oberhalb der Geringfügigkeitsgrenze führt:

Februar 2023	560 €
Mai 2023	630 €
Juli 2023	560 €
Oktober 2023	910 €

Lösung:

Aufgrund der unvorhersehbaren Mehrarbeit im Februar 2023 übersteigt das regelmäßige monatliche Arbeitsentgelt im Durchschnitt der Jahresbetrachtung (01.01.2023 bis 31.12.2023) **nicht** die jährliche Geringfügigkeitsgrenze in Höhe von 6.240 € (Beurteilung im Februar 2023: 11 x 490 € + 560 € = 5.950 €).

Aufgrund der unvorhersehbaren Mehrarbeit im Mai 2023 übersteigt das regelmäßige monatliche Arbeitsentgelt im Durchschnitt der Jahresbetrachtung (01.01.2023 bis 31.12.2023) **nicht** die jährliche Geringfügigkeitsgrenze in Höhe von 6.240 € (Beurteilung im Mai 2023: 10 x 490 € + 560 € + 630 € = 6.090 €).

Aufgrund der unvorhersehbaren Mehrarbeit im Juli 2023 übersteigt das regelmäßige monatliche Arbeitsentgelt im Durchschnitt der Jahresbetrachtung (01.01.2023 bis 31.12.2023) immer noch **nicht** die jährliche Geringfügigkeitsgrenze in Höhe von 6.240 € (Beurteilung im Juli 2023: 9 x 490 € + 560 € + 630 € + 560 € = 6.160 €).

Die Überschreitungen der monatlichen Geringfügigkeitsgrenze in den Monaten Februar, Mai und Juli 2023 sind **zulässige Überschreitungen**. Sie bleiben **unberücksichtigt, weil** die **zulässige Jahresentgeltgrenze** von **6.240 €** in dem vom Arbeitgeber für die Ermittlung des regelmäßigen monatlichen Arbeitsentgelts gewählten Jahreszeitraum (01.01.2023 bis 31.12.2023) in den jeweiligen Monaten **nicht überschritten wird.**

Aufgrund der unvorhersehbaren Mehrarbeit **übersteigt** das regelmäßige monatliche Arbeitsentgelt im Durchschnitt der Jahresbetrachtung (01.01.2023 bis 31.12.2023) **erstmalig im Oktober 2023** die für die Annahme einer geringfügig entlohnten Beschäftigung maßgebliche jährliche Geringfügigkeitsgrenze in Höhe von **6.240 €** (Beurteilung im Oktober 2023: 8 x 490 € + 560 € + 630 € + 560 € + 910 € = 6.580 €).

Der Student bleibt **auch für die Zeit vom 01.10. bis zum 31.10.2023** weiterhin **geringfügig entlohnt** beschäftigt, da es sich innerhalb des maßgebenden Zeitjahres (01.11.2022 bis 31.10.2023) zum einen nur um ein **gelegentliches und unvorhersehbares Überschreiten** der Geringfügigkeitsgrenze handelt (im Oktober 2023 die erste von maximal zwei möglichen Überschreitungen innerhalb des Zeitjahres). Das vereinbarte monatliche Arbeitsentgelt von 490 € hat sich im Oktober 2023 zum anderen **maximal auf das Doppelte** der **Geringfügigkeitsgrenze** (**1.040 €**) erhöht.

Der Arbeitgeber hat auch für Oktober 2023 weiterhin Pauschalbeiträge zur Kranken- und Rentenversicherung aufgrund der durchgehend geringfügig entlohnten Beschäftigung zu zahlen.

- Personengruppenschlüssel: 109
- Beitragsgruppenschlüssel: 6-5-0-0

10.1.2.4 Schwankende Bezüge

Die Geringfügigkeitsgrenze muss nicht jeden Monat exakt eingehalten werden. So kann z. B. bei saisonal bedingten Beschäftigungen das monatliche Arbeitsentgelt schwanken. Voraussetzung für die Geringfügigkeit ist nur, dass der Jahreswert von 6.240 € (12 x 520 €) nicht überschritten wird. Die Ausführungen zum gelegentlichen unvorhersehbaren Überschreiten der Entgeltgrenze finden hier keine Anwendung.

Bei Beschäftigungsbeginn ist, auf ein Jahr vorausblickend, nach den zu diesem Zeitpunkt vorliegenden Bedingungen und Einschätzungen das regelmäßige Arbeitsentgelt zu ermitteln. Dabei ist das regelmäßige Arbeitsentgelt nach denselben Grundsätzen zu bilden, die für die Schätzung des Jahresarbeitsentgelts in der Krankenversicherung gelten.

Beispiel – unvorhersehbar schwankendes Arbeitsentgelt

Der gesetzlich krankenversicherte Kellner Karten Schnell erzielt in den Monaten Januar 2023 bis Juni 2023 monatlich 600 € und in den Monaten Juli 2023 bis Dezember 2023 monatlich 440 €.

Das für die versicherungsrechtliche Beurteilung maßgebende Arbeitsentgelt ist wie folgt zu ermitteln:

Januar – Juni	6 x 600 € =	3.600 €
Juli – Dezember	6 x 440 € =	2.640 €
Summe		6.240 €

Lösung:

Ein Zwölftel dieses Betrages beläuft sich auf (6.240 € : 12 =) 520 € und übersteigt die Geringfügigkeitsgrenze nicht, sodass der Kellner geringfügig entlohnt beschäftigt ist.

- Personengruppenschlüssel: 109
- Beitragsgruppenschlüssel: 6-1-0-0

Obwohl bei Beginn der Beschäftigung die Geringfügigkeitsgrenze von 520 € überschritten wird, liegt von Beginn an eine geringfügig entlohnte Beschäftigung vor, da bei der Beurteilung zu Beginn der Beschäftigung zu erwarten ist, dass der Arbeitnehmer ab Juli nur noch 440 € an Arbeitsentgelt erzielen wird.

Hinweis

Dies gilt jedoch dann nicht, wenn eine regelmäßige geringfügig entlohnte Beschäftigung auszuschließen ist, weil deren Umfang erheblichen Schwankungen unterliegt (siehe nachfolgendes Beispiel).

Beispiel – erhebliche Schwankungen des Arbeitsentgelts

Ein gesetzlich krankenversicherter Abiturient überbrückt die Zeit bis zum nächstmöglichen Studienbeginn im Wintersemester mit einer Aushilfsbeschäftigung als Kellner in einem Ausflugslokal. Die Beschäftigung ist von vornherein für die Zeit vom 01.06.2023 bis zum 31.12.2023 bei einem Arbeitseinsatz von mehr als 70 Arbeitstagen befristet. Das Arbeitsentgelt wird wie folgt gezahlt:

Juni bis August = 970 € monatlich

September bis Dezember = 60 € monatlich

Lösung:

Die Beschäftigung ist nicht kurzfristig, weil zu ihrem Beginn feststeht, dass sie länger als drei Monate bzw. 70 Arbeitstage dauern wird.

Es handelt sich auch nicht um eine geringfügig entlohnte Beschäftigung mit schwankendem Arbeitsentgelt. Der Charakter der regelmäßigen geringfügig entlohnten Beschäftigung ist nicht gegeben, weil der Beschäftigungsumfang einer erheblichen Schwankung unterliegt. Der Schwerpunkt der Beschäftigung liegt in den Monaten Juni bis August. Die Schwankungen in der Arbeitszeit verändern den Charakter der Beschäftigung derart, dass es sich nicht durchgehend um dieselbe regelmäßige Beschäftigung handelt, die einheitlich zu beurteilen ist. Die Beschäftigung ist in den Monaten Juni bis August nicht geringfügig entlohnt und in den Monaten September bis Dezember geringfügig entlohnt. Dabei ist unerheblich, dass der Gesamtverdienst im Zeitraum vom 01.06. bis zum 31.12.2023 die zulässige anteilige Entgeltgrenze von 3.640 € nicht übersteigt.

Bis 31. August:

Personengruppenschlüssel: 101 Beitragsgruppenschlüssel: 1-1-1-1

Ab 1. September:

- Personengruppenschlüssel: 109
- Beitragsgruppenschlüssel: 6-1-0-0

Wie bereits im ersten Beispiel erläutert, ist das Überschreitungen der Geringfügigkeitsgrenze in einzelnen Kalendermonaten generell unschädlich, solange dadurch die Jahresentgeltgrenze von 6.240 € in dem vom Arbeitgeber für die Ermittlung des regelmäßigen monatlichen Arbeitsentgelts gewählten Jahreszeitraum nicht überschritten wird.

Ein darüber hinausgehendes nur gelegentliches und nicht vorhersehbares Überschreiten der Geringfügigkeitsgrenze bis zum Doppelten der Geringfügigkeitsgrenze (1.040 €) führt nicht zur Beendigung der geringfügig entlohnten Beschäftigung.

Als **gelegentlich** ist dabei ein **Zeitraum von bis zu zwei Kalendermonaten innerhalb eines Zeitjahres** anzusehen.

Der Jahreszeitraum ist in der Weise zu ermitteln, dass vom letzten Tag des zu beurteilenden Beschäftigungsmonats ein Jahr zurückgerechnet wird. **Monate, in denen die monatliche Geringfügigkeitsgrenze vorhersehbar überschritten wird, sind hierbei unberücksichtigt zu lassen.**

10.1.2.5 Berücksichtigung von Einmalbezügen

Einmalzahlungen, die z. B. aufgrund eines für allgemein verbindlich erklärten Tarifvertrags mit hinreichender Sicherheit zu erwarten sind, müssen bei der Berechnung des maßgeblichen Arbeitsentgelts anteilig berücksichtigt werden.

Solche Einmalbezüge sind jedoch nur dann zu berücksichtigen, wenn sie dem Arbeitnehmer auch tatsächlich zufließen, d. h. ausbezahlt werden.

Diese für die betriebliche Praxis wesentliche Erleichterung resultiert daraus, dass für Einmalbezüge in der Sozialversicherung inzwischen auch das steuerliche **Zuflussprinzip** und nicht mehr das **Entstehungsprinzip** gilt.

Tipp

Verzichtet der Arbeitnehmer im Voraus schriftlich auf die Zahlung des Einmalbezugs, wird dieser bei der Berechnung des maßgeblichen Arbeitsentgelts nicht berücksichtigt.

Beispiel

Die Raumpflegerin Johanna Reinweiss verdient in einem Minijob 500 € pro Monat. Im Dezember erhält sie ein tariflich vereinbartes Weihnachtsgeld in Höhe von 300 €.

Für die Beurteilung des Versicherungsverhältnisses ist das durchschnittliche Arbeitsentgelt zu berechnen:

Arbeitsentgelt (500 € x 12) =	6.000,00 €
Weihnachtsgeld	300,00 €
Summe	6.300,00 €
6.300 € geteilt durch 12 Monate =	**525,00 €**

Das durchschnittliche monatliche Arbeitsentgelt liegt über der Geringfügigkeitsgrenze. Die Raumpflegerin ist deshalb versicherungspflichtig.

Damit Johanna Reinweiss geringfügig bleibt, könnte sie auf einen Teil des Weihnachtsgeldes verzichten (5 €) und erhielte damit wieder ein durchschnittliches Arbeitsentgelt von 520 €.

10.1.2.6 Abgaben für geringfügig entlohnte Beschäftigte

Für den Arbeitgeber fallen folgende Abgaben an:

	freie Wirtschaft	**Privathaushalt**
Rentenversicherung (pauschal)	15 %	5 %
Krankenversicherung (pauschal)	13 %	5 %
Steuerpauschale (inklusive Kirchensteuer und Solidaritätszuschlag)	2 %	2 %
Insgesamt	**30 %**	**12 %**

Die pauschale Lohnsteuer von 2 % ist optional vom Arbeitgeber abzuführen. Alternativ könnte auch nach individuellen ELStAM versteuert werden. Eine Abwälzung der pauschalen Lohnsteuer auf den Arbeitnehmer im Innenverhältnis ist grundsätzlich zulässig. Eine Abwälzung der pauschalen Sozialversicherungsbeiträge auf den Arbeitnehmer verbietet das Gesetz jedoch ausdrücklich. Der Krankenversicherungsbeitrag entfällt, wenn der geringfügig beschäftigte Arbeitnehmer weder selbst noch als Familienmitglied in der gesetzlichen Krankenversicherung freiwillig oder pflichtversichert ist.

Beispiel

Marion Schnell ist bei ihrem Mann, der Beamter ist, in der Krankenversicherung privat versichert. Sie übt eine geringfügige Beschäftigung als Kursleiterin gegen ein monatliches Entgelt von 300 € aus.

In diesem Fall hat der Arbeitgeber lediglich den Rentenversicherungsbeitrag von 15 % zu tragen. In der Krankenversicherung fällt kein Beitrag an. Bei Verzicht auf die individuelle Versteuerung fallen 2 % pauschale Lohnsteuer zusätzlich an.

10.1.2.7 Rentenversicherungspflicht

Um die soziale Absicherung von geringfügig Beschäftigten zu erhöhen, ist seit dem 01.01.2013 die Rentenversicherungspflicht in Kraft. Aus diesem Grund muss bei jedem Neueintritt seit dem 01.01.2013 der pauschale Beitrag zur Rentenversicherung (15 % vom Arbeitgeber) vom Arbeitnehmer auf den Regelbeitrag (2023 = 18,6 %) aufgestockt werden.

Den geringfügig Beschäftigten steht es frei, sich auf Antrag von der Versicherungspflicht in der gesetzlichen Rentenversicherung befreien zu lassen. Dann bleibt es bei dem Pauschalbeitrag des Arbeitgebers zur Rentenversicherung und es tritt Versicherungsfreiheit ein.

Tipp

Rentner sollten sich von der Rentenversicherungspflicht befreien lassen, da sie von der Aufstockung keine Vorteile haben. Alle nachfolgend genannten Vorteile können aufgrund des Rentenstatus nicht wahrgenommen werden.

Tipp

Ebenso sollten sich alle Arbeitnehmer befreien lassen, die eine voll versicherungspflichtige Hauptbeschäftigung ausüben, da sie alle nachfolgend genannten Vorteile bereits durch ihre Hauptbeschäftigung erhalten haben.

10.1.2.7.1 Vorteile der vollen Beitragszahlung zur Rentenversicherung

Die Vorteile der Versicherungspflicht für den Arbeitnehmer ergeben sich aus dem Erwerb von Pflichtbeitragszeiten in der Rentenversicherung.

Das bedeutet, dass die Beschäftigungszeit in vollem Umfang für die Erfüllung der verschiedenen Wartezeiten (Mindestversicherungszeiten) berücksichtigt wird. Pflichtbeitragszeiten sind beispielsweise Voraussetzung für

- einen früheren Rentenbeginn,
- Ansprüche auf Leistungen zur Rehabilitation (sowohl im medizinischen Bereich als auch im Arbeitsleben),
- den Anspruch auf Übergangsgeld bei Rehabilitationsmaßnahmen der gesetzlichen Rentenversicherung,
- die Begründung oder Aufrechterhaltung des Anspruchs auf eine Rente wegen Erwerbsminderung,
- den Anspruch auf Entgeltumwandlung für eine betriebliche Altersversorgung und
- die Erfüllung der Zugangsvoraussetzungen für eine private Altersvorsorge mit staatlicher Förderung (zum Beispiel die sogenannte Riester-Rente) für den Arbeitnehmer und gegebenenfalls sogar für den Ehepartner.

Darüber hinaus wird das Arbeitsentgelt nicht nur anteilig, sondern in voller Höhe bei der Berechnung der Rente berücksichtigt.

10.1.2.8 Mindestbeitragsbemessungsgrundlage

Liegt das Arbeitsentgelt unter 175 €, werden die Pflichtbeiträge auf mindestens 175 € erhoben. Dies gilt nicht für Arbeitsentgelte aus einer nach § 230 Abs. 8 Satz 1 SGB VI weiterhin rentenversicherungsfreien geringfügig entlohnten Beschäftigung.

Vorsicht

Die Mindestbeitragsbemessungsgrundlage in der Rentenversicherung liegt bei 175 €.

Die Aufteilung der RV-Beiträge zwischen Arbeitgeber und Arbeitnehmer zeigt nachfolgendes Beispiel:

Beispiel

Der Arbeitnehmer Otto Klein arbeitet geringfügig entlohnt als Buchhalter. Sein Entgelt beträgt 130 €.

Er macht von seiner Aufstockungsoption in der Rentenversicherung Gebrauch.

Berechnung der RV-Beiträge:

Mindestbeitrag aus	175,00 € x 18,6 %	=	32,55 €
Anteil des Arbeitgebers:	130,00 € x 15,0 %	=	19,50 €
Anteil des Arbeitnehmers:	32,55 € – 19,50 €	=	13,05 €

10.1.2.9 Verzicht auf die Rentenversicherungspflicht

Geringfügig entlohnte Beschäftigte können auf die Versicherungspflicht in der Rentenversicherung verzichten, mit der Folge, dass sie dadurch auch auf die vorgenannten Vorteile verzichten.

Hierzu ist dem Arbeitgeber ein schriftlicher Antrag auf Befreiung von der Rentenversicherungspflicht zu übergeben, den dieser zu seinen Lohnunterlagen nimmt. Der Arbeitgeber meldet den Antrag auf Befreiung an die Minijobzentrale (Knappschaft-Bahn-See) im Rahmen des DEÜV-Verfahrens.

Sofern die Minijobzentrale diesem Antrag nicht innerhalb eines Monats widerspricht, ist die Befreiung rückwirkend zum ersten Tag des Monats wirksam, in dem der Minijobber den Antrag gegenüber dem Arbeitgeber gestellt hat (siehe Abbildungen auf den nächsten Seiten).

Merkblatt über die möglichen Folgen einer Befreiung von der Rentenversicherungspflicht

Allgemeines

Seit dem 1. Januar 2013 unterliegen Arbeitnehmer, die eine geringfügig entlohnte Beschäftigung (450-Euro-Minijob) ausüben, grundsätzlich der Versicherungs- und vollen Beitragspflicht in der gesetzlichen Rentenversicherung. Der vom Arbeitnehmer zu tragende Anteil am Rentenversicherungsbeitrag beläuft sich auf 3,9 Prozent (bzw. 13,9 Prozent bei geringfügig entlohnten Beschäftigungen in Privathaushalten) des Arbeitsentgelts. Er ergibt sich aus der Differenz zwischen dem Pauschalbeitrag des Arbeitgebers (15 Prozent bei geringfügig entlohnten Beschäftigungen im gewerblichen Bereich/ bzw. 5 Prozent bei solchen in Privathaushalten) und dem vollen Beitrag zur Rentenversicherung in Höhe von 18,9 Prozent. Zu beachten ist, dass der volle Rentenversicherungsbeitrag mindestens von einem Arbeitsentgelt in Höhe von 175 Euro zu zahlen ist.

Vorteile der vollen Beitragszahlung zur Rentenversicherung

Die Vorteile der Versicherungspflicht für den Arbeitnehmer ergeben sich aus dem Erwerb von Pflichtbeitragszeiten in der Rentenversicherung. Das bedeutet, dass die Beschäftigungszeit in vollem Umfang für die Erfüllung der verschiedenen Wartezeiten (Mindestversicherungszeiten) berücksichtigt wird. Pflichtbeitragszeiten sind beispielsweise Voraussetzung für

- einen früheren Rentenbeginn,
- Ansprüche auf Leistungen zur Rehabilitation (sowohl im medizinischen Bereich als auch im Arbeitsleben),
- den Anspruch auf Übergangsgeld bei Rehabilitationsmaßnahmen der gesetzlichen Rentenversicherung,
- die Begründung oder Aufrechterhaltung des Anspruchs auf eine Rente wegen Erwerbsminderung,
- den Anspruch auf Entgeltumwandlung für eine betriebliche Altersversorgung und
- die Erfüllung der Zugangsvoraussetzungen für eine private Altersvorsorge mit staatlicher Förderung (zum Beispiel die so genannte Riester-Rente) für den Arbeitnehmer und gegebenenfalls sogar den Ehepartner.

Darüber hinaus wird das Arbeitsentgelt nicht nur anteilig, sondern in voller Höhe bei der Berechnung der Rente berücksichtigt.

Antrag auf Befreiung von der Rentenversicherungspflicht

Ist die Versicherungspflicht nicht gewollt, kann sich der Arbeitnehmer von ihr befreien lassen. Hierzu muss er seinem Arbeitgeber - möglichst mit dem beiliegenden Formular - schriftlich mitteilen, dass er die Befreiung von der Versicherungspflicht in der Rentenversicherung wünscht. Übt der Arbeitnehmer mehrere geringfügig entlohnte Beschäftigungen aus, kann der Antrag auf Befreiung nur einheitlich für alle zeitgleich ausgeübten geringfügigen Beschäftigungen gestellt werden. Über den Befreiungsantrag hat der Arbeitnehmer alle weiteren - auch zukünftige - Arbeitgeber zu informieren, bei denen er eine geringfügig entlohnte Beschäftigung ausübt. Die Befreiung von der Versicherungspflicht ist für die Dauer der Beschäftigung(en) bindend; sie kann nicht widerrufen werden.

Die Befreiung wirkt grundsätzlich ab Beginn des Kalendermonats des Eingangs beim Arbeitgeber, frühestens ab Beschäftigungsbeginn. Voraussetzung ist, dass der Arbeitgeber der Minijob-Zentrale die Befreiung bis zur nächsten Entgeltabrechnung, spätestens innerhalb von 6 Wochen nach Eingang des Befreiungsantrages bei ihm meldet. Anderenfalls beginnt die Befreiung erst nach Ablauf des Kalendermonats, der dem Kalendermonat des Eingangs der Meldung bei der Minijob-Zentrale folgt.

Konsequenzen aus der Befreiung von der Rentenversicherungspflicht

Geringfügig entlohnt Beschäftigte, die die Befreiung von der Rentenversicherungspflicht beantragen, verzichten freiwillig auf die oben genannten Vorteile. Durch die Befreiung zahlt lediglich der Arbeitgeber den Pauschalbeitrag in Höhe von 15 Prozent (bzw. 5 Prozent bei Beschäftigungen in Privathaushalten) des Arbeitsentgelts. Die Zahlung eines Eigenanteils durch den Arbeitnehmer entfällt hierbei. Dies hat zur Folge, dass der Arbeitnehmer nur anteilig Monate für die Erfüllung der verschiedenen Wartezeiten erwirbt und auch das erzielte Arbeitsentgelt bei der Berechnung der Rente nur anteilig berücksichtigt wird.

Hinweis: Bevor sich ein Arbeitnehmer für die Befreiung von der Rentenversicherungspflicht entscheidet, wird eine individuelle Beratung bezüglich der rentenrechtlichen Auswirkungen der Befreiung bei einer Auskunfts- und Beratungsstelle der Deutschen Rentenversicherung empfohlen. Das Servicetelefon der Deutschen Rentenversicherung ist kostenlos unter der 0800 10004800 zu erreichen. Bitte nach Möglichkeit beim Anruf die Versicherungsnummer der Rentenversicherung bereithalten.

Versicherungspflicht in der Rentenversicherung bei einer geringfügig entlohnten Beschäftigung nach § 6 Absatz 1b Sozialgesetzbuch Sechstes Buch (SGB VI)

Arbeitnehmer:

Name: ________________________________

Vorname: ________________________________

Rentenversicherungsnummer: |_|_|_|_|_|_|_|_|_|_|_|_|

Hiermit beantrage ich die Befreiung von der Versicherungspflicht in der Rentenversicherung im Rahmen meiner geringfügig entlohnten Beschäftigung und verzichte damit auf den Erwerb von Pflichtbeitragszeiten. Ich habe die Hinweise auf dem „Merkblatt über die möglichen Folgen einer Befreiung von der Rentenversicherungspflicht" zur Kenntnis genommen.

Mir ist bekannt, dass der Befreiungsantrag für alle von mir zeitgleich ausgeübten geringfügig entlohnten Beschäftigungen gilt und für die Dauer der Beschäftigungen bindend ist; eine Rücknahme ist nicht möglich. Ich verpflichte mich, alle weiteren Arbeitgeber, bei denen ich eine geringfügig entlohnte Beschäftigung ausübe, über diesen Befreiungsantrag zu informieren.

________________________ ________________________________

(Ort, Datum) (Unterschrift des Arbeitnehmers)

Arbeitgeber:

Name: ________________________________

Betriebsnummer: |_|_|_|_|_|_|_|_|

Der Befreiungsantrag ist am |_|_|_|_|_|_|_|_| bei mir eingegangen.
T T M M J J J J

Die Befreiung wirkt ab |_|_|_|_|_|_|_|_|.
T T M M J J J J

________________________ ________________________________

(Ort, Datum) (Unterschrift des Arbeitgebers)

Hinweis für den Arbeitgeber:

Der Befreiungsantrag ist nach § 8 Absatz 4a Beitragsverfahrensverordnung (BVV) zu den Entgeltunterlagen zu nehmen und **nicht** an die Minijob-Zentrale zu senden.

Abbildung 10.1: Befreiungsantrag Rentenversicherungspflicht für geringfügig Beschäftigte

10.1.2.10 Steuerliche Behandlung

10.1.2.10.1 Pauschale Versteuerung

Seit 01.04.2003 kann das Arbeitsentgelt für geringfügig Beschäftigte vom Arbeitgeber mit 2 % pauschal versteuert werden. Dieser Pauschalbetrag beinhaltet nicht nur die Lohnsteuer, sondern auch die Kirchensteuer und den Solidaritätszuschlag (§ 40a Abs. 2 EStG). Gehört der Arbeitnehmer keiner kirchensteuerberechtigten Konfession an, fällt der Pauschalsteuersatz in gleicher Höhe an.

Hinweis

Die 2%ige Pauschalsteuer besitzt Abgeltungscharakter und bleibt bei der Veranlagung zur Einkommensteuer bzw. beim Lohnsteuerjahresausgleich außer Ansatz. Eine Anrechnung auf die Einkommensteuer oder Jahreslohnsteuer findet nicht statt.

Eine Verpflichtung durch den Arbeitgeber auf Anwendung des Pauschalsteuersatzes besteht grundsätzlich nicht. Ersatzweise könnte er auch nach den individuellen ELStAM versteuern. Die Pauschalierung in Höhe von 2 % in der Lohnsteuer setzt die Pauschalierung in der Rentenversicherung voraus.

Kommt es in der Rentenversicherung nicht zur Anwendung des Pauschalsteuersatzes, weil z. B. durch eine Zusammenrechnung von zwei Beschäftigungsverhältnissen die Geringfügigkeitsgrenze überschritten wurde, kommt keine Lohnsteuerpauschalierung von 2 % in Betracht. In diesem Fall könnte allerdings **jedes Beschäftigungsverhältnis** mit **20 %** in der **Lohnsteuer pauschaliert** werden. Bei einer Pauschalierung mit 20 % fallen zusätzlich noch Kirchensteuer und Solidaritätszuschlag an.

10.1.2.10.2 Abführung der Pauschalsteuer

Die Abführung der Pauschalsteuer in Höhe von 2 % erfolgt für alle geringfügig beschäftigten Arbeitnehmer zusammen mit den Pauschalbeiträgen für KV und RV an die Minijobzentrale. Firmenarbeitgeber weisen den Betrag im Beitragsnachweis an die Deutsche Rentenversicherung Knappschaft-Bahn-See aus und führen die pauschale Lohnsteuer gemeinsam mit den Pauschalbeiträgen für KV und RV an die diese ab.

10.1.2.10.3 Pauschalsteuer in Höhe von 20 % und normale Lohnsteuer

Die pauschale Lohnsteuer in Höhe von 20 %, die eventuell innerhalb der oben beschriebenen Mehrfachbeschäftigung anfällt, wird in einer Summe zusammen mit der normalen Lohnsteuer an das **Betriebsstättenfinanzamt** abgeführt.

Hinweis

Gemäß den „Gemeinsamen Grundsätzen für die DEÜV“ in der vom 01.01.2022 an geltenden Fassung müssen Arbeitgeber bei geringfügig entlohnten Beschäftigten den Steuerbaustein mit den Angaben zur Steuer-ID des Arbeitnehmers, der Steuernummer des Arbeitgebers und dem Kennzeichen zur Art der Versteuerung füllen.

10.1.2.11 Haupt- und Nebenbeschäftigungen

Wichtig

Ein Arbeitnehmer kann neben seiner sozialversicherungspflichtigen Hauptbeschäftigung **eine** Nebenbeschäftigung unter Einhaltung der Geringfügigkeitsgrenze sozialversicherungsfrei ausüben.

Natürlich dürfen Hauptbeschäftigung und Nebenbeschäftigung nicht innerhalb derselben Firma stattfinden (Arbeitgeberidentität). Der Arbeitgeber, bei dem die Nebenbeschäftigung ausgeübt wird, übernimmt die Pauschalabgaben zur Sozialversicherung und optional die pauschale Lohnsteuer in Höhe von 2 %. Der Arbeitnehmer bleibt in der Nebenbeschäftigung sozialversicherungsfrei.

Wichtig

Werden neben einer Hauptbeschäftigung mehrere Nebenbeschäftigungen ausgeübt, ist diejenige Nebenbeschäftigung, die zeitlich zuerst begonnen wurde, von der Zusammenrechnung ausgenommen.

Alle weiteren Nebenbeschäftigungen müssen weiterhin mit der Hauptbeschäftigung zusammengerechnet werden und unterliegen somit normaler Sozialversicherungspflicht. In der Arbeitslosenversicherung gilt eine Ausnahme. Solange eine versicherungspflichtige Hauptbeschäftigung besteht, findet hier generell keine Zusammenrechnung von Nebenbeschäftigungen statt.

Eine Zusammenrechnung von geringfügig entlohnten Beschäftigungen mit einer Hauptbeschäftigung ist nur dann vorzunehmen, wenn die Hauptbeschäftigung an sich versicherungspflichtig ist. Diese Voraussetzung ist bei Beamten nicht gegeben. Daher muss der Arbeitgeber für Beamte, die eine geringfügig entlohnte Beschäftigung ausüben, keine pauschalen Beiträge für die Krankenversicherung zahlen, wenn diese privat krankenversichert sind. Ist der Beamte freiwillig in der gesetzlichen Krankenversicherung versichert, muss der Arbeitgeber den pauschalen Beitrag zur Krankenversicherung zahlen. Da Beamte über die Beamtenversorgung abgesichert sind, werden sich diese i. d. R. von der Rentenversicherungspflicht befreien lassen. Der Arbeitgeber zahlt dennoch den pauschalen Beitrag zur Rentenversicherung.

Arbeitnehmer, die eine Nebenbeschäftigung ausüben, sind in dieser sozialversicherungspflichtig, wenn die Grenze der geringfügig entlohnten Beschäftigung überschritten wird. Beamte sind i. d. R. privat krankenversichert und somit in der Kranken- und

Pflegeversicherung auch in der Nebenbeschäftigung versicherungsfrei. In der Renten- und Arbeitslosenversicherung besteht hingegen Versicherungspflicht.

Wenn der Beamte neben der Hauptbeschäftigung mehrere geringfügige Nebenbeschäftigungen ausübt, müssen alle diese Nebenbeschäftigungen addiert werden.

10.1.2.11.1 Hauptbeschäftigung und eine Nebenbeschäftigung

Beispiel

Die Buchhalterin Silke Schulz arbeitet bei Arbeitgeber A in einer Hauptbeschäftigung für monatlich 2.000 €. Nebenbei erledigt sie für einen kleinen Handwerksbetrieb (Arbeitgeber B) die Buchhaltung. Sie erhält dafür 520 €.

Beim Arbeitgeber A ist Frau Schulz normal versicherungspflichtig. Beim Arbeitgeber B besteht eine geringfügig entlohnte Beschäftigung, da das Entgelt 520 € nicht übersteigt.

Da es sich nur um **eine** Nebenbeschäftigung handelt, findet eine Zusammenrechnung mit der Hauptbeschäftigung nicht statt. Die Nebenbeschäftigung ist versicherungsfrei. Der Arbeitgeber zahlt die Pauschalabgaben in der Sozialversicherung für KV und RV, bei Verzicht auf die individuelle Versteuerung zusätzlich die Pauschalsteuer von 2 %.

10.1.2.11.2 Hauptbeschäftigung und mehrere Nebenbeschäftigungen

Beispiel

Die Raumpflegerin Frau Sauber arbeitet bei:

Arbeitgeber A und erhält ein Entgelt von	900 €
Arbeitgeber B seit 01.05. für	450 €
Arbeitgeber C seit 01.07. für	500 €

Frau Sauber ist in ihrem ersten Arbeitsverhältnis versicherungspflichtig. Bei Arbeitgeber B und C liegt jeweils eine geringfügig entlohnte Beschäftigung vor, da das Arbeitsentgelt 520 € nicht übersteigt.

Das früher aufgenommene Arbeitsverhältnis bei Arbeitgeber B (01.05.) wird nicht mit der Hauptbeschäftigung zusammengerechnet und bleibt somit für die Arbeitnehmerin versicherungsfrei. Der Arbeitgeber zahlt die Pauschalabgaben in Höhe von 13 % zur KV und 15 % zur RV.

Das später eingegangene Arbeitsverhältnis mit Arbeitgeber C wird zur Hauptbeschäftigung addiert. Somit fallen bei Arbeitgeber C normale Beiträge in der Kranken-, Pflege- und Rentenversicherung an.

In der Arbeitslosenversicherung findet allerdings auch bei mehreren Nebenbeschäftigungen keine Zusammenrechnung statt, so dass Beiträge zur Arbeitslosenversicherung weder vom Arbeitgeber B noch vom Arbeitgeber C zu leisten sind.

10.1.2.11.3 Beamter mit einer Nebenbeschäftigung

Beispiel

Der Beamte Jakob Fleißig, der privat krankenversichert ist, arbeitet nebenberuflich bei Arbeitgeber B und C als Buchhalter. B bezahlt ihm 400 € monatlich. Für seine Tätigkeit bei C erhält er 200 € pro Monat.

Herr Fleißig ist bei Arbeitgeber B und C in der Kranken- und Pflegeversicherung versicherungsfrei. In der Renten- und Arbeitslosenversicherung sind die Nebenbeschäftigungen zusammenzurechnen. Da mit der Summe der Entgelte die Geringfügigkeitsgrenze überschritten wird, entsteht Sozialversicherungspflicht in der Renten- und Arbeitslosenversicherung.

10.1.2.11.4 Freiwillig versicherter Arbeitnehmer

Beispiel

Der Berater Jochen Bit arbeitet bei Arbeitgeber A und bezieht ein Gehalt von 6.400 €. Da sein Jahresarbeitsentgelt die Jahresarbeitsentgeltgrenze übersteigt, ist er freiwillig in der gesetzlichen Krankenversicherung versichert. Ab 01.06. übt er eine Nebenbeschäftigung als Dozent für 350 € bei Arbeitgeber B aus. Ab 01.10. nimmt er eine weitere Nebenbeschäftigung bei Arbeitgeber C als Programmierer für ein Entgelt von 150 € auf.

Die Hauptbeschäftigung bei Arbeitgeber A ist in der Renten- und Arbeitslosenversicherung normal versicherungspflichtig. Die beiden Nebenbeschäftigungen sind beide geringfügig entlohnt, weil das Arbeitsentgelt aus den einzelnen Beschäftigungen (auch insgesamt) die Geringfügigkeitsgrenze nicht übersteigt.

Die zuerst aufgenommene Nebenbeschäftigung bei Arbeitgeber B bleibt in der Renten- und Arbeitslosenversicherung frei. Der Arbeitgeber übernimmt die Pauschalabgaben. Eine Zusammenrechnung mit der Hauptbeschäftigung findet nicht statt.

Die zweite Nebenbeschäftigung bei Arbeitgeber C ist allerdings in der Rentenversicherung mit der versicherungspflichtigen Hauptbeschäftigung zu addieren. Dadurch entsteht Rentenversicherungspflicht.

In der Arbeitslosenversicherung findet auch bei mehreren Nebenbeschäftigungen und einer Hauptbeschäftigung keine Zusammenrechnung statt. Es besteht somit Versicherungsfreiheit. Auch in der Kranken- und Pflegeversicherung findet keine Zusammenrechnung statt, weil die Hauptbeschäftigung in diesen Zweigen keine Versicherungspflicht begründet.

10.1.2.12 Mehrere Nebenbeschäftigungen

Wichtig

Bei mehreren nebeneinander ausgeübten Nebenbeschäftigungen sind die einzelnen Arbeitsentgelte zusammenzurechnen.

Beispiel

Herbert Vielfach arbeitet bei Arbeitgeber A als Taxifahrer für 320 € monatlich. Außerdem erledigt er für Arbeitgeber B für 200 € einfache Bürotätigkeiten.

Herr Vielfach ist in beiden Arbeitsverhältnissen sozialversicherungsfrei, da die Addition beider Arbeitsentgelte die Geringfügigkeitsgrenze nicht übersteigt. Beide Arbeitgeber führen jeweils 13 % KV-Beiträge und 15 % RV-Beiträge ab. Bei Verzicht auf die individuelle Versteuerung fallen zusätzlich je 2 % Pauschalsteuer an.

10.1.2.13 Geringfügig entlohnte und kurzfristige Beschäftigung

Eine Zusammenrechnung ist grundsätzlich nicht vorzunehmen, wenn es sich um eine geringfügig entlohnte und eine kurzfristige Beschäftigung handelt.

Beispiel

Die familienversicherte Raumpflegerin Ilona Feldbusch arbeitet beim Arbeitgeber A befristet vom 02.05 bis zum 22.05. im Rahmen einer kurzfristigen Beschäftigung.

Sie erhält dafür ein Arbeitsentgelt in Höhe von 900 €. Außerdem übt sie bei Arbeitgeber B eine dauerhaft geringfügig entlohnte Beschäftigung als Buchhalterin ab dem 01.04. aus. Dort verdient sie 500 € monatlich.

Frau Feldbusch bleibt in beiden Beschäftigungsverhältnissen sozialversicherungsfrei, da es sich bei Arbeitgeber A um eine kurzfristige Beschäftigung handelt. Bei Arbeitgeber B liegt ein geringfügig entlohntes Arbeitsverhältnis vor. Kurzfristige und geringfügig entlohnte Beschäftigungen sind **nicht** zu addieren.

10.1.2.14 Jahresarbeitsentgeltgrenze in der KV

Arbeitnehmer, deren regelmäßiges Jahresarbeitsentgelt die Jahresarbeitsentgeltgrenze übersteigt, bleiben in der Krankenversicherung versicherungsfrei.

Erstmalig gelten in der Krankenversicherung ab dem 01.01.2003 zwei ungleiche Jahresarbeitsentgeltgrenzen. Die Grenze von **59.850 €** gilt für diejenigen Arbeitnehmer, die bereits am 31.12.2002 privat krankenversichert waren, für alle anderen Arbeitnehmer ist die Grenze von **66.600 €** anzuwenden.

Zur Prüfung, ob die Jahresarbeitsentgeltgrenze überschritten wird, ist das regelmäßige Jahresarbeitsentgelt zu ermitteln. Dabei sind Hauptbeschäftigungen und eventuelle Nebenbeschäftigungen zu berücksichtigen.

Beispiel

Der Berater Hugo Flechsig arbeitet bei Arbeitgeber A. Er bezieht ein Jahresgehalt von 60.800 €. Ab dem 01.07. beginnt er eine Nebenbeschäftigung als Berater bei Arbeitgeber B, wofür er monatlich 200 € erhält. Ab dem 01.09. übt Herr Flechsig eine weitere Nebenbeschäftigung bei Arbeitgeber C als Programmierer aus. C bezahlt ihm ein monatliches Entgelt von 500 € bzw. 6.000 € jährlich.

In der Hauptbeschäftigung ist Herr Flechsig in allen Zweigen versicherungspflichtig.

Die beiden anderen Beschäftigungen sind geringfügige Beschäftigungsverhältnisse, da das Arbeitsentgelt jeweils nicht höher als Geringfügigkeitsgrenze istt. Die zuerst aufgenommene Nebenbeschäftigung bei B bleibt versicherungsfrei. Es findet keine Zusammenrechnung mit der Hauptbeschäftigung statt. Der Arbeitgeber zahlt Pauschalbeiträge zur Kranken- und Rentenversicherung in Höhe von 13 % bzw. 15 %.

Jede weitere Nebenbeschäftigung (hier bei Arbeitgeber C) ist mit der versicherungspflichtigen Hauptbeschäftigung zu addieren. In der Folge wird jede weitere Nebenbeschäftigung versicherungspflichtig. Es fallen Beiträge zur Kranken-, Pflege- und Rentenversicherung an. In der Arbeitslosenversicherung findet generell keine Zusammenrechnung mit der Hauptbeschäftigung statt.

Durch das Nebenarbeitsverhältnis C verdient Herr Flechsig insgesamt 66.800 € im Jahr und überschreitet die JAEG. Dies ist bei der Prüfung am Jahresende zu berücksichtigen. Herr Flechsig wird wahrscheinlich KV-frei werden.

10.1.2.15 Meldepflichten

Geringfügig Beschäftigte unterliegen den normalen Meldepflichten nach der DEÜV, d. h., es sind An- und Abmeldungen, Jahresmeldungen, Meldungen über einmalig gezahltes Entgelt und Unterbrechungsmeldungen durchzuführen.

Es gelten folgende Personen- und Beitragsgruppenschlüssel:

Personengruppenschlüssel:

109	geringfügig entlohnte Beschäftigte
110	kurzfristig Beschäftigte

Beitragsgruppenschlüssel:

6000	AG-Pauschalbeitrag zur Krankenversicherung
0500	AG-Pauschalbeitrag zur Rentenversicherung (bei Befreiung von der Rentenversicherungspflicht)
0100	AG-Pauschalbeitrag zur Rentenversicherung plus Aufstockung durch den Arbeitnehmer

10.1.2.16 Knappschaft-Bahn-See als Einzugsstelle

Die Deutsche Rentenversicherung Knappschaft-Bahn-See dient als zentrale Einzugsstelle für alle geringfügig Beschäftigten. Die Knappschaft erhält somit alle Pauschalbeiträge zur Renten- und Krankenversicherung. Ebenso gehen die Pflichtbeiträge zur Rentenversicherung derjenigen Arbeitnehmer, die auf die Versicherungsfreiheit verzichtet haben, an die Knappschaft-Bahn-See.

Wichtig

Alle Meldungen für geringfügig und kurzfristig Beschäftigte sind an die Deutsche Rentenversicherung Knappschaft-Bahn-See zu richten. Dies gilt auch für die Meldungen, die per Haushaltsscheck für geringfügig Beschäftigte in Privathaushalten vorzunehmen sind.

Ferner ist die Knappschaft für das Umlage- und Erstattungsverfahren der Entgeltfortzahlungsversicherung zuständig, unabhängig davon, bei welcher Krankenkasse der Arbeitnehmer tatsächlich versichert ist.

Findet ein Wechsel von einer versicherungsfreien zu einer versicherungspflichtigen Beschäftigung oder umgekehrt innerhalb einer Firma statt, ändern sich nicht nur die Beitragsgruppe und der Personengruppenschlüssel, sondern auch die Einzugsstelle. Für den versicherungspflichtigen Arbeitnehmer bleibt weiterhin seine persönliche Krankenkasse zuständig.

Stellt die Knappschaft bei einem Arbeitnehmer Versicherungspflicht fest, informiert sie die Arbeitgeber. Diese sind dann verpflichtet, die notwendigen An- und Abmeldungen bei der Knappschaft-Bahn-See bzw. den persönlichen Krankenkassen der Arbeitnehmer vorzunehmen.

10.1.2.17 Meldungen bei Hauptbeschäftigung und Nebenbeschäftigung

Wird neben einer versicherungspflichtigen Hauptbeschäftigung eine geringfügige Beschäftigung ausgeübt, ist die jeweils zuständige Einzugsstelle:

- für die Hauptbeschäftigung die gewählte Krankenkasse,
- für die erste geringfügige Beschäftigung die Knappschaft-Bahn-See,

- für jede weitere geringfügige Beschäftigung, die trotz Zusammenrechnung geringfügig bleibt, die Knappschaft-Bahn-See,
- für jede weitere geringfügige Beschäftigung, die durch Zusammenrechnung versicherungspflichtig wird, die für den Arbeitnehmer zuständige gesetzliche Krankenkasse.

10.1.3 Geringfügige Beschäftigung in Privathaushalten

Eine geringfügige Beschäftigung in privaten Haushalten ist in § 8a Satz 2 SGB IV als eigenständige Form der geringfügigen Beschäftigung definiert. Es handelt sich dabei um Tätigkeiten, die sonst gewöhnlich durch Mitglieder des privaten Haushalts erledigt werden.

Typischerweise fallen darunter Tätigkeiten wie die Betreuung von Kindern und anderen Personen, Wohnungsreinigung und Gartenpflege, die Zubereitung von Mahlzeiten und die Versorgung von Haustieren.

Für in Privathaushalten beschäftigte Personen gelten grundsätzlich die gleichen Bestimmungen. Der private Arbeitgeber zahlt jedoch lediglich 5 % pauschalen Rentenversicherungsbeitrag und 5 % Pauschalbeitrag zur Krankenversicherung. Optional kann der Arbeitgeber auf die individuelle Versteuerung verzichten und dafür 2 % pauschale Lohnsteuer abführen.

Für bei privaten Arbeitgebern geringfügig beschäftigte Arbeitnehmer ist ebenso die Knappschaft-Bahn-See als zentrale Melde- und Einzugsstelle zuständig.

Hinweis

Neben der Hauptbeschäftigung kann wie bei anderen geringfügig Beschäftigten auch **eine** Nebenbeschäftigung bei einem privaten Arbeitgeber versicherungsfrei ausgeübt werden. Weitere Nebenbeschäftigungen sind zu der Hauptbeschäftigung zu addieren.

10.1.4 Kurzfristige Beschäftigung

Eine kurzfristige Beschäftigung unterliegt im Gegensatz zur geringfügig entlohnten Beschäftigung keiner Entgelthöchstgrenze. Auf die Höhe des Arbeitslohns kommt es nicht an. Vielmehr sind bei einer kurzfristigen Beschäftigung bestimmte Zeitgrenzen einzuhalten.

10.1.4.1 Beiträge für eine kurzfristige Beschäftigung

Liegt eine kurzfristige Beschäftigung vor, besteht **Sozialversicherungsfreiheit**. Weder Arbeitgeber noch Arbeitnehmer zahlen Beiträge. Eine kurzfristige Beschäftigung ist grundsätzlich steuerpflichtig, kann jedoch unter bestimmten Umständen mit 25 % pauschal versteuert werden.

Um eine kurzfristige Beschäftigung handelt es sich nach § 8 Abs. 1 Nr. 2 SGB IV dann, wenn folgende Voraussetzungen erfüllt sind:

- Die Beschäftigung muss nach Art oder Vertrag im Voraus auf längstens **drei Monate bzw. 70 Arbeitstage** innerhalb eines **Kalenderjahres** begrenzt sein.
- Es darf sich um **keine berufsmäßige** Ausübung der Beschäftigung handeln.

10.1.4.2 Zeitraum von drei Monaten oder 70 Arbeitstagen

Für die Berechnung des Zeitraums von **drei Monaten** bzw. **70 Arbeitstagen** gilt das **Kalenderjahr**.

Die Zeitgrenze von drei Monaten und die Zeitgrenze von 70 Arbeitstagen sind gleichwertige Alternativen zur Begründung einer kurzfristigen Beschäftigung; eine Anwendung der jeweiligen Zeitgrenze in Abhängigkeit von der Anzahl der wöchentlichen Arbeitstage erfolgt nicht (vgl. Urteil des BSG vom 24.11.2020, Aktenzeichen B 12 KR 34/19 R, USK 2020-57). Die zeitlichen Voraussetzungen für eine kurzfristige Beschäftigung sind demzufolge unabhängig von der arbeitszeitlichen Ausgestaltung der Beschäftigung immer erfüllt, wenn die Beschäftigung entweder auf längstens drei Monate oder, bei einem darüber hinaus gehenden Zeitraum, auf längstens 70 Arbeitstage befristet ist

Wichtig

Die Zeitgrenzen von drei Monaten oder 70 Arbeitstagen werden nach der Geringfügigkeitsrichtlinie vom 26.07.2021 gleichwertig behandelt.

Beispiel 1

Susanne Müller arbeitet in mehreren Beschäftigungen immer drei bis fünf Tage in der Woche, und zwar insgesamt im:

Januar	15 Arbeitstage
Februar	15 Arbeitstage
August	18 Arbeitstage
September	16 Arbeitstage

Alle Beschäftigungen sind zusammenzuzählen. Dass Frau Müller auch teilweise weniger als fünf Tage in der Woche gearbeitet hat, ist für die Beurteilung nicht mehr von Bedeutung, vielmehr gilt die Grenze von drei Monaten oder 70 Arbeitstagen gleichwertig. Die Grenze von 70 Arbeitstagen wird nicht überschritten, da sie bis einschließlich September nur 64 Arbeitstage gearbeitet hat.

Somit liegt jedes Mal ein versicherungsfreies kurzfristiges Arbeitsverhältnis vor. Wird die Beschäftigung im September z. B. auf 25 Tage angesetzt, besteht in dieser letzten Beschäftigung von Anfang an Versicherungspflicht, wenn zu Beginn der Beschäftigung klar ist, dass die Grenze von 70 Arbeitstagen überschritten wird.

Beispiel 2

Die Hausfrau Susanne Kurz beginnt am 12.09. eine Beschäftigung, die bis zum 20.01. des nächsten Jahres befristet ist. Sie arbeitet fünf Tage in der Woche und verdient 2.000 €. Im Frühjahr hatte sie bereits vom 01.03. bis zum 13.05. durchgehend kurzfristig gearbeitet.

Frau Kurz ist von Anfang an versicherungspflichtig, weil zu Beginn der Beschäftigung feststeht, dass die Beschäftigungsdauer unter Anrechnung der Vorbeschäftigung insgesamt drei Monate bzw. 70 Arbeitstage übersteigt. Die Beschäftigung bleibt auch über den Jahreswechsel hinaus weiterhin versicherungspflichtig, weil bei Kalenderjahr überschreitender Beschäftigung eine **getrennte versicherungsrechtliche Beurteilung nicht in Betracht kommt**. Hätte bei Beginn der Beschäftigung am 01.03. bereits festgestanden, dass am 12.09. eine weitere Beschäftigung aufgenommen wird, wäre bereits die Vorbeschäftigung versicherungspflichtig gewesen.

Beispiel 3

Die familienversicherte Lehrerin Ursula Schlau arbeitet im Frühjahr befristet 50 Kalendertage bei Arbeitgeber A für 2.000 €. Im Sommer arbeitet sie bei Arbeitgeber B 70 Kalendertage für monatlich 400 €.

Die zweite Beschäftigung ist keine kurzfristige Beschäftigung, weil zu ihrem Beginn feststeht, dass die Grenze von 70 Kalendertagen überschritten wird. Allerdings handelt es sich um eine geringfügig entlohnte Beschäftigung, da das Arbeitsentgelt die Geringfügigkeitsgrenze nicht überschreitet. Auf die Wochenstundenzahl kommt es dabei nicht an. Der Arbeitgeber zahlt Pauschalbeiträge zur Kranken- und Rentenversicherung in Höhe von 13 % bzw. 15 %.

Überschreitet eine kurzfristige Beschäftigung entgegen der ursprünglichen Planung die entsprechende Zeitdauer, entsteht Versicherungspflicht vom Tag des Überschreitens bzw. ab dem Zeitpunkt, ab dem die Überschreitung ersichtlich wird. Dies trifft nicht zu, wenn die Beschäftigung als geringfügig entlohnt einzustufen ist.

10.1.4.3 Berufsmäßigkeit

Eine kurzfristige Beschäftigung darf nicht berufsmäßig ausgeübt werden.

Eine berufsmäßige Ausübung liegt vor, wenn:

- die Beschäftigung nicht von **untergeordneter wirtschaftlicher Bedeutung** ist,
- Arbeitnehmer, deren Arbeitsverhältnis aufgrund von Bundesfreiwilligendienst unterbrochen ist, eine befristete Tätigkeit bis zu 70 Arbeitstage bzw. drei Monate ausüben und mehr als 520 € verdienen,

- Personen während der Elternzeit oder während eines unbezahlten Urlaubs eine Beschäftigung ausüben, sofern sie nicht geringfügig entlohnt ist,
- Personen, die arbeitslos gemeldet sind und Leistungen nach SGB III beziehen, eine mehr als geringfügig entlohnte Beschäftigung ausüben.

Vorsicht

Bei berufsmäßiger Ausübung kann es sich also nie um eine kurzfristige Beschäftigung, sondern ggf. um eine geringfügig entlohnte Beschäftigung handeln.

Wird die maßgebende Zeitgrenze nicht überschritten, erfüllt eine kurzfristige Beschäftigung jedoch dann nicht die Voraussetzungen einer geringfügigen Beschäftigung, wenn die Beschäftigung berufsmäßig ausgeübt wird und ihr Arbeitsentgelt 520 € im Monat übersteigt. Die Prüfung der Berufsmäßigkeit ist mithin nicht erforderlich, wenn das aufgrund dieser Beschäftigung erzielte Arbeitsentgelt die Arbeitsentgeltgrenze von 520 € im Monat nicht überschreitet. Die Arbeitsentgeltgrenze von 520 € ist ein Monatswert, der auch dann gilt, wenn die Beschäftigung nicht während des gesamten Kalendermonats besteht.

Hinweis

Die Geringfügigkeitsrichtlinie vom 16.08.2022 enthält unter Punkt 2.3.3 weitere wichtige Ausführungen zur Prüfung der Berufsmäßigkeit.

10.1.4.4 Pauschalierung der Lohnsteuer bei kurzfristig Beschäftigten

Grundsätzlich entsteht bei kurzfristiger Beschäftigung steuerpflichtiger Arbeitslohn. Unter bestimmten Umständen ist eine **Pauschalierung der Lohnsteuer mit 25 %** möglich. Falls der Arbeitgeber die Lohnsteuer pauschaliert, wozu er nicht verpflichtet ist, dürfen für den Arbeitnehmer keine ELStAM abgerufen werden. Eine Pauschalierung ist möglich, wenn:

- die Beschäftigung **gelegentlich, nicht regelmäßig wiederkehrend** ausgeübt wird,
- die Dauer der Beschäftigung **18 zusammenhängende Arbeitstage** nicht überschreitet,
- der Arbeitslohn während der Beschäftigung **150 €** durchschnittlich je Arbeitstag nicht überschreitet oder die Beschäftigung zu einem unvorhergesehenen Zeitpunkt sofort erforderlich wird,
- der **durchschnittliche Stundenlohn** nicht höher als **19 €** ist (Ausnahme: unvorhersehbarer Bedarf an Arbeitskräften).

10.2 Niedriglohnsektor

10.2.1 Allgemeines

Mit dem zweiten Gesetz für moderne Dienstleistungen am Arbeitsmarkt wurde ein **Niedriglohnbereich (Übergangsbereich)** eingeführt. Durch diese Regelungen sollen Anreize zur Aufnahme einer Beschäftigung in unteren Lohngruppen geschaffen werden. In den letzten Jahren wurde dieser Niedriglohnbereich in der Anwendbarkeit immer mehr erweitert.

Für Arbeitnehmer, deren Entgelt **über 520,00 €** bis **maximal 2.000,00 €** liegt, gelten besondere Regelungen in der Sozialversicherung:

Der Niedriglohnbereich erstreckt sich von **520,01 €** bis **2.000,00 €**. Vom 01.10.2022 bis 31.12.2022 erstreckt sich der Niedriglohnbereich von 520,01 € bis 1.600,00 €.

Für mehr als geringfügig entlohnte Beschäftigte (sog. Midijobber), deren regelmäßiges monatliches Arbeitsentgelt im sog. Übergangsbereich liegt, ist auch nach dem bis zum 30.09.2022 geltenden Recht eine besondere Formel zur Beitragsberechnung vorgeschrieben. Der sog. Halbteilungsgrundsatz für sozialversicherungspflichtige Arbeitnehmer gilt in diesem Bereich nicht.

Bis zum 30.09.2022 umfasst der Übergangsbereich eine Entgeltspanne von 450,01 € bis 1.300 € (vgl. § 20 Abs. 2 SGB IV). Ab dem 01.10.2022 umfasst der Übergangsbereich eine Entgeltspanne von 520,01 € bis 1.600 € **und ab dem 01.01.2023 umfasst der Übergangsbereich eine Entgeltspanne von 520,01 € bis 2.000 €.**

Die Ausweitung beim oberen Rahmen des Übergangsbereichs führt dazu, dass noch mehr Beschäftigte als bisher von den besonderen Regeln für die Beitragsberechnung erfasst werden.

Wie bisher ist bei mehreren versicherungspflichtigen Beschäftigungen für die Prüfung der Frage, ob die Beiträge nach den Regelungen zum Übergangsbereich abzurechnen sind, das insgesamt erzielte Arbeitsentgelt maßgebend.

Wichtig:

Bei Auszubildenden finden die Regelungen zum Übergangsbereich keine Anwendung; § 20 Abs. 2a Satz 9 SGB IV schließt dies ausdrücklich aus.

Nach der bis zum 30.09.2022 geltenden Rechtslage setzen die Regelungen zum Übergangsbereich ein, wenn die Geringfügigkeitsgrenze auch nur minimal überschritten wird, also bspw. bereits bei einem Bruttoentgelt von 451 € monatlich. Durch den dann in allen Versicherungszweigen zwingend anfallenden Arbeitnehmeranteil entsteht eine Beitragsbelastung, die am unteren Rand des Übergangsbereichs ca. 10 Prozent beträgt. Insoweit sinkt nach dem bisherigen Beitragsrecht der Nettolohn um rund 45 €, sodass ein Nettolohn von mehr als 450 € erst wieder ab einem Bruttolohn von etwa 510 € erreicht wird (Belastungssprung).

Die Formel zur Entlastung der Beschäftigten im Übergangsbereich ist ab dem 01.10.2022 angepasst, damit der Belastungssprung im Beitragsrecht beim Übergang in eine sozialversicherungspflichtige Beschäftigung entfällt.

Vom 01.01.2023 an liegt ein Beschäftigungsverhältnis im Übergangsbereich vor, wenn das daraus erzielte Arbeitsentgelt regelmäßig 520,01 € bis 2.000,00 € im Monat beträgt und regelmäßig 2.000,00 Euro im Monat nicht übersteigt.

Die Bundesregierung hat innerhalb kurzer Zeit den Übergangsbereich angepasst. Zum 01.10.2022 auf 1.600,00 € und zum 01.01.2023 auf 2.000,00 €. Für die versicherungs-, beitrags- und melderechtliche Behandlung von Beschäftigungsverhältnissen im Übergangsbereich wurden mit Rundschreiben vom 20.12.2022 die anzuwendenden Regelungen am 01.01.2023 veröffentlicht.

10.2.2 Ermittlung des regelmäßigen Arbeitsentgelts

Die Sonderregelungen zum Übergangsbereich greifen dann, wenn das regelmäßige monatliche Arbeitsentgelt aus einem bzw. mehreren Beschäftigungsverhältnissen zwischen 520,01 € bis 2.000,00 € beträgt.

Die Regelungen kommen z. B. nicht zum Tragen bei:

- Teilmonatsentgelten wegen Arbeitsunfähigkeit und Unterbrechungen,
- Teilmonatsentgelten wegen Beginn und Ende der Beschäftigung während des Monats.

Entscheidend ist das regelmäßige Arbeitsentgelt, wobei zur Ermittlung nach den gleichen Grundsätzen wie bei den geringfügig entlohnten Beschäftigungen vorzugehen ist.

Ob die maßgebenden Entgeltgrenzen regelmäßig im Monat oder nur gelegentlich unter- oder überschritten werden, ist bei Beginn der Beschäftigung und erneut bei jeder dauerhaften Veränderung in den Verhältnissen (z. B. Erhöhung oder Reduzierung des Arbeitsentgelts) im Wege einer vorausschauenden Betrachtung zu beurteilen. Dabei dürfen Änderungen des Arbeitsentgelts (z. B. eine Entgelterhöhung aus Anlass einer bereits feststehenden Tariferhöhung) erst von dem Zeitpunkt an berücksichtigt werden, von dem an der Anspruch auf das neue Entgelt besteht (vgl. BSG-Urteil vom 07.12.1989, Aktenzeichen 12 RK 19/87 -, USK 89115). Die hiernach erforderliche Prognose erfordert keine alle Eventualitäten berücksichtigende genaue Vorhersage, sondern lediglich eine ungefähre Einschätzung, welches Arbeitsentgelt – ggf. nach der bisherigen Übung – mit hinreichender Sicherheit zu erwarten ist. Im Prognosezeitpunkt muss davon auszugehen sein, dass sich das Arbeitsentgelt bei normalem Ablauf der Dinge nicht relevant verändert. Grundlage der Prognose können dabei lediglich Umstände sein, von denen in diesem Zeitpunkt anzunehmen ist, dass sie das Arbeitsentgelt bestimmen werden. Solche Umstände können die versicherungs- und beitragsrechtliche Beurteilung dann nicht in die Vergangenheit hinein verändern. Stimmt diese Prognose mit dem späteren Verlauf infolge nicht sicher voraussehbarer Umstände nicht überein, bleibt die für die Vergangenheit getroffene Feststellung maßgebend. Allerdings kann die nicht zutreffende Prognose Anlass für eine neue Prüfung und – wiederum vorausschauende – Betrachtung sein.

10.2.3 Ausnahmen vom Übergangsbereich

Für folgende Arbeitnehmergruppen gelten die besonderen Regelungen zum Übergangsbereich unabhängig von der Höhe ihres Entgelts ausdrücklich **nicht**:

- Personen, die zur Berufsausbildung beschäftigt sind (Auszubildende, Praktikanten usw.),
- Personen die ein freiwilliges soziales Jahr oder ein freiwilliges ökologisches Jahr ableisten,
- Beschäftigte, für deren Beitragsberechnung fiktive Beitragsentgelte zugrunde gelegt werden (z. B. bei Beschäftigung behinderter Menschen, für Mitglieder geistlicher Genossenschaften),
- wenn im Rahmen flexibler Arbeitszeiten reduziertes Gehalt in den Übergangsbereich fällt,
- für Arbeitsentgelte aus Wiedereingliederungsmaßnahmen,
- für Arbeitsentgelte, die normalerweise oberhalb des Übergangsbereichs liegen, aber nur aufgrund von Kurzarbeit oder Winterausfallgeld gemindert wurden und dadurch in den Übergangsbereich fallen.

Hinweis

Nach einem Urteil des Bundessozialgerichts vom 15.08.2018 (B 12 R 4/18) ist die Gleitzonenregelung (Altregelung bis 30.06.2019) auch bei Arbeitsentgelten anzuwenden, die sich aufgrund einer Altersteilzeitvereinbarung auf einen Betrag innerhalb der Gleitzone verringert haben.

Das bedeutet, dass in diesem Fall der Beitragsanteil des Arbeitnehmers nach Anwendung der Gleitzonenformel ausgehend von einem fiktiven Arbeitsentgelt zu berechnen ist. Das Gesetz sieht weder in der Legaldefinition der Gleitzone noch in den entsprechenden Vorschriften über die Beitragstragung Ausnahmen von der Gleitzonenregelung für bestimmte Personengruppen oder Sachverhalte vor. In der Besprechung der Spitzenorganisationen der Sozialversicherung zur Frage des gemeinsamen Meldeverfahrens am 28.02.2019 ist das Verfahren angepasst worden. Somit ist seit dem 01.07.2019 mit dem Übergangsbereich die Möglichkeit geschaffen, Meldungen mit der Personengruppe 103 auch mit den Kennzeichen 1 und 2 (Anwendung Übergangsbereich oder keine Anwendung Übergangsbereich) abzusetzen.

10.2.4 Beitragsberechnung im Übergangsbereich

Für die Beitragsberechnung und Beitragstragung bei Beschäftigungen mit einem regelmäßigen monatlichen Arbeitsentgelt innerhalb des Übergangsbereichs gelten in der Kranken-, Pflege-, Renten- und Arbeitslosenversicherung besondere Regelungen. Im Ergebnis haben die Arbeitnehmer nur einen reduzierten Beitragsanteil zu den einzelnen Versicherungszweigen zu tragen, der bei einem Arbeitsentgelt in Höhe der unteren Entgeltgrenze des Übergangsbereichs (ab 01.10.2022: 520,01

Euro) 0,00 Euro beträgt und mit zunehmendem Arbeitsentgelt gleitend ansteigt bis er bei einem Arbeitsentgelt in Höhe von 2.000,00 € seine reguläre Höhe von derzeit rund 20 Prozent des Arbeitsentgelts erreicht. Der verringerte Arbeitnehmerbeitragsanteil ergibt sich durch die der Berechnung zugrunde zu legende reduzierte beitragspflichtige Einnahme und die besonderen Regelungen über die Beitragstragung.

Die Arbeitgeber haben bei einem Arbeitsentgelt in Höhe der unteren Entgeltgrenze des Übergangsbereichs einen Beitragsanteil von insgesamt rund 28 Prozent zu tragen, der den von ihnen für einen geringfügig entlohnt Beschäftigten zu leistenden Pauschalbeträgen entspricht. Mit zunehmendem Arbeitsentgelt nimmt der Beitraganteil des Arbeitgebers gleitend ab bis er bei einem Arbeitsentgelt in Höhe der oberen Entgeltgrenze des Übergangsbereichs von 2.000,00 € seine reguläre Höhe von derzeit rund 20 Prozent erreicht.

Hinweis

Die Beitragsberechnung für versicherungspflichtig Beschäftigte mit einem regelmäßigen monatlichen Arbeitsentgelt von 450,01 € bis 520,00 €, die vor dem 01.10.2022 aufgenommen wurden, ist bis längstens zum 31.12.2023 im Rahmen einer Übergangsregelung vorzunehmen.

10.2.5 Beitragspflichtige Einnahme

Für Arbeitnehmer im Übergangsbereich dient als Bemessungsgrundlage zur Sozialversicherung nicht das tatsächlich erzielte Arbeitsentgelt, sondern eine sogenannte **beitragspflichtige Einnahme**, die sich nach der folgenden Formel ermitteln lässt:

Berechnungsformel Übergangsbereich für Gesamtbeitrag

$$F \times G + \left(\frac{2.000}{2.000 - G} - \frac{G}{2.000 - G} \times F \right) \times (AE - G)$$

Vereinfachte Berechnungsformel: 1,1081459459 x AE – 216,2918918918

AE ist dabei das Arbeitsentgelt, **F** ist ein Faktor.

F = Faktor, wird jährlich vom Gesetzgeber festgelegt.

Ausgehend von der reduzierten Bemessungsgrundlage (v. g. Punkt) werden in einem zweiten Schritt die zu zahlenden Gesamtbeiträge ermittelt; die konkrete Vorgehensweise wird in § 2 Abs. 2 Satz 1 BVV beschrieben. Danach wird je Versicherungszweig der halbe Beitragssatz auf die reduzierte Bemessungsgrundlage angewendet und das so ermittelte Ergebnis zunächst gerundet und anschließend verdoppelt.

Der durchschnittliche Gesamtsozialversicherungsbeitragssatz und somit der Faktor F wird immer bis zum 31.12. des laufenden Jahres vom Bundesministerium für Gesundheit und Soziale Sicherung für das folgende Kalenderjahr im Bundesanzeiger bekannt gegeben. **Der Prozentsatz errechnet sich aus der Summe der** Beitragssätze zum 01.01. des laufenden Jahres für die KV, RV, AV und PV.

Für das Jahr 2023 ergibt sich demnach:

Allgemeiner Beitragssatz der gesetzlichen Krankenversicherung (inkl. durchschnittlicher Zusatzbeitrag)	16,2 %
Rentenversicherung	18,6 %
Arbeitslosenversicherung	2,6 %
Pflegeversicherung	3,05 %
Beitragssatz	**40,45 %**

Der Gesamtsozialversicherungsbeitragssatz beträgt für das Jahr **2023** daher **40,45 %**. Der Faktor **F** beträgt **0,6922** (28 : 40,45).

Neu ist nun, dass für die Ermittlung des Arbeitnehmeranteils eine separate reduzierte beitragspflichtige Einnahme zu ermitteln ist. Als Nächstes ist nun der Arbeitnehmeranteil zu ermitteln; die hierfür gültige Formel ist in § 20 Abs. 2a Satz 6 SGB IV niedergelegt:

Berechnungsformel Übergangsbereich Beitragsanteil Arbeitnehmer

$$\left(\frac{2.000}{2.000-G}\right) \times (AE-G)$$

Vereinfachte Berechnungsformel: 1,3513513513 x AE – 702,7027027027

Auf diese reduzierte beitragspflichtige Einnahme ist je Versicherungszweig der halbe Beitragssatz anzuwenden; das Ergebnis ist auf zwei Nachkommastellen kaufmännisch zu runden (vgl. § 2 Abs. 2 Satz 3 BVV).

Im letzten Schritt berechnet sich nun der Arbeitgeberanteil – statt bei der alten Berechnung der Arbeitnehmeranteil. Der Abzug des Beitragsanteils des Beschäftigten vom Gesamtbeitrag ergibt den Beitragsanteil des Arbeitgebers (vgl. § 2 Abs. 2 Satz 4 BVV).

Wichtig

Diese Formeln sind auch dann anzuwenden, wenn der Arbeitnehmer nicht in allen Zweigen sozialversicherungspflichtig ist.

Die Berechnung der Beiträge und die Verteilung der Beitragslast für Arbeitgeber und Arbeitnehmende erfolgt gesondert für jeden Versicherungszweig wie folgt in drei Schritten::

Schritt 1:	Berechnung des **Gesamtbeitrags** ausgehend von der reduzierten beitragspflichtigen Einnahme, die über die Formel 1,1081459459 x AE - 216,2918918918 ermittelt wird.
Schritt 2:	Berechnung des Beitragsanteils des **Arbeitnehmers** oder der Abreitnehmerin ausgehend von der reduzierten beitragspflichtigen Einnahme, die über die Formel 1,3513513513 x AE - 702,7027027027 ermittelt wird.
Schritt 3:	Berechnung des **Arbeitgeberbeitragsanteils** durch Abzug des Arbeitnehmerbeitragsanteils vom Gesamtbeitrag.

Beispiel

Ein Arbeitnehmer (zwei Kinder) bezieht ein monatliches Gehalt von 800 €.

Das Gehalt des Arbeitnehmers liegt innerhalb des Übergangsbereich. Für die Berechnung der Sozialversicherungsbeiträge sind zunächst einmal die beitragspflichtigen Einnahmen nach den v. g. Formeln zu ermitteln:

Berechnung der Beiträge innerhalb des Übergangsbereichs:

Dieser Bezug liegt innerhalb des Übergangsbereichs bis 2.000,00 €. Für die Ermittlung der Sozialversicherungsbeiträge muss zuerst einmal die beitragspflichtige Einnahme nach der Formel im Übergangsbereich ermittelt werden.

1. 670,22 Euro (1,1081459459 x 800 - 216,2918918918)
2. 378,38 Euro (1,3513513513 x 800 - 702,7027027027)
3. 124,66 Euro – 35,19 Euro = 89,47 Euro

Die beitragspflichtige Einnahme (BE1) von 670,22 € ist die Grundlage für die Berechnung der Gesamtbeiträge im Übergangsbereich. Der Arbeitnehmer zahlt seinen Beitragsanteil auf die beitragspflichtige Einnahme (BE2) und der Arbeitgeber trägt die Differenz zwischen den beiden Beitragsberechnungen.

Beitragssatz		Gesamtbeitrag	AN-Anteil	AG-Anteil
		(BE1: 670,22 € x Beitragssatz)	**(BE2: 378,38 € x halber Beitragssatz)**	**(Gesamtbeitrag abzgl. AN-Anteil)**
KV*	14,6 %	97,86 €	27,62 €	70,24 €
PV	3,05 %	20,44 €	5,77 €	14,67 €
RV	18,6 %	124,66 €	35,19 €	89,47 €
AV	2,6 %	17,42 €	4,92 €	12,50 €
Summen		**260,38 €**	**73,50 €**	**186,88 €**
* ohne kassenindividuellen Zusatzbeitrag				

Beispiel mit Zusatzbeitrag

Alle Angaben wie im vorherigen Beispiel, allerdings erhebt die Krankenkasse einen Zusatzbeitrag von 1,6 %.

Beitragssatz		Gesamtbeitrag	AN-Anteil	AG-Anteil
		(BE1: 670,22 € x Beitragssatz)	**(BE2: 378,38 € x halber Beitragssatz)**	**(Gesamtbeitrag abzgl. AG-Anteil)**
KV*	16,2 %	108,58 €	30,65 €	77,93 €
PV	3,05 %	20,44 €	5,77 €	14,67 €
RV	18,6 %	124,66 €	35,19 €	89,47 €
AV	2,6 %	17,42 €	4,92 €	12,60 €
Summen		**271,10 €**	**76,53 €**	**194,57 €**
* inkl. eines kassenindividuellen Zusatzbeitrags von 1,6 %				

10.2.6 Arbeitsentgelt bei schwankenden Bezügen

Bei schwankenden Bezügen kann es zu Arbeitsentgelten kommen, die außerhalb des Übergangsbereichs liegen. Unterschreitet das Arbeitsentgelt die untere Übergangsbereichsgrenze von 520,01 €, ist folgende Formel zu verwenden:

tatsächliches AE x F = beitragspflichtige Einnahme

Beispiel

Der Arbeitnehmer Hubert Wankel erhält ein durchschnittliches regelmäßiges monatliches Arbeitsentgelt in Höhe von 550 €. Über einen Zeitraum von 12 Monaten schwanken seine Bezüge aber sehr stark. In einem Monat unterschreitet er die untere Verdienstgrenze im Übergangsbereich, weil sein Entgelt nur 300 € beträgt.

In diesem Monat werden die Beiträge folgendermaßen berechnet:

- beitragspflichtige Einnahme:

tatsächliches AE (300,00 €) x 0,6922 = 207,66 €

In Monaten, in denen die obere Übergangsgrenze von 2.000 € überschritten wird, erfolgt die Berechnung der Beiträge zur Sozialversicherung nach den allgemeinen Grundsätzen. Als beitragspflichtige Einnahme ist das tatsächlich erzielte Arbeitsentgelt heranzuziehen. Arbeitnehmer und Arbeitgeber tragen die Beiträge je zur Hälfte.

tatsächliches AE = beitragspflichtige Einnahme

Beispiel

Der Fließbandarbeiter Rudolf Kurz arbeitet vom 01.04. bis 31.12. des Jahres für ein monatliches Gehalt von 1.500 €. Im November erhält er eine zusätzliche Einmalzahlung in Höhe von 900 €.

Zunächst ist zu ermitteln, ob Herr Kurz mit seinem regelmäßigen Arbeitsentgelt innerhalb des Übergangsbereichs liegt:

regelmäßiges AE = (1.500 € x 9 Mon. + 900,00 €) : 9 Mon. = 1.600,00 €

Da das regelmäßige Arbeitsentgelt innerhalb des Übergangsbereichs liegt, finden die besonderen Regelungen Anwendung.

Zeitraum 01.04. bis 30.10. und Zeitraum 01.12. bis 31.12.

- beitragspflichtige Einnahme:

tatsächliches AE (1.500,00 €) x 0,6922 = 1.038,30 €

Zeitraum 01.11. bis 30.11.

- beitragspflichtige Einnahme:

Bei Beschäftigungen im Übergangsbereich, in denen im Entgeltabrechnungszeitraum das tatsächliche monatliche Arbeitsentgelt dessen Obergrenze überschreitet (z. B. durch Einmalzahlungen), kann die für die Beitragsberechnung zu ermittelnde beitragspflichtige Einnahme nicht nach der Berechnungsformel nach § 20 Absatz 2a Satz 1 SGB IV berechnet werden.

In den Monaten des Überschreitens der oberen Entgeltgrenze des Übergangsbereichs von 2.000,00 € sind die Beiträge nach den allgemeinen Regelungen zu berechnen. Das heißt, der Beitragsberechnung ist das tatsächliche Arbeitsentgelt als beitragspflichtige Einnahme zugrunde zu legen und der Beitrag vom Arbeitgeber und Arbeitnehmer nach den für den jeweiligen Versicherungszweig geltenden Bestimmungen zu tragen:

tatsächliches AE = beitragspflichtige Einnahme = 2.400,00 €

10.2.7 Meldungen und Abführung der Beiträge

Arbeitnehmer, die innerhalb des Übergangsbereichs arbeiten, unterliegen grundsätzlich der Sozialversicherungspflicht in allen Zweigen. Als meldepflichtiges Arbeitsentgelt nach der DEÜV ist das in der Rentenversicherung pflichtige Entgelt anzugeben.

Innerhalb der DEÜV-Meldungen sind für Beschäftigte im Übergangsbereich bestimmte Kennzeichen zu setzen:

0 =	kein Übergangsbereich
1 =	Übergangsbereich mit Arbeitsentgelten zwischen 520,01 € und 2.000,00 €
2 =	Übergangsbereich mit Arbeitsentgelten, die auch außerhalb des Übergangsbereichs (unter 520,01 € und/oder über 2.000,00 €) liegen

Der Personengruppenschlüssel für Arbeitnehmer innerhalb des Übergangsbereichs lautet „101“, wie bei sozialversicherungspflichtigen Beschäftigten ohne besondere Merkmale. Wechselt ein Arbeitnehmer von einer Beschäftigung innerhalb des Übergangsbereichs in eine „normale“ versicherungspflichtige Beschäftigung oder umgekehrt, wird dadurch kein meldepflichtiger Tatbestand ausgelöst. Die Meldungen und die Beiträge bzw. Beitragsnachweise sind an die jeweiligen Krankenkassen der Arbeitnehmer zu richten.

Die in dem Übergangsbereich niedrigeren Rentenversicherungsbeiträge führen jedoch nicht mehr zu geringeren Rentenansprüchen, sondern werden wie voll verbeitragtes Arbeitsentgelt auf dem Rentenkonto berücksichtigt. Dazu wird im DEÜV-Verfahren neben dem RV-pflichtigen Brutto auch das tatsächliche, normalerweise RV-pflichtige Entgelt gemeldet, d. h. als leistungsrelevantes Entgelt.

10.3 Studenten

10.3.1 Lohnsteuerrechtliche Behandlung

In der Steuer sind für diese Personengruppen keine Besonderheiten zu beachten. Schüler, Studenten und Praktikanten, die nicht als geringfügig Beschäftigte arbeiten, müssen aufgrund der ELStAM versteuert werden.

Häufig erhalten diese Personen aufgrund ihres geringen Jahreseinkommens eventuell abgeführte Lohnsteuer im Rahmen ihrer persönlichen Steuerveranlagung wieder zurückerstattet.

10.3.2 Versicherungspflicht von Studenten

10.3.2.1 Allgemeines

Grundsätzlich gilt, dass auch für Studenten die Regelungen der geringfügig entlohnten und kurzfristigen Beschäftigung anzuwenden sind. Sofern das monatliche regelmäßige Arbeitsentgelt die Geringfügigkeitsgrenze nicht übersteigt, fallen für Studenten 13 % Pauschalbeitrag zur Krankenversicherung sowie 15 % Pauschalbeitrag zur Rentenversicherung an.

Gehören Studenten keiner gesetzlichen Krankenversicherung an, entfällt der Pauschalbeitrag zur Krankenversicherung. Wird auf die individuelle Versteuerung verzichtet, kann das Arbeitsentgelt des Studenten mit 2 % in der Lohnsteuer pauschaliert werden.

Liegt das regelmäßige Entgelt über der Geringfügigkeitsgrenze, gelten für Studenten Sonderbestimmungen in der Sozialversicherung. Die entsprechenden Regelungen sind von Fall zu Fall unterschiedlich und hängen z. B. davon ab, wann und in welchem Umfang die Beschäftigung ausgeübt wird.

10.3.2.2 Werkstudentenprivileg in der KV, AV und PV

Üben Studenten (sogenannte Werkstudenten) neben ihrem Studium eine Beschäftigung von nicht mehr als 20 Stunden wöchentlich aus, fallen grundsätzlich keine Beiträge in der Kranken-, Pflege- und Arbeitslosenversicherung an. Es wird davon ausgegangen, dass bei einer Beschäftigung, welche diese Stundengrenze nicht übersteigt, das Studium noch im Vordergrund steht (§ 6 Abs. 3 SGB V, § 27 Abs. 4 Nr. 2 SGB III).

Die 20-Stunden-Grenze kann überschritten werden, wenn die Beschäftigung in der vorlesungsfreien Zeit bzw. überwiegend am Wochenende und in den Abendstunden **befristet** ausgeübt wird. Voraussetzung ist, dass der Student nicht zu den berufsmäßig Beschäftigten zählt.

Er muss als sogenannter **ordentlicher Studierender** an einer Hochschule oder einer der fachlichen Ausbildung dienenden Schule immatrikuliert sein (z. B. Universität, Fachhochschule, Technische Hochschule usw.). Ordentlicher Studierender ist man nur bis zum im jeweiligen Studiengang erworbenen Erstabschluss. Die Zugehörigkeit zu der Gruppe der ordentlichen Studierenden ist dem Arbeitgeber durch eine Immatrikulationsbescheinigung nachzuweisen.

Ist der Student danach weiterhin eingeschrieben, um sich z. B. noch einige Vorlesungen anzuhören, fällt er nicht mehr unter die Sonderbestimmungen der Sozialversicherung. Auch für Studenten, die im Anschluss an ihren erworbenen Studienabschluss ein sogenanntes Promotionsstudium anhängen, gelten die Sonderbestimmungen nicht mehr.

Hinweis

Laut Ansicht der Spitzenverbände der Sozialversicherungsträger kann von einem ordentlichen Studierenden im Sinne der Sozialversicherung grundsätzlich nur dann ausgegangen werden, wenn die Studienzeit **25 Fachsemester** nicht überschreitet.

Findet mehrmals eine Beschäftigung von über 20 Stunden pro Woche statt, ist darauf zu achten, dass die Summe der Beschäftigungszeiten nicht mehr als 26 Wochen (182 Tage) innerhalb eines **Zeitjahres** umfasst. In einem Besprechungsergebnis der Spitzenverbände der Sozialversicherungsträger vom 23.03.2017 wurden Hinweise zur Anwendung der 26-Wochen-Regelung veröffentlicht.

Vorsicht

Anders als für die Beurteilung der Einhaltung der 70-Tage-Grenze bei den kurzfristig Beschäftigten gilt hier noch das **Zeitjahr** und nicht das Kalenderjahr.

Beschäftigungen, die innerhalb eines Zeitjahres bei anderen Arbeitgebern oder in den Semesterferien stattgefunden haben, sind dazuzurechnen. Beim Überschreiten von 26 Wochen entsteht ab dem Zeitpunkt der Überschreitung Sozialversicherungspflicht. Zurückliegende Zeiträume bleiben davon unberührt.

Eine kurzfristige Beschäftigung zwischen dem Schulabschluss und der Aufnahme eines Studiums gilt generell nicht als berufsmäßig ausgeübt und bleibt daher in der Sozialversicherung beitragsfrei.

Beansprucht der Student ein Urlaubssemester, um z. B. in Vollzeit zu arbeiten, besteht in dieser Zeit normale Versicherungspflicht. Wird danach das Studium wieder aufgenommen und nebenher im Rahmen der 20-Stunden-Grenze eine Beschäftigung ausgeübt, bleibt diese wieder in den drei genannten Zweigen versicherungsfrei.

Voraussetzung dafür ist, dass bereits vor dem Urlaubssemester nach den genannten Vorschriften Versicherungsfreiheit bestanden hat.

Studenten, die bei ihrem bisherigen Arbeitgeber ihre Arbeitszeit entsprechend reduziert haben, fallen aufgrund der Rechtsprechung auch unter die Sonderregelungen der Kranken-, Pflege- und Arbeitslosenversicherung. Für sie besteht ebenso Sozialversicherungsfreiheit in diesen drei Zweigen.

10.3.2.3 Teilzeitstudenten und ausländische Studenten

Studenten, die aufgrund beruflicher Tätigkeit nur in der Lage sind, ihr Studium im Rahmen eines Teilzeitstudiums auszuüben, fallen nicht unter das Werkstudentenprivileg. Eine Beschäftigung wird somit sozialversicherungspflichtig behandelt. Ebenso trifft dies auf Studenten zu, die an einer Fernuniversität studieren. Ausländische Studenten, die an einer Hochschule im Ausland studieren, aber eine Beschäftigung im Inland unter Beachtung der genannten Bedingungen ausüben, sind dagegen sozialversicherungsfrei.

10.3.2.4 SV-rechtliche Behandlung von dualer Ausbildung

Mit dem vierten Gesetz zur Änderung des SGB IV wurde eine generelle Versicherungspflicht für Teilnehmer an allen Formen dualer Studiengänge ab dem 01.01.2012 eingeführt. Diese sind dann einheitlich in der KV, PV, RV und AV für die gesamte Dauer des Studiengangs versicherungspflichtig. Sie werden den zur Berufsausbildung Beschäftigten gleichgestellt.

10.3.2.5 Rentenversicherung

Studenten sind seit dem 01.01.1996 generell pflichtig in der Rentenversicherung. Die Versicherungspflicht gilt unabhängig davon, ob die Tätigkeit während oder außerhalb der Semesterferien ausgeübt wird.

Wurde die Beschäftigung allerdings bereits vor dem 01.01.1996 aufgenommen, bleibt diese weiterhin rentenversicherungsfrei, sofern die sonstigen Voraussetzungen (Studium muss im Vordergrund stehen) zutreffen.

Beispiel 1

Der Student Willi Ohnesorg übt neben seinem Studium eine Beschäftigung als Tankwart mit einer Dauer von 18 Wochenstunden aus.

Da die Beschäftigung 20 Stunden nicht übersteigt, ist sie in der KV, PV und AV versicherungsfrei.

Beispiel 2

Der Student Oskar Fröhlich übt neben dem Studium eine Beschäftigung als Produktionshelfer aus. Die Tätigkeit findet tagsüber von Montag bis Freitag statt und umfasst 22 Wochenstunden.

Da die Beschäftigung 20 Stunden übersteigt und die Ausübung nicht am Wochenende oder in den Abendstunden erfolgt, ist das Arbeitsentgelt in allen Zweigen der Sozialversicherung versicherungspflichtig.

Beispiel 3

Die Studentin Angela Hübsch übt in den Semesterferien eine befristete Beschäftigung als Bürohelferin aus. Die wöchentliche Arbeitszeit ist auf 30 Stunden angesetzt.

Weil die befristete Beschäftigung in den Semesterferien ausgeübt wird, spielt die Arbeitszeit keine Rolle. Das Arbeitsentgelt bleibt in der KV, PV und AV versicherungsfrei.

Beispiel 4

Die Studentin Jutta Engelen übt eine auf zwei Monate befristete Tätigkeit als Biergartenkellnerin aus. Ihre Arbeitszeit beträgt wöchentlich 25 Stunden.

Diese Beschäftigung wird kurzfristig ausgeübt. Somit tritt die Versicherungsfreiheit für kurzfristig Beschäftigte ein.

Beispiel 5

Eine Medizinstudentin arbeitet neben dem Studium zeitlich befristet als Krankenhelferin in der Nachtwache und im Wochenenddienst. Die Arbeitszeit beträgt 24 Stunden.

Obwohl die 20-Stunden-Grenze überschritten wird, bleibt die befristete Tätigkeit in der KV, PV und AV versicherungsfrei. Hier geht man davon aus, dass das Studium dennoch im Vordergrund steht, da die Arbeitszeiten außerhalb der üblichen Studienzeiten liegen.

Beispiel 6

Ein Student arbeitet unbefristet als Lagerhelfer für monatlich 700 €. Die wöchentliche Arbeitszeit liegt bei 18 Stunden in der Woche.

Die Beschäftigung ist weder kurzfristig angelegt noch geringfügig entlohnt – das bedeutet Beitragspflicht in der Rentenversicherung. Da die Arbeitszeit 20 Stunden pro Woche nicht überschreitet, steht das Studium im Vordergrund. Die Werkstudentenprivilegien greifen somit. Beiträge zur Kranken-, Pflege- und Arbeitslosenversicherung fallen nicht an.

Beispiel 7

Ein Student hilft unbefristet bei einem Taxiunternehmen als Taxifahrer aus. Die wöchentliche Arbeitszeit beträgt 19 Stunden. Er bezieht ein Arbeitsentgelt in Höhe von 500 €. Während der Semesterferien arbeitet er 40 Stunden in der Woche und verdient dabei 1.500 €.

Der Student ist kranken-, pflege- und arbeitslosenversicherungsfrei, da die Arbeitszeit nicht mehr als 20 Stunden pro Woche beträgt. Die längere Arbeitszeit in den Semesterferien ist zulässig. Eine geringfügige Beschäftigung liegt nicht vor. Bei durchgehender Beschäftigung kommt es auf das durchschnittliche Arbeitsentgelt an. Dieses liegt durch den höheren Verdienst in den Semesterferien über der Geringfügigkeitsgrenze. Es sind Beiträge zur Rentenversicherung abzuführen. Die Beschäftigung ist sowohl während der Vorlesungszeit als auch in den Semesterferien nicht geringfügig. Pauschalbeiträge zur Krankenversicherung sind wegen der Annahme eines einheitlichen Beschäftigungsverhältnisses und durchgehender Versicherungsfreiheit auch in der Zeit außerhalb der Semesterferien nicht zu zahlen.

Beispiel 8

Ein Student arbeitet während seines Studiums als Angestellter für 520 € monatlich. Seine Arbeitszeit beträgt 20 Stunden wöchentlich. Auch in den Semesterferien wird das Entgelt von 520 € im Monat nicht überschritten.

Der Student ist als Werkstudent versicherungsfrei in der Kranken-, Pflege- und Arbeitslosenversicherung, da die Arbeitszeit nicht über 20 Stunden pro Woche liegt. In der Rentenversicherung liegt ein geringfügig entlohntes Beschäftigungsverhältnis vor, weil das regelmäßige monatliche Arbeitsentgelt die Geringfügigkeitsgrenze nicht übersteigt. Aufgrund der Geringfügigkeit fallen für den Arbeitgeber pauschale Beiträge zur Krankenversicherung in Höhe von 13 % und 15 % in der Rentenversicherung an.

Beispiel 9

Ein Student arbeitet bei Arbeitgeber A wöchentlich 11 Stunden gegen ein Arbeitsentgelt in Höhe von 700 €. Daneben übt er eine weitere Beschäftigung bei Arbeitgeber B aus. Die wöchentliche Arbeitszeit beträgt hier 7 Stunden, das Entgelt liegt bei 500 €.

Arbeitgeber A

Der Student unterliegt in der Hauptbeschäftigung der Rentenversicherungspflicht, da sein Entgelt über der Geringfügigkeitsgrenze liegt. In den anderen Sozialversicherungszweigen besteht Beitragsfreiheit, weil die Beschäftigung nicht mehr als 20 Stunden in der Woche ausgeübt wird.

Arbeitgeber B

Im Falle einer Nebenbeschäftigung liegt ein geringfügig entlohntes Beschäftigungsverhältnis vor, da sein Entgelt nicht mehr als 520 € beträgt. Das erste geringfügig entlohnte Beschäftigungsverhältnis bleibt neben einer rentenversicherungspflichtigen Hauptbeschäftigung versicherungsfrei. Der Student zahlt keine Rentenversicherungsbeiträge. Insgesamt liegt die Arbeitszeit immer noch innerhalb der 20-Stunden-Grenze. Somit fällt der Student in der Kranken-, Pflege- und Arbeitslosenversicherung unter das Werkstudentenprivileg. Beiträge fallen für ihn keine an. Der Arbeitgeber B muss allerdings 13 % und 15 % Pauschalbeiträge zur Kranken- und Rentenversicherung abführen.

10.4 Praktikanten

10.4.1 Allgemeines

Praktikanten sind Studenten, die sich im Zusammenhang mit einer hoch- oder fachschulischen Ausbildung Kenntnisse, Fertigkeiten und Erfahrungen aneignen, die der Vorbereitung und Unterstützung für die Ausübung ihres späteren Berufs dienen.

10.4.2 Lohnsteuerrechtliche Behandlung

Für Praktikanten gelten keine lohnsteuerrechtlichen Besonderheiten. Wie andere Arbeitnehmer auch müssen Praktikanten nach ihren individuellen ELStAM versteuert werden.

Übt der Praktikant eine geringfügige Beschäftigung aus, kann die Lohnsteuer mit 2 % pauschaliert werden.

10.4.3 Sozialversicherungsrechtliche Behandlung

Die beitragspflichtige Behandlung ist davon abhängig, zu welchem Zeitpunkt das Praktikum absolviert wird (Vor-, Nach- oder Zwischenpraktikum), und davon, ob es sich um ein vorgeschriebenes oder ein freiwilliges Praktikum handelt.

10.4.3.1 Vorgeschriebenes Praktikum

Ein vorgeschriebenes Praktikum liegt vor, wenn eine Ausbildungs-, Prüfungs- oder Studienordnung ein solches im Rahmen der Gesamtausbildung verpflichtend vorschreibt. Ein entsprechender Nachweis ist zu erbringen.

10.4.3.1.1 Zwischenpraktikum

Übt der Student im Rahmen seines Studiums ein Zwischenpraktikum aus, welches nach der Studienordnung vorgeschrieben und Bestandteil des Studiums ist, bleibt er in der Krankenversicherung nach § 6 Abs. 1 Nr. 3 SGB V frei. Die Pflegeversicherung folgt der Krankenversicherung. In der Arbeitslosenversicherung besteht ebenso Beitragsfreiheit (§ 27 Abs. 4 Nr. II SGB III). Durch § 3 Abs. 3 SGB VI wird der ein Zwischenpraktikum ausübende Student auch in der Rentenversicherung beitragsfrei gestellt.

Die Höhe des Arbeitsentgelts und der zeitliche Umfang der Beschäftigung spielen für die Sozialversicherungsfreiheit keine Rolle. Es fallen weder Beiträge für den Praktikanten an, noch muss der Arbeitgeber irgendwelche Beiträge abführen. Dies gilt auch dann, wenn das Entgelt die die Geringfügigkeitsgrenze nicht übersteigt, d. h., es entstehen keine Pauschalbeiträge zur Kranken- und Pflegeversicherung für eine geringfügig entlohnte Beschäftigung.

10.4.3.2 Vorpraktikum

Kranken- und Pflegeversicherung

Praktikanten, die ein vorgeschriebenes Vorpraktikum ableisten, sind kranken- und pflegeversicherungspflichtig, wenn die Tätigkeit ohne Arbeitsentgelt ausgeübt wird (§ 5 Abs. 1 Nr. 10 SGB V bzw. § 20 Abs. 1 Satz 2 Nr. 10, in Verb. mit Satz 1 SGB XI).

Bei Zahlung von Arbeitsentgelt besteht Versicherungspflicht in der Kranken- und Pflegeversicherung „als zur Berufsausbildung Beschäftigte“ (Geringverdienerregelung), d. h., der Arbeitgeber übernimmt die Beiträge in voller Höhe allein, wenn das Arbeitsentgelt nicht über 325 € monatlich liegt (§ 5 Abs. 1 Nr. 1 SGB V bzw. § 20 Abs. 1 Satz 2 Nr. 1 in Verb. mit Satz 1 SGB XI). Die Bestimmungen für geringfügig entlohnte Beschäftigungen kommen nicht zum Tragen. Sofern allerdings eine Familienversicherung in der Kranken- und Pflegeversicherung besteht, geht diese vor. Eine Familienversicherung kommt in Betracht, wenn das regelmäßige Gesamteinkommen des Praktikanten 485 € (1/7 der Bezugsgröße) nicht überschreitet.

Renten- und Arbeitslosenversicherung

In der Renten- und Arbeitslosenversicherung werden Personen, die ein vorgeschriebenes Vorpraktikum ableisten, wie „als zur Berufsausbildung beschäftigte Arbeitnehmer“ betrachtet (§ 1 Satz 1 Nr. 1 SGB VI, § 25 Abs. 1 SGB III), d. h., bis zur Geringverdienergrenze von derzeit 325 € übernimmt der Arbeitgeber die Beiträge in voller Höhe allein.

Solche Praktikanten unterliegen nicht den Bestimmungen zur Geringfügigkeit, unabhängig davon, wie hoch der Verdienst oder der zeitliche Umfang der Beschäftigung ist. Das heißt, dass auch bei einem Praktikum, das nicht länger als zwei Monate dauert, Versicherungspflicht eintritt.

In der Renten- und Arbeitslosenversicherung sind selbst dann Beiträge abzuführen, wenn kein Arbeitsentgelt erzielt wird. Sofern dies zutrifft, wird ein fiktives Entgelt als monatliche Bemessungsgrundlage herangezogen. Diese Bemessungsgrundlage errechnet sich aus 1 % der monatlichen Bezugsgröße (2023 = 1 % aus 3.395 € = 33,95 €/West bzw. 1 % aus 3.290 € = 32,90 €/Ost).

10.4.3.3 Nachpraktikum

Für Personen, die ein laut Studien- oder Prüfungsordnung vorgeschriebenes Nachpraktikum absolvieren, also nicht mehr immatrikuliert sind, gelten die gleichen sozialversicherungsrechtlichen Regelungen wie für Vorpraktikanten.

10.4.3.4 Nicht vorgeschriebenes Praktikum

Ein nicht vorgeschriebenes Praktikum, welches freiwillig aus Zweckmäßigkeitsgründen absolviert wird, unterscheidet sich in der Ausgestaltung nicht von einem vorgeschriebenen Praktikum. Da zur Ableistung jedoch keine Verpflichtung besteht, wird ein solches nicht im Rahmen der betrieblichen Berufsausbildung ausgeübt.

10.4.3.4.1 Zwischenpraktikum

Kranken-, Pflege- und Arbeitslosenversicherung

In der Kranken-, Pflege- und Arbeitslosenversicherung besteht grundsätzlich normale Versicherungspflicht. Allerdings gelten die Sonderregelungen für Studenten (Werkstudentenprivileg). Sind Arbeitnehmer während der Ableistung ihres Praktikums als ordentliche Studierende an einer Hochschule oder einer der fachlichen Ausbildung dienenden Schule eingeschrieben, besteht Beitragsfreiheit in der Kranken- und Pflegeversicherung. Voraussetzung ist, dass das Studium im Vordergrund steht (§ 6 Abs. 1 Nr. 3 SGB V, § 27 Abs. 4 Satz 1 Nr. 2 SGB III). Solange für die Studenten eine Familienversicherung besteht, hat diese Vorrang (§ 5 Abs. 7 SGB V).

Rentenversicherung

In der Rentenversicherung besteht, anders als in der Kranken-, Pflege- und Arbeitslosenversicherung **keine Sonderregelung** mehr. Durch das RV-Nachhaltigkeitsgesetz wurde klargestellt, dass Personen, die ein nicht vorgeschriebenes Zwischenpraktikum ableisten, nicht zu den zur Berufsausbildung Beschäftigten (Geringverdienern) gehören. Versicherungsfreiheit in der Rentenversicherung kann demnach nur noch im Falle einer geringfügigen Beschäftigung vorliegen.

10.4.3.4.2 Vor- und Nachpraktikum

Im Gegensatz zu den **vorgeschriebenen** Vor- oder Nachpraktika bestehen für **nicht vorgeschriebene** Vor- oder Nachpraktika keine Besonderheiten in der Sozialversicherung. Praktikanten, die solche nicht vorgeschriebenen Vor- oder Nachpraktika ausüben, gehören nicht zu den Beschäftigten im Rahmen betrieblicher Berufsausbildung. Daher besteht Versicherungsfreiheit nur, wenn Geringfügigkeit nach §§ 8 oder 8a SGB IV gegeben ist.

Beispiel 1

Vorgeschriebenes Zwischenpraktikum

Ein krankenversicherter Student absolviert während seines Studiums ein halbjähriges vorgeschriebenes Zwischenpraktikum bei Arbeitgeber A. Sein monatliches Arbeitsentgelt beträgt 500 € bei einer wöchentlichen Arbeitszeit von 38 Stunden.

Der Student ist in allen Zweigen der Sozialversicherung versicherungsfrei. Er ist mit dem Personengruppenschlüssel 190 und dem Beitragsgruppenschlüssel 0000 bei der zuständigen Krankenkasse anzumelden.

Beispiel 2

Vorgeschriebenes Vorpraktikum

Thorsten Müller leistet vor der Aufnahme seines Studiums zur BWL in der Zeit vom 01.02. bis zum 31.08. ein vorgeschriebenes Praktikum bei Arbeitgeber A ab. Die wöchentliche Arbeitszeit beträgt 35 Stunden. Arbeitsentgelt wird nicht bezahlt. Herr Müller erfüllt nicht die Voraussetzungen für eine Familienversicherung in der Kranken- und Pflegeversicherung.

Der Vorpraktikant ist versicherungspflichtig in der Kranken- und Pflegeversicherung in einer speziell zu diesem Zweck abzuschließenden Versicherung für Praktikanten. Die Beiträge zahlt der Praktikant allein. Der Arbeitgeber muss keinen Anteil dafür tragen.

Auch in der Renten- und Arbeitslosenversicherung besteht Versicherungspflicht. Die Beiträge zur Renten- und Arbeitslosenversicherung werden von einem fiktiven monatlichen Arbeitsentgelt in Höhe von 1 % der monatlichen Bezugsgröße in der Rentenversicherung berechnet (2023: 1 % von 3.395 € = 33,95 €). Da dieser Betrag unterhalb der Geringverdienergrenze von 325 € liegt, trägt der Arbeitgeber die Beiträge in voller Höhe allein.

Der Student ist mit dem Personengruppenschlüssel 105 und dem Beitragsgruppenschlüssel 0110 bei der zuständigen Krankenkasse anzumelden.

Beispiel 3

Nicht vorgeschriebenes Zwischenpraktikum (kurzfristige Beschäftigung)

Ein krankenversicherter Student übt während seines Studiums ein vierwöchiges Praktikum aus, welches nicht in der Studien- und Prüfungsordnung vorgeschrieben ist. Sein Arbeitsentgelt beträgt 300 € bei einer wöchentlichen Arbeitszeit von 25 Stunden.

Der Student unterliegt während des nicht vorgeschriebenen Praktikums der Versicherungsfreiheit in der Kranken-, Pflege-, Renten- und Arbeitslosenversicherung, da die Beschäftigung auf nicht mehr als zwei Monate befristet ist (kurzfristige Beschäftigung). Pauschalbeiträge fallen nicht an.

Der Student ist bei der Knappschaft-Bahn-See mit dem Personengruppenschlüssel 110 und dem Beitragsgruppenschlüssel 0000 anzumelden.

Beispiel 4

Nicht vorgeschriebenes Praktikum (geringfügig entlohnte Beschäftigung)

Ein krankenversicherter Student übt während seines Studiums in den Semesterferien vom 01.07. bis zum 15.09. ein Praktikum aus, welches nicht in der Studien- und Prüfungsordnung vorgeschrieben ist. Sein Arbeitsentgelt beträgt 380 € bei einer wöchentlichen Arbeitszeit von 25 Stunden.

Der Student ist in allen Zweigen der Sozialversicherung beitragsfrei. Da das regelmäßige Arbeitsentgelt die Geringfügigkeitsgrenze nicht übersteigt, sind Pauschalbeiträge zur Krankenversicherung und zur Rentenversicherung zu zahlen.

Der Student ist bei der Knappschaft-Bahn-See mit dem Personengruppenschlüssel 109 und dem Beitragsgruppenschlüssel 6100 anzumelden.

10.5 Schüler

10.5.1 Allgemeines

Auch bei diesen Personen ist die versicherungsrechtliche Beurteilung differenziert zu betrachten. Steuerlich bestehen wie bei den Praktikanten und Studenten keine Besonderheiten.

10.5.2 Schüler allgemeinbildender Schulen

Schüler allgemeinbildender Schulen (z. B. Hauptschulen, Realschulen, Gymnasien) sind in einer Beschäftigung, die neben dem Schulbesuch ausgeübt wird, grundsätzlich versicherungspflichtig in der Kranken-, Pflege- und Rentenversicherung. Beitragsfreiheit besteht dagegen in der Arbeitslosenversicherung (§ 27 Abs. 4 Satz 1 Nr. 1 SGB III). Versicherungsfreiheit in der Arbeitslosenversicherung kommt jedoch nur in Betracht, wenn die Person eine schulische Einrichtung besucht, die nicht der Fortbildung außerhalb der üblichen Arbeitszeit dient. Arbeitnehmer, die beispielsweise eine Abendschule besuchen, um einen allgemeinen Schulabschluss zu erlangen, sind versicherungspflichtig in der Arbeitslosenversicherung.

Hinweis

Auf Schüler treffen die normalen Bestimmungen für geringfügige Beschäftigungen zu. Erfüllen sie die Voraussetzungen für eine geringfügig entlohnte bzw. kurzfristige Beschäftigung, besteht Versicherungsfreiheit in allen Zweigen der Sozialversicherung.

10.5.3 Fachoberschüler und Fachschüler

Fachoberschüler sind im Rahmen ihrer fachpraktischen Ausbildung sozialversicherungsfrei. Fachschüler, die während des Schulbetriebs eine praktische Ausbildung absolvieren, sind ebenso versicherungsfrei. Anders verhält es sich, wenn das Praktikum vor oder nach dem Schulbesuch und im Rahmen eines Beschäftigungsverhältnisses ausgeübt wird. In diesem Fall besteht normale Sozialversicherungspflicht.

10.5.4 Überbrückungsbeschäftigungen

Eine Beschäftigung, die zwischen dem Abitur und der Aufnahme eines Studiums ausgeübt wird, bleibt im Rahmen der Kurzfristigkeitsgrenzen (drei Monate oder 70 Arbeitstage) versicherungsfrei.

Personen, die nach der Schulentlassung ein dauerhaftes Arbeitsverhältnis oder ein Ausbildungsverhältnis anstreben, werden unabhängig von der Dauer des Beschäftigungsverhältnisses sofort normal sozialversicherungspflichtig. Eine kurzfristige Beschäftigung zwischen Schulabschluss und Beginn eines Ausbildungsverhältnisses kommt somit nicht infrage.

Eine geringfügig entlohnte Tätigkeit wäre dagegen möglich. In diesem Fall würden die üblichen Pauschalbeiträge in Höhe von 13 % in der Krankenversicherung und 15 % in der Rentenversicherung anfallen.

10.6 Geschäftsführer

10.6.1 Geschäftsführer einer GmbH

Um die Vorschriften, die für den Geschäftsführer einer GmbH gelten, zu verstehen, ist es notwendig, die Arbeitnehmereigenschaft in steuerlicher, sozialversicherungsrechtlicher und arbeitsrechtlicher Hinsicht zu untersuchen.

10.6.2 Sozialversicherungsrecht

Ein Geschäftsführer einer GmbH, der als Gesellschafter-Geschäftsführer mindestens über die Hälfte des Stammkapitals verfügt und dadurch maßgeblichen Einfluss auf die Entscheidungen der Gesellschaft hat, ist kein Arbeitnehmer im Sinne der Sozialversicherung. Da ohne seine Zustimmung keine Beschlüsse gefasst werden können, liegt kein abhängiges Beschäftigungsverhältnis vor.

Beträgt der Gesellschafteranteil weniger als 50 % des Stammkapitals, ist im Regelfall davon auszugehen, dass es sich um ein abhängiges Beschäftigungsverhältnis handelt und somit der Geschäftsführer sozialversicherungspflichtig ist.

In Ausnahmefällen kann jedoch auch bei einem Geschäftsführer mit weniger als 50 % Anteil oder überhaupt keinem Gesellschafteranteil kein abhängiges Beschäftigungsverhältnis und somit Sozialversicherungsfreiheit auftreten.

Dies ist dann der Fall, wenn er aufgrund seiner Stellung, der vertraglichen Gestaltung seiner Mitarbeit oder wegen besonderer Verhältnisse im Einzelfall bestimmte Entscheidungen verhindern kann.

10.6.3 Meldepflicht für Gesellschafter-Geschäftsführer einer GmbH

Bei Zweifeln hinsichtlich der richtigen sozialversicherungsrechtlichen Einordnung eines Gesellschafter-Geschäftsführers konnte der Arbeitgeber schon immer eine verbindliche Rechtsauskunft beim Rentenversicherungsträger einholen.

Wichtig

Dieses sogenannte **Statusfeststellungsverfahren** ist seit dem 01.01.2005 automatisiert worden. Gesellschafter-Geschäftsführer, die neu eintreten, müssen ab diesem Zeitpunkt bei einer zuständigen Krankenkasse angemeldet werden. Im Rahmen der DEÜV-Anmeldung ist das Feld (Statuskennzeichen) auszufüllen. Für Gesellschafter-Geschäftsführer ist in dieses Feld die Ziffer 2 zu setzen. Dadurch leitet der Rentenversicherungsträger automatisch ein Statusfeststellungsverfahren ein.

10.6.4 Lohnsteuerrecht

Lohnsteuerrechtlich gesehen entsteht dagegen fast immer ein Arbeitsverhältnis. Dies gilt bei entsprechend klaren Vereinbarungen auch dann, wenn es sich um einen Gesellschafter-Geschäftsführer oder um einen Geschäftsführer einer Ein-Mann-GmbH handelt. Es ist also davon auszugehen, dass das Gehalt eines Geschäftsführers im Normalfall Lohnsteuerpflicht auslöst. Zu beachten ist, dass bei beherrschenden Gesellschafter-Geschäftsführern die **besondere Lohnsteuertabelle** zum Einsatz kommt.

10.6.5 Arbeitsrecht

Ein Geschäftsführer einer GmbH wird, unabhängig von seinen Gesellschaftsanteilen, nicht als Arbeitnehmer im Sinne des Arbeitsrechts angesehen. Daher finden für ihn die Regelungen über die Entgeltfortzahlung, Urlaub, Kündigung usw. keine Anwendung.

10.7 Rentner

10.7.1 Lohnsteuer

Weiterbeschäftigte Rentner unterliegen dem normalen Lohnsteuerabzug und werden nach ihren individuellen ELStAM versteuert. Falls der Rentner bereits vor Beginn des Kalenderjahres das 64. Lebensjahr vollendet hat, ist der **Altersentlastungsbetrag** zu berücksichtigen.

10.7.2 Sozialversicherung

Die beitragsrechtliche Behandlung von Rentnern ist je nach Rentenart und Versicherungszweig unterschiedlich geregelt.

10.7.2.1 Geringfügige Beschäftigung

Wird ein Rentner als geringfügig entlohnter Arbeitnehmer beschäftigt, gelten die diesbezüglichen grundsätzlichen Regelungen wie bei anderen geringfügig Beschäftigten auch. Der Arbeitgeber muss pauschale Arbeitgeberbeiträge zur Kranken- und Rentenversicherung in Höhe von 13 % bzw. 15 % abführen. Der Pauschalbeitrag zur Rentenversicherung fällt selbst dann an, wenn der Rentner aufgrund Erreichens seiner Regelaltersgrenze nicht mehr rentenversicherungspflichtig ist.

Tipp

Rentner sollten prüfen, ob sich eine Befreiung von der Rentenversicherungspflicht lohnt, da seit dem 01.01.2017 auch Altersvollrentner freiwillig Beiträge in die Rentenversicherung einzahlen können. Somit können auch Altersvollrentner die in Kap. 10.1.2.7.1 genannten Vorteile nutzen und weiterhin in die Rentenversicherung einzahlen. Sollte der Rentner sich nicht von der Versicherungspflicht befreien lassen, müssen zusätzlich 3,6 % Aufstockung abgeführt werden. Die gezahlten Beiträge wirken sich auch während des Bezugs der Altersvollrente erhöhend auf den laufenden Rentenbezug aus.

10.7.2.2 Krankenversicherung

Für die Versicherungspflicht in der Krankenversicherung spielt es keine Rolle, welche Art von Rente gewährt wird. Handelt es sich um eine mehr als geringfügige Beschäftigung, tritt immer Versicherungspflicht ein. Es wird jedoch bei Alters- und vollen Erwerbsminderungsrenten sowie im Falle einer Rente wegen voller Erwerbsunfähigkeit nur der ermäßigte Beitrag erhoben. Bei Bezug einer Rente wegen teilweiser Erwerbsminderung bzw. einer Berufsunfähigkeitsrente fällt der allgemeine Beitragssatz an.

10.7.2.3 Pflegeversicherung

In der Pflegeversicherung besteht normale Versicherungspflicht, sofern es sich um eine mehr als geringfügige Beschäftigung handelt.

10.7.2.4 Arbeitslosenversicherung

Mit Ablauf des Monats, in dem der Arbeitnehmer einen Anspruch auf Altersvollrente erwirbt, besteht in der Arbeitslosenversicherung Beitragsfreiheit.

Vorsicht

In der Zeit vom 01.01.2017 bis zum 31.12.2021 ist auch der Arbeitgeber von seinem Beitragsanteil (1,2 %) an der Arbeitslosenversicherung freigestellt.

Seit dem 01.01.2022 müssen Arbeitgeber den halben Beitrag in die Arbeitslosenversicherung zahlen. Davon sind auch die Bestandsfälle betroffen.

Der Beitragsanteil des Arbeitgebers fällt auch dann nicht an, wenn der Rentner noch aus einem anderen Grund versicherungsfrei ist. Dies wäre z. B. im Falle einer geringfügigen Beschäftigung gegeben.

10.7.2.5 Rentenversicherung

Bezieht der Rentner eine Altersvollrente mit Erreichen der Regelaltersgrenze, bleibt er in der Rentenversicherung beitragsfrei. Falls der Rentner noch keinen Anspruch auf Altersvollrente hat bzw. die Regelaltersgrenze noch nicht erreicht hat, müssen bestimmte Hinzuverdienstgrenzen beachtet werden. Die Rentenversicherungspflicht endet mit Ablauf des Monats, in dem die Regelaltersgrenze erreicht wird (65 bis 67 Jahre).

Mit dem Gesetz zur Flexibilisierung des Übergangs vom Erwerbsleben in den Ruhestand und zur Stärkung von Prävention und Rehabilitation im Erwerbsleben (kurz Flexirentengesetz) vom 08.12.2016 führt der Gesetzgeber die Möglichkeit der freiwilligen Zahlung von Rentenversicherungsbeiträgen auch für Bezieher einer Altersvollrente nach Erreichen der Regelaltersgrenze ein. Somit können Arbeitnehmer, die über den Bezug der Regelaltersgrenze weiterarbeiten, seit dem 01.01.2017 freiwillig Beiträge in die gesetzliche Rentenversicherung zahlen (Option zur RV). In einem solchen Fall zahlen Arbeitgeber und Arbeitnehmer weiterhin ihren Beitragsanteil in die Rentenversicherung ein (jeweils 9,3 %). Die sich aus der weiteren Beitragszahlung ergebene Erhöhung der bereits laufenden Regelaltersrente erfolgt dann jährlich zum 01.07. eines Jahres automatisch durch die Deutsche Rentenversicherung Bund.

Macht der Regelaltersrentner von der freiwilligen Beitragszahlung keinen Gebrauch, zahlt der Arbeitgeber auch weiterhin seinen Beitragsanteil in Höhe von 50 % des Rentenversicherungsbeitrags (derzeit 9,3 %).

Vorsicht

Altersvollrentner ohne freiwillige Beitragszahlung in die Rentenversicherung: Der Arbeitgeber bleibt mit seinem Beitragsanteil pflichtig, sofern der Rentner nicht aus einem anderen Grund von der Rentenversicherung befreit ist (z. B. aufgrund einer geringfügigen Beschäftigung). Beitragsgruppe: 3321.

Altersvollrentner mit freiwilliger Beitragszahlung in die Rentenversicherung: Arbeitgeber und Arbeitnehmer sind mit ihrem Beitragsanteil pflichtig. Beitragsgruppe 3121.

10.7.2.6 Versicherungspflicht nach Rentenarten

In der Praxis stellt sich meist die Frage, wie eine bestimmte Rentenart sozialversicherungsrechtlich zu behandeln ist. Die nachfolgende Tabelle zeigt die unterschiedliche sozialversicherungsrechtliche Behandlung der einzelnen Rentenarten auf:

	KV	RV	PV	AV
Altersvollrente ohne Option in die RV	normale Versicherungspflicht, aber ermäßigter Beitrag	Arbeitnehmer ist versicherungsfrei, Arbeitgeber leistet nur den AG-Anteil	normale Versicherungspflicht	Arbeitnehmer ist versicherungsfrei, Arbeitgeber leistet nur den AG-Anteil
Altersvollrente mit Option in die RV	normale Versicherungspflicht, aber ermäßigter Beitrag	normale Versicherungspflicht	normale Versicherungspflicht	Arbeitnehmer ist versicherungsfrei, Arbeitgeber leistet nur den AG-Anteil
Berufsunfähigkeitsrente	normale Versicherungspflicht	normale Versicherungspflicht	normale Versicherungspflicht	normale Versicherungspflicht
Erwerbsminderungsrente/ Erwerbsunfähigkeitsrente	normale Versicherungspflicht	normale Versicherungspflicht	normale Versicherungspflicht	Versicherungsfreiheit unabhängig vom Lebensalter, auch kein Arbeitgeberbeitrag zu entrichten
Teilrente	normale Versicherungspflicht	normale Versicherungspflicht	normale Versicherungspflicht	normale Versicherungspflicht bis zu Altersgrenze für die Regelaltersrente*
Hinterbliebenenrente	normale Versicherungspflicht	normale Versicherungspflicht	normale Versicherungspflicht	normale Versicherungspflicht
Geringfügige Beschäftigung (unabhängig von der Rentenart)	13 % Pauschalbeitrag	15 % Pauschalbeitrag + ggf. 3,6 % Aufstockungsbeitrag	kein Beitrag	kein Beitrag

Tabelle 10.1: Versicherungspflicht nach Rentenarten

* Die Versicherungspflicht endet mit Ablauf des Monats, in dem die Regelaltersgrenze erreicht wird.

10.7.3 Hinzuverdienst bei Rentenbezug

Altersrenten können ab 01.01.2023 unabhängig von der Höhe des Hinzuverdienstes in voller Höhe bezogen werden. Die bisher geltende Hinzuverdienstgrenze für vorgezogene Altersrenten wird aufgehoben. Die neuen Hinzuverdienstregelungen gelten für alle Rentnerinnen und Rentner, unabhängig vom Zeitpunkt des Rentenbeginns.

Die neuen Hinzuverdienstregelungen gelten unbefristet.

Bis 31.12.2022 galt:

Wird die Altersrente als Vollrente bereits vor dem Erreichen der Altersgrenze für Altersvollrente gezahlt, gilt eine Hinzuverdienstgrenze von 6.300 € im Kalenderjahr. Wird diese Grenze überschritten, werden 40 % des übersteigenden Betrags von der Vollrente abgezogen.

Im Jahr 2022 beträgt die Hinzuverdienstgrenze das 14-fache der Bezugsgröße der RV-West (14 x 3.290 €) = 46.060 € (Corona-bedingte Änderung).

10.8 Mehrfachbeschäftigte

Seit dem 01.01.2015 müssen Arbeitgeber von Mehrfachbeschäftigten aufgrund von § 28a Abs. 1 Satz 1 Nr. 10 SGB IV **keine** besondere Meldung an die Krankenkassen abgeben. Die generelle Meldeverpflichtung für die GKV-Monatsmeldung entfällt.

Wichtig

Die GKV-Monatsmeldung für Mehrfachbeschäftigte im Übergangsbereich wird komplett abgeschafft.

10.8.1 Betroffene Personengruppen

Für Mehrfachbeschäftigte **mit Entgelten oberhalb der Beitragsbemessungsgrenzen** wird ein **nachgelagertes Verfahren** eingeführt. Diese Meldung kann durch mehrere Tatbestände initialisiert werden:

- mehrere beitragspflichtige Arbeitsverhältnisse,
- Arbeitnehmer mit zusätzlicher Einnahme durch einen beitragspflichtigen Versorgungsbezug,
- unständig Beschäftigte,
- Arbeitnehmer mit Anspruch auf Sozialausgleich.

Folgende Arbeitnehmergruppen sind davon nicht betroffen:

- geringfügig Beschäftigte,
- Geringverdiener,

- Übergangsbereich,
- ausschließlich in der UV Versicherte,
- Arbeitnehmer, die Mitglied der Landwirtschaftlichen Krankenkasse sind.

Der Arbeitnehmer ist aufgrund von § 28o Abs. 1 SGB IV verpflichtet, seinem Arbeitgeber weitere Beschäftigungen zu melden. Erhält die Krankenkasse Kenntnis von einer weiteren Beschäftigung, wird diese den Arbeitgeber unterrichten.

Sobald für einen Arbeitnehmer sämtliche Entgeltmeldungen aller Arbeitgeber bei der Krankenkasse des Arbeitnehmers vorliegen, prüft die Krankenkasse, ob aufgrund der Höhe der gemeldeten Entgelte ein Prüfverfahren einzuleiten ist. Wird die Beitragsbemessungsgrenze der Krankenversicherung überschritten, leitet die Krankenkasse des Arbeitnehmers das nachgelagerte Verfahren zur Monatsmeldung ein.

Die Krankenkasse nimmt die Prüfung anhand der DEÜV-Jahresmeldung (Meldegrund 50) oder nach einer DEÜV-Abmeldung aufgrund der Beendigung einer Mehrfachbeschäftigung vor.

Wird festgestellt, dass die Beitragsbemessungsgrenze in der Krankenversicherung überschritten wurde, erhalten alle beteiligten Arbeitgeber eine Aufforderung der Krankenkasse zur Abgabe der GKV-Monatsmeldung (maximal 12 DEÜV-Meldungen). Nach dem Erhalt der Meldungen von allen beteiligten Arbeitgebern prüft die Krankenkasse des Arbeitnehmers für jeden Monat einzeln die jeweilige Beitragsbemessungsgrundlage und übermittelt an alle beteiligten Arbeitgeber das Ergebnis pro einzelnen Monat zurück.

Dieses Vorgehen führt automatisch zu Rückrechnungen, die u. a. auch die Märzklausel berühren können. Steuerlich ist keine Änderung notwendig, da die Lohnsteuer auf Basis des steuerpflichtigen Bruttos erfolgt. Allerdings können sich bei dem Arbeitgeberzuschuss zur freiwilligen KV oder zur PKV Änderungen ergeben.

Beispiel

Ein Arbeitnehmer hat bei Arbeitgeber A und bei Arbeitgeber B jeweils eine SV-pflichtige Beschäftigung. Die Beschäftigung bei Arbeitgeber B endet am 30.04. Arbeitgeber B erstellt im Monat Mai eine DEÜV-Abmeldung zum 30.04. Arbeitgeber A erstellt im Februar des Folgejahres die Jahres-DEÜV-Meldung.

Die Krankenkasse prüft diesen Fall im März des Folgejahres und fordert bei Arbeitgeber A und bei Arbeitgeber B für den Zeitraum 01.01. bis 30.04. Monatsmeldungen an. Danach ermittelt sie die anteiligen Beitragsbemessungsgrenzen und meldet sie den beiden Arbeitgebern zurück.

Das löst bei beiden Arbeitgebern entsprechende Rückrechnungen aus, bei Arbeitgeber B also für einen bereits ausgeschiedenen Mitarbeiter.

Bei Teillohnzahlungszeiträumen ist die anteilige Beitragsbemessungsgrenze in der Krankenversicherung maßgebend und somit wird auch das gemeldete Entgelt entsprechend gekürzt.

Besteht keine Versicherungspflicht, unterbleibt eine Rückmeldung der Krankenkasse. Allerdings erfolgt bei der Kranken- und Pflegeversicherung immer eine Rückmeldung der Krankenkasse – somit wird sichergestellt, dass der Arbeitgeber ggf. seine Beitragszuschüsse korrigieren kann.

Hinweis

Die Differenzbeträge der Sozialversicherungsbeiträge werden in der Lohnsteuerbescheinigung des Kalenderjahres berücksichtigt, in dem die Rückrechnungen durchgeführt werden. Die Lohnsteuerbescheinigung des Kalenderjahres, in das die Rückrechnungen erfolgen, wird **nicht** geändert.

Tipp

Die Rückrechnungen betreffen nur Beiträge zur Sozialversicherung bzw. den AG-Zuschuss zur Kranken- und Pflegeversicherung. Wurde ursprünglich mit den allgemeinen Beitragsbemessungsgrenzen abgerechnet, ergeben sich durch die Rückrechnungen mit anteiligen Beitragsbemessungsgrenzen an den Arbeitnehmer zu zahlende Differenzen.

Hat der Arbeitgeber jedoch bereits anteilige Beitragsbemessungsgrenzen berücksichtigt und stellt sich durch die nachgelagerte GKV-Monatsmeldung heraus, dass diese zu niedrig angesetzt waren, können sich durch die Rückrechnungen Überzahlungen ergeben.

Deshalb sollte die Möglichkeit, schon vorab in Rücksprache mit dem Arbeitnehmer die anteiligen Beitragsbemessungsgrenzen anzusetzen, mit Vorsicht genutzt werden.

10.8.2 Rückmeldung der Krankenkasse

Die Krankenkassen werden aufgrund dieser Meldungen beim Überschreiten der Beitragsbemessungsgrenzen das Gesamtentgelt an die Arbeitgeber zurückmelden. Die Arbeitgeber können dann das bei ihnen beitragspflichtige Entgelt ermitteln und anschließend eine Rückrechnung mit dem richtigen zu verbeitragenden Entgelt vornehmen. In diesem Fall wird es zu einer Beitragsrückerstattung kommen.

Die Beitragsberechnung durch die Krankenkassen wird vorwiegend bei Arbeitnehmern erfolgen, deren Gesamtentgelt die Beitragsbemessungsgrenze überschreitet.

Beispiel 1

Ein Arbeitnehmer führt Mehrfachbeschäftigungen bei unterschiedlichen Arbeitgebern aus:

AG A: monatlich 3.500 €

AG B: monatlich 1.700 €

Beide Arbeitgeber melden im Februar des Folgejahres eine DEÜV-Jahresmeldung (Meldegrund 50) mit einem beitragspflichtigen Bruttoentgelt von:

AG A: 42.000 €

AG B: 20.400 €

Die Krankenkasse des Arbeitnehmers fordert bei AG A und AG B jeweils 12 GKV-Monatsmeldungen an und übermittelt beiden Arbeitgebern im März des Folgejahres die Beitragsbemessungsgrundlage pro Monat zurück.

AG A = 3.500 € x 4.987,50 € : 5.200 € = **3.356,97 €**

AG B = 1.700 € x 4.987,50 € : 5.200 € = **1.630,53 €**

Beide Arbeitgeber müssen nunmehr eine Rückrechnung vornehmen.

Beispiel 2

Ein privat versicherter Arbeitnehmer führt Mehrfachbeschäftigungen bei unterschiedlichen Arbeitgebern aus:

AG A: monatlich 5.900 €

AG B: monatlich 1.700 €

Beide Arbeitgeber melden im Februar des Folgejahres eine DEÜV-Jahresmeldung (Meldegrund 50) mit einem beitragspflichtigen Bruttoentgelt von:

AG A: 70.800 €

AG B: 20.400 €

Die Krankenkasse des Arbeitnehmers fordert als Einzugsstelle bei AG A und AG B jeweils 12 GKV-Monatsmeldungen an und übermittelt beiden Arbeitgebern im März des Folgejahres die Beitragsbemessungsgrundlage pro Monat zurück.

AG A = 5.900 € x 7.300 € : 7.600 € = **5.667,11 €**

AG B = 1.700 € x 7.300 € : 7.600 € = **1.632,89 €**

Beide Arbeitgeber müssen nunmehr eine Rückrechnung vornehmen.

11 Betriebliche Altersversorgung

11.1 Allgemeines

Die betriebliche Altersversorgung kennt fünf verschiedene Durchführungswege:

- Direktzusagen,
- Unterstützungskassen,
- Pensionskassen,
- Pensionsfonds,
- Direktversicherungen.

Der Arbeitgeber garantiert seinen Arbeitnehmern bestimmte Leistungen im Versorgungsfall und haftet für deren Einhaltung selbst dann, wenn die Durchführung nicht direkt über ihn erfolgt (§ 1 Abs. 1 Betriebsrentengesetz).

Betriebliche Altersversorgung nach dem Betriebsrentengesetz (BetrAVG) liegt nur dann vor, wenn der Arbeitgeber mindestens ein **biometrisches Risiko** (Alter, Tod, Invalidität) abdeckt. Außerdem dürfen die Ansprüche auf Leistungen erst mit dem Eintritt dieses biometrischen Risikos fällig werden. Für betriebliche Altersversorgungsleistungen gilt im Regelfall das Erreichen des 60. Lebensjahres. Für Neuzusagen ab dem 01.01.2012 gilt das Erreichen des 62. Lebensjahres.

Leistungen zur betrieblichen Altersversorgung können vom Arbeitgeber zusätzlich zum Arbeitsentgelt oder durch den Arbeitnehmer durch Gehaltsverzicht aufgebracht werden.

11.2 Umwandlung von Arbeitsentgelt

Wichtig

Nach § 1a BetrAVG hat der Arbeitnehmer seit dem 01.01.2002 das einseitige Recht, bis zu **4 % der jährlichen Beitragsbemessungsgrenze** West in der Rentenversicherung, also im Jahr 2023 **3.504 €** (4 % von 87.600 €), mindestens jedoch jährlich ein Hundertsechzigstel der Bezugsgröße in der Rentenversicherung (2023: 40.740 € : 160 = 254,63 €) durch Entgeltumwandlung seiner künftigen Entgeltansprüche zugunsten einer betrieblichen Altersversorgung einzuzahlen.

Der Arbeitgeber kann die Durchführung des Anspruchs auf betriebliche Altersversorgung auf einen Pensionsfonds oder eine Pensionskasse beschränken. In den anderen Fällen hat der Arbeitnehmer das Recht, einen Direktversicherungsabschluss zu verlangen.

Dabei steht ihm jedoch keine Wahlfreiheit eines bestimmten Versicherungsunternehmens zu, da es dem Arbeitgeber nicht zugemutet werden kann, mit vielen unterschiedlichen Versicherungsinstituten in Geschäftsbeziehungen zu treten (§ 1a Abs. 1 BetrAVG).

Vorsicht

Der Rechtsanspruch auf Entgeltumwandlung beschränkt sich auf Arbeitnehmer, die in der gesetzlichen **Rentenversicherung pflichtversichert** sind.

Aufgrund der seit dem 01.01.2013 geltenden Pflicht zur Aufstockung der RV-Beiträge sind geringfügig Beschäftigte in der gesetzlichen Rentenversicherung versichert und haben somit auch einen Entgeltumwandlungsanspruch. Bei Verzicht auf die Rentenversicherungspflicht erlischt allerdings der Rechtsanspruch auf eine Entgeltumwandlung für diese Arbeitnehmer.

11.3 Bindung an einen Tarifvertrag

Soweit das Entgelt auf Tarifvertragsregelungen beruht, ist eine Entgeltumwandlung nur dann möglich, wenn der Tarifvertrag dies auch vorsieht. Grundsätzlich kann der Entgeltumwandlungsanspruch des BetrAVG ausgeschlossen oder modifiziert werden (Tarifvorrang, § 17 Abs. 3 und 5 Betriebsrentengesetz).

Dies gilt jedoch nicht für den Teil des Gehalts, welcher über- oder außertariflich gezahlt wird. Der Tarifvorrang gilt im Übrigen auch nur für Entgeltumwandlungsvereinbarungen, die nach dem 29.06.2001 eingegangen sind (§ 30h BetrAVG).

In der Praxis ist daher davon auszugehen, dass früher abgeschlossene Entgeltumwandlungsvereinbarungen selbst dann Bestand haben, wenn Tarifentgelt betroffen war und ist.

Tipp

Der Tarifvorrang eröffnet die Chance, die betriebliche Altersversorgung für ganze Branchen flächendeckend zu bündeln und Betriebe von Einzelvereinbarungen zu entlasten.

11.4 Direktzusage/Pensionszusage

Direktzusagen, auch Pensionszusagen genannt, sind weit verbreitet. Der Arbeitgeber übernimmt selbst unmittelbare Versorgungsverpflichtungen. Ein externes Versorgungsunternehmen wird nicht eingeschaltet.

Der Arbeitgeber sichert die Versorgungsansprüche durch Pensionsrückstellungen in der Steuerbilanz und entsprechende Rückdeckungsversicherungen ab.

11.4.1 Steuerrechtliche Auswirkungen

Ansparleistungen im Rahmen einer Direktzusage lösen – unabhängig von ihrer Höhe – keinen steuerpflichtigen Arbeitslohn aus. Steuerpflichtiger Arbeitslohn entsteht erst durch die späteren Rentenzahlungen des Arbeitgebers. Für diese **Betriebsrenten (Versorgungsbezüge)** sind altersabhängige **Versorgungsfreibeträge** zu beachten.

11.4.2 Sozialversicherung

Neben der Steuerfreiheit besteht Sozialversicherungsfreiheit vor Eintritt des Versorgungsfalles. Die Sozialversicherungsfreiheit ist allerdings auf 4 % der Beitragsbemessungsgrenze der Rentenversicherung (Rechtskreis West) beschränkt, wenn es sich um Beiträge handelt, die der Arbeitnehmer durch Gehaltsverzicht aufbringt.

11.5 Unterstützungskasse

Die Unterstützungskasse ist ein vom Arbeitgeber unabhängiger externer Versorgungsträger, der dem Arbeitnehmer bzw. seinen Hinterbliebenen keinen Rechtsanspruch auf zukünftige Leistungen gewährt. Leistet die Unterstützungskasse im Versorgungsfall nicht, muss nach § 1 Abs. 1 Satz 3 BetrAVG der Arbeitgeber die Leistung erbringen.

11.5.1 Lohnsteuerrechtliche Behandlung

Wie bei der Direktzusage unterliegen Ansparleistungen in eine Unterstützungskasse nicht der Lohnsteuerpflicht, sondern erst die späteren Rentenleistungen stellen steuerpflichtigen Arbeitslohn dar.

11.5.2 Sozialversicherung

Beiträge an die Unterstützungskasse sind sozialversicherungsfrei. Die Sozialversicherungsfreiheit ist allerdings auf 4 % der Beitragsbemessungsgrenze der Rentenversicherung (Rechtskreis West) beschränkt, wenn es sich um Beiträge handelt, die der Arbeitnehmer durch Gehaltsverzicht aufbringt.

11.5.3 Versorgungsbezüge

Versorgungsbezüge sind Bezüge, die aufgrund eines früheren Dienstverhältnisses gewährt werden. Gesetzliche Sozialversicherungsrenten gehören nicht zu den Versorgungsbezügen.

Versorgungsbezüge sind dagegen Betriebsrenten, da diese nicht auf eigenen Beitragsleistungen des Arbeitnehmers, sondern auf einer Versorgungszusage des Arbeitgebers beruhen. Auch Rentenleistungen aufgrund einer Direktzusage oder aus einer Unterstützungskasse zählen zu Versorgungsbezügen.

11.5.4 Berücksichtigung von Versorgungsfreibeträgen

Versorgungsempfänger müssen mit den individuellen ELStAM versteuert werden, andernfalls greift die Lohnsteuerklasse VI. Unter Umständen gibt es Freibeträge zu berücksichtigen. Die Versorgungsfreibeträge sind nicht in den ELStAM enthalten. Der Arbeitgeber muss individuell prüfen, ob die Voraussetzungen für eine Gewährung vorliegen. Seit 2005 gibt es zwei unterschiedliche Freibeträge.

Der „normale" Versorgungsfreibetrag beträgt **40 % der Versorgungsbezüge**, maximal jedoch **3.000 € im Kalenderjahr bzw. 250 € monatlich** bei laufenden Zahlungen. Durch das Alterseinkünftegesetz wurde aufgrund des Absenkens der Arbeitnehmerpauschale für Versorgungsbezüge auf 102 € (früher 920 €) ein **zusätzlicher Versorgungsfreibetrag** in Höhe von **900 €** für das Jahr 2005 eingeführt. Die beiden Versorgungsfreibeträge werden bis zum Jahr 2040 sukzessive abgebaut. Im Jahr 2040 wird es keine Versorgungsfreibeträge mehr geben. Es gelten im Einzelnen folgende Regelungen:

Neue Bemessungsgrundlage ab 2005:

- ab 2005 40 % der Versorgungsbezüge, max. 3.000 € jährlich.

Ab 2006 erfolgt eine schrittweise Verringerung des Prozentsatzes in den Jahren

- 2006 bis 2020 um jeweils 1,6 %,
- 2021 bis 2040 um jeweils 0,8 %.

Der Höchstbetrag vermindert sich in den Jahren

- 2006 bis 2020 um jeweils 120 €,
- 2021 bis 2040 um jeweils 60 €.

Auch der Zuschlag zum Versorgungsfreibetrag wird schrittweise abgesenkt, und zwar in den Jahren

- 2006 bis 2020 um jeweils 36 €,
- 2021 bis 2040 um jeweils 18 €.

Für alle bereits gezahlten Versorgungsbezüge und für ab 2005 neu gewährte Versorgungsbezüge gelten die Werte für das Jahr 2005, also 40 %, maximal 3.000 € bzw. 900 € als zusätzlicher Versorgungsfreibetrag.

Hinweis

Die einem Betriebsrentner zugewiesenen Versorgungsfreibeträge gelten vom Grundsatz her lebenslang weiter **(Kohortenversteuerungsprinzip)**. Das heißt, ein Arbeitnehmer, der z. B. 2023 zum ersten Mal eine Betriebsrente (Versorgungsbezug) erhält und das 63. Lebensjahr vollendet hat, erhält einen Versorgungsfreibetrag in Höhe von 13,6 % des Versorgungsbezugs, max. 1.020 € bzw. einen zusätzlichen Versorgungsfreibetrag von 306 €.

Diese so im ersten vollen Monat der Betriebsrentenauszahlung ermittelten Freibeträge gelten auch für die Folgejahre weiter. Anpassungen des Versorgungsbezugs führen zu keiner Neuberechnung.

Beispiel 1

Beginn Firmenrente im Jahr 2003, monatlich 150 €, Erhöhung im Jahr 2006 auf 170 €.

Versteuerung im Jahr 2004:

Firmenrente 12 x 150 €	=	1.800,00 €
abzgl. WK-Pauschale	–	920,00 €
abzgl. VB-Freibetrag 40 % (max. 3.072 €)	–	720,00 €
steuerpflichtig:	**=**	**160,00 €**

Versteuerung im Jahr 2005:

Firmenrente 12 x 150 €	=	1.800,00 €
abzgl. WK-Pauschale	–	102,00 €
abzgl. Zusatzversorgungsfreib.	–	900,00 €
abzgl. VB-Freibetrag 40 % (max. 3.000 €)	–	720,00 €
steuerpflichtig:	**=**	**78,00 €**

Versteuerung im Jahr 2006:

Firmenrente 12 x 170 €	=	2.040,00 €
abzgl. WK-Pauschale	–	102,00 €
abzgl. Zusatzversorgungsfreib. (wie 2005 festgelegt)	–	900,00 €
abzgl. VB-Freibetrag 40 % (wie 2005 festgelegt)	–	720,00 €
steuerpflichtig:	**=**	**318,00 €**

Beispiel 2

Beginn Firmenrente im Jahr 2007, monatlich 500 €

Versteuerung im Jahr 2007:

Firmenrente 12 x 500 €	=	6.000,00 €
abzgl. WK-Pauschale	–	102,00 €
abzgl. VB-Freibetrag 36,8 % (max. 2.760 €)	–	2.208,00 €
abzgl. Zusatzversorgungsfreib.	–	828,00 €
steuerpflichtig:		**2.862,00 €**

Beide Freibeträge gelten unverändert für die Dauer des Betriebsrentenbezugs weiter.

Hinweis

Wenn ein Arbeitnehmer in der Privatwirtschaft eine Betriebsrente vor dem 63. Lebensjahr erhält, sind noch keine Versorgungsfreibeträge zu berücksichtigen. Dies ist erst ab dem Monat der Vollendung des 63. Lebensjahres vorzunehmen. Für die Bemessung der Versorgungsfreibeträge ist die Kohorte des Jahres maßgeblich, in dem der Arbeitnehmer 63 Jahre alt wird.

Ein Arbeitnehmer erhält 2021 ab dem 62. Lebensjahr eine Betriebsrente wegen Erreichens der Altersgrenze. Die Versorgungsfreibeträge werden erst im Jahr 2023 ab dem Monat, in dem er das 63. Lebensjahr vollendet, berücksichtigt. Es gelten die Kohorten des Jahres 2023 (13,6 %, max. 1.020 €, Zuschlag 306 €).

11.5.5 Gewährung von mehreren Versorgungsbezügen

Erhält ein Arbeitnehmer von unterschiedlichen Arbeitgebern mehrere Versorgungsbezüge, berechnet jeder Arbeitgeber auf Basis seiner Zahlungen die jeweiligen Versorgungsfreibeträge ganz normal. Das Finanzamt nimmt dann im Rahmen des Veranlagungsverfahrens die Gesamtbetrachtung und ggf. die Begrenzung der Freibeträge vor.

Beispiel

Zwei Ehegatten beziehen jeweils eigene Betriebsrenten von einem Arbeitgeber. Der Mann erhält den Versorgungsbezug ab dem Jahr 2005 in Höhe von 500 €, seine Frau ihren ab dem Jahr 2006 in Höhe von 400 € monatlich. Im Jahr 2010 verstirbt der Ehemann, der bereits seit 2005 seine Betriebsrente erhalten hatte. Die Witwe erhält ab 2010 zusätzlich zu ihrem eigenen Versorgungsbezug einen Hinterbliebenenbezug für ihren Mann von monatlich 250 €.

Folgende Berechnung der Versorgungsfreibeträge ist vorzunehmen:

Ehemann:

Eigener Versorgungsbezug, erste Zahlung im Jahr 2005

500 € x 12 Monate	6.000,00 €	Jahresbezug
davon 40 %, max. 3.000 € (Basis 2005)	2.400,00 €	VFB
plus Zuschlag (Basis Jahr 2005)	900,00 €	Zuschlag VFB

Ehefrau:

1. Eigener Versorgungsbezug

Erste Zahlung im Jahr 2006

400 € x 12 Monate	4.800,00 €	Jahresbezug
davon 38,4 %, max. 2.880 € (Basis 2006)	1.844,00 €	VFB
plus Zuschlag (Basis 2006)	864,00 €	Zuschlag VFB

2. Hinterbliebenenbezug

Erste Zahlung im Jahr 2010, aber erste Zahlung der Rente des verstorbenen Ehemannes war im Jahr 2005, daher sind für die Berechnung der Witwenrente die Versorgungsfreibeträge des Jahres 2005 maßgebend (Kohortenversteuerungsprinzip)

250 € x 12 Monate	3.000,00 €	Jahresbezug
davon 40 %, max. 3.000 € (Basis 2005)	1.200,00 €	VFB
plus Zuschlag (Basis 2005)	900,00 €	Zuschlag VFB

Die Summe der Versorgungsfreibeträge ab 2010 beträgt für die Witwe 3.044 € (1.844 € + 1.200 €).

Der insgesamt zu berücksichtigende Versorgungsfreibetrag richtet sich nach dem Jahr 2005, weil zu diesem Zeitpunkt das erste Mal die Betriebsrente des Mannes gezahlt wurde, aus der sich nun die Witwenrente errechnet. Der Höchstbetrag des Jahres 2005 beträgt 3.000 €. Dieser Versorgungsfreibetrag wird ab 2010 festgeschrieben und für die gesamte Laufzeit des Hinterbliebenenbezugs gewährt.

Auch die Summe der Zuschläge zum Versorgungsfreibetrag (864 € + 900 € = 1.764 €) ist auf die Höhe des Freibetrags des Jahres 2005 (= 900 €) zu begrenzen. Der Zuschlag wird somit ab 2010 lebenslang in Höhe von 900 € gewährt.

11.5.6 Sterbegeld

Unter Sterbegeld versteht man die in der Praxis oft üblichen Weiterzahlungen des Gehalts eines verstorbenen Arbeitnehmers für weitere zwei oder drei Monate an seine Hinterbliebenen. Dabei ist in Bezug auf die lohnsteuerrechtliche Behandlung Folgendes zu unterscheiden:

- Wird das laufende Gehalt für einen während des Monats verstorbenen Arbeitnehmer weitergezahlt, darf dieses aus Vereinfachungsgründen noch nach den individuellen Steuermerkmalen des Verstorbenen versteuert werden (LStR 19.9). Der Arbeitslohn und die daraus resultierenden steuerlichen Abzüge sind jedoch auf der Lohnsteuerbescheinigung des Erben auszuweisen. Ein Versorgungsfreibetrag ist für diesen Monat nicht zu berücksichtigen.
- Über den Todesmonat hinaus gezahltes Sterbegeld ist als sonstiger Bezug zu versteuern. Die Zahlungen stellen Versorgungsbezüge dar. Die Versteuerung erfolgt nach den steuerlichen Merkmalen des sterbegeldberechtigten Hinterbliebenen.
- Beim Sterbegeld handelt es sich um einen eigenen Versorgungsbezug. Es beeinflusst nicht etwaige andere Hinterbliebenenbezüge. Die Basis für die Berechnung der Versorgungsfreibeträge ergibt sich aus dem Todesjahr des verstorbenen Arbeitnehmers. Eine Zwölftelung, das heißt eine anteilige Berechnung der Freibeträge, findet bei der Zahlung von Sterbegeld nicht statt.

Beispiel

Ein Arbeitnehmer erhält bereits seit 2004 Versorgungsbezüge in Höhe von 1.500 €. Er verstirbt im April 2007. Die Witwe erhält ab Mai 2007 Hinterbliebenenbezüge in Höhe von 1.200 € und zuzüglich ein Sterbegeld in Höhe von 3.000 €. Folgende Berechnung der Versorgungsfreibeträge ist vorzunehmen:

Ehefrau laufender Versorgungsbezug:

Erste Zahlung Mai 2007, Basisjahr zur Berechnung der Versorgungsbezüge ist das Jahr 2005, weil in diesem Jahr die erstmalige Festsetzung der Freibeträge für den Versorgungsbezug des Ehemannes stattgefunden hatte.

1.200 € x 12 Monate	14.400,00 €	Jahresbezug
davon 40 %, max. 3.000 € (Basis 2005)	3.000,00 €	VFB
plus Zuschlag (Basis 2005)	900,00 €	Zuschlag VFB

Da der laufende Hinterbliebenenbezug nur für acht Monate gezahlt wurde, wird der Versorgungsfreibetrag auch nur anteilig für acht Monate gewährt. Der monatliche Versorgungsfreibetrag beträgt 250 € (3.000 € : 12 Monate = 250 €), der anteilige jährliche somit 2.000 € (8 Monate x 250 €).

Sterbegeld:

Zahlung 2007, aber Basisjahr zur Berechnung der Versorgungsfreibeträge ist ebenso das Jahr 2005.

Gesamtbetrag 2007	3.000,00 €	
davon 40 %, max. 3.000 € (Basis 2005)	1.200,00 €	VFB
plus Zuschlag (Basis 2005)	900,00 €	Zuschlag VFB

Beide Versorgungsfreibeträge ergeben zusammen einen Betrag von 4.200 €, auf den der insgesamt berücksichtigungsfähige Höchstbetrag nach dem maßgebenden Jahr 2005 anzuwenden ist. Der Versorgungsfreibetrag für den laufenden Hinterbliebenenbezug und das Sterbegeld zusammen beträgt damit 3.000 €. Dazu kommt der Zuschlag zum Versorgungsfreibetrag von insgesamt 900 €.

11.5.7 Kapitalauszahlung/Abfindung

Wird anstelle eines monatlichen Versorgungsbezugs eine Kapitalauszahlung/Abfindung an den Versorgungsempfänger gezahlt, so handelt es sich um einen sonstigen Bezug.

Für die Ermittlung der Freibeträge für Versorgungsbezüge ist das Jahr des Versorgungsbeginns zugrunde zu legen, die Zwölftelungsregelung ist für diesen sonstigen Bezug nicht anzuwenden.

Bemessungsgrundlage ist der Betrag der Kapitalauszahlung/Abfindung im Kalenderjahr.

Beispiel

Dem Versorgungsempfänger wird im Jahr 2023 eine Abfindung in Höhe von 10.000 € gezahlt. Der Versorgungsfreibetrag beträgt 13,6 % von 10.000 € = 1.440 €, höchstens 1.020 €; der Zuschlag zum Versorgungsfreibetrag beträgt 306 €.

Beim Zusammentreffen mit laufenden Bezügen darf der Höchstbetrag, der sich nach dem Jahr des Versorgungsbeginns bestimmt, nicht überschritten werden.

Die gleichen Grundsätze gelten auch, wenn Versorgungsbezüge in einem späteren Kalenderjahr nachgezahlt oder berichtigt werden.

11.6 Pensionskassen

Eine Pensionskasse ist eine vom Arbeitgeber unabhängige rechtsfähige Versorgungseinrichtung (externer Träger), die dem Arbeitnehmer oder seinen Hinterbliebenen einen unmittelbaren Rechtsanspruch auf künftige Leistungen einräumt (vgl. § 1b Abs. 3 BetrAVG).

Pensionskassen unterliegen der Versicherungsaufsicht nach dem Versicherungsaufsichtsgesetz, d. h., die Anlage der Kapitalmittel ist aus Gründen der Anlagesicherheit und Risikominimierung in qualitativer und quantitativer Hinsicht reglementiert.

Die Mittel für die den Arbeitnehmern zugesagten Leistungen aus der Pensionskasse können durch Arbeitgeber- oder auch Arbeitnehmerbeiträge finanziert werden.

11.6.1 Steuerliche Behandlung der Beiträge

Die Einzahlungen des Arbeitnehmers oder Arbeitgebers in die Pensionskasse gehören grundsätzlich zum steuerpflichtigen Arbeitslohn. Seit 01.01.2002 stellt § 3 Nr. 63 EStG Beiträge in eine Pensionskasse in bestimmtem Umfang steuerfrei.

Die Höhe der Steuerfreiheit beschränkt sich seit dem 01.01.2018 auf 8 % der aktuellen Beitragsbemessungsgrenze (Rechtskreis West) in der Rentenversicherung. Für 2023 ergibt das einen Betrag von **7.008 € jährlich**. Die Steuerfreiheit zieht Beitragsfreiheit in der Sozialversicherung nach sich, allerdings nur bis zu 4 % der aktuellen Beitragsbemessungsgrenze (Rechtskreis West) in der Rentenversicherung.

Wichtig

Seit dem 01.01.2018 ist die Steuerfreiheit nach § 3 Nr. 63 EStG von 4 % auf 8 % der Beitragsbemessungsgrenze Rentenversicherung (West) erhöht worden. Der bis 31.12.2017 anzuwendende zusätzliche steuerfreie Betrag in Höhe von 1.800 € ist gestrichen.

11.6.2 Voraussetzungen für die Steuerfreiheit

Sowohl die Steuerfreiheit als auch die Pauschalierungsmöglichkeit setzen ein bestehendes erstes Dienstverhältnis voraus. Für Arbeitnehmer mit Steuerklasse VI ist kein erstes Dienstverhältnis gegeben. Ein erstes Dienstverhältnis kann auch im Rahmen einer geringfügigen Beschäftigung vorliegen. Der Arbeitgeber muss sich vergewissern, dass es sich um das erste Dienstverhältnis handelt.

11.6.3 Personenkreis für die Steuerfreiheit

Die Steuerfreiheit auf Einzahlungen in eine Pensionskasse erstreckt sich auf alle Arbeitnehmer im Sinne des Steuerrechts. Darunter fallen z. B. auch Gesellschafter-Geschäftsführer, geringfügig Beschäftigte und Ehegattenarbeitsverhältnisse.

Bei der Ermittlung der steuerfreien Höchstbeträge (8 % der Beitragsbemessungsgrenze Rentenversicherung West) sind auch steuerfreie Beitragszahlungen an einen Pensionsfonds und ggf. Direktversicherungen in die Berechnung mit einzubeziehen. Die Jahreshöchstbeträge sind somit bei Einzahlungen in einen Pensionsfonds und in eine Pensionskasse sowie in Direktversicherungen nur insgesamt einmal pro Arbeitgeber auszuschöpfen.

Beispiel

Ein Arbeitnehmer arbeitet von Januar bis Juni 2023 bei Arbeitgeber A. Er wandelt von seinem Gehalt 3.504 € in eine Pensionskasse sowie 1.200 € in eine ab 2005 neu abgeschlossene Direktversicherung um. Sonstige Formen der betrieblichen Altersversorgung hat er nicht.

Von Juli bis Dezember 2022 ist derselbe Arbeitnehmer bei Arbeitgeber B beschäftigt. Auch in diesem Zeitraum wandelt er die jeweils gleichen Beträge in eine Pensionskasse und seine neu abgeschlossene Direktversicherung um. Zusätzlich sagt ihm der neue Arbeitgeber eine Direktzusage in Höhe von 20 € pro Dienstjahr in Form einer späteren Betriebsrente zu.

Sowohl die Beiträge bei Arbeitgeber A als auch die Beiträge bei Arbeitgeber B in die Pensionskasse bzw. Direktversicherung sind steuerfrei. Die Sozialversicherung lässt allerdings in beiden Arbeitsverhältnissen nur jeweils die 3.504 € sozialversicherungsfrei.

Beim Arbeitgeber B bleibt darüber hinaus auch die Direktzusage des Arbeitgebers steuer- und sozialversicherungsfrei. Es handelt sich hierbei um den sogenannten internen Durchführungsweg (Direktzusage bzw. Unterstützungskasse). Dieser kann unabhängig vom externen Durchführungsweg (Direktversicherungen, Pensionskassen und Pensionsfonds) zusätzlich gefördert werden.

11.6.4 Sozialversicherungsrechtliche Behandlung

Beitragszahlungen in eine Pensionskasse sind 2023 bis zu 3.504 € beitragsfrei. Dies trifft sowohl für Leistungen, die der Arbeitgeber finanziert hat, als auch für Entgeltumwandlungen des Arbeitnehmers zu.

Für Pensionskassen-, Pensionsfonds- und Direktversicherungszusagen beträgt die Steuerfreiheit 8 %. Der 4 % übersteigende Teil ist aber nur steuerfrei und nicht beitragsfrei.

11.6.5 Pauschalierung der Beiträge

Ab dem 01.01.2005 wurde bei der kapitalgedeckten betrieblichen Altersvorsorge die Möglichkeit der Pauschalbesteuerung (§ 40b EStG) für Beiträge an eine Pensionskasse und in eine Direktversicherung aufgehoben. Beiträge können allerdings weiterhin pauschal versteuert werden, wenn sie auf Grundlage einer Versorgungszusage geleistet werden, die vor dem 01.01.2005 erteilt wurde (sog. Altzusage).

In der Praxis führte diese Abgrenzung zwischen Alt- und Neuvertrag häufig zu Problemen. Daher hat der Gesetzgeber mit dem Betriebsrentenstärkungsgesetz ab dem 01.01.2018 eine Vereinfachung zur Pauschalierung eingeführt. Die Regelung sieht vor, dass eine Beitragsleistung vor dem 01.01.2018 einmal nach § 40b EStG a. F. pauschal besteuert wurde. Ist die Voraussetzung erfüllt und hat der Arbeitgeber vor dem 01.01.2018 mindestens einen Beitrag nach § 40b EStG a. F. pauschal versteuert, liegen anschließend für diesen Arbeitnehmer die Voraussetzungen der Pauschalierung der Lohnsteuer ein Leben lang vor.

Im Falle eines Arbeitgeberwechsels genügt es künftig auch, wenn der Arbeitnehmer dem Arbeitgeber gegenüber nachweist, dass mindestens ein Beitrag nach § 40b EStG a. F. pauschal versteuert wurde.

Wichtig

Dies muss zwingend in den Lohnunterlagen und im Lohnkonto dokumentiert werden (§ 5 Abs. 1 Nr. 2 LStDV). Dazu reicht eine Gehaltsabrechnung, aus der die Pauschalierung hervorgeht, oder eine Bescheinigung des bisherigen Arbeitgebers oder des Versorgungsträgers aus.

Somit ist es ab 2018 nicht mehr entscheidend, ab welchem Zeitpunkt die Erteilung der Versorgungszusage erfolgte. Die Möglichkeit der Pauschalierung kann vom Arbeitnehmer auch für einen neuen Vertrag beim neuen Arbeitgeber genutzt werden.

Beispiel

Dem Arbeitnehmer A wurde vom Arbeitgeber B im Jahr 2000 eine Versorgungszusage über eine Pensionskasse und im Jahr 2010 in Form einer Direktversicherung erteilt.

Die Beiträge für die Pensionskasse wurden – soweit sie die Steuerfreiheit nach § 3 Nr. 63 EStG überstiegen – bis zur Beendigung des Dienstverhältnisses am 30.06.2017 nach § 40b EStG a. F. pauschal besteuert. Die Beiträge für die Direktversicherung wurden aus individuell versteuertem Arbeitslohn geleistet. Nach einer Zeit der Arbeitslosigkeit (01.07.2017 bis zum 31.03.2018) nimmt A zum 01.04.2018 ein neues Beschäftigungsverhältnis bei Arbeitgeber C auf. C erteilt A eine neue Versorgungszusage über einen Pensionsfonds und übernimmt die Direktversicherung. A weist C nach, dass die Beiträge für die Pensionskasse 2017 nach § 40b EStG a. F. pauschal besteuert wurden (Vorlage einer Gehaltsabrechnung). Arbeitgeber C kann die Beiträge für die Direktversicherung bis zur Höhe von maximal 1.752 € nach § 40b EStG a. F. pauschal besteuern. Der Zeitpunkt der Erteilung der Versorgungszusage für die Direktversicherung ist ohne Bedeutung. Die Beiträge an den Pensionsfonds sind nach Maßgabe des § 3 Nr. 63 EStG steuerfrei.

Beispiel

Dem Arbeitnehmer A wurde vom Arbeitgeber B im Jahr 2006 eine Versorgungszusage in Form einer Direktversicherung erteilt. Die Beiträge für die Direktversicherung waren bis zum 30.06.2017 steuerfrei nach § 3 Nr. 63 EStG. Nach einer Zeit der Arbeitslosigkeit (01.07.2017 bis zum 31.03.2018) nimmt A zum 01.04.2018 ein neues Beschäftigungsverhältnis bei Arbeitgeber C auf. C übernimmt die Direktversicherung und führt sie fort. Arbeitgeber C kann die Beiträge für die Direktversicherung nicht nach § 40b EStG a. F. pauschal besteuern, da vor dem 01.01.2018 kein Beitrag nach § 40b Abs. 1 und 2 EStG a. F. pauschal besteuert wurde.

11.6.6 Nachgelagerte Versteuerung der Beiträge

Rentenleistungen aus einer Pensionskasse begründen keinen Arbeitslohn, sondern sonstige Einkünfte nach § 22 EStG. Somit müssen die Rentenzahlungen nicht nur mit ihrem Ertragsanteil, sondern voll versteuert werden, soweit sie auf Beitragsleistungen beruhen, die nach dem Altersvermögensgesetz steuerfrei gefördert wurden.

Leistungen aus der Pensionskasse, die auf Einzahlungen beruhen, welche nicht steuerfrei gefördert wurden, wie z. B. die pauschal versteuerten Beitragszahlungen, werden nur mit ihrem Ertragsanteil versteuert.

Das führt dazu, dass spätere Versorgungsleistungen, die aus geförderten und nicht begünstigten Beitragsaufwendungen gebildet wurden, entsprechend aufgeteilt werden müssen. Die Pensionskasse nimmt diese Aufteilung vor und unterrichtet den Arbeitnehmer. Damit die Pensionskasse ihrer Aufgabe nachkommen kann, muss der Arbeitgeber mitteilen, wie die einzelnen Beiträge steuerlich behandelt wurden.

11.7 Pensionsfonds

Pensionsfonds wurden seit dem 01.01.2002 als fünfter Durchführungsweg der betrieblichen Altersversorgung eingeführt. Sie ähneln am stärksten der Pensionskasse und sollen ein neues modernes und flexibles Instrument für eine gewagtere Kapitalanlagepolitik darstellen.

Es handelt sich dabei um eine selbständige Versorgungseinrichtung, die lebenslange Altersrenten zahlt und auch das Invaliditäts- und Hinterbliebenenrisiko abdecken kann. Kapital- und Einmalzahlungen sind hier anders als bei den Direktversicherungen und Pensionskassen nicht möglich.

Pensionsfonds unterliegen der Versicherungsaufsicht durch das Bundesaufsichtsamt für das Versicherungswesen. Arbeitnehmer erwerben gegenüber Pensionsfonds einen Rechtsanspruch und können ihre Ansprüche bei einem Arbeitgeberwechsel mitnehmen.

11.7.1 Steuerliche Behandlung der Beiträge

Die steuer- und sozialversicherungsrechtliche Behandlung entspricht den Regelungen zur Pensionskasse. Seit dem 01.01.2018 sind bis zu 8 % der Beitragsbemessungsgrenze Rentenversicherung (West) steuerfrei (2023: 7.008 €). In der Sozialversicherung sind 4 % der Beitragsbemessungsgrenze Rentenversicherung (West) beitragsfrei (2023: 3.504 €).

11.7.2 Verzicht auf Steuerfreiheit

Ebenso wie bei der Pensionskasse kann der Arbeitnehmer auf die Steuerfreiheit der Einzahlungen zugunsten der sogenannten Riesterförderung verzichten, mit der Folge, dass normale Steuer- und Beitragspflicht entsteht. Spätere Rentenleistungen daraus müssten dann nur mit ihrem niedrigeren Ertragsanteil versteuert werden.

11.7.3 Nachgelagerte Versteuerung der Beiträge

Rentenleistungen aus steuerfrei geförderten Beiträgen in Pensionsfonds sind sonstige Einkünfte nach § 22 EStG. Auch in dieser Hinsicht entsprechen sich Pensionsfonds und Pensionskassen.

11.8 Direktversicherungen

Unter einer Direktversicherung versteht man grundsätzlich eine Lebensversicherung, die Arbeitgeber auf die Namen ihrer Arbeitnehmer vereinbaren, d. h., die Arbeitnehmer bzw. ihre Hinterbliebenen sind bezugsberechtigt. Die Beiträge werden vom Arbeitgeber abgeführt (vgl. § 1b Abs. 2 BetrAVG).

Beiträge für Direktversicherungen konnten bis zum 31.12.2004 mit **20 % pauschal versteuert** werden. Unter bestimmten Umständen löste dies Beitragsfreiheit in der Sozialversicherung aus.

Regelung bis zum 31.12.2017 und Änderungen zum 01.01.2018

Für Direktversicherungszusagen **ab 2005** war die Pauschalversteuerung aufgrund des Alterseinkünftegesetzes nicht mehr möglich. Direktversicherungsbeiträge konnten demnach nur noch steuerfrei behandelt werden.

Seit dem 01.01.2005 wurde bei der kapitalgedeckten betrieblichen Altersvorsorge die Möglichkeit der Pauschalbesteuerung (§ 40b EStG) für Beiträge an eine Pensionskasse und in eine Direktversicherung aufgehoben. Beiträge können allerdings weiterhin pauschal versteuert werden, wenn sie auf Grundlage einer Versorgungszusage geleistet werden, die vor dem 01.01.2005 erteilt wurde (Altzusage). Siehe dazu Kap. 11.6.5.

Somit fallen Verträge ab 01.01.2018 unter die Bestimmungen des § 3 Nr. 63 EStG. Sie werden steuerlich genauso behandelt wie Pensionskassen und Pensionsfonds. Die Steuerfreiheit der Beiträge in Höhe von 8 % der Beitragsbemessungsgrenze Rentenversicherung (West) zieht Sozialversicherungsfreiheit in Höhe von 4 % der Beitragsbemessungsgrenze Rentenversicherung (West) nach sich. Die Rentenleistungen (auch Einmalzahlungen) sind in voller Höhe als sonstige Einkünfte zu versteuern.

Steuerfreie Beiträge haben zur Folge, dass spätere Rentenleistungen in voller Höhe als sonstige Einkünfte nach § 22 EStG zu versteuern sind (sogenannte nachgelagerte Versteuerung).

In der Praxis erfüllten jedoch die wenigsten „alten“ Direktversicherungsverträge die entsprechenden Voraussetzungen der Steuerfreiheit nach § 3 Nr. 63 EStG. Als Voraussetzungen für die Steuerfreiheit sind in erster Linie zu nennen:

- Rentenleistungen in Form monatlicher Rentenzahlungen,

- Option auf Kapitalzahlung ist möglich,
- als Hinterbliebene können nur Ehegatten oder frühere Ehegatten, namentlich benannte Lebenspartner oder Kinder bis 27 Jahre eingesetzt werden. Bei bestehenden Direktversicherungen vor 2005 dürfen auch die Eltern als Hinterbliebene eingesetzt sein, um die Kriterien der Steuerfreiheit noch zu erfüllen. Neue Direktversicherungszusagen ab 2005, die Eltern als Hinterbliebene beinhalten, erfüllen die Fördervoraussetzungen allerdings nicht mehr. Sind andere als die genannten Personen als Hinterbliebene vorgesehen, führt dies dazu, dass die Beiträge nicht steuerfrei sind. Handelt es sich um Neuzusagen, ist auch eine Pauschalierung generell nicht mehr möglich.

Da in der Praxis die allermeisten „alten" Direktversicherungen diese Voraussetzungen zur Steuerfreiheit nicht erfüllten, blieb auch nur die Möglichkeit der Pauschalversteuerung.

Erfüllten „alte" Direktversicherungen die Voraussetzungen für Steuerfreiheit, waren Beiträge dafür ab 01.01.2005 vorrangig steuerfrei abzurechnen. Allerdings konnten Arbeitnehmer bis zum **30.06.2005** auf die Anwendung der Steuerfreiheit verzichten. Sofern dieser (schriftliche) Verzicht erfolgt ist, war eine Pauschalversteuerung der Beiträge weiterhin möglich. Wird bei einem Arbeitgeberwechsel nachgewiesen, dass bis zum 31.12.2017 Beiträge pauschal versteuert wurden (weil nach damaligem Rechtsstand die Vorrausetzungen erfüllt waren), kann dieser auch weiterhin die Pauschalierung vornehmen. Dies ist auch für einen neuen Vertrag möglich.

Hinweis

Bringen neue Arbeitnehmer ihre bereits abgeschlossenen Direktversicherungen in das neue Arbeitsverhältnis mit ein (Übernahme der Versicherungspolice) oder wird eine Altzusage im Rahmen des Übertragungsabkommens der Versicherungswirtschaft übertragen, so handelt es sich vom Grundsatz her immer noch um eine Altzusage.

Im Falle eines Arbeitgeberwechsels genügt es künftig, wenn der Arbeitnehmer dem Arbeitgeber gegenüber nachweist, dass mindestens ein Beitrag nach § 40b EStG a. F. vor dem 01.01.2018 pauschal versteuert wurde.

11.8.1 Pauschalversteuerung von „alten" Direktversicherungen

Laufende Beiträge zur kapitalgedeckten betrieblichen Altersversorgung an eine Pensionskasse, einen Pensionsfonds und eine Direktversicherung, die nach § 40b EStG a. F. (bis 31.12.2004) pauschal besteuert werden, werden auf das neue steuerfreie Volumen von bis zu 8 % der Beitragsbemessungsgrenze in der gesetzlichen Rentenversicherung (West) angerechnet (§ 52 Abs. 4 Satz 13 EStG). Im Fall der Durchschnittsberechnung nach § 40b Abs. 2 Satz 2 EStG a. F. sind beim Arbeitnehmer die auf ihn entfallenden Leistungen auf das steuerfreie Volumen anzurechnen.

11.8.1.1 Pauschalierungshöchstbetrag

Die Pauschalierungsmöglichkeit ist bis maximal **1.752 €** jährlich begrenzt. Beim Abschluss von **Gruppenversicherungen** erhöht sich dieser Betrag auf **2.148 €** pro Arbeitnehmer, wobei im Durchschnitt die 1.752 € nicht überschritten werden dürfen. Bei einem Arbeitgeberwechsel können die Höchstbeträge im Laufe des Kalenderjahres **mehrmals** ausgeschöpft werden.

Vorsicht

Nur Arbeitnehmer, die beim Arbeitgeber in einem ersten Dienstverhältnis stehen, dürfen in die Pauschalierung mit einbezogen werden. Bei Arbeitnehmern mit der Steuerklasse VI ist eine Pauschalierung ausgeschlossen.

11.8.2 Sozialversicherungsrechtliche Behandlung

Die sozialversicherungsrechtliche Behandlung einer Direktversicherung richtet sich nach der Art der Versicherung bzw. nach dem Datum des Vertragsabschlusses.

11.8.2.1 Direktversicherung durch den Arbeitgeber

Eine Direktversicherung durch den Arbeitgeber ist sozialversicherungsfrei, insoweit die Lohnsteuer pauschaliert wird, d. h., wenn die jährlichen Grenzen von 1.752 € bzw. von 2.148 € bei Gruppenversicherungen nicht überschritten werden.

11.8.2.2 Direktversicherung mit Gehaltsverzicht

Vertragsabschluss vor dem 01.01.1981

Die Spitzenverbände der Sozialversicherungsträger vertraten vor 1981 die Auffassung, dass Direktversicherungsbeiträge auch dann kein Arbeitsentgelt sind, wenn sie durch Gehaltsverzicht erbracht werden und monatlich 102,26 € nicht übersteigen. Abweichend von der lohnsteuerrechtlichen Behandlung ist daher zu beachten, dass solche Direktversicherungsbeiträge nur bis zu der Grenze von 102,26 € beitragsfrei bleiben.

Vertragsabschluss ab dem 01.01.1981

Verzichtet der Arbeitnehmer aufgrund von Direktversicherungsverträgen, die nach dem 31.12.1980 abgeschlossen wurden, auf Teile seines laufenden Verdienstes, sind diese Direktversicherungsbeiträge nach Auffassung der Sozialversicherungsträger als sozialversicherungspflichtiges Arbeitsentgelt zu betrachten.

11.8.2.3 Verzicht auf Einmalbezug

Werden Direktversicherungsbeiträge ausschließlich durch Verzicht auf Einmalzahlungen finanziert, bleiben sie unabhängig vom Zeitpunkt des Vertragsabschlusses in Höhe der vorgenommenen Pauschalierung beitragsfrei in der Sozialversicherung.

11.8.3 Zulagenförderung der Beiträge (Riesterförderung)

Entsprechend § 82 Abs. 2 EStG können zu den mit Zulage und Sonderausgabenabzug begünstigten Altersvorsorgebeiträgen auch Zahlungen in eine Direktversicherung gehören.

Als Voraussetzungen hierfür gelten:

- lebenslange Rentenzahlung,
- keine Pauschalversteuerung, sondern individuelle Versteuerung. Bei einer Entgeltumwandlung kann der Arbeitnehmer daher auf die Pauschalversteuerung verzichten und die Zulagenförderung wählen.

Anwendungsbeispiele Direktversicherungen

Beispiel 1

Monatlicher Gehaltsverzicht, Arbeitnehmer trägt die Pauschalsteuer:

Für den Angestellten Wilhelm Klug mit einem monatlichen Gehalt von 3.000 € wurde 1985 eine Direktversicherung mit Gehaltsverzicht abgeschlossen.

Die Firma Muster überweist hierfür monatlich 100 €. Es wurde vereinbart, dass die pauschale Lohnsteuer im Innenverhältnis auf den Arbeitnehmer abgewälzt wird.

Der Arbeitgeber berechnet folgende Pauschalsteuer:

20 % von 100 € (pausch. Lohnsteuer):	20,00 €
7 % von 20 € (z. B. pausch. Kirchensteuer):	1,40 €
5,5 % von 20 € (Solidaritätszuschlag):	1,10 €
Gesamtaufwand Pauschalierung:	**22,50 €**

Abrechnungsergebnis:

Gehalt:	3.000,00 €
Entgeltumwandlung zugunsten Direktversicherung: (Minderung des Steuerbruttos)	– 100,00 €
Gesamtbrutto:	3.000,00 €
Steuerbrutto:	2.900,00 €
KV/PV-Brutto:	3.000,00 €
RV/AV-Brutto:	3.000,00 €

gesetzliche Abzüge (angenommen):	– 600,00 €
Nettobetrag:	2.400,00 €
Abführung Beitrag Direktversicherung:	– 100,00 €
Abwälzung Pauschalsteuer:	– 22,50 €
Auszahlungsbetrag:	2.277,50 €

Beispiel 2

Verzicht auf Einmalbezug durch den Arbeitnehmer:

Die Angestellte Lore Wut verzichtet im Juli auf ihr Urlaubsgeld von 1.500 € zugunsten einer Direktversicherung. Ihr Gehalt beträgt 3.000 €. Der Arbeitgeber übernimmt die pauschale Lohnsteuer.

Abrechnungsergebnis:

Gehalt:	3.000,00 €
Urlaubsgeld:	1.500,00 €
Entgeltumwandlung zugunsten Direktversicherung: (Minderung von Steuer- und SV-Brutto)	– 1.500,00 €
Gesamtbrutto:	4.500,00 €
Steuerbrutto:	3.000,00 €
KV/PV-Brutto:	3.000,00 €
RV/AV-Brutto:	3.000,00 €
gesetzliche Abzüge (angenommen):	– 700,00 €
Nettobetrag:	3.800,00 €
Abführung Beitrag Direktversicherung:	– 1.500,00 €
Auszahlungsbetrag:	2.300,00 €

11.8.4 Alte Vervielfältigungsregelung bei Direktversicherungen

Zahlt der Arbeitgeber bei Beendigung des Dienstverhältnisses für den Arbeitnehmer Beiträge für eine Direktversicherung oder Pensionskasse, so vervielfältigt sich der Betrag von 1.752 € mit der Anzahl der Kalenderjahre, in denen das Dienstverhältnis bestanden hat. Angefangene Kalenderjahre können dabei voll angerechnet werden.

Diese vervielfältigte Pauschalierungsgrenze vermindert sich um die pauschal versteuerten Beiträge und Zuwendungen, die der Arbeitgeber im Jahr der Beendigung des Dienstverhältnisses und in den vorangegangenen sechs Jahren erbracht hat. Bei der Anwendung der Vervielfältigungsregel kommt es nicht auf den Grund der Beendigung des Dienstverhältnisses an (§ 40b EStG a. F.).

Beispiel

Ein Arbeitnehmer scheidet im Jahr 2009 nach 20 Dienstjahren aus seinem Arbeitsverhältnis aus. Er war mit anderen Arbeitnehmern seit 15 Jahren in einer gemeinsamen Direktversicherung versichert. 1992 bis 1997 hat der Arbeitgeber jährlich 1.500 € und ab 1998 jährlich 1.752 € bezahlt und pauschal versteuert. Zur Versorgung des Arbeitnehmers schließt der Arbeitgeber eine zusätzliche Direktversicherung gegen Rentenleistung ab. Er zahlt eine Einmalprämie von 25.000 €.

Berechnung:

Pauschalierungsgrenze	
(1.752 € x 20 Jahre) =	35.040,00 €
Minderung um:	
Austrittsjahr (1 x 1.752 €) =	– 1.752,00 €
vorangegangene sechs Jahre (6 x 1.752 €) =	– 10,512,00 €
Betrag, der noch pauschaliert werden kann:	**22.776,00 €**

11.8.5 Neue Vervielfältigungsregelung

Vorsicht

Beiträge, die im Zusammenhang mit der Beendigung eines Arbeitsverhältnisses in Pensionsfonds, Pensionskassen oder neue Direktversicherungen eingezahlt werden, bleiben bis 4 % der Beitragsbemessungsgrenze Rentenversicherung (West) steuerfrei.

Einige Arbeitnehmer verwenden ihre Abfindung, die aus Anlass der Beendigung des Arbeitsverhältnisses gezahlt wird, auch zur Einzahlung einer (Ausgleichs-)Zahlung in die betriebliche Altersvorsorge. Bereits nach den bisherigen gesetzlichen Regelungen wurde dies lohnsteuerlich unterstützt (§ 3 Nr. 63 Satz 4 EStG).

Mit der Änderung des Gesetzes werden ab dem 01.01.2018 bei Auflösung des Arbeitsverhältnisses gezahlte Beiträge in einen Pensionsfond, eine Pensionskasse oder eine Direktversicherung bis zu 4 % der Beitragsbemessungsgrenze der Rentenversicherung (West) steuerfrei, vervielfältigt mit der Anzahl der Kalenderjahre, in denen das jeweilige Arbeitsverhältnis bestanden hat, begrenzt auf maximal zehn Kalenderjahre (§ 3 Nr. 63 Satz 3 EStG).

Pauschal besteuerte Zuwendungen aus Anlass der Beendigung des Dienstverhältnisses (§ 40b Abs. 1 und Abs. 2 Sätze 3 und 4 EStG in der am 31.12.2004 geltenden Fassung) werden allerdings weiterhin auf das steuerfreie Volumen angerechnet (§ 52 Abs. 4 Satz 14 EStG). Eine Gegenüberstellung der alten und neuen Vervielfältigungsregel zeigt, dass die Beschränkung auf zehn Kalenderjahre zu keiner Verschlechterung nach heutigem Rechtstand führt:

Altes Recht:

maximales steuerfreies Volumen: 23.400 €

(1.800,00 € x max. 13 Kalenderjahre für den Zeitraum 2005 als Erstjahr der Geltung des Alterseinkünftegesetzes bis zum Jahr 2017)

Neues Recht:

maximales steuerfreies Volumen: 33.840 €

(84.600,00 € x 4 % = 3.384 € x 10 Kalenderjahre)

11.8.6 Verbesserte Portabilität

Arbeitsrechtlich besteht die Möglichkeit der Mitnahme der betrieblichen Altersvorsorge im Fall eines Arbeitgeberwechsels (§ 4 BetrAVG). Diese sog. Portabilität ist durch die Regelungen des § 3 Nr. 55 EStG flankiert. Allerdings waren auf Grundlage der bisherigen gesetzlichen Regelungen nur gesetzlich unverfallbare Anwartschaften von der Steuerfreiheit erfasst. In der Praxis kommt es immer wieder vor, dass Anwartschaften aus einer betrieblichen Altersvorsorge auch ohne den Wechsel des Arbeitgebers von einem externen Versorgungsträger (Pensionskasse, Pensionsfond, Lebensversicherung) auf einen anderen externen Versorgungsträger übertragen werden. Ab dem 01.01.2018 sind auch Übertragungen zwischen externen Versorgungsträgern bei fortbestehendem Arbeitsverhältnis steuerfrei. Allerdings darf im Zusammenhang mit der Übertragung keine unmittelbare Zahlung des Arbeitnehmers erfolgen (§ 3 Nr. 55c Satz 1 Buchstabe a EStG). Erst eine spätere Auszahlung an den Arbeitnehmer wird im Rahmen der sonstigen Einkünfte erfasst, so als ob die Übertragung nicht stattgefunden hätte (§ 22 Nr. 5 EStG).

11.8.6.1 Übernahme der Zusage

Die (Schuld-)Übernahme im neuen § 4 Abs. 2 Nr. 1 Betriebsrentengesetz entspricht dem geltenden Recht im alten § 4 Betriebsrentengesetz. Danach wird die Versorgungszusage des alten Arbeitgebers unverändert, d. h. mit völlig gleichem Leistungsinhalt, auf den neuen Arbeitgeber übertragen. Voraussetzung ist, dass sich alle Beteiligten einig sind.

Beispiel

Ein Arbeitgeber hat einem Arbeitnehmer eine Leistungszusage in der Form erteilt, dass er pro Jahr der Betriebszugehörigkeit 15 € Monatsrente nach Vollendung des 65. Lebensjahres bekommt. Der neue Arbeitgeber schuldet dem Arbeitnehmer nach Übernahme der Zusage genau diese Leistung von 15 € pro Beschäftigungsjahr.

Der Arbeitnehmer kann beim Erreichen des entsprechenden Alters alle beim alten und neuen Arbeitgeber geleisteten Dienstjahre geltend machen. Der neue Arbeitgeber schuldet die Leistung einheitlich für alle geltend gemachten Dienstjahre.

Diese Möglichkeit der Übernahme der Zusage kann nur durchgeführt werden, wenn sich alle daran beteiligten Parteien einig sind. Der Arbeitnehmer hat keinen Rechtsanspruch darauf.

11.8.6.2 Übertragung des Übertragungswertes

Eingeführt wurde im Rahmen des Alterseinkünftegesetzes die Übertragung des Übertragungswertes. Im Gegensatz zur Übernahme der arbeitsrechtlichen Zusage wird hier lediglich der Wert der alten Versorgungszusage übertragen. Der neue Arbeitgeber ist aber an die Ausgestaltung der alten Versorgungszusage nicht mehr gebunden.

Nach Feststellung des Wertes der alten Anwartschaft und der erfolgten Kapitalübertragung besteht gegenüber dem alten Arbeitgeber kein Anspruch mehr. Die neue Anwartschaft beim neuen Arbeitgeber ist sofort unverfallbar und gegen Insolvenz geschützt.

11.8.6.3 Recht auf Übertragung

Der Arbeitnehmer hat somit einen Rechtsanspruch auf die Übertragungsmöglichkeit des Übertragungswertes, und zwar sowohl gegenüber seinem alten Arbeitgeber als auch gegenüber dem neuen Arbeitgeber. Allerdings gibt es Einschränkungen:

- Der Übertragungsanspruch ist begrenzt auf Neuzusagen, die ab dem 01.01.2005 erteilt werden.
- Die betriebliche Altersvorsorge muss extern, also über eine Direktversicherung, eine Pensionskasse oder einen Pensionsfonds erfolgen.

- Der Anspruch auf Übertragung ist begrenzt auf einen Übertragungswert in Höhe der Beitragsbemessungsgrenze Rentenversicherung West.
- Der Anspruch kann nur innerhalb eines Jahres nach Ausscheiden geltend gemacht werden.

Beansprucht der Arbeitnehmer sein neues Übertragungsrecht, wird in der Praxis wohl der Übertragungswert zwischen den Versorgungsträgern des neuen und alten Arbeitgebers vollzogen werden.

Vorsicht

Der neue Arbeitgeber ist verpflichtet, einen externen Durchführungsweg anzubieten, damit der Arbeitnehmer auch im Falle eines erneuten Arbeitgeberwechsels den Übertragungsanspruch geltend machen kann.

Im Rahmen der Portabilitätsmöglichkeiten erwirbt der Arbeitnehmer einen Auskunftsanspruch gegenüber seinem alten und neuen Arbeitgeber über die Höhe der voraussichtlichen Altersrente und des Übertragungswertes. Dieser Anspruch besteht auch für ausgeschiedene Arbeitnehmer.

In § 8 Abs. 3 BetrAVG ist dem Arbeitnehmer das Recht eingeräumt, im Fall der Insolvenz des Arbeitgebers eine für ihn abgeschlossene Rückdeckungsversicherung fortzuführen. Nach den steuerlichen Grundsätzen fließt einem Arbeitnehmer, der im Insolvenzfall von diesem Recht Gebrauch macht, ein steuerpflichtiger geldwerter Vorteil aus dem aktiven Arbeitsverhältnis zu. Allerdings widerspricht dieser steuerpflichtige geldwerte Vorteil dem Grundsatz der nachgelagerten Besteuerung.

Das Betriebsrentenstärkungsgesetz sieht daher ab dem 01.01.2018 vor, dass der Erwerb solcher Ansprüche aus einer Rückdeckungsversicherung im Insolvenzfall des Arbeitgebers steuerfrei ist (§ 3 Nr. 65 Satz 1 Buchstabe d EStG). Auch Ansprüche, die auf nach der Eröffnung des Insolvenzverfahrens erbrachten Beiträgen beruhen, sind von den steuerfreien Ansprüchen erfasst. Die Einkünfte werden insgesamt umqualifiziert von § 19 EStG zu § 22 Nr. 5 EStG. Dadurch muss das Versicherungsunternehmen keinen Lohnsteuerabzug durchführen, sondern im Leistungsfall eine Rentenbezugsmitteilung erstellen. Aus diesem Grund entfällt hierfür der Versorgungsfreibetrag.

11.8.6.4 Steuerrechtliche Auswirkung der Übertragung

Eine Übertragung von externen zu externen bzw. von internen zu internen Durchführungswegen ist in Höhe der BBG RV kein steuerpflichtiger Zufluss von Arbeitslohn.

11.8.7 Weiterführung der betrieblichen Altersversorgung

Häufig führen sog. gebrochene Erwerbsbiografien zu einer lückenhaften Beitragszahlung in eine Versorgungseinrichtung. Dies kann z. B. bei langer Krankheit, Elternzeit, unbezahltem Urlaub und Auslandsaufenthalt der Fall sein. Ab dem 01.01.2018 sind Nachzahlungen von Beiträgen an einen Pensionsfonds, eine Pensionskasse und eine Direktversicherung möglich. Eine solche Nachzahlung kann für maximal zehn Kalenderjahre, in denen das erste Dienstverhältnis ruhte und in Deutschland kein steuerpflichtiger Arbeitslohn bezogen wurde (§ 3 Nr. 63 Satz 4 EStG), erfolgen.

Dabei werden nur Kalenderjahre berücksichtigt, in denen vom Arbeitgeber des ersten Dienstverhältnisses im Inland für ein komplettes Kalenderjahr kein steuerpflichtiger Arbeitslohn bezogen wurde. Arbeitslöhne aus einem anderen als dem ersten Dienstverhältnis, z. B. nach Steuerklasse VI versteuerter oder pauschal besteuerter Arbeitslohn, werden nicht berücksichtigt. Die Neuregelung umfasst auch Kalenderjahre vor 2018, sofern die Nachzahlung nach dem 31.12.2017 erfolgt.

Hinweis

Zum Zeitpunkt des Ruhens des Arbeitsverhältnisses und zum Zeitpunkt der Nachzahlung der Beiträge muss das erste Dienstverhältnis beim Arbeitgeber vorliegen. Das erste Dienstverhältnis (Steuerklassen I bis V) ist dem Arbeitgeber durch Abruf der Lohnsteuerabzugsmerkmale bekannt.

Für die Berechnung des steuerfreien Betrags werden ebenfalls 8 % der Beitragsbemessungsgrenze Rentenversicherung (West) nach dem jeweiligen Kalenderjahr berücksichtigt, maximal jedoch für zehn Kalenderjahre. Maßgeblich ist die Beitragsbemessungsgrenze des Jahres, in dem die Nachzahlung erfolgt. Damit ergibt sich auf Grundlage der Beitragsbemessungsgrenze für 2022 ein steuerfreier Nachzahlungsbetrag von maximal 67.680 € (8 % von 84.600 € x 10 Kalenderjahre).

11.9 bAV-Förderbetrag – § 100 EStG

Seit dem 01.01.2018 wird erstmals ein Förderbetrag zur kapitalgedeckten betrieblichen Altersvorsorge für Geringverdiener in ihrem ersten Dienstverhältnis eingeführt (§ 100 EStG). Die Förderung erhalten somit Arbeitnehmer mit Steuerklasse I bis V oder mit einem ersten Dienstverhältnis mit pauschal versteuertem Arbeitslohn. Keine Begünstigung erhalten Arbeitnehmer mit der Steuerklasse VI (§ 100 Abs. 1 EStG). Ein erstes Arbeitsverhältnis stellt auch ein weiterbeschäftigtes Arbeitsverhältnis ohne Anspruch auf Arbeitslohn dar, wie z. B. Zeiten während der Schutzfristen nach dem Mutterschutzgesetz, der Elternzeit, der Pflegezeit und des Bezugs von Krankengeld.

Die Begrenzung auf das erste Dienstverhältnis soll sicherstellen, dass der Förderbetrag zur betrieblichen Altersvorsorge für einen Arbeitnehmer, der mehrere Beschäftigungen bei verschiedenen Arbeitgebern ausführt, durch die Arbeitgeber nicht auch mehrfach in Anspruch genommen werden kann. Allerdings kann ein Arbeitgeberwechsel im laufenden Kalenderjahr dazu führen, dass der Förderbetrag für das erste Dienstverhältnis auch nacheinander mehrfach in Anspruch genommen wird. Der Gesetzgeber hat ausdrücklich auf eine Begrenzung des Förderbetrags aus Vereinfachungsgründen für die Arbeitgeber verzichtet.

Vom Förderbetrag sollen somit Arbeitnehmer profitieren, die keine ausreichenden eigenen Finanzmittel zur Verfügung haben bzw. für die sich keine Gehaltsumwandlung zugunsten einer betrieblichen Altersvorsorge steuerlich rechnet.

Nach dem Gesetz (§ 100 Abs. 3 Satz 1 Nr. 3 EStG) ist jemand Geringverdiener, wenn der laufende Arbeitslohn im Zeitpunkt der Beitragsleistung monatlich nicht mehr als 2.575 € beträgt. Unberücksichtigt bleiben beim laufenden Arbeitslohn:

- steuerfreier Arbeitslohn wie z. B. Sonn-, Feiertags- und Nachtzuschläge,
- sonstige Bezüge wie z. B. Urlaubs- und Weihnachtsgeld,
- Sachbezüge, die unter die 50-€-Freigrenze fallen (§ 8 Abs. 2 Satz 11 EStG) und
- pauschal versteuerter Arbeitslohn (§§ 37a, 37b, 40, 40b EStG).

Bei Arbeitnehmern, deren Arbeitslohn im Rahmen einer Teilzeit- und geringfügigen Beschäftigungen nicht individuell, sondern pauschal versteuert wird, gibt es keinen laufenden Arbeitslohn nach den v. g. Regelungen. Es wird deshalb in den Fällen, in denen der Arbeitslohn pauschal versteuert wird (Teilzeit- und geringfügig Beschäftigte) auf den pauschal besteuerten Arbeitslohn oder das pauschal besteuerte Arbeitsentgelt für den entsprechenden Lohnzahlungszeitraum abgestellt. Sonstige Bezüge (z. B. Urlaubs- oder Weihnachtsgeld) bleiben unberücksichtigt.

Hinweis

Die Grenze von 2.575 € (bis zum 31.12.2019: 2.200 €) ist insbesondere zu beachten, wenn der Arbeitnehmer nach Beendigung der Ausbildung übernommen wird, bei einer Änderung der Arbeitszeit bzw. gerade beim Beginn der Altersteilzeit.

Der zum Lohnsteuerabzug verpflichtete Arbeitgeber muss zur Inanspruchnahme des Förderbetrags zusätzlich zum ohnehin geschuldeten Arbeitslohn einen Beitrag zur kapitalgedeckten betrieblichen Altersversorgung von mindestens 240 € jährlich leisten. Somit tritt der Arbeitgeber in Vorkasse. Er erhält dafür im Rahmen der nächsten Lohnsteuer-Anmeldung vom Finanzamt einen Förderbetrag i. H. von 30 %, höchstens 288 € p. a. auf seine Lohnsteuerzahllast angerechnet. Die Inanspruchnahme des Förderbetrags setzt zudem voraus, dass Vertriebskosten beim Abschluss des Vertrags über die betriebliche Altersversorgung nicht zulasten der ersten Beiträge einbehalten werden (sog. „Zillmerung"). Vielmehr dürfen die Vertriebskosten nur als fester Anteil der laufenden Beiträge einbehalten werden (§ 100 Abs. 3 Satz 1 Nr. 4 EStG).

Fällt bei der Höhe des Arbeitslohns beim Arbeitnehmer keine Lohnsteuer an oder ist die Höhe der Lohnsteuer niedriger als der Förderbetrag, erstattet das Finanzamt dem Arbeitgeber den Minusbetrag (auch Rotbetrag genannt). Der Beitragszuschuss des Arbeitgebers für jeden Geringverdiener beträgt somit zwischen 240 € (Mindestbetrag) und 960 € (Höchstbetrag). Je nach Höhe des Arbeitgeberbeitrags richtet sich auch die Höhe des bAV-Förderbetrags, der jeweils 30 % des Arbeitgeberbeitrags beträgt und zwischen 72 € (30 % von 240 €) und 288 € (30 % von 960 €) liegt. Die betriebliche Altersvorsorge für Geringverdiener wird nach der Einführung des bAV-Förderbetrags zu 70 % vom Arbeitgeber und bis zu 30 % vom Staat finanziert.

Hinweis

Mit dem Gesetz zur Einführung der Grundrente[1] wurde der Höchstbetrag für die Anwendung des § 100 EStG von 480 € auf 960 € erhöht. Die Erhöhung ist ab dem Jahr 2020 anzuwenden.

Arbeitgeber können tarifvertraglich, durch Betriebsvereinbarung oder auch in einem Arbeitsvertrag die zusätzlichen Beiträge festlegen. Bei Gehaltsumwandlungen ist wegen der Zusätzlichkeitsvoraussetzung eine Förderung ausgeschlossen. Auch ist eine Förderung bei umlagefinanzierter betrieblicher Altersvorsorge nicht möglich.

Beispiel

Ein Arbeitgeber zahlt ab dem 01.01.2018 monatlich eine zusätzlichen Arbeitgeberbeitrag i. H. von 40 € für einen Arbeitnehmer mit einem laufenden monatlichen Arbeitslohn i. H. von 2.050 € in eine externe betriebliche Altersvorsorge.

Nach § 100 EStG ist dieser Betrag komplett steuerfrei. Die Sozialversicherung folgt der Steuerfreiheit mit Beitragsfreiheit. Der Förderbetrag pro Monat beträgt 12 € (30 % von 40 €) und übersteigt somit den jährlichen Maximalbetrag i. H. von 288 € (12 x 24 €) nicht.

Der zusätzliche Arbeitgeberbeitrag zur betrieblichen Altersversorgung für Geringverdiener ist bis zum förderfähigen Höchstbetrag von 960 € jährlich steuer- und beitragsfrei (§ 100 Abs. 5 Satz 1 EStG).

Der Arbeitgeberbeitrag (§ 100 EStG) wird nicht auf das daneben bestehende steuerfreie Volumen des § 3 Nr. 63 EStG angerechnet. Es kann somit ein über den förderungsfähigen Höchstbetrag hinaus gezahlter zusätzlicher Arbeitgeberbeitrag nach den Regelungen des § 3 Nr. 63 EStG steuerfrei sein, wenn das Volumen des § 3 Nr. 63 EStG nicht bereits durch andere Beträge ausgeschöpft worden ist.

Beispiel

Ein Arbeitgeber zahlt ab dem 01.01.2018 vierteljährlich einen zusätzlichen Arbeitgeberbeitrag i. H. von 150 € für einen Arbeitnehmer mit einem laufenden monatlichen Arbeitslohn i. H. von 2.050 € in eine externe betriebliche Altersvorsorge.

Lösung 01.01.2018 bis 31.12.2019:

Im ersten, zweiten und dritten Quartal beträgt der bAV-Förderbetrag 45 € im Quartal (30 % von 150 €). Im vierten Quartal beträgt der bAV-Förderbetrag nicht mehr die volle Höhe, weil der maximale Arbeitgeberbeitrag zum bAV-Förderbe-

1 Gesetz zur Einführung der Grundrente für langjährige Versicherung in der gesetzlichen Rentenversicherung mit unterschiedlichen Einkommen und für weitere Maßnahmen zur Erhöhung des Alterseinkommens vom 12.08.2020 (BGBl 2020 Teil I Nr. 38 vom 18.08.2020, Seite 1879)

trag bei 480 € p. a. gedeckelt ist. Somit kann der Arbeitgeber noch eine Förderung im vierten Quartal von 9 € erhalten (144 € – (3 x 45 €)). Der Arbeitgeberbeitrag i. H. von 600 € (4 x 150 €) ist bis 480 € steuer- und beitragsfrei. Der übersteigende Betrag i. H. von 120 € (600 € – 480 €) ist ggf. nach § 3 Nr. 63 EStG steuerfrei und somit auch beitragsfrei, wenn diese Vorschrift nicht bereits durch andere Beiträge ausgeschöpft ist. Ansonsten besteht für diesen übersteigenden Betrag Steuer- und Beitragspflicht.

Lösung ab 01.01.2020:

Nach § 100 EStG ist der Betrag in Höhe von 600 € komplett steuerfrei. Die Sozialversicherung folgt der Steuerfreiheit mit Beitragsfreiheit. Der Förderbetrag pro Quartal beträgt 45 € (30 % von 150 €) und übersteigt somit den jährlichen Maximalbetrag i. H. von 288 € (30 % von 960 €) nicht.

Der zusätzliche Arbeitgeberbeitrag zur betrieblichen Altersversorgung für Geringverdiener ist bis zum förderfähigen Höchstbetrag von 960 € jährlich steuer- und beitragsfrei (§ 100 Abs. 5 Satz 1 EStG).

Der Arbeitgeberbeitrag (§ 100 EStG) wird nicht auf das daneben bestehende steuerfreie Volumen des § 3 Nr. 63 EStG angerechnet. Es kann somit ein über den förderungsfähigen Höchstbetrag hinaus gezahlter zusätzlicher Arbeitgeberbeitrag nach den Regelungen des § 3 Nr. 63 EStG steuerfrei sein, wenn das Volumen des § 3 Nr. 63 EStG nicht bereits durch andere Beträge ausgeschöpft worden ist.

Bei am 01.01.2018 bereits bestehenden Vereinbarungen einer betrieblichen Altersversorgung kann der Arbeitgeber den staatlichen Förderbetrag nicht in Anspruch nehmen, ohne dass zusätzliche Mittel mindestens in Höhe des staatlichen Zuschusses für die betriebliche Altersversorgung des Arbeitnehmers zur Verfügung gestellt werden. Dies gilt entsprechend bei geringfügigen Beitragserhöhungen (§ 100 Abs. 2 Satz 2 EStG). Mit dieser gesetzlichen Regelung wird das Ziel verfolgt, den Arbeitgeber mit dem Förderbetrag zu motivieren, zusätzliche Arbeitgeberbeiträge für die Altersversorgung seiner Arbeitnehmer aufzubringen. Bezugsjahr für die Höhe der zusätzlich aufzubringenden Mittel ist dabei allerdings das Jahr 2016. Wird somit erstmalig 2017 eine arbeitgeberfinanzierte betriebliche Altersversorgung vereinbart, ist diese voll förderfähig.

Beispiel

Ein Arbeitgeber zahlt seit dem 01.01.2016 jährlich einen zusätzlichen Arbeitgeberbeitrag i. H. von 200 € für einen Arbeitnehmer mit einem laufenden monatlichen Arbeitslohn i. H. von 2.050 € in eine externe betriebliche Altersvorsorge. Ab dem 01.01.2018 erhöht der Arbeitgeber den jährlichen Beitrag auf 240 €.

Der Mindestbetrag nach § 100 EStG ist mit den 240 € erstmals erreicht. Der Arbeitgeberbeitrag ist deshalb nicht mehr nach den steuerrechtlichen Regelungen des § 3 Nr. 63 EStG steuerfrei, sondern nach den steuerrechtlichen Regelungen des § 100 EStG. Der bAV-Förderbetrag bezieht sich allerdings auch nur auf den

Erhöhungsbetrag ab dem Jahr 2018 und beträgt somit nicht 72 € (30 % von 240 €), sondern ist begrenzt auf den Erhöhungsbetrag, also auf nur 40 €.

Beispiel (Abwandlung)

Ein Arbeitgeber zahlt seit dem 01.01.2016 jährlich einen zusätzlichen Arbeitgeberbeitrag i. H von 210 € für einen Arbeitnehmer mit einem laufenden monatlichen Arbeitslohn i. H von 2.050 € in eine externe betriebliche Altersvorsorge. Ab dem 01.01.2018 erhöht der Arbeitgeber den jährlichen Beitrag auf 300 €.

Der Mindestbetrag nach § 100 EStG ist mit den 240 € erstmals erreicht. Der Arbeitgeberbeitrag ist deshalb nicht mehr nach den steuerrechtlichen Regelungen des § 3 Nr. 63 EStG steuerfrei, sondern nach den steuerrechtlichen Regelungen des § 100 EStG. Der bAV-Förderbetrag bezieht sich auch nur auf den Erhöhungsbetrag ab dem Jahr 2018 und beträgt somit 90 € (30 % von 300 €), was wiederum dem Erhöhungsbetrag (300 € – 210 €) entspricht. Es erfolgt somit keine Begrenzung des bAV-Förderbetrags und dieser wird i. H von 90 € gezahlt.

Beispiel (Abwandlung)

Ein Arbeitgeber zahlt seit dem 01.01.2016 jährlich einen zusätzlichen Arbeitgeberbeitrag i. H von 200 € für einen Arbeitnehmer mit einem laufenden monatlichen Arbeitslohn i. H von 2.050 € in eine externe betriebliche Altersvorsorge. Ab dem 01.01.2018 erhöht der Arbeitgeber den jährlichen Beitrag auf 300 €.

Der Mindestbetrag nach § 100 EStG ist mit den 240 € erstmals erreicht. Der Arbeitgeberbeitrag ist deshalb nicht mehr nach den steuerrechtlichen Regelungen des § 3 Nr. 63 EStG steuerfrei, sondern nach den steuerrechtlichen Regelungen des § 100 EStG. Der bAV-Förderbetrag bezieht sich allerdings auch nur auf den maximalen bAV-Förderbetrag ab dem Jahr 2018 und beträgt somit 90 € (30 % von 300 €). Die Differenz in Höhe von 10 € wird nicht gefördert.

Für die Inanspruchnahme des Förderbetrags ist unbeachtlich, ob der zusätzliche Arbeitgeberbeitrag monatlich, unregelmäßig oder nur einmal im Kalenderjahr gezahlt wird. Für die Inanspruchnahme des Förderbetrags sind stets die Verhältnisse im Zeitpunkt der Beitragsleistung maßgeblich (§ 100 Abs. 3 Satz 2 EStG n. F.). Dies gilt auch bei schwankenden oder steigenden Arbeitslöhnen. Hierdurch kann der Arbeitgeber den Förderbetrag für die betriebliche Altersversorgung in einfacher Weise und vor allen Dingen rechtssicher geltend machen.

Beispiel

Ein Arbeitgeber zahlt ab dem 01.01.2018 monatlich eine zusätzlichen Arbeitgeberbeitrag i. H von 40 € für einen Arbeitnehmer mit einem laufenden monatlichen Arbeitslohn i. H von 2.150 € in eine externe betriebliche Altersvorsorge. Ab 01.07.2018 erhöht sich der laufende Arbeitslohn auf 2.214,50 €. Der Arbeitgeber zahlt weiterhin den zusätzlichen Arbeitgeberbeitrag.

Ab dem 01.07.2018 kann der Arbeitgeber den bAV-Förderbetrag nicht mehr in Anspruch nehmen. Der Arbeitnehmer überschreitet ab Juli 2018 die Geringverdienergrenze i. H von 2.200 €. Die Monate Januar bis Juni 2018 bleiben unberücksichtigt, dass heißt zu diesem Zeitpunkt war die Geringverdienergrenze nicht überschritten. Daher erfolgt auch keine Rückforderung der Förderung.

Ab dem 01.01.2020 ist die Grenze für das laufende steuerpflichtige Brutto auf 2.575 € erhöht. Somit kann der Arbeitgeber ab dem 01.01.2020 die Förderung nach § 100 EStG und die damit verbundene Steuerfreiheit erneut wieder anwenden.

Eine spätere Versorgungsleistung auf Grundlage von Beiträgen, für die der bAV-Förderbetrag in Anspruch genommen wurde, wird zu den sonstigen steuerpflichtigen Einkünften (§ 22 Nr. 5 Satz 1 EStG) hinzugerechnet.

Der Arbeitgeber ist verpflichtet, für die Inanspruchnahme des bAV-Förderbetrags die jeweiligen Voraussetzungen für jeden einzelnen Arbeitnehmer in deren Lohnkonto zu dokumentieren. Zusätzlich muss der Arbeitgeber der Versorgungseinrichtung die steuerfreien Beträge mitteilen, damit diese bei der nachgelagerten Besteuerung berücksichtigt werden. Die Versorgungseinrichtung hat diese Daten der Finanzverwaltung im Rahmen einer Rentenbezugsmitteilung (§ 22a EStG) zu übermitteln.

Wird im Zuge einer Lohnsteuer-Außenprüfung festgestellt, dass bei einem Arbeitgeber die Voraussetzungen für den bAV-Förderbetrag nicht vorgelegen haben, werden die für die Lohnzahlungszeiträume entsprechenden Lohnsteuer-Anmeldungen durch den Betriebsprüfer geändert. Verfahrensrechtlich ist eine solche Änderung unproblematisch, da Lohnsteuer-Anmeldungen als Steueranmeldungen einer Steuerfestsetzung unter dem Vorbehalt der Nachprüfung gleichstehen (§ 168 i. V. mit § 164 AO). Auch die Vorschriften aus der Abgabenordnung für Steuervergütungen sowie die Straf- und Bußgeldvorschriften sind entsprechend anzuwenden (§ 100 Abs. 4 Nrn. 2 und 3 EStG). Allerdings finden auch für den bAV-Förderbetrag die Vorschriften für die lohnsteuerrechtliche Anrufungsauskunft (§ 42e EStG) Anwendung. In strittigen Fällen sollten Arbeitgeber wie auch steuerliche Berater von dieser Möglichkeit Gebrauch machen.

11.10 Bescheinigung mehrerer Versorgungsbezüge

Im amtlichen Programmablaufplan ist nicht berücksichtigt, dass bei einem Arbeitnehmer mindestens zwei Versorgungsbezüge mit unterschiedlichem Kohortenjahr vorliegen können (z. B. Witwe erhält neben ihren eigenen Versorgungsbezügen aus 2006 noch die Witwenrente ihres 2005 verstorbenen Ehegatten).

Wichtig

In diesen Fällen werden sämtliche Versorgungsbezüge mit den Werten des Versorgungsfreibetrags und des Zuschlags zum Versorgungsfreibetrag der **ältesten Kohorte** abgerechnet.

Allerdings müssen die Beträge der verschiedenen Kohorten im Lohnkonto getrennt aufgezeichnet (§ 4 Abs. 1 Nr. 4 LStDV/BMF-Schreiben vom 24.02.2005, Rz. 79) und in der Lohnsteuerbescheinigung getrennt bescheinigt werden. Nur so ist das Finanzamt in der Lage, im Rahmen der Einkommensteuerveranlagung die richtige Berechnung des Versorgungsfreibetrags und des Zuschlags zum Versorgungsfreibetrag je Kohorte berechnen zu können.

Hinweis

Bei Zahlungen von zwei oder mehreren Versorgungsbezügen mit unterschiedlichen Kohorten sind die Eintragungen in den Zeilen 29 bis 32 mehrfach vor-zunehmen und für den Arbeitnehmer ggf. auf einem gesonderten Blatt auszudrucken.

11.10.1 Aufzeichnungspflichten Versorgungsbezüge

Zur besseren Nachprüfbarkeit der ermittelten Freibeträge für Versorgungsbezüge wurden neue Bescheinigungspflichten eingeführt.

In **Zeile 29 bzw. Zeile 30** der Lohnsteuerbescheinigungen ab 2005 müssen die Bemessungsgrundlage (Jahresversorgungsbezug) bzw. der Monat und das Jahr des Versorgungsbeginns eingetragen werden.

In **Zeile 31** ist der erste und letzte Monat bei unterjährigem Zahlungsbeginn anzugeben.

Die **Zeile 32** enthält Angaben bei Versorgungsbezügen in Form einer Kapitalzahlung und bei Sterbegeldern. Ausführlich sind die Bescheinigungspflichten in **Kap. 4.9** zum Thema Elektronische Lohnsteuerbescheinigung beschrieben.

11.10.2 Sozialversicherungsrechtliche Behandlung

Krankenversicherungspflichtige Rentner und versicherungspflichtige Beschäftigte müssen für die Betriebsrenten Beiträge zur Kranken- und Pflegeversicherung bezahlen.

In der Krankenversicherung ist seit dem 01.01.2004 der volle Beitragssatz vom Rentner zu übernehmen (bis 2003 war es nur der halbe Satz). In der Pflegeversicherung war von Anfang an der volle Satz anzuwenden.

Für privat versicherte Rentner sind keine Beiträge abzuführen, ebenso wenig für Betriebsrenten an gesetzlich pflichtversicherte Betriebsrentner, die einen Freibetrag von **169,75 €** monatlich nicht übersteigen. Dies entspricht 1/20 der monatlichen Bezugsgröße, 2023 = 3.395 €.

Freiwillig krankenversicherte Rentner zahlen ab dem 01.01.2004 den vollen allgemeinen Beitragssatz ihrer Krankenkasse (bis 2003 wurde nur der ermäßigte Beitragssatz erhoben). Die Beiträge sind von den sogenannten Zahlstellen (ehemalige Arbeitgeber bzw. deren Versorgungskassen) an die Krankenkassen abzuführen.

Der Arbeitgeber kann beantragen, dass die Arbeitnehmer ihre Beiträge selbst abführen, wenn er für weniger als 30 beitragspflichtige Empfänger Zahlungen leistet.

Auch Kapitalzahlungen, die seit 2004 zur Auszahlung kommen, sind beitragspflichtig in der Kranken- und Pflegeversicherung mit dem vollen Beitragssatz. Dabei ist die Kapitalzahlung für die Beitragsberechnung durch 120 Monate zu teilen (zehn Jahre). Somit unterliegt der 120. Teil der Kapitalzahlung der monatlichen Beitragspflicht.

Beispiel

Ein Arbeitnehmer erhält eine Kapitalauszahlung aus seiner Direktversicherung in Höhe von 60.000 €. Pro Monat müssen zehn Jahre lang 500 € der vollen Beitragspflicht in der Kranken- und Pflegeversicherung unterworfen werden. Die Beiträge sind allerdings von der Krankenkasse direkt einzuziehen. Die Zahlstelle hat lediglich die Kapitalzahlung der zuständigen Krankenkasse des Arbeitnehmers zu melden.

Die betriebliche Altersversorgung in Form einer Direktzusage kann nicht mit einer Altersvorsorgezulage oder einem Sonderausgabenabzug gefördert werden, da in der Anwartschaftsphase kein steuerpflichtiger Lohnzufluss entsteht.

11.11 Arbeitgeberzuschuss bei Entgeltumwandlung

Der Gesetzgeber änderte bestehende Regelungen bei Entgeltumwandlung und den vom Arbeitgeber eingesparten Sozialversicherungsbeiträgen. Bei einer Entgeltumwandlung des Arbeitnehmers zugunsten einer externen betrieblichen Altersvorsorge muss der Arbeitgeber die eingesparten Sozialversicherungsbeiträge zugunsten der betrieblichen Altersvorsorge verwenden. Der Anteil der eingesparten Sozialversicherungsbeiträge ist dabei nicht individuell für jeden einzelnen Arbeitnehmer zu ermitteln, sondern ist pauschal zu zahlen.

Bei jeder Entgeltumwandlung des Arbeitnehmers zugunsten einer externen bAV, die nicht eine reine Beitragszusage ist (§ 1a Abs. 1a BetrAVG), also bei den bisherigen Modellen einer bAV (meist beitragsorientierte Leistungszusage), muss der Arbeitgeber – **soweit** er durch die Entgeltumwandlung Sozialversicherungsbeiträge einspart – **mindestens** die ersparten Sozialversicherungsbeiträge zusätzlich auf den externen bAV-Vertrag des Arbeitnehmers zahlen, **maximal** 15 % des Umwandlungsbetrags. Das gilt gemäß § 26a BetrAVG

- **ab dem 01.01.2019** für neue Entgeltumwandlungsvereinbarungen,
- **ab dem 01.01.2022** auch für bis zum 31.12.2018 geschlossene Entgeltumwandlungsvereinbarungen,
- sowohl i. V. m. § 40b EStG a. F. als auch i. V. m. § 3 Nr. 63 EStG,

soweit bedeutet, dass der Arbeitgeberzuschuss genauso hoch ist wie die eingesparten AG-Beiträge zur SV, also auch niedriger als 15 % sein kann, jedoch höchstens 15 % des Umwandlungsbetrags beträgt (Deckelung). Die Zuschusszahlung ist eine gesetzliche Regelung, jedoch tarifdispositiv (§ 19 BetrAVG). In einem Tarifvertrag kann hierfür auch ein anderer (z. B. niedrigerer) Arbeitgeberzuschuss oder eine andere kompensierende Arbeitgeberzahlung geregelt werden.

Ausnahmen gelten bei einer Direktversicherung oder einer Umlagekasse. Da dieser Arbeitgeberanteil als Erhöhung des Arbeitnehmerbeitrags gilt, ist dieser Anspruch unverfallbar.

Zusätzlich wurde gesetzlich geregelt, dass dieser Arbeitgeberbeitrag steuerfrei nach § 3 Nr. 63 EStG ist. Für bestehende Entgeltumwandlungsvereinbarungen ist eine Bestandsschutzregelung (§ 26a BetrAVG) eingeführt, die vorsieht, dass für diese Verträge der pauschalierte Arbeitgeberzuschuss ab 01.01.2022 gezahlt werden muss. Die Bundesregierung begründet diese Regelung mit den notwendigen Schritten der Tarifvertragsparteien bei bestehenden Regelungen.

12 Jahresabschlussarbeiten

12.1 Allgemeines

In der Entgeltabrechnung fallen am Jahresende noch eine Reihe von abschließenden Tätigkeiten an. Als Beispiele wichtiger Aktivitäten sind zu nennen:

- Lohnsteuerjahresausgleich des Arbeitgebers,
- Abschluss der Lohnkonten,
- Erstellen der elektronischen Lohnsteuerbescheinigungen,
- Jahresmeldungen an die Krankenkassen,
- Prüfen der Jahresarbeitsentgeltgrenzen,
- Rückstellungen für Urlaub bilden.

12.2 Lohnsteuerjahresausgleich

Arbeitgeber, die am Jahresende mindestens **zehn Arbeitnehmer** (individuell versteuert) beschäftigen, sind zur Durchführung des Lohnsteuerjahresausgleichs nach § 42b EStG gesetzlich verpflichtet.

Auch wenn weniger als zehn Arbeitnehmer am Jahresende beschäftigt sind, kann der Lohnsteuerjahresausgleich freiwillig durchgeführt werden. Dies ist durchaus im Interesse der Arbeitnehmer, weil ihnen dadurch eventuell zu viel gezahlte Lohnsteuer z. B. bereits mit der Dezemberabrechnung zurückerstattet werden kann.

Der Lohnsteuerjahresausgleich durch den Arbeitgeber dient der zutreffenden Einbehaltung und Abführung der Lohnsteuer für das laufende Kalenderjahr. Die Lohnsteuer ist von ihrem Wesen her eine Jahressteuer. Die monatlichen Lohnsteuerermittlungen stellen lediglich eine vorläufige Vorauszahlung dar.

Insbesondere durch stark schwankende Einkünfte (z. B. bei auf Provisionsbasis bezahlten Verkäufern), Steuerklassenänderungen oder Fehlzeiten während des Jahres kann die Jahressteuer mehr oder weniger stark von den monatlichen, im Voraus bezahlten Beträgen abweichen.

Um diese Differenzen zu bereinigen, wird der Lohnsteuerjahresausgleich durchgeführt, der nicht mit der persönlichen Veranlagung des Arbeitnehmers verwechselt werden darf.

Beispiel

Bei einem Arbeitnehmer sind im laufenden Jahr Werbungskosten in Höhe von 2.000 € angefallen. Da die Werbungskosten den Pauschbetrag von 1.230 € übersteigen, kann der Arbeitnehmer die höheren Kosten nur bei seiner **persönlichen Einkommensteuer-Veranlagung** geltend machen.

12.2.1 Erstattung der Lohnsteuer

Während des Jahres zu viel abgeführte Lohnsteuer kann dem Arbeitnehmer im Zuge des Lohnsteuerjahresausgleichs erstattet werden. Die Erstattung wird sofort mit der Lohnsteuerschuld in dem Monat der Durchführung des Ausgleichs mit der normal angefallenen Lohnsteuer verrechnet.

Wichtig

Ergibt der Lohnsteuerjahresausgleich, dass zu wenig Steuer während des Jahres einbehalten wurde, so darf der Arbeitgeber diese nicht im Zuge des Ausgleichs nachfordern, es sei denn, dass die Lohnsteuer fehlerhaft berechnet wurde.

Bei während des Jahres richtig abgelesener Lohnsteuer kann eine eventuelle Nachforderung nur im Rahmen der persönlichen Steuerveranlagung des Arbeitnehmers durch das Finanzamt vorgenommen werden.

Hinweis

Der Lohnsteuerjahresausgleich kann frühestens mit der Dezemberabrechnung des laufenden Jahres, spätestens mit der Februarabrechnung des Folgejahres durchgeführt werden.

12.2.2 Verbot des Lohnsteuerjahresausgleichs

In den folgenden Fällen verbietet der Gesetzgeber die Durchführung des Lohnsteuerjahresausgleichs:

- wenn die Lohnsteuerbescheinigung Fehlzeiten aufweist, d. h. der Arbeitnehmer nicht das gesamte Kalenderjahr beschäftigt war bzw. unter Nutzung der ELStAM abgerechnet wurde,
- wenn der Arbeitnehmer für das ganze oder für einen Teil des Kalenderjahres nach Steuerklasse V oder VI zu besteuern war,
- wenn der Arbeitnehmer für einen Teil des Kalenderjahres nach Steuerklasse III oder IV zu besteuern war,
- wenn der Arbeitnehmer mit Steuerklasse IV und Faktor zu besteuern war,
- wenn der Arbeitnehmer im Kalenderjahr folgende Lohnersatzleistungen bezogen hat:
  - (Saison-)Kurzarbeitergeld,
  - Winterausfallgeld,
  - Zuschuss zum Mutterschaftsgeld,
  - Zuschuss nach § 4a Mutterschutzverordnung des Bundes,
  - Aufstockungsbeträge nach dem Altersteilzeitgesetz,
  - Entschädigungen für Verdienstausfall nach dem Infektionsschutzgesetz.

- wenn der Buchstabe „U“ für Unterbrechung im Lohnkonto vorhanden ist,
- wenn der Arbeitnehmer im Kalenderjahr Arbeitslohn bezogen hat, der nach einem Doppelbesteuerungsabkommen bzw. Auslandstätigkeitserlass von der Lohnsteuer befreit war,
- wenn dem Arbeitgeber die steuerliche ID nicht genannt wurde und somit kein ELStAM-Abruf möglich war,
- wenn ein Freibetrag oder Hinzurechnungsbetrag in den ELStAM eingetragen ist,
- wenn der Großbuchstabe „S“ auf der Lohnsteuerbescheinigung ausgewiesen ist. Dies ist dann der Fall, wenn dem Arbeitgeber beim Neueintritt eines Arbeitnehmers keine Lohnsteuerbescheinigung vom früheren Arbeitgeber vorliegt (da elektronisch durchgeführt) und der Arbeitnehmer keine Vorarbeitgeberwerte mitteilt,
- wenn sich bei einem Arbeitnehmer der individuelle Zusatzbeitrag zur Krankenversicherung während des Jahres ändert.

Beispiel

Ein Arbeitnehmer hat im Laufe des Kalenderjahres geheiratet und sich somit die Steuerklasse I auf III abändern lassen. Für ihn darf kein Lohnsteuerjahresausgleich durchgeführt werden.

Ein Arbeitnehmer war längere Zeit krank und hat während des Kalenderjahres Krankengeld von seiner Krankenkasse erhalten. Dieser Tatbestand wurde auf der Lohnsteuerbescheinigung in der Zeile 2 „Zeiten ohne Anspruch auf Arbeitslohn“ durch den Buchstaben „U“ für Unterbrechung bescheinigt. Somit kann kein Lohnsteuerjahresausgleich stattfinden.

12.2.3 Durchführung des Lohnsteuerjahresausgleichs

Zur Durchführung des Lohnsteuerjahresausgleichs wird der maßgebliche Jahresarbeitslohn herangezogen. Dabei handelt es sich um das steuerpflichtige Bruttojahresentgelt (inklusive Sachbezügen und Einmalbezügen), welches dem Arbeitnehmer im Laufe des Kalenderjahres zugeflossen ist.

Vorsicht

Entscheidend für die Durchführung des Lohnsteuerjahresausgleichs sind immer die zuletzt gemeldeten ELStAM (Steuerklasse, Konfession, Kinderfreibeträge usw.).

12.2.4 Kirchensteuer und Solidaritätszuschlag

Wird für einen Arbeitnehmer ein Lohnsteuerjahresausgleich durchgeführt, sind stets auch der Solidaritätszuschlag und die Kirchensteuer auszugleichen. Grundlage für die steuerrechtlichen Abzüge ist die Jahreslohnsteuertabelle.

12.2.5 Aufzeichnungs- und Bescheinigungspflichten

Im Rahmen des Lohnsteuerjahresausgleichs erstattete Beträge müssen im Lohnkonto gesondert aufgezeichnet werden.

Im Rahmen der elektronischen Lohnsteuerbescheinigung sind allerdings die tatsächlich verbleibenden Beträge (nach Verrechnung mit einer Erstattung) zu bescheinigen.

12.3 Abschluss der Lohnkonten

Am Ende des Kalenderjahres werden die einzelnen Monatswerte in den Lohnkonten addiert und die Lohnkonten abgeschlossen. Die Lohnkonten müssen bis zum Ablauf des sechsten Kalenderjahres, welches auf die zuletzt eingetragene Lohnzahlung folgt, aufbewahrt werden.

12.4 Lohnsteuerbescheinigung

Nach Ablauf des Jahres bzw. bei Beendigung des Dienstverhältnisses hat der Arbeitgeber aufgrund der Angaben in den Lohnkonten verschiedene Einträge auf der Lohnsteuerbescheinigung vorzunehmen. Nach dem Steueränderungsgesetz dürfen die Lohnsteuerbescheinigungen ab 2005 nur noch elektronisch an die Finanzverwaltung übermittelt werden. Dem Arbeitnehmer selbst ist eine Bescheinigung nach amtlichem Muster im DIN-A4-Format auszuhändigen.

12.5 Jahresmeldungen

Für alle versicherungspflichtigen Arbeitnehmer, deren Beschäftigungsverhältnis über den Jahreswechsel hinaus andauert, sind vom Arbeitgeber zum 31.12. sogenannte Jahresmeldungen auszustellen. Die Jahresmeldungen werden **mit dem Meldegrund 50** durchgeführt.

Es werden das beitragspflichtige Entgelt bis zur Beitragsbemessungsgrenze der Rentenversicherung sowie die (noch nicht gemeldeten) Beschäftigungszeiten im abgelaufenen Kalenderjahr bescheinigt.

Für geringfügig entlohnte Arbeitnehmer sind seit dem 01.04.1999 auch Jahresentgeltmeldungen durchzuführen (allerdings nicht für die kurzfristig Beschäftigten).

Wichtig

Die Jahresmeldungen sind der zuständigen Krankenkasse bis spätestens 15.02. des folgenden Jahres zu übermitteln.

Seit dem 01.01.2016 muss zusätzlich bis zum 16.02. die UV-Jahresmeldung erstellt werden (erstmals für das Jahr 2015).

Die Krankenkassen leiten die Meldungen dann an den zuständigen Rentenversicherungsträger weiter. Dort wird aufgrund der Angaben in den Jahresmeldungen ein Rentenkonto für jeden Arbeitnehmer aufgebaut.

Die folgende Checkliste gibt einen Überblick über die wichtigsten am Jahresende vorzunehmenden Jahresabschlussarbeiten.

Tätigkeiten des Arbeitgebers am Jahresende	**Frist**
Lohnsteuerjahresausgleich des Arbeitgebers	Dezember bis Februar
Lohnkonten abschließen	Dezember
Elektronische Lohnsteuerbescheinigungen an das Finanzamt (Clearingstelle) übermitteln	spätestens bis 28.02. Folgejahr
Ausdruck der elektronischen Lohnsteuerbescheinigung an Arbeitnehmer aushändigen	spätestens bis 28.02. Folgejahr
Jahresarbeitsentgelt mit Jahresarbeitsentgeltgrenzen abgleichen, ggf. Abmeldung als Pflichtversicherter, Anmeldung als freiwillig Versicherter	Dezember/Januar
DEÜV-Jahresmeldungen an die Krankenkassen übermitteln	spätestens bis 15.02. Folgejahr
UV-Jahresmeldung	spätestens bis 15.02. Folgejahr
Meldung der Schwerbehinderten-Ausgleichsabgabe an die Agentur für Arbeit	spätestens bis Dezember
Meldungen an die Berufsgenossenschaft für die Unfallversicherung	spätestens bis 15.02. Folgejahr
Jahresmeldungen an das statistische Landesamt	spätestens bis 15.02. Folgejahr
Verschiedene Rückstellungen bilden, z. B. für Urlaub, Provisionen, Überstunden, Jubiläen usw.	Dezember
Überprüfung der 4-%-Grenze (SV) bzw. 8-%-Grenze (LSt) für die betriebliche Altersversorgung	Dezember
Beitragsgruppenschlüssel, Personengruppenschlüssel, Tätigkeitsmerkmale für DEÜV überprüfen	Januar
Prüfen, ob Betrieb umlagepflichtig (U1) wird (Grenzzahl 30 Arbeitnehmer beachten)	Januar

Tabelle 12.1: Jahresendarbeiten

Tätigkeiten des Arbeitgebers am Jahresende	Frist
Beitrag für Arbeitgeberverband überweisen	Januar
Abstimmung der Finanzbuchhaltungskonten	Januar
Kostenstellenzuordnung überprüfen	Januar
Gehälter und sonstige Zulagen überprüfen	Januar
Vermögensbildung überprüfen	Januar

Tabelle 12.1: Jahresendarbeiten (Forts.)

13 Anlagen

13.1 Arbeitslohn von A bis Z

Art der Arbeitgeberleistung	Lohn-steuerfei	Sozial-abgabenfrei
Abfindungen (§ 3 Nr. 9 EStG) wegen Auflösung des Dienstverhältnisses ohne betragsmäßige Grenze	nein	ja
Aktienüberlassung kostenlose oder verbilligte Überlassung an den Arbeitnehmer, höchstens 1.440 € im Kalenderjahr (§ 3 Nr. 39 EStG)	ja	ja
Altersrenten Abzug des Versorgungsfreibetrags (2023 in Höhe von 13,6 % der Rente, max. 1.020 €, zzgl. 306 € Zuschlag zum Versorgungsfreibetrag pro Jahr) (§ 19 Abs. 2 EStG)	ja	ja
Altersteilzeit Aufstockungsbeträge und Beiträge zur Höherversicherung nach dem Altersteilzeitgesetz, auch soweit sie über die gesetzlichen Mindestbeträge hinausgehen; s. a. Aufstockungsbeträge (§ 3 Nr. 28 EStG)	ja	ja
Altersübergangsgeld gem. § 249e Arbeitsförderungsgesetz (AFG)	ja	ja
Antrittsgebühren im grafischen Gewerbe, wenn sie aufgrund tariflicher Regelung gewährt werden, bis zur Höhe der Sonn- und Feiertagszuschläge (§ 3b EStG)	ja	ja
Arbeitgeberanteile zur gesetzlichen Sozialversicherung	ja	ja
Arbeitskleidung, s. Berufskleidung		
Arbeitsmittel, s. Werkzeuggeld		
Aufmerksamkeiten wenn deren Wert 60 € nicht übersteigt (z. B. Blumen, Buch, Genussmittel aus persönlichem Anlass des Arbeitnehmers oder Mahlzeiten während außergewöhnlicher Arbeitseinsätze) (LStR 19.6 Abs. 1 Satz 2 LStR)	ja	ja

Art der Arbeitgeberleistung	**Lohn-steuerfei**	**Sozial-abgabenfrei**
Aufstockungsbeträge (siehe Altersteilzeit)		
Auslagenersatz durch den Ausgaben des Arbeitnehmers für den Arbeitgeber ersetzt werden (§ 3 Nr. 50 EStG)	ja	ja
Autotelefon • im Firmenwagen • im Pkw des Arbeitnehmers, wie beim Telefon in der Wohnung; ohne Einzelnachweis maximal 20 € pro Monat, s. Telefon	ja	ja
Berufskleidung falls es sich um typische Berufskleidung handelt, die dem Arbeitnehmer unentgeltlich oder verbilligt überlassen wird (z. B. Uniform bei Stewardessen, Pförtnern; Schutzbekleidung) (§ 3 Nr. 31 EStG)	ja	ja
Betriebsrenten Alters- und Erwerbsunfähigkeitsrenten, die von früheren Arbeitgebern oder aus einer betrieblichen Versorgungskasse gezahlt werden. Bei Altersrenten, wenn der Arbeitnehmer das 63. Lebensjahr oder – wenn er Schwerbehinderter ist – das 60. Lebensjahr vollendet hat, und bei Erwerbsunfähigkeitsrenten bleiben 2023: 13,6 % der Bezüge, höchstens 1.020 €, plus Zuschlag zum Versorgungsfreibetrag von maximal 306 € jährlich steuerfrei (§ 19 Abs. 2 EStG)	nein	ja
Betriebsveranstaltungen • übliche Zuwendungen bei Ausflügen, Feiern, Festen u. Ä., falls die Aufwendungen pro teilnehmendem Arbeitnehmer 110 € nicht überschreiten (Freibetrag)	ja	ja
• die Zuwendungen bei lohnsteuerpflichtigen Veranstaltungen werden pauschal versteuert	nein	ja
Bewirtung falls an der Bewirtung Geschäftspartner oder Geschäftsfreunde teilnehmen, z. B. Bewirtungsleistungen im Rahmen von Konzernunternehmen; dasselbe gilt für die reine Arbeitnehmerbewirtung bei außergewöhnlichen Arbeitseinsätzen bis zum Wert von 60 €	ja	ja
Dienstwohnung, s. Werkswohnung		

Art der Arbeitgeberleistung	Lohn-steuerfei	Sozial-abgabenfrei
Direktversicherung, s. a. Zukunftssicherung Arbeitgeberbeiträge zu Direktversicherungen mit lebenslanger Rentenzahlung frühestens ab dem 60. Lebensjahr (§ 3 Nr. 63 EStG) • bis zu 4 % der BBG RV/West (2023: 3.504 €)	ja	ja
• weitere bis zu 4 % der BBG RV/West (2023: 3.504 €)	ja	nein
Doppelte Haushaltsführung soweit der Arbeitgeber keine höheren Mehraufwendungen ersetzt, als der Arbeitnehmer ansonsten als Werbungskosten geltend machen könnte (§ 9 EStG, LStR 9.11)	ja	ja
Erholungsbeihilfen • wenn die Zahlung dem Anlass nach gerechtfertigt ist, z. B. in Krankheits- oder Unglücksfällen, bis 600 € jährlich, darüber hinaus nur bei besonderem Notfall (dabei sind Einkommensverhältnisse und der Familienstand zu berücksichtigen) (LStR 3.11)	ja	ja
• sonstige Leistungen, z. B. Urlaub in Betriebserholungsstätten oder Barzuschüsse zum Erholungsurlaub	nein	nein
• die Beihilfen werden pauschal versteuert (bis zu 156 € zzgl. 104 € für den Ehegatten und 52 € für jedes Kind) (§ 40 Abs. 2 Nr. 3 EStG)	nein	ja
Essenszuschüsse (LStR 8.1) • die zur Verbilligung von Mahlzeiten für die Arbeitnehmer unmittelbar an eine Kantine, Gaststätte usw. gegeben werden, soweit der vom Arbeitnehmer noch zu entrichtende Eigenanteil den amtlichen Sachbezugswert der Mahlzeit nicht unterschreitet (2023: Mittag- und Abendessen: 3,80 €, Frühstück: 2,00 €)	ja	ja
• der Eigenanteil überschreitet den amtlichen Sachbezugswert nicht und der geldwerte Vorteil wird pauschal versteuert	nein	ja
Fahrtkostenersatz • für Fahrten zwischen Wohnung und Arbeitsstätte mit öffentlichen Verkehrsmitteln	nein	nein

Art der Arbeitgeberleistung	**Lohnsteuerfei**	**Sozialabgabenfrei**
• bei Benutzung des eigenen Pkws	nein	nein
• der Zuschuss wird pauschal versteuert (§ 40 Abs. 2 EStG)	nein	ja
Fehlgeldentschädigung soweit der Betrag 16 € mtl. nicht überschreitet (LStR 19.3)	ja	ja
Feiertagszuschläge (§ 3b EStG) für tatsächlich geleistete Feiertagsarbeit, soweit sie für Arbeiten am 31.12. ab 14:00 Uhr sowie an gesetzlichen Feiertagen – mit Ausnahme der Weihnachtsfeiertage und des 1. Mai – 125 % und für Arbeiten am 24.12. ab 14:00 Uhr sowie an den Weihnachtsfeiertagen und am 1. Mai 150 % des Grundlohns von max. 50 € pro Stunde (Steuer) bzw. 25 € pro Stunde (SV) nicht übersteigen. Als Feiertagsarbeit gilt auch die Arbeit von 0 Uhr bis 4 Uhr des auf den Feiertag folgenden Tages	ja	ja
Fernsprechgebühren, s. Telefon		
Fortbildungsleistungen soweit sie der Beschäftigungsfähigkeit des Arbeitnehmers dienen und keinen Belohnungscharakter haben	ja	ja
Getränke und Genussmittel (LStR 19.6) die der Arbeitgeber dem Arbeitnehmer unentgeltlich oder verbilligt zum Gebrauch im Betrieb überlässt (z. B. Kaffee, Süßigkeiten)	ja	ja
Heimarbeiterzuschläge (LStR 9.13) soweit sie 10 % des Grundlohns nicht übersteigen	ja	ja
Insolvenzgeld nach dem SGB III	ja	ja
Jahreswagenrabatt, s. Personalrabatte		
Jobtickets geldwerte Vorteile aus der unentgeltlichen oder verbilligten Überlassung von Jobtickets	ja	ja

Art der Arbeitgeberleistung	Lohn-steuerfrei	Sozial-abgabenfrei
Kindergartenzuschüsse (§ 3 Nr. 33 EStG) Leistungen des Arbeitgebers zur Unterbringung und Betreuung von nicht schulpflichtigen Kindern in betriebsfremden oder betriebseigenen Kindergärten und in ähnlichen Einrichtungen	ja	ja
Konkursausfallgeld nach AFG	ja	ja
Mehrarbeitszuschläge	nein	nein
Mutterschaftsgeldzuschüsse nach dem MuSchG	ja	ja
Nachtarbeitszuschläge (§ 3b EStG) die für tatsächlich geleistete Nachtarbeit neben dem Grundlohn gezahlt werden, soweit sie 25 % des Grundlohns von max. 50 € pro Stunde (Steuer) bzw. 25 € pro Stunde (SV) nicht übersteigen. Wenn die Nachtarbeit vor 0 Uhr beginnt, ist für die Zeit von 0 Uhr bis 4 Uhr ein Zuschlag bis zu 40 % steuer- und beitragsfrei	ja	ja
Nebentätigkeit (§ 3 Nr. 26 EStG) Einnahmen hieraus als Übungsleiter, Ausbilder, Erzieher oder für die nebenberufliche Pflege alter, kranker oder behinderter Menschen in einer nach dem Körperschaftssteuergesetz steuerbefreiten Einrichtung bis zur Höhe von insgesamt 3.000 € pro Jahr	ja	ja
Pensionsfonds Arbeitgeberbeiträge zu Pensionsfonds, s. Pensionskassenbeiträge ohne Pauschalbesteuerungsmöglichkeit	siehe nächste Zeile	siehe nächste Zeile
Pensionskassenbeiträge (§ 3 Nr. 63 EStG) • bis zu 4 % der BBG RV/West (2023: 3.504 €)	ja	ja
• weitere bis zu 4 % der BBG RV/West (2023: 3.504 €)	ja	nein
Personalrabatte (§ 8 Nr. Abs. 3 EStG) beim Bezug von Waren oder Dienstleistungen, die vom Arbeitgeber nicht überwiegend für den Bedarf seiner Arbeitnehmer hergestellt, vertrieben oder erbracht werden, soweit der Nachlass insgesamt 1.080 € im Kalenderjahr (Rabattfreibetrag) nicht übersteigt. Dabei sind die um 4 % geminderten Endpreise zugrunde zu legen, zu denen der Arbeitgeber die Waren oder Dienstleistungen fremden Letztverbrauchern anbietet	ja	ja

Art der Arbeitgeberleistung	Lohn-steuerfei	Sozial-abgabenfrei
Reisekostenvergütung (§ 3 Nr. 13 und 16 EStG) soweit der Arbeitgeber keine höheren Beträge ersetzt, als der Arbeitnehmer ansonsten als Werbungskosten abziehen könnte	ja	ja
Sachprämien (§ 3 Nr. 38 EStG) aus Kundenbindungsprogrammen (z. B. Miles and More) bis 1.080 € im Kalenderjahr	ja	ja
Sammelbeförderung (§ 3 Nr. 32 EStG) der Arbeitnehmer zwischen Wohnung und Arbeitsstelle mit einem vom Arbeitgeber eingesetzten Beförderungsmittel (Omnibus, Kleinbus oder für mehrere Arbeitnehmer zur Verfügung gestellter Pkw), wenn dies betrieblich notwendig ist	ja	ja
Sonntagsarbeitszuschläge (§ 3b EStG) die für tatsächlich geleistete Sonntagsarbeit neben dem Grundlohn gezahlt werden, soweit sie 50 % des Grundlohns von max. 50 € pro Stunde (Steuer) bzw. 25 € pro Stunde (SV) nicht übersteigen, als Sonntagsarbeit gilt auch die von 0 Uhr bis 4 Uhr des auf den Sonntag folgenden Tages geleistete Arbeit	ja	ja
Sterbegeld das der frühere Arbeitgeber gewährt, als Versorgungsbezug 2023 mit 13,6 %, max. 1.020 € pro Jahr, zzgl. 306 € (§ 19 Abs. 2 EStG); s. Betriebsrenten	nein	ja
Telefon • Privatgespräche am Arbeitsplatz (§ 3 Nr. 45 EStG)	ja	ja
• Telefonanschluss in der Wohnung Gesprächsgebühren für betriebliche Telefonate, wenn der Arbeitnehmer Aufzeichnungen führt, zumindest für drei Monate	ja	ja
• ohne Nachweis bei einem Arbeitnehmer, für den betrieblich veranlasste Telefongespräche in der Wohnung glaubhaft gemacht werden (z. B. Außendienstmitarbeiter), maximal 20 € pro Monat	ja	ja
Trinkgelder (§ 3 Nr. 5 EStG) freiwillige Trinkgelder, die ohne Rechtsanspruch gewährt werden, in unbegrenzter Höhe	ja	ja

Art der Arbeitgeberleistung	Lohn-steuerfei	Sozial-abgabenfrei
Umsatzprovision	nein	nein
Umzugskostenvergütung • aus öffentlichen Kassen (§ 3 Nr. 13 EStG)	ja	ja
• im privaten Dienst bei dienstlich veranlasstem Umzug bis zur Höhe der Beträge, die nach dem Bundesumzugsrecht als höchstmögliche Umzugskostenvergütung gezahlt werden könnten (§ 3 Nr. 16 EStG)	ja	ja
Verbesserungsvorschläge-Prämien	nein	nein
Vermögensbeteiligung, s. Aktienüberlassung		
Verpflegungskostenzuschüsse • 28 € bei 24-stündiger Abwesenheit • 14 € bei über achtstündiger Abwesenheit die Beträge gelten einheitlich für Dienstreisen, Einsatzwechsel- und Fahrtätigkeit sowie für die berufliche doppelte Haushaltsführung (§ 3 Nr. 16 EStG); bei Auslandsreisen siehe Auslandsreisekostentabelle (BMF-Schreiben 03.12.2020)	ja	ja
Vorruhestandsleistungen (§ 3 Nr. 9 EStG) bis zur Höhe der Abfindungsbeträge	ja	nein
Vorsorgeuntersuchungen die auf Veranlassung des Arbeitgebers überwiegend aus betrieblichen Gründen unentgeltlich durchgeführt werden	ja	ja
Werkswohnung wenn die Mietpreisverbilligung 2/3 der ortsüblichen Miete nicht übersteigt	ja	ja
Werkzeuggeld (§ 3 Nr. 30 EStG) soweit es die Aufwendungen des Arbeitnehmers für die betriebliche Nutzung nicht übersteigt	ja	ja
Winterdienstausfallgeld (§ 3 Nr. 2 EStG) nach dem Arbeitsförderungsgesetz; ebenso Wintergeld	ja	ja

Art der Arbeitgeberleistung	**Lohn-steuerfei**	**Sozial-abgabenfrei**
Zinsersparnisse (LStR 8.1) bei zinsverbilligten oder unverzinslichen Arbeitgeberdarlehen, soweit der vereinbarte Zinssatz den Vergleichszinssatz der Deutschen Bundesbank nicht unterschreitet oder der Restdarlehensbetrag 2.600 € nicht übersteigt	ja	ja
Zukunftssicherung • die der Arbeitgeber aufgrund gesetzlicher Verpflichtungen erbringt	ja	ja
• Aufwendungen des Arbeitgebers für die Zukunftssicherung in Form von Direktversicherungsbeiträgen oder Leistungen an Pensionskassen, falls diese pauschal versteuert werden und vom Arbeitgeber zusätzlich zum Lohn/Gehalt oder vom Arbeitnehmer durch Entgeltverzicht aus Einmalzahlungen finanziert werden	nein	ja

13.2 Behandlung von Teillohnzahlungszeiträumen

Tatbestand	**Steuerliche Auswirkung**	**SV-rechtliche Auswirkung**
Beginn der Beschäftigung während des Monats	• Kürzung Steuertage • Anwendung Tagestabelle	• Kürzung der SV-Tage • Anwendung der Tages-BBG • Anmeldung mit Meldegrund = 10
Ende der Beschäftigung während des Monats	• Kürzung Steuertage • Anwendung Tagestabelle	• Kürzung der SV-Tage • Anwendung der Tages-BBG • Abmeldung mit Meldegrund = 30

Tatbestand	Steuerliche Auswirkung	SV-rechtliche Auswirkung
Krankheit/Kur nach Ablauf der Entgeltfortzahlung	• keine Kürzung der Steuertage • Anwendung Monatstabelle • Bescheinigung von „U“ auf Lohnsteuerbescheinigung und Lohnkonto (U-Nachweis) bei mind. fünf aufeinanderfolgenden Arbeitstagen	• Kürzung der SV-Tage • Anwendung der Tages-BBG • Unterbrechungsmeldung bei vollem Kalendermonat ohne Entgelt (Meldegrund = 51)
Akut-Pflegezeit bis zu zehn Arbeitstage und Bezug von Pflegeunterstützungsgeld	• keine Kürzung der Steuertage • Anwendung Monatstabelle • U-Nachweis bei mindestens fünf aufeinanderfolgenden Arbeitstagen	• Kürzung der SV-Tage • Anwendung der Tagestabelle • keine DEÜV-Meldung, aber Kombination mit unbezahltem Urlaub beachten
Pflegezeit	• keine Kürzung der Steuertage • Anwendung Monatstabelle • U-Nachweis bei mindestens fünf aufeinanderfolgenden Arbeitstagen	• Kürzung der SV-Tage • Anwendung der Tages-BBG • Abmeldung mit Grund 30 • Anmeldung mit Grund 10
Mutterschutzfrist	• keine Kürzung der Steuertage • Anwendung Monatstabelle • kein U-Nachweis, wenn Zuschuss zum Mutterschaftsgeld vom Arbeitgeber gezahlt wird	• Kürzung der SV-Tage • Anwendung der Tages-BBG • Unterbrechungsmeldung bei vollem Kalendermonat ohne Entgelt (Meldegrund = 51)
Elternzeit	• keine Kürzung der Steuertage • Anwendung Monatstabelle • U-Nachweis bei mindestens fünf aufeinanderfolgenden Arbeitstagen	• Kürzung der SV-Tage • Anwendung der Tages-BBG • Unterbrechungsmeldung bei vollem Kalendermonat ohne Entgelt, sofern nicht bereits durch die vorangehende Mutterschutzfrist eine U-Meldung vorgenommen wurde (Meldegrund „52“)

Tatbestand	Steuerliche Auswirkung	SV-rechtliche Auswirkung
Wehrdienst/ Zivildienst die Wehr-/ Zivildienstzeit wird bescheinigt	• keine Kürzung der Steuertage • Anwendung der Monatstabelle • U-Nachweis bei mindestens fünf aufeinanderfolgenden Arbeitstagen	• Kürzung der SV-Tage • Anwendung der Tages-BBG • Unterbrechungsmeldung bei vollem Kalendermonat ohne Entgelt (Meldegrund = 53)
Wehrdienst/ Zivildienst die Wehr-/Zivildienstzeit wird nicht bescheinigt	• Kürzung der Steuertage • Anwendung der Tagestabelle • kein U-Nachweis	
Wehrübung	• keine Kürzung der Steuertage • Anwendung der Monatstabelle • U-Nachweis bei mindestens fünf aufeinanderfolgenden Arbeitstagen	• Kürzung der SV-Tage • Anwendung der Tages-BBG • Unterbrechungsmeldung bei vollem Kalendermonat ohne Entgelt (Meldegrund = 53) • zusätzliche Meldung von Beginn und Ende des Wehr- und Zivildienstes an die zuständige Krankenkasse
Unbezahlter Urlaub, unentschuldigtes Fehlen	• keine Kürzung der Steuertage • Anwendung der Monatstabelle • U-Nachweis bei mindestens fünf aufeinanderfolgenden Arbeitstagen	• SV-Tage laufen einen Zeitmonat weiter, bei Bruchmonaten Anwendung der Tages-BBG • wenn länger als ein Zeitmonat, erfolgt die Abmeldung mit Meldegrund = 35, bei Wiederaufnahme der Tätigkeit erfolgt die Anmeldung mit Meldegrund = 13

13.3 Pauschalierung der Lohnsteuer

Pauschalierungsfähige Zuwendungen	**Pauschalsteuersatz**	**SolZ aus der pauschalen Lohnsteuer**	**Rechtsgrundlage**	**Sozialversicherungsrechtliche Behandlung**
Gewährung von sonstigen Bezügen in einer größeren Zahl von Fällen von nicht mehr als 1.000 € im Kalenderjahr	zu berechnen nach den steuerlichen Verhältnissen der Arbeitnehmer	5,5 %	§ 40 Abs. 1 Satz 1 Nr. 1 EStG	beitragspflichtig
Nachforderung von Lohnsteuer in einer größeren Zahl von Fällen durch das Finanzamt	zu berechnen nach den steuerlichen Verhältnissen der Arbeitnehmer	5,5 %	§ 40 Abs. 1 Satz 1 Nr. 2 EStG	beitragspflichtig
Gewährung oder Bezuschussung von arbeitstäglichen Mahlzeiten	25 %	5,5 %	§ 40 Abs. 2 Satz 1 Nr. 1 EStG	beitragsfrei
Zuwendungen aus Anlass von Betriebsveranstaltungen	25 %	5,5 %	§ 40 Abs. 2 Satz 1 Nr. 2 EStG	beitragsfrei
Gewährung von Erholungsbeihilfen, im Kalenderjahr 156 € für den AN, 104 € für Ehegatte und 52 € für jedes Kind	25 %	5,5 %	§ 40 Abs. 2 Satz 1 Nr. 3 EStG	beitragsfrei
Steuerpflichtiger Verpflegungskostenersatz bis 100 % der steuerfreien Pauschbeträge	25 %	5,5 %	§ 40 Abs. 2 Satz 1 Nr. 4 EStG	beitragsfrei

Pauschalierungsfähige Zuwendungen	Pauschalsteuersatz	SolZ aus der pauschalen Lohnsteuer	Rechtsgrundlage	Sozialversicherungsrechtliche Behandlung
Übereignung von Datenverarbeitungsgeräten bzw. Telekommunikationsgeräten und Internetzugang	25 %	5,5 %	§ 40 Abs. 2 Satz 1 Nr. 5 EStG	beitragsfrei
Übereignung von Ladevorrichtungen zum Aufladen von Elektro- oder Hybridfahrzeugen (befristet bis 31.12.2030)	25 %	5,5 %	§ 40 Abs. 2 Satz 1 Nr. 6 EStG	beitragsfrei
Zuschuss eines Arbeitgebers an den Arbeitnehmer für Kosten des Erwerbs einer Ladeeinrichtung für Elektro- oder Hybridfahrzeuge (befristet bis 31.12.2030)	25 %	5,5 %	§ 40 Abs. 2 Satz 1 Nr. 6 EStG	beitragsfrei
Übereignung von betrieblichen Fahrrädern	25 %	5,5 %	§ 40 Abs. 2 Satz 1 Nr. 7 EStG	beitragsfrei
Zuschüsse für Fahrten Wohnung/ Arbeitsstätte mit Pkw sowie Sachbezüge aus Firmen-Pkw für diese Fahrten	15 %	5,5 %	§ 40 Abs. 2 Satz 2 EStG	beitragsfrei
Arbeitslohn von kurzfristig Beschäftigten	25 %	5,5 %	§ 40a Abs. 1 EStG	versicherungsfrei, wenn Kriterien der Kurzfristigkeit erfüllt

Pauschalierungsfähige Zuwendungen	**Pauschalsteuersatz**	**SolZ aus der pauschalen Lohnsteuer**	**Rechtsgrundlage**	**Sozialversicherungsrechtliche Behandlung**
Geringfügig entlohnte Beschäftigung	2 %		§ 40a Abs. 2 EStG	AN versicherungsfrei in KV, AG zahlt 13 %, AN versicherungspflichtig in RV, AG zahlt 15 % und AN 3,6 %
Kurzfristig im Inland beschäftigte beschränkt steuerpflichtige Arbeitnehmer, die einer ausländischen Betriebsstätte zugeordnet sind	30 %		§ 40a Abs. 7 EStG	beitragspflichtig
Aushilfen in der Land- und Forstwirtschaft	5 %	5,5 %	§ 40a Abs. 3 EStG	siehe oben
Beiträge zu einer Direktversicherung und Zuwendungen in eine Pensionskasse bis 1.752 €/Jahr	20 %	5,5 %	§ 40b Abs. 1 EStG a. F.	beitragsfrei, wenn zusätzlich zum Arbeitslohn oder aus Einmalzahlungen, sonst beitragspflichtig
Beiträge zu einer Gruppenunfallversicherung, wenn der auf einen Arbeitnehmer entfallende Teilbetrag nach Abzug der Versicherungssteuer nicht höher ist als 100 € im Kalenderjahr	20 %	5,5 %	§ 40b Abs. 3 EStG	beitragsfrei, wenn zusätzlich zum Arbeitslohn oder aus Einmalzahlungen, sonst beitragspflichtig
Sonstige Sachleistungen an Arbeitnehmer oder Dritte	30 %	5,5 %	§ 37b EStG	volle Beitragspflicht, wenn an eigene Arbeitnehmer

13.4 Übersicht Kirchensteuersätze

Bundesland	Regelkirchensteuer	Kirchensteuer bei Pauschalierung	Aufteilung der pauschalen Kirchensteuer nach Konfessionen	
			ev	rk
Baden-Württemberg	8 %	5 %	50 %[1]	50 %
Bayern	8 %	7 %	30 %	70 %
Berlin	9 %	5 %	70 %	30 %
Brandenburg	9 %	5 %	70 %	30 %
Bremen	9 %	7 %	80 %	20 %
(Stadt Bremerhaven)	9 %	7 %	90 %	10 %
Hamburg	9 %	4 %	70 %	29,5 %[3]
Hessen	9 %	7 %	50 %[1]	50 %
Mecklenburg-Vorpom.	9 %	5 %	90 %	10 %
Niedersachsen	9 %	6 %	73 %	27 %
Nordrhein-Westfalen	9 %	7 %	40,97 %[2]	58,92 %
Rheinland-Pfalz	9 %	7 %	50 %[1]	50 %
Saarland	9 %	7 %	25 %	75 %
Sachsen	9 %	5 %	85 %	15 %
Sachsen-Anhalt	9 %	5 %	73 %	27 %
Schleswig-Holstein	9 %	6 %	85 %	15 %
Thüringen	9 %	5 %	73 %	27 %

13.5 Übersicht kirchensteuerberechtigte Konfessionen

rk =	römisch-katholisch
ev =	evangelisch, evangelisch-lutherisch, evangelisch-reformiert, französisch-reformiert
ak =	altkatholisch
is =	israelitisch, jüdische Kultussteuer
fb =	freireligiöse Landesgemeinde Baden
ib =	israelitische Religionsgemeinschaft Baden
iw =	israelitische Religionsgemeinschaft Württembergs
fg =	freireligiöse Landesgemeinde Pfalz
fm =	freireligiöse Landesgemeinde Mainz
fs =	freireligiöse Gemeinde Offenbach
fa =	freie Religionsgemeinschaft Alzey

1 Die Aufteilung ist je nach Region unterschiedlich geregelt. Im Zweifelsfall gilt 50 %/50 %.

2 für die jüdischen Kultusgemeinden 0,07 %, für die altkatholische Kirche 0,04 %

3 für die jüdische Gemeinde 0,5 %

13.6 Übersicht Meldetatbestände DEÜV

Meldetatbestände	**Schlüsselzahl**
Anmeldungen	
Beginn der Beschäftigung	10
Krankenkassenwechsel	11
Beitragsgruppenwechsel	12
Anmeldung nach Ende der Pflegezeit	13
Anmeldung nach unbezahltem Urlaub oder Streik von mehr als einem Monat	13
Anmeldung wegen Rechtskreiswechsel ohne Krankenkassenwechsel	13
Anmeldung wegen Wechsel des Entgeltabrechnungssystems (optional)	13
Anmeldung wegen Änderung des Personengruppenschlüssels ohne Beitragsgruppenwechsel	13
Sofortmeldung bei Aufnahme einer Beschäftigung nach 28a Abs. 4 SGB IV	20
Abmeldungen	
Ende der Beschäftigung	30
Beginn der Pflegezeit	30
Krankenkassenwechsel	31
Beitragsgruppenwechsel	32
Änderungen im Beschäftigungsverhältnis	33
Ende einer sozialversicherungspflichtigen Beschäftigung nach einer Unterbrechung von länger als einem Monat	34
Arbeitskampf von länger als einem Monat	35
Wechsel des Entgeltabrechnungssystems	36
Gleichzeitige An- und Abmeldung wegen Ende der Beschäftigung	40
Abmeldung wegen Tod	49

Meldetatbestände	Schlüsselzahl
Jahres-, Unterbrechungs- und Sondermeldungen	
Jahresmeldung	50
Unterbrechung wegen Bezug von bzw. Anspruch auf Entgeltersatzleistungen	51
Unterbrechung wegen Elternzeit	52
Unterbrechung wegen gesetzlicher Dienstpflicht	53
Sondermeldung wegen eines einmalig gezahlten Arbeitsentgelts und Märzklausel in den Monaten Februar und März	54
Nicht vereinbarungsgemäß verwendetes Wertguthaben (Störfall)	55
Unterschiedsbetrag bei Entgeltersatzleistungen während Altersteilzeitarbeit	56
Entgeltmeldung vor Rentenbeginn	57
GKV-Monatsmeldung	58
Meldungen in Insolvenzfällen	
Jahresmeldung für freigestellte Arbeitnehmer	70
Meldung des Vortages der Insolvenz	71
Entgeltmeldung zum rechtlichen Ende der Beschäftigung	72
Sonstige Meldungen	
UV-Jahresmeldung	92

13.7 Übersicht Personengruppenschlüssel

Personengruppen	Schlüssel
Sozialversicherungspflichtig Beschäftigte ohne besondere Merkmale	101
Auszubildende ohne besondere Merkmale	102
Beschäftigte in Altersteilzeit	103
Hausgewerbetreibende	104
Praktikanten (mit einem Entgelt von 0 € oder über 325 €)	105
Werkstudenten	106

Personengruppen	Schlüssel
Personen in Einrichtungen der Jugendhilfe oder in Werkstätten für Behinderte	107
Bezieher von Vorruhestandsgeld	108
Geringfügig entlohnte Beschäftigte	109
Kurzfristig Beschäftigte	110
Personen in Einrichtungen der Jugendhilfe, Berufsbildungswerken oder ähnlichen Einrichtungen für behinderte Menschen	111
Mitarbeitende Familienangehörige in der Landwirtschaft	112
Nebenerwerbslandwirte	113
Nebenerwerbslandwirte, saisonal beschäftigt	114
Ausgleichsgeldempfänger	116
Unständig Beschäftigte – nicht berufsmäßig	117
Unständig Beschäftigte – berufsmäßig	118
Versicherungsfreie Altersvollrentner und Versorgungsbezieher wegen Alters	119
Versicherungspflichtige Altersvollrentner	120
Zur Berufsausbildung Beschäftigte (Auszubildende, Praktikanten), deren Entgelt die Geringverdienergrenze von 325 € nicht überschreitet	121
Auszubildende in einer außerbetrieblichen Einrichtung	122
Personen, die ein freiwilliges soziales Jahr, ein freiwilliges ökologisches Jahr oder einen Bundesfreiwilligendienst leisten	123
Heimarbeiter ohne Anspruch auf Entgeltfortzahlung im Krankheitsfall	124
Behinderte Menschen in einem Integrationsprojekt	127
Seeleute	140
Auszubildende in der Seefahrt	141
Seeleute in Altersteilzeit	142
Seelotsen	143
Auszubildende in der Seefahrt, deren Arbeitsentgelt die Geringverdienergrenze nicht überschreitet	144

Personengruppen	Schlüssel
In der Seefahrt beschäftigte versicherungsfreie Altersvollrentner und Versorgungsbezieher wegen Alters	149
In der Seefahrt beschäftigte versicherungspflichtige Altersvollrentner	150
Personen, die in der Unfallversicherung pflichtig sind, aber nicht in den anderen SV-Zweigen, z. B. Gesellschafter-Geschäftsführer, Praktikanten im vorgeschriebenen Zwischenpraktikum	190

13.8 Übersicht Beitragsgruppenschlüssel

Beitragsgruppen	numerisch
Beiträge zur Krankenversicherung allgemeiner Beitrag	1000
Beiträge zur Krankenversicherung ermäßigter Beitrag	3000
Beitrag zur landwirtschaftlichen Krankenversicherung	4000
Arbeitgeberbeitrag zur landwirtschaftlichen Krankenversicherung	5000
Beiträge zur Krankenversicherung für geringfügig Beschäftigte	6000
Beitrag zur freiwilligen Krankenversicherung (Firmenzahler)	9000
Beiträge zur Rentenversicherung Beschäftigte, voller Beitrag	0100
Beiträge zur Rentenversicherung Beschäftigte, halber Beitrag	0300
Beiträge zur Rentenversicherung für geringfügig Beschäftigte	0500
Beiträge zur Arbeitsförderung voller Beitrag	0010
Beiträge zur Arbeitsförderung halber Beitrag	0020
Beiträge zur Insolvenzgeldumlage	0050
Beiträge zur sozialen Pflegeversicherung	0001

13.9 Übersicht gesetzliche Feiertage

Feiertage 2023	BW	BY	B	BB	HB	HH	HE	MV	NI	NW	RP	SL	SN	ST	SH	TH
Neujahr (01.01.)	X	X	X	X	X	X	X	X	X	X	X	X	X	X	X	X
Hl. drei Könige (06.01.)	X	X												X		
Internationaler Frauentage (08.03.)			X													
Karfreitag (07.04.)	X	X	X	X	X	X	X	X	X	X	X	X	X	X	X	X
Ostersonntag (09.04.)				X												
Ostermontag (10.04.)	X	X	X	X	X	X	X	X	X	X	X	X	X	X	X	X
Tag der Arbeit (01.05.)	X	X	X	X	X	X	X	X	X	X	X	X	X	X	X	X
Christi Himmelfahrt (18.05.)	X	X	X	X	X	X	X	X	X	X	X	X	X	X	X	X
Pfingstsonntag (28.05.)				X												
Pfingstmontag (29.05.)	X	X	X	X	X	X	X	X	X	X	X	X	X	X	X	X
Fronleichnam (08.06.)	X	X					X			X	X	X	[1]			[2]
Friedensfest (08.08.)		[3]														
Mariä Himmelfahrt (15.08.)		[2]										X				
Weltkindertag (20.09.)																X
Tag der dt. Einheit (03.10.)	X	X	X	X	X	X	X	X	X	X	X	X	X	X	X	X
Reformationstag (31.10.)				X	X	X		X	X				X	X	X	X
Allerheiligen (01.11.)	X	X								X	X	X				
Buß- und Bettag (22.11.)													X			
1. und 2. Weihnachtstag (25. und 26.12.)	X	X	X	X	X	X	X	X	X	X	X	X	X	X	X	X

BW = Baden-Württemberg
BY = Bayern
B = Berlin
BB = Brandenburg
HB = Bremen
HH = Hamburg
HE = Hessen
MV = Mecklenburg-Vorpommern
NI = Niedersachsen
NW = Nordrhein-Westfalen
RP = Rheinland-Pfalz
SL = Saarland
SN = Sachsen
ST = Sachsen-Anhalt
SH = Schleswig-Holstein
TH = Thüringen

1 in den Gemeinden im Landkreis Bautzen und im Westlausitzkreis

2 Gemeinden mit überwiegend katholischer Bevölkerung

3 nur in Augsburg

14 Checklisten für die Entgeltabrechnung

14.1 Checkliste – Eintritt von Arbeitnehmern (normal) – siehe Kap. 3

Mit „normalen“ Arbeitnehmern werden alle Beschäftigten bezeichnet, die bei einem Arbeitgeber gegen Arbeitsentgelt beschäftigt sind und nicht zu besonderen Personengruppen gehören. Zur entsprechenden Feststellung ist zuerst eine Prüfung auf die Zugehörigkeit vorzunehmen.

Tabelle der notwendigen Maßnahmen		**erledigt**
Prüfung	auf besondere Personengruppen (geringfügig, kurzfristig, Schüler, Studenten, Praktikanten (eigene Checklisten)	
Prüfung	auf Mehrfachbeschäftigung (zusätzliche Checkliste)	
Unterlagen	Steuer-ID und melderechtliches Geburtsdatum	
Unterlagen	Lohnsteuerbescheinigung	
Prüfung/ Aktion	Sozialversicherungsnummer	
Unterlagen	Mitgliedsbescheinigung der PKV	
Unterlagen	Bescheinigungen für Befreiung von KV- und PV-Pflicht	
Unterlagen	Nachweis der Elterneigenschaft	
Unterlagen	Mitgliedschaft in einem Versorgungswerk	
Unterlagen	Schulbildung	
Unterlagen	Urlaubsbescheinigung	
Unterlagen	Bildungsurlaubs-Bescheinigung	
Unterlagen	Bescheinigung über bereits genommene Elternzeit	
Unterlagen	Vermögenswirksame Leistungen	
Unterlagen	Vertrag über Altersvorsorge bzw. Nachweis der bisherigen Pauschalierung der Lohnsteuer	
Aktion	Allgemeine Daten erfassen	

Tabelle der notwendigen Maßnahmen		**erledigt**
Aktion	Lohnsteuerdaten erfassen	
Aktion	Sozialversicherungsdaten erfassen	
Aktion	Arbeitsrechtliche Daten erfassen	
Aktion	Meldung an Sozialversicherung	

14.2 Checkliste – Eintritt von geringfügig Beschäftigten – siehe Kap. 10.1

Geringfügig Beschäftigte dürfen im Jahresdurchschnitt nicht mehr als 520 € pro Monat verdienen. Auch darf nur ein geringfügiges Arbeitsverhältnis neben einem Hauptarbeitsverhältnis bestehen. Deshalb sind zuerst einige Prüfungen vorzunehmen.

Tabelle der notwendigen Maßnahmen		**erledigt**
Prüfung	auf besondere Personengruppen, bei denen geringfügige Arbeitsverhältnisse nicht zugelassen sind: • bei einer betrieblichen Ausbildung (z. B. Auszubildende und Praktikanten), • im Rahmen des Gesetzes zur Förderung eines freiwilligen sozialen Jahres, • im Rahmen des Gesetzes zur Förderung eines freiwilligen ökologischen Jahres, • als behinderte Menschen in geschützten Einrichtungen, • in Einrichtungen der Jugendhilfe oder in Berufsbildungswerken oder ähnlichen Einrichtungen für behinderte Menschen, • aufgrund stufenweiser Wiedereingliederung in das Erwerbsleben nach § 74 SGB V bzw. § 28 SGB IX, • wegen Kurzarbeit oder witterungsbedingten Arbeitsausfalls.	
Prüfung	des Arbeitsentgelts – vorausschauend max. bis zur monatlichen Geringfügigkeitsgrenze	
Prüfung	auf ein weiteres Arbeitsverhältnis – nur ein geringfügiges Arbeitsverhältnis erlaubt	
Prüfung	der Lohnsteuerberechnung – individuell oder pauschal	
Prüfung	auf Krankenversicherungspflicht – PKV oder GKV-familienversichert	
Prüfung	auf Verzicht der RV-Freiheit	
Prüfung	auf arbeitsrechtliche Ansprüche – gleiche Ansprüche, wenn nicht explizit ausgeschlossen	
Unterlagen	Steuer-ID und melderechtliches Geburtsdatum	
Unterlagen/ Angabe	Gesetzliche Krankenversicherung (auch bei Familienversicherung)	

Tabelle der notwendigen Maßnahmen		erledigt
Unterlagen	Lohnsteuerbescheinigung	
Prüfung/ Aktion	Sozialversicherungsnummer	
Unterlagen	Schulbildung	
Unterlagen	Urlaubsbescheinigung	
Unterlagen	Vermögenswirksame Leistungen	
Unterlagen	Vertrag über Altersvorsorge	
Aktion	Allgemeine Daten erfassen	
Aktion	Lohnsteuerdaten erfassen	
Aktion	Sozialversicherungsdaten erfassen	
Aktion	Arbeitsrechtliche Daten erfassen	
Aktion	Meldung an Sozialversicherung	

14.3 Checkliste – Eintritt von kurzfristig Beschäftigten – siehe Kap. 10.1.4

Kurzfristig Beschäftigte dürfen im Kalenderjahr nicht mehr 70 Arbeitstage bzw. drei Monate arbeiten.

Tabelle der notwendigen Maßnahmen		erledigt
Prüfung	auf Berufsmäßigkeit – berufsmäßig wird eine Beschäftigung dann ausgeübt, wenn sie für die in Betracht kommende Person nicht von untergeordneter wirtschaftlicher Bedeutung ist	
Prüfung	der Dauer – max. 70 Arbeitstage oder drei Monate in einem Kalenderjahr	
Prüfung	der Lohnsteuerberechnung – individuell oder pauschal	
Prüfung	auf arbeitsrechtliche Ansprüche – gleiche Ansprüche, wenn nicht explizit ausgeschlossen	
Unterlagen	Steuer-ID und melderechtliches Geburtsdatum	
Unterlagen	Lohnsteuerbescheinigung	
Prüfung/ Aktion	Sozialversicherungsnummer	
Unterlagen	Schulbildung	
Unterlagen	Urlaubsbescheinigung	
Unterlagen	Vermögenswirksame Leistungen	
Aktion	Allgemeine Daten erfassen	
Aktion	Lohnsteuerdaten erfassen	
Aktion	Sozialversicherungsdaten erfassen	
Aktion	Arbeitsrechtliche Daten erfassen	
Aktion	Meldung an Sozialversicherung	

14.4 Checkliste – Eintritt von Arbeitnehmern im Übergangsbereich – siehe Kap. 10.2

Beschäftigte im „Übergangsbereich“ verdienen zwischen 520,01 € und 2.000,00 € pro Monat. Sie genießen eine bevorzugte Abrechnung in der Sozialversicherung und bezahlen nicht den vollen Arbeitnehmerbeitrag. Der Arbeitnehmerbeitrag wird langsam an die 100 % herangeführt. Aus diesem Grund muss bei der Einstellung der Status geprüft werden.

Tabelle der notwendigen Maßnahmen		**erledigt**
Prüfung	des Arbeitsentgelts – vorausschauend ermitteln, muss zwischen 520,01 und 2.000,00 € liegen	
Prüfung	auf ein weiteres Arbeitsverhältnis – alle Arbeitsverhältnisse sind zusammenzurechnen, bei Überschreiten der 2.000-€-Grenze sind alle Arbeitsverhältnisse SV-pflichtig	
Prüfung	auf arbeitsrechtliche Ansprüche – gleiche Ansprüche, wenn nicht explizit ausgeschlossen	
Unterlagen	Steuer-ID und melderechtliches Geburtsdatum	
Unterlagen	Lohnsteuerbescheinigung	
Prüfung/ Aktion	Sozialversicherungsnummer	
Unterlagen	Mitgliedsbescheinigung der PKV	
Unterlagen	Bescheinigungen für Befreiung von KV- und PV-Pflicht	
Unterlagen	Nachweis der Elterneigenschaft	
Unterlagen	Mitgliedschaft in einem Versorgungswerk	
Unterlagen	Schulbildung	
Unterlagen	Urlaubsbescheinigung	
Unterlagen	Bildungsurlaubs-Bescheinigung	
Unterlagen	Vermögenswirksame Leistungen	
Unterlagen	Vertrag über Altersvorsorge, bzw. Nachweis der bisherigen Pauschalierung der Lohnsteuer	
Aktion	Allgemeine Daten erfassen	

Tabelle der notwendigen Maßnahmen		**erledigt**
Aktion	Lohnsteuerdaten erfassen	
Aktion	Sozialversicherungsdaten erfassen	
Aktion	Arbeitsrechtliche Daten erfassen	
Aktion	Meldung an Sozialversicherung	

14.5 Checkliste – Eintritt von Studenten – siehe Kap. 10.3

Studenten (sogenannte Werkstudenten), die neben ihrem Studium eine Beschäftigung ausüben, haben in der Sozialversicherung besondere Privilegien, wenn die Arbeit nachrangig ist und nicht das Studium beeinträchtigt. Dies setzt eine Reihe von Prüfungen voraus.

Tabelle der notwendigen Maßnahmen		**erledigt**
Prüfung	des Status „Student“ – der Student muss als sogenannter „ordentlicher Studierender“ an einer Hochschule oder einer der fachlichen Ausbildung dienenden Schule immatrikuliert sein (z. B. Universität, Fachhochschule, Technische Hochschule usw.)	
Prüfung	der Art des Studiums – kein Studium im Sinne der SV: • Überbrückung zwischen Schulabschluss und Studienbeginn, • im Urlaubssemester, • bei einem Teilzeitstudium, • bei einem dualen Studiengang.	
Prüfung	der Beschäftigungszeit und des Entgelts – Studenten werden wie „normale“ Arbeitnehmer behandelt, wenn sie die Voraussetzungen für geringfügig entlohnte Beschäftigte oder kurzfristig Beschäftigte erfüllen	
Prüfung	auf arbeitsrechtliche Ansprüche	
Unterlagen	Steuer-ID und melderechtliches Geburtsdatum	
Unterlagen	Lohnsteuerbescheinigung	
Prüfung/ Aktion	Sozialversicherungsnummer	
Unterlagen	Mitgliedsbescheinigung der GKV	
Unterlagen	Mitgliedsbescheinigung der PKV	
Unterlagen	Bescheinigungen für Befreiung von KV- und PV-Pflicht	
Unterlagen	Nachweis der Elterneigenschaft	
Unterlagen	Mitgliedschaft in einem Versorgungswerk	
Unterlagen	Schulbildung	

Tabelle der notwendigen Maßnahmen		erledigt
Unterlagen	Urlaubsbescheinigung	
Unterlagen	Bildungsurlaubs-Bescheinigung	
Unterlagen	Vermögenswirksame Leistungen	
Unterlagen	Vertrag über Altersvorsorge bzw. Nachweis der bisherigen Pauschalierung der Lohnsteuer	
Aktion	Allgemeine Daten erfassen	
Aktion	Lohnsteuerdaten erfassen	
Aktion	Sozialversicherungsdaten erfassen	
Aktion	Arbeitsrechtliche Daten erfassen	
Aktion	Meldung an Sozialversicherung	

14.6 Checkliste – Eintritt von Praktikanten – siehe Kap. 10.4

Praktikanten sind Studenten, die sich im Zusammenhang mit einer hoch- oder fachschulischen Ausbildung Kenntnisse, Fertigkeiten und Erfahrungen aneignen, die der Vorbereitung und Unterstützung für die Ausübung ihres späteren Berufs dienen.

Die beitragspflichtige Behandlung ist davon abhängig, zu welchem Zeitpunkt das Praktikum absolviert wird (Vor-, Nach- oder Zwischenpraktikum), und davon, ob es sich um ein vorgeschriebenes oder ein freiwilliges Praktikum handelt. Dies setzt eine Reihe von Prüfungen voraus.

Eine besondere Stellung hat das „Schülerpraktikum". Dieses wird von allgemeinbildenden Schulen angeboten, ist Bestandteil des schulischen Unterrichts und somit nicht kranken-, pflege-, renten- und arbeitslosenversicherungspflichtig.

Tabelle der notwendigen Maßnahmen		**erledigt**
Prüfung	des Status „Student" – ein Praktikant muss als „ordentlicher Studierender" an einer Hochschule oder einer der fachlichen Ausbildung dienenden Schule immatrikuliert sein (z. B. Universität, Fachhochschule, Technische Hochschule usw.)	
Prüfung	auf vorgeschriebenes Zwischenpraktikum	
Prüfung	auf vorgeschriebenes Vor- oder Nachpraktikum	
Prüfung	auf nicht vorgeschriebenes (freiwilliges) Praktikum	
Prüfung	auf arbeitsrechtliche Ansprüche	
Unterlagen	Immatrikulationsbescheinigung	
Unterlagen	Nachweis für ein vorgeschriebenes Praktikum	
Unterlagen	Steuer-ID und melderechtliches Geburtsdatum	
Unterlagen	Lohnsteuerbescheinigung	
Prüfung/ Aktion	Sozialversicherungsnummer	
Unterlagen	Nachweis der Mitgliedschaft in der GKV	
Unterlagen	Schulbildung	
Unterlagen	Urlaubsbescheinigung	
Unterlagen	Vermögenswirksame Leistungen	

Tabelle der notwendigen Maßnahmen		**erledigt**
Unterlagen	Vertrag über Altersvorsorge bzw. Nachweis der bisherigen Pauschalierung der Lohnsteuer	
Aktion	Allgemeine Daten erfassen	
Aktion	Lohnsteuerdaten erfassen	
Aktion	Sozialversicherungsdaten erfassen	
Aktion	Arbeitsrechtliche Daten erfassen	
Aktion	Meldung an Sozialversicherung	

14.7 Checkliste – Austritt – siehe Kap. 3

Bei einem Austritt sind diverse Prüfungen vorzunehmen, in deren Rahmen vor allem der Status des Arbeitnehmers festgestellt werden muss. Hiervon sind Bescheinigungen und Meldungen abhängig. Der Arbeitnehmer muss abschließend abgerechnet werden, d. h., alle Forderungen sind gegenseitig abzuwickeln.

Tabelle der notwendigen Maßnahmen		**erledigt**
Prüfung	der Art der Kündigung (Arbeitnehmer oder Arbeitgeber)	
Prüfung	ggf. noch ausstehender Zahlungen	
Prüfung	einer möglichen Abfindung	
Unterlagen	Lohnsteuerbescheinigung	
Unterlagen	Urlaubsbescheinigung	
Unterlagen	Bescheinigung über bereits genommene Elternzeit	
Unterlagen	Bildungsurlaubs-Bescheinigung	
Unterlagen	Arbeitszeugnis	
Unterlagen	Arbeitsbescheinigung nach § 312 SGB III	
Unterlagen	Bescheinigung von Wertguthaben	
Aktionen	Endabrechnung durchführen	
Aktionen	Rückgabe Firmeneigentum	
Aktionen	Versorgungsansprüche berechnen	
Aktionen	Information des Arbeitnehmers zur Meldung bei der Agentur für Arbeit	
Aktionen	Pfändungen – Information des Gläubigers	
Aktionen	Elektronische Übermittlung der Lohnsteuerbescheinigung	
Aktionen	DEÜV-Abmeldung	
Aktionen	UV-Jahresmeldung	

14.8 Checkliste – Mehrfachbeschäftigungen – siehe Kap. 10.8

Hat ein Arbeitnehmer mehrere Beschäftigungen, so sind diese gemeinsam zu betrachten. Es ergeben sich vor allem in der Sozialversicherung Aktivitäten für den Arbeitgeber. Bei Arbeitnehmern, die mehrere Arbeitsverhältnisse haben, müssen diese wegen der korrekten Berechnung der SV-Beiträge dem Arbeitgeber mitgeteilt werden, da die Arbeitsentgelte aller Arbeitgeber zusammenzurechnen sind.

Tabelle der notwendigen Maßnahmen		**erledigt**
Prüfung	auf weitere Arbeitsverhältnisse	
Prüfung	auf selbständige Tätigkeit	
Prüfung	auf Tätigkeit beim gleichen Arbeitgeber – wenn vorhanden, wie ein Arbeitsverhältnis bewerten	
Prüfung	auf Entgelt – Grenzwerte können durch Addition überschritten werden • bis 520 € – Geringfügigkeit • 520,01 € bis 2.000 € – Übergangsbereich • JAEG – evtl. KV-Freiheit	
Prüfung	als Geringfügiger mit einem Hauptarbeitsverhältnis	
Prüfung	als Geringfügiger mit mehreren geringfügigen Arbeitsverhältnissen	
Prüfung	als Gleitzonenbeschäftigter	
Prüfung	normaler SV-pflichtiger Beschäftigungen	
Aktion	Beitragsbemessungsgrenze anteilig berechnen	
Aktion	Jahresarbeitsentgeltgrenze prüfen	
Aktion	GKV-Monatsmeldung, wenn von der Krankenkasse angefordert	

14.9 Checkliste – Krankheit/Kur – siehe Kap. 8.1

Nach dem Entgeltfortzahlungsgesetz vom 26.05.1994 erwerben alle in Deutschland beschäftigten Arbeitnehmer einen Anspruch auf Entgeltfortzahlung bei Krankheit/Kur für die Dauer von sechs Wochen. Hinweis: Alle nachstehend beschriebenen Punkte gelten sowohl für Krankheit als auch für Kur.

Tabelle der notwendigen Maßnahmen		**erledigt**
Prüfung	auf Anspruch zur Entgeltfortzahlung	
Prüfung	auf rechtzeitige Meldung	
Prüfung	auf Gesamtdauer der Erkrankung – 42-Tage-Regelung beachten	
Unterlagen	Meldung der Arbeitsunfähigkeit	
Unterlagen	Arbeitsunfähigkeitsbescheinigung	
Aktionen	Grundlage für Entgeltfortzahlung ermitteln	
Aktionen	Teilmonatsberechnung	
Aktionen	DEÜV-Abmeldung	

14.10 Checkliste – Mutterschaft – siehe Kap. 8.4

Grundlage für die Beschäftigung von werdenden Müttern ist das Mutterschutzgesetz (MuSchG). Nach § 5 Abs.1 MuSchG soll die werdende Mutter dem Arbeitgeber ihre Schwangerschaft und den voraussichtlichen Tag der Entbindung mitteilen, sobald sie davon Kenntnis erlangt hat. Mit Beginn bzw. Bekanntgabe der Schwangerschaft können unmittelbare Beschäftigungsverbote verbunden sein. Es ist zwischen individuellen und generellen Beschäftigungsverboten zu unterscheiden.

Tabelle der notwendigen Maßnahmen		**erledigt**
Prüfung	der maßgeblichen Datumsangaben – Meldetag, Beginn Mutterschutzfrist	
Prüfung	auf individuelles Beschäftigungsverbot	
Unterlagen	Bestätigung der Schwangerschaft	
Unterlagen	Bescheinigung über das Mutterschaftsgeld	
Aktionen	Arbeitsplatz entsprechend individuellem Beschäftigungsverbot anpassen	
Aktionen	Gespräch über mögliche Anpassungen des Arbeitsplatzes bzw. der Versetzung im Rahmen des MuSchG auf Grundlage der Gefahrenbeurteilung des Arbeitgebers	
Aktionen	Beginn der Mutterschutzfrist ermitteln	
Aktionen	Dauer der Mutterschutzfrist ermitteln	
Aktionen	Informationspflichten	
Aktionen	Entgeltbescheinigung für Krankenkasse	
Aktionen	Grundlage für Mutterschaftslohn ermitteln	
Aktionen	Grundlage für Zuschuss zum Mutterschaftsgeld ermitteln	
Aktionen	Teilmonatsberechnung	
Aktionen	Status in Pflegeversicherung ändern	
Aktionen	Rückvergütung durch Umlageversicherung (U2)	
Aktionen	DEÜV-Meldung	

14.11 Checkliste – Dienstwagen – siehe Kap. 9.6.17

Wenn einem Arbeitnehmer ein Firmenfahrzeug zur Privatnutzung zur Verfügung gestellt wird, entsteht steuer- und sozialversicherungspflichtiger Arbeitslohn. Der entsprechende geldwerte Vorteil wird vom Arbeitgeber im Zuge der Lohnabrechnung ermittelt.

Tabelle der notwendigen Maßnahmen		**erledigt**
Unterlagen	Kauf- oder Leasingvertrag	
Unterlagen	Vertragliche Vereinbarung mit Arbeitnehmer (z. B. Nutzungsüberlassungsvereinbarung)	
Prüfung	der vertraglichen Vereinbarung	
Prüfung	der genehmigten Privatnutzung	
Prüfung	auf Pauschalversteuerung	
Aktion	Geldwerten Vorteil berechnen (Fahrtenbuch)	
Aktion	Geldwerten Vorteil für Privatfahrten berechnen (Pauschalregelung)	
Aktion	Geldwerten Vorteil für Fahrten Wohnung/Arbeitsstätte berechnen (Pauschalregelung)	

Index

A

B

L

M

N

O

P

Q

R

S

T

U

V

W

Z